Jean-Claude Guillebaud
Das Prinzip Mensch

JEAN-CLAUDE GUILLEBAUD

Das Prinzip Mensch

Ende einer abendländischen Utopie?

Aus dem Französischen von
Barbara Schaden

Luchterhand

Die Originalausgabe erschien 2001
unter dem Titel *Le Principe d'humanité*
bei Éditions du Seuil, Paris.

Für Catherine und dank ihr ...

»Menschlichkeit ist nicht erblich.«
MARIE BALMARY

Inhalt

Absichtserklärung

»Meine Kritik hat das Ziel, es anderen zu ermöglichen zu sprechen, ohne dem Recht zu sprechen, das sie haben, Grenzen zu setzen.«

MICHEL FOUCAULT[1]

Zwei Entscheidungen – im vollen Bewußtsein ihrer Risiken getroffen – haben die Arbeit an diesem Buch bestimmt.

Angesichts der einschneidenden Veränderungen, die wir derzeit erleben, wollte ich erstens die Alternative vermeiden, die mir wie eine Zwickmühle vorkommt, nämlich die Wahl zwischen entsetzter Schwarzmalerei auf der einen und seligem Optimismus auf der anderen Seite. Beide scheinen mir wenig sachdienlich. Die Weltuntergangsstimmung, traditionell mit erhobenem Zeigefinger verbreitet, neigt dazu, schon das Prinzip des wissenschaftlichen Fortschritts abzulehnen, und verfällt früher oder später in leere Nostalgie. Strenggenommen taugt sie zu gar nichts. Nicht weniger schädlich aber ist der selige Optimismus, der uns dazu verführt, alles gutzuheißen, vor allen »Sachzwängen« zu kapitulieren. Wir stehen an einem Scheideweg, und wie immer in der Geschichte der Menschheit ist er mit ebenso vielen Gefahren wie Hoffnungen verbunden. Wer auf die Hoffnung setzt, muß sich Blindheit und Schönfärberei ausdrücklich verweigern: Wir müssen auf den möglichen Schiffbruch gefaßt sein – nicht um daraus irgendwelche apokalyptischen Visionen abzuleiten, sondern um ihn vielleicht noch rechtzeitig abzuwenden.

Meine zweite Entscheidung war, bewußt fachübergreifend vorzugehen. An dieser Stelle möchte ich Edgar Morin für seinen Zuspruch und seine Anregungen danken. Wie er habe ich mich, in voller Kenntnis der Sachlage, entschieden, mich in Disziplinen und Wissenschaftsbereiche vorzuwagen, denen gegenüber ich keinerlei akademische Legitimität besitze: Genetik, Kognitivismus, Informatik, Neurowissenschaften und so weiter. Ich habe dabei wissenschaftliche Publikationen zu Hilfe genommen, die ich hier mit der größtmöglichen Aufrichtigkeit wiederzugeben versuche. Generell bin ich an keiner Stelle etwas anderes als der – kritische – Überbringer von Denkansätzen und Erkenntnissen, die mir wichtig erscheinen. Zur Vereinfachung gezwungen, habe ich mich bemüht, nie zu verzerren. Ich danke jenen Forschern, die sich bereit erklärt haben, meine Arbeit zu überprüfen.

J.-C. G.

KAPITEL I

Was geschieht mit uns?

»Wir stehen heute vor einer Welt, die sich gerade
erst entwickelt, eroberungswillig und beherrschend,
dabei jedoch nicht Gefahr läuft, wie der Koloß auf
tönernen Füßen zusammenzubrechen, sondern vielmehr jene *schleichende Verrohung* herbeizuführen,
die durchaus das Gesicht der neuen Katastrophe
nach der Shoah werden könnte.«

JACQUES HASSOUN[1]

Wir haben es mit einem verblüffenden Paradox zu tun: einer
unsichtbaren Logik, die uns Tag für Tag ein weiteres Stück Teppich unter den Füßen wegzieht. Unsere Gesellschaften werden
hinterrücks angegriffen, ohne es zu ahnen, und unser Denken ist
orientierungslos geworden, wie eine versprengte Armee im
Nebel. Die Werte, die Begriffe, die demokratischen Ziele, die
wir vertreten, werden von ihrem Fundament her ausgehöhlt.
Eine Art ontologische Schizophrenie droht uns im Hinblick auf
die Bedeutung der Worte und Dinge. Sehen wir uns genauer an,
was es damit auf sich hat: Was sind die beiden Seiten dieser sonderbaren Medaille?

Auf der Vorderseite ist die Sache klar. Wir glauben – zu
Recht! – an die *Menschenrechte*. Wir sind überzeugt, daß ihr
Siegeszug am Beginn eines neuen Jahrtausends nicht das Ende
der Geschichte ankündigt, sondern die (jedenfalls vorläufige)
Niederlage der Tyranneien und Despotien. Vorbei sind die Zeiten des Faschismus, Nazismus, Kommunismus, der mittelmäßi-
gen Diktaturen, der unvermeidlichen Fremdbestimmung. Die
optimistischeren Zeitgenossen – zu denen auch ich gehöre – wittern schon den möglichen Anbruch eines neuen Zeitalters der

Aufklärung, das sich diesmal über die ganze Erde erstreckt. Die Idee ist weder abwegig noch unberechtigt.

Diese Überzeugung und diese Hoffnung leiten jedenfalls unsere Rechtsprechung, unsere Presse, unseren politischen Diskurs. Auf allen Ebenen verlangen wir das Primat von Freiheit und Menschenwürde. Keine todbringenden Staatsgewalten, keine Zwangszugehörigkeiten, keine Unterdrückung von Minderheiten mehr: Die Menschenrechte sind der letzte Horizont, auf den wir einmütig den Blick richten. Das reicht zwar noch nicht, ist aber zweifellos notwendig. Über das zu Ende gegangene zwanzigste Jahrhundert mit seinem Wahnsinn, seinen Lagern, seinen anmaßenden Ideologien soll sich möglichst ewiges Vergessen legen: Nie wieder! Nach unserer Vorstellung wird das künftige Maß aller Dinge der emanzipierte und auf friedliche Weise selbstbestimmte Mensch sein. Deshalb runzeln wir heute die Stirn, sobald auch nur ein einziges dieser »Rechte« in Frage steht.

Gleichzeitig ist unser aller Bewußtsein für mögliche *Verbrechen gegen die Menschlichkeit* geschärft: Vergehen, die den Mord an Menschen noch mit der Leugnung des Menschlichen krönen, die das Massaker um des Massakers willen verüben. Auf diesem Gebiet ist unsere Erinnerung noch frisch. Um Gemetzel, Vernichtung und unmenschliches Elend für immer zu verbieten und die Gefahr eines Rückfalls auszuschließen, streben wir eine neue internationale Rechtsprechung mit entsprechenden Gerichten und Strafkategorien an, über deren Anwendung dann eine eigene »Polizei« zu wachen hätte. Bei Verbrechen gegen die Menschlichkeit halten wir Waffengewalt für angebracht: Bosnien, Ruanda, Kosovo ... Die Wachsamkeit an dieser Front, meinen wir, rechtfertigt eine Neubewertung der traditionellen Kategorien von *Realpolitik*, vielleicht den Verzicht darauf: abgeriegelte Nationalstaaten, geschlossene Grenzen, allmächtige Staatshoheit, Staatsräson ...

Wir fordern eine regelrechte »Umwertung der politischen Werte«, um Nietzsche zu paraphrasieren. Auf einem Planeten, der langsam zusammenwächst, ist keine »nationale Hoheit« mehr legitim, solange unter diesem Deckmantel der Schrecken des Verbrechens gegen die Menschlichkeit weiterbesteht. Wer mit Sorge die traditionellen Vertreter der Diplomatie, der Geopolitik und des internationalen Rechts dabei verschwinden sieht, wer über dieses zivilisatorische Sendungsbewußtsein spottet, dem halten wir das unmittelbare – und fernsehübertragene – Grauen entgegen. Hat der Verzicht auf den vorsichtigen Zynismus von einst nicht absoluten Vorrang, wenn es darum geht, die Entstehung einer globalen Moral zu beschleunigen? »Die Eroberung der Menschenrechte schließt auch etwas Absolutes mit ein«, kommentierte eine der besten französischen Juristinnen auf diesem Gebiet. »Es ist nötig, unverrückbare Grenzen zu setzen, die juristisch ›unantastbare Rechte‹ und ›unverjährbare Verbrechen‹ heißen. Diese absoluten Grenzen müssen Anwendung finden.«[2]

Menschenrechte auf der einen Seite, Verbrechen gegen die Menschlichkeit auf der anderen: Diese sinnbildlichen Kategorien sind also die beiden Pole, der positive und der negative, der Moderne geworden. Das ist es eigentlich, worüber wir ständig reden. Das ist fortan der *Konsens*. Davon nährt sich unser gutes Gewissen, darauf stützt sich der Rest unseres historischen Optimismus. Soviel zur Vorderseite der Medaille.

Eine Neudefinition des Menschen?

Die Kehrseite ist beunruhigender. Während wir argumentieren und moralische Betrachtungen anstellen, hören wir hinter unserem Rücken das Raunen grundsätzlicher Fragen, die wir vorläufig lieber ausblenden. Was eigentlich ist der Mensch? Was bedeutet der Begriff »Menschlichkeit«? Kann sich diese Vorstellung nicht vielleicht ändern oder weiterentwickeln? Das Beunruhigende daran ist, daß diese neue Infragestellung humanistischer Prinzipien nicht wie früher von barbarischen Diktatoren oder aufgeklärten Despoten formuliert wird, sondern von der Wissenschaft selbst, der Wissenschaft in ihren neuen Erscheinungsformen. Als wäre es der Tribut, den man ihren atemberaubenden Verheißungen zollen müßte, heißt es: Man muß den Menschen in Frage stellen, um ihn effizienter heilen zu können ... Von der Biologie bis zu den Neurowissenschaften, von der Genetik bis zur kognitiven Forschung ist ein großer Teil der heutigen Intelligenz damit beschäftigt, die Gewißheiten, an die wir uns heute noch klammern, zu untergraben. Noch verbirgt sich dieser ungeheure Widerspruch hinter einem Dickicht aus Worten, doch das Dickicht lichtet sich.

Wenn wir den zahllosen Debatten in der Presse wie vor Gericht, ausgelöst durch die Fortschritte in den Biowissenschaften – Klonierung, medizinisch unterstützte Fortpflanzung, Embryonenforschung, Genmanipulation, Organtransplantation, Neuroprothetik –, wenn wir diesen Debatten mit größerer Aufmerksamkeit zuhören, stellen wir fest, daß ihnen allen ein und dieselbe Frage zugrunde liegt. Sie ist so radikal, so »gewaltig«, daß sie das Denken ins Stocken geraten läßt, die Rechtsprechung zum Stammeln bringt, die Richter in Verwirrung stürzt: Wo ist denn die wahre Grenze des Menschlichen, *wie soll die Menschlichkeit des Menschen definiert werden*? Mit anderen Worten, was unterscheidet den Menschen von der übrigen Natur? Woran ließe sich die Einzigartigkeit der Spezies Mensch noch verankern, nachdem heute alles darauf hinwirkt, diese Einmaligkeit in der grenzenlosen biogenetischen Vielfalt des Lebens »wissenschaftlich« aufzulösen?

Unter den neuen Debatten findet sich keine einzige, die nicht auf diese wesentliche Frage hinausläuft und dieselbe dumpfe Unruhe auslöst. Führt uns die Genetik nicht *de facto* zu einer unterschiedslosen Gemeinschaft von Mensch und Tier? Arbeiten die kognitiven Wissenschaften nicht an der Hypothese vom

Gehirn als Computer oder einer möglichen künstlichen Intelligenz, also am Nachweis der Verwandtschaft zwischen Mensch und Maschine? Fordert die Molekularphysik nicht eine grundsätzliche Kontinuität der Materie an sich, der lebenden Materie, die auch den Menschen mit einschließt? Bald werden wir mit leeren Händen dastehen und nicht mehr wissen, wie wir den Menschen definieren sollen. Vielleicht wissen wir es heute schon nicht mehr.

Das ist die wahre Natur der begrifflichen Revolution – des »Paradigmenwechsels«, werden die Besserwisser sagen –, deren stumme Zeugen wir sind. Noch ist jeder auf der Suche nach den richtigen Worten, um die Revolution, den Wandel für sich persönlich eindeutig zu benennen. Hier ließen sich nach Belieben Zitate anführen. »Neu ist«, schreibt beispielsweise Paul Ricœur, »daß der Mensch heute eine Bedrohung für sich selbst geworden ist, weil er das Leben, das ihn trägt, und die Natur, in deren Schutz er einst die Mauern seiner Städte errichtet hat, in Gefahr bringt.«[3] Die Zukunftsaussichten, die auf uns einstürmen, setzen nicht mehr nur die mehr oder minder gerechte Organisation unserer Gesellschaften aufs Spiel, sondern die Prinzipien Mensch und Menschlichkeit schlechthin.[4] In den letzten drei Jahrzehnten haben wir eine »Schwelle« überschritten, die Michel Foucault auf seine Weise vorausahnte, als er vor vierundzwanzig Jahren schrieb: »Aber die ›biologische Modernitätsschwelle‹ einer Gesellschaft liegt dort, wo es in ihren politischen Strategien um die Existenz der Gattung selber geht. Jahrtausende hindurch ist der Mensch das geblieben, was er für Aristoteles war: ein lebendes Tier, das auch einer politischen Existenz fähig ist. Der moderne Mensch ist ein Tier, in dessen Politik sein Leben als Lebewesen auf dem Spiel steht.«[5]

Menschheit, Menschlichkeit, menschliche Gattung: Wir spüren ganz genau, daß sich hier ein Spalt unter unseren Füßen auftut. Vor dem angekündigten Abgrund erfaßt uns Schwindel. Wir nehmen einen unauflöslichen Gegensatz zwischen den »beiden

Hälften« des modernen Denkens wahr. Wie können wir uns für die Menschenrechte einsetzen, wenn die Definition des Menschen von der Wissenschaft in Zweifel gezogen wird? Wie sollen wir Verbrechen gegen die Menschlichkeit ahnden, wenn die Definition des Menschseins an sich problematisch ist? Dieses Paradox, das uns nicht erspart bleibt, hat nicht mehr viel gemein mit der traditionellen, gutmütigen und »freundlichen« Anhänglichkeit an den Humanismus alter Schule, diesem dick aufgetragenen Bürgersinn, in dem unsere politischen Redner noch heute schwelgen. Auch nicht mit dem bloßen ökologischen Schutz unseres Planeten gegen die Bedrohung durch das Ozonloch und die Klimaerwärmung.

Auf dem Spiel steht heute nicht mehr nur das »Überleben der Menschheit«, also der Gesamtheit der menschlichen Bewohner des Planeten Erde, sondern auch, in jedem von uns, der *Fortbestand der Humanität des Menschen*, seiner Menschlichkeit: jener universalen Eigenschaft, die Kant als »Menschheit« – im Unterschied zur »Tierheit« – bezeichnete und die einen Menschen zur Person macht. »Zur Debatte steht«, schreibt sehr anschaulich Maurice Bellet, »die Geburt der Menschlichkeit: Das heißt, daß das Menschliche des Menschen nicht selbstverständlich ist, sondern eine ebenso großartige wie unwahrscheinliche Neuerung im Universum.«[6] Eine Neuerung, die heute wieder anfälliger ist denn je.

Ja, wir sind im Begriff, eine entscheidende Schwelle zu überschreiten und den Schritt zu dem Vorsatz »möglich« zu tun, den der Qualitätssprung der Wissenschaft unseren Entwürfen auf einmal anbietet. Es ist die Vorstellung von einer sich wandelnden Menschheit oder einer Post-Menschheit, einer Umwälzung, für die der Wissenschaftsjournalist Hervé Kempf die Bezeichnung »biolithische Revolution« vorgeschlagen hat – im Unterschied zur »neolithischen« Revolution (abgeleitet vom griechischen *neo*, neu, und *lithos*, Stein) vor rund zwölftausend Jahren, als die menschlichen Gesellschaften von der Subsistenzwirtschaft als

Jäger und Sammler zur neuen Daseinsweise als Viehhirten und Ackerbauern übergingen. Damit änderte sich das Verhältnis zwischen Mensch und Natur von Grund auf. Wir treten nun erneut in eine neue Ära ein, schreibt Kempf, »bestimmt von Techniken, die das Lebende *(bio)* mit dem Unbelebten *(lithos)* verknüpfen«. Nach seiner Ansicht beendet diese neue Revolution die sehr lange geschichtliche Periode der Entstehung jener geistigen Kategorien, in denen das abendländische Denken im Lauf der Jahrhunderte sein Weltbild errichtete. Ein Weltbild, das heute zerbröckelt wie brüchig gewordener Zement.

»Man hat sich den Menschen als unveränderliche Kategorie gedacht, jedenfalls in den vergangenen Jahrtausenden, seitdem die Gattung Mensch mit der Vollendung ihrer biologischen Evolution in die Geschichte eingetreten ist. […] Mit dem Biolithikum beginnt die Geschichte einer gelenkten Evolution, einer verwandelten Biologie, eines Menschen, der nicht mehr Kind der schützenden Macht der Natur ist, sondern das Produkt seiner eigenen Werke.«[7] Manche, denen solche Aussichten mehr Unbehagen verursachen, beschwören apokalyptische Metaphern angesichts dieses Wandels. »Nachdem wir die Tabus der erdrückenden bürgerlichen Kultur gebrochen haben, ist es jetzt an der Zeit, das *menschliche Sein* aufzubrechen, die Einzigartigkeit der menschlichen Spezies: Die genetische Bombe, deren Zündung bevorsteht, wird für die Biologie sein, was die Atombombe für die Physik war.«[8]

Eines ist sicher: Angesichts unserer technisch-wissenschaftlichen Kühnheit kommen uns plötzlich Bedenken. Die Werkzeuge in unseren Händen öffnen uns das Tor zu einem Abenteuer, das in unserer Geschichte beispiellos ist. Wir haben jetzt die Macht, die biologischen Grenzen zu erweitern, in unser leibliches Schicksal einzugreifen, physiologisch oder erblich bedingte Mängel wettzumachen, einst unheilbare Krankheiten zu heilen und so weiter. Von diesem Standpunkt aus ist der Stolz des modernen Menschen nicht ganz unangebracht. Nicht minder berechtigt aber ist das große Erschrecken, das damit einhergeht. Im Februar 1997, nachdem das (nach sechsjährigem Dasein inzwischen wieder verstorbene) Klonschaf Dolly zur Welt gekommen war, drückte die *Frankfurter Allgemeine Zeitung* das vorherrschende Gefühl so aus: »Kopernikus hat den Menschen aus dem Zentrum des Weltalls vertrieben, Darwin aus der Natur, und der Reproduktionstechniker ist im Begriff, den Menschen aus sich selbst zu vertreiben.«

Vielleicht ist das, um einen schönen Ausdruck von Marie Balmary aufzugreifen, »das katastrophale Glück, das uns droht«[9].

Eine sehr nahe Vergangenheit

Halten wir das Erschrecken für einen Augenblick fest. Wir müssen es sehr ernst nehmen und dürfen es keinesfalls als Aberglauben abtun, zumal wir nicht davon sprechen können, ohne jene Erinnerung zu erwähnen, die es insgeheim nährt, steigert, immer wieder von neuem wachruft, die Erinnerung an eine gar nicht so ferne Vergangenheit. Bei jeder Debatte über sogenannte »bioethische« Fragen, bei jedem Kolloquium wacht sie unweigerlich im Hintergrund, bei jeder Überlegung steht sie so unübersehbar im Zentrum, daß sie die meisten Denkansätze vergiftet. Die Rede ist natürlich vom Holocaust und von dem, was vor gar nicht langer Zeit in den Konzentrationslagern vor sich ging. Selbstverständlich müssen uns alle Fragen, die wir heute im Zusammenhang mit der Definition des Menschen stellen, *an etwas erinnern.*

Die Verfechter des Wissenschaftsoptimismus werden mißmutig, wenn man diese Erinnerung heraufbeschwört, um vor möglichen Irrwegen der Genetik zu warnen. In der ständigen Mahnung an Hitler erblicken sie nur eine bequeme Ermutigung aller »obskurantistischen« Vorbehalte und »technikfeindlichen«

Reaktionen (zwei Modewörter). Zu Unrecht. Die intuitive Bezugnahme auf diese Vergangenheit ist berechtigt: Gerade die extremen Erscheinungsformen des Nationalsozialismus und des Holocaust haben indirekt Anlaß zu unserer ständigen, obsessiven Sorge um die *Menschlichkeit des Menschen* gegeben. Davon zeugt der Verlauf der Geschichte. Nach der Öffnung der KZs und der Massengräber bleibt das Thema für alle Zeiten mit der Tragödie verbunden. Nach dem Holocaust war es endgültig vorbei mit dem Verspielten, Distanzierten, beinahe Neckischen, das im siebzehnten und achtzehnten Jahrhundert (Plutarch, Lamettrie, Descartes und unzählige andere) allen Überlegungen über Tierheit und Menschheit noch anhaftete. Die Konzentrationslager der Nazis erzeugten im wahrsten Sinn des Wortes ein »Untermenschentum«. Über den Juden, den Zigeuner wurde der Mensch als solcher mit Gewalt auf das Kreatürliche reduziert, zum Objekt, zur Sache degradiert. Die Leichen der Ermordeten, ihre Zähne, ihre Haut, ihre Haare wurden zum *Rohstoff*. In den Jahren 1945 und 1946 »entdeckte der Westen auf einmal mit Entsetzen, daß man eine Wahrheit vernichten konnte, die kostbarer ist als das Leben selbst: die Menschlichkeit des Menschen«[10].

Die erschütternden Zeugnisse der Nachkriegszeit, die auf tragische Weise unsere Sensibilität für die Würde des Menschen verstärkten, erzählen von diesem Grauen. Man braucht sie nur wiederzulesen. Primo Levi zum Beispiel, der in *Ist das ein Mensch?* immer wieder von der absichtlichen, manischen Herabwürdigung des Häftlings zum »Vieh«, zum »Rohstoff«, zum »Abschaum« berichtet.[11] Levi beschreibt die zugrundegerichteten Häftlinge – die »Muselmänner« im Lagerjargon –, die »anonyme [...] Masse schweigend marschierender und sich abschuftender Nichtmenschen«[12], denen der Status der Person abgesprochen worden war. Man denke auch an Robert Antelme, der in *Das Menschengeschlecht* die in den Lagern entstandene verzweifelte »Forderung nach Menschlichkeit« beschreibt, die ein halbes Jahrhun-

dert lang im Gedächtnis des Westens verankert sein wird. »Sobald das eigentliche Menschsein in Frage gestellt wird«, schreibt
er, »stellt sich ein fast biologischer Anspruch auf Zugehörigkeit
zur Gattung Mensch ein.«[13]

Man muß sie lesen und wiederlesen, diese exemplarischen
Proteste – gerade heute sehr genau.

Vieh, Streu, Unrat ...

»Es war nicht nur der Tod, sondern eine Vielzahl manischer und symbolischer Details, die alle darauf abzielten, zu beweisen und zu bestätigen, daß die Juden und die Zigeuner und die Slawen Vieh, Streu, Unrat
sind. Man denke an die Tätowierung von Auschwitz, die den Menschen
ein Mal aufdrückte wie das Brandzeichen der Rinder; an die Fahrt in den
Viehwaggons, die nie geöffnet wurden, um die Deportierten (Männer,
Frauen und Kinder!) zu zwingen, tagelang im eigenen Schmutz zu liegen;
an die Nummer anstelle des Namens; an die Vorenthaltung von Löffeln
(obwohl in den Vorratslagern von Auschwitz, nach der Befreiung, zent-
nerweise Löffel waren), damit die Häftlinge ihre Suppe auflecken mußten wie Hunde; an die vollständige Verwertung der Leichen, die wie
irgendein namenloser Rohstoff behandelt wurden, der Zahngold, Haare
zur Gewinnung von Textilien, Asche als landwirtschaftlichen Dünger
lieferte; an die Männer und Frauen, die zu Versuchskaninchen degradiert
wurden, um an ihnen medizinische Experimente durchzuführen und sie
anschließend umzubringen.
Sogar die Art und Weise, die (nach minutiösen Versuchen) für die Vernichtung ausgewählt wurde, war unverhohlen symbolisch. Es sollte dasselbe Giftgas sein – und war dasselbe –, das auch zur Entwesung der
Frachträume von Schiffen und wanzen- oder flohverseuchter Räume
diente. Im Lauf der Jahrhunderte wurden qualvollere Todesarten ersonn-
nen, aber so triefend vor Hohn und Verachtung war keine.«

Primo Levi, *Ist das ein Mensch?*[14]

Neben allem Erschütternden, das diese Zeugenaussagen aus dem
Nichts hatten und haben, müssen wir begreifen, daß sie im Kern
eine unnachgiebige, aufwühlende, beunruhigende Neudefinition

der *Menschlichkeit des Menschen* darstellten. Diese wäre nun zu konstruieren, zu rekonstruieren, gegen jeden Vernichtungsversuch zu verteidigen. Jetzt wußten wir, daß das Unausserechliche möglich und sogar noch viel schlimmer war als das Massaker. Daraus ergab sich die Schlußfolgerung, daß der Mensch niemals mehr mit dem Tier, der Maschine, der Sache gleichgesetzt werden durfte. Im übrigen ist es diese unbeugsame Humanität, die den geistigen Widerstand gegen das Vorhaben der Nazis ermöglichte. Sie wurde zum absoluten Bezugspunkt, zum Gegengewicht gegen das Böse, zum magnetischen Pol für alle unsere demokratischen Gesellschaften. Die Nachkriegszeit und die folgenden Jahrzehnte waren geprägt von dieser Absolutheit, die mit den früheren Maßstäben des historischen Humanismus – einst als geschmackvolle Zutat, als liebenswürdiger Fortschritt oder moralische Höflichkeit als Ausgleich zur Grausamkeit der Welt gesehen – vollständig brach. Nach Auschwitz war es unmöglich geworden, den Humanismus noch so zu denken oder sich mit seinen tausend möglichen Definitionen abzufinden.

Den Tieren so ähnlich ...

»Den Tieren so ähnlich, ist jedes Tier für uns etwas Großartiges geworden; jeder verwesenden Pflanze so ähnlich, erscheint uns das Schicksal dieser Pflanze ebenso prachtvoll wie dasjenige, das durch den Tod im Bett zu Ende geht. Wir sind so weit, daß wir allem ähneln, das nur noch kämpft, um zu essen, und stirbt, wenn es nicht ißt, wir sind so weit, daß wir auf der gleichen Ebene stehen wie eine andere Gattung, die nie die unsere sein wird und der wir doch entgegenstreben; aber diese Gattung, die wenigstens nach ihrem eigenen, authentischen Gesetz lebt – Tiere können nicht tierischer werden –, erscheint ebenso großartig wie unsere ›wirkliche‹, deren Gesetz es durchaus sein kann, uns hierherzubringen. Aber es gibt keine Zweideutigkeit, wir bleiben Menschen, wir werden nur als Menschen enden. Die Entfernung, die uns von einer anderen Gattung trennt, bleibt erhalten, sie ist nicht historisch. Es ist ein SS-Traum zu glauben, unsere historische Mission sei es, zu einer anderen Gattung zu werden, und da diese Verwandlung zu langsam stattfindet, töten sie. [...] Und weil wir Menschen sind wie sie, wird die SS letztlich nichts gegen uns ausrichten können. Und weil sie versucht haben, die Einheit dieser Gattung in Frage zu stellen, werden sie am Ende vernichtet werden. [...] Tatsächlich verhält sie sich so, als gäbe es mehrere Gattungen – oder genauer, als ob die Zugehörigkeit zur Gattung Mensch nicht sicher sei, als könne man da ein und aus gehen, nur halb dazugehören oder ganz dazugehören oder nicht einmal im Verlaufe von Generationen dazugehören – die Aufteilung in Rassen oder in Klassen gehört zur Richtschnur und enthält das immer bereite Axiom, die letzte Verteidigungslinie: ›Das sind keine Leute wie wir.‹«

Robert Antelme, *Das Menschengeschlecht*[15]

Das ist nicht alles. Zu den gewichtigen Zeugenaussagen wie der von Primo Levi und Robert Antelme kam eine nicht minder bedeutungsvolle juristische Grundlegung der Gattung Mensch. Am Ende der Nürnberger Prozesse (1946–1947) begann die Kodifizierung der *Nürnberger Prinzipien*, die zum Ziel hatte, erstmals die Regeln und Grenzen für jegliches Experimentieren am Menschen festzulegen. Verkündet wurde dieses Regelwerk zusammen mit dem Urteil des amerikanischen Militärgerichts gegen dreiundzwanzig NS-Ärzte sowie drei weitere deutsche Wissenschaftler, die Experimente an Menschen durchgeführt hatten, in den meisten Fällen mit tödlichem Ausgang. In der Praxis ging es darum, die medizinische Forschung strengen Gesetzen zu unterwerfen und die formelle und widerrufliche Verpflichtung der »aufgeklärten Zustimmung«[16] des Patienten zum Grundsatz zu erheben. In ihren symbolischen Auswirkungen war diese aus der Katastrophe und in einem demokratischen Gerichtssaal entstandene medizinische Gesetzgebung von noch viel größerer Tragweite. Sie enthielt die ausdrückliche Neuformulierung eines unantastbaren Prinzips der Zugehörigkeit, wonach jeder Mann, jede Frau, jedes Kind als vollwertiges Mitglied der Spezies Mensch gilt, auch dann, wenn er/sie/es geistig behindert, im Zustand der

Bewußtlosigkeit, ohne Möglichkeit, sich zu äußern, oder im Todeskampf ist: Jeder Mensch besitzt als solcher eine unveräußerliche *Würde*, die nichts und niemand verletzen darf. Damit wurde die *Forderung nach Menschenwürde aufgewertet.* Wir leben nach wie vor damit. Wer könnte zulassen, daß sie je in Frage gestellt wird?

In späteren Zeugenaussagen über die anderen Formen der Barbarei im zwanzigsten Jahrhundert, die stalinistische Diktatur zum Beispiel, werden wir Formulierungen wiederfinden, die von demselben Entsetzen herrühren: vom Grauen angesichts des entwürdigten, zum Vieh degradierten Menschen. Alexander Solschenizyn zum Beispiel zitiert mehrfach die Terminologie der Kommunisten in den schlimmsten Augenblicken der Unterdrükkung, die Gleichsetzung von Mensch und Ungeziefer: »Lenin verkündete«, schrieb er, »als gemeinsames, einheitliches Ziel die *Säuberung* der russischen Erde von allem Ungeziefer. [...] Nicht unbeträchtlich war die Zahl der Ungeziefer unter den Gymnasialprofessoren. Durchweg Ungeziefer umlagerte die Kirchenräte der Pfarrgemeinden, Ungeziefer sang in den Kirchenchören. Alle Geistlichen waren Ungeziefer, und um so mehr die Mönche und Nonnen.«[17]

Heute müssen wir nicht lang suchen, um festzustellen, daß dieselbe bange Sorge um die *Menschlichkeit des Menschen* noch immer um die Leichenfelder schleicht. Der Schrecken der jüngsten Fälle von Völkermord liegt nicht nur in der Zahl der Opfer oder den angewandten Methoden, sondern hat immer auch mit dem Wesen des Menschseins zu tun. Überlebende der Massaker in Ruanda 1994 benutzen instinktiv dieselben Worte und Formulierungen wie Primo Levi und Robert Antelme fünfzig Jahre vor ihnen. »Wenn ich in einem ruhigen Augenblick an den Völkermord denke«, faßt eine von ihnen zusammen, »dann versuche ich, ihn irgendwo in der Existenz einzuordnen, aber ich finde keinen Platz dafür. Was ich sagen will: Es ist einfach nichts Menschliches mehr.« – »Ich kann es nur wiederholen«, sagt ein anderer, »sie zerhackten und verstümmelten, um den Tutsi ihre Menschlichkeit zu nehmen und sie dann leichter umbringen zu können.«[18]

Alle diese – viel zu knappen – Zitate hatten nur den einen Zweck, uns das Ausmaß, die Tragweite, die Bedeutung der gegenwärtigen Erschütterungen deutlicher vor Augen zu führen. Denn, noch einmal, heute wirft die *Wissenschaft* eben die Fragen auf, die Primo Levi keine Ruhe ließen. Was er wohl dächte, wenn er im Zusammenhang mit der Genetik Schlagzeilen wie diese läse: »Enquete über die Übermenschen-Fabrik« oder »Wir laufen Gefahr, uns aus der menschlichen Spezies herauszuschleichen«?[19] Genau das ist die Frage. Werden wir den Menschen noch definieren, ihn vom Tier, von der Maschine, der Sache unterscheiden können? Derart grundlegende Fragen müßten die gesamte demokratische Arena einnehmen, denn im Grunde verweisen sie die traditionelle Politik (Verteilung von Wohlstand, Meinungsbildung, Wahlen und so weiter) auf den Rang einer liebenswürdigen, aber durchaus subalternen Aneinanderreihung von Mutmaßungen. Seltsamerweise ist dies keineswegs der Fall. Mit leichtsinniger Orientierungslosigkeit wandern wir über vermintes Gelände. Warum?

Die mangelnde öffentliche Debatte

Endlos könnten wir uns über die Mittelmäßigkeit der gegenwärtigen öffentlichen Auseinandersetzung auslassen, könnten die Sorglosigkeit der einen und die mangelnde Einsicht der anderen anprangern, den Meinungsterror und die Seichtheit einer Epoche, die auf dem Vulkan tanzt und vor einfachen technischen oder finanziellen Mechanismen kapituliert. Wir könnten uns über die unglaubliche Oberflächlichkeit empören, mit der die Medien dieses Thema abhandeln, das wir sehr wohl »die neue humanistische Frage« nennen könnten. Das öffentliche Geplapper tut den Humanismus bisweilen infantil als netten, verstaubten, rührenden oder auch moralisierenden Anspruch ab. Daß der Mensch im Mittelpunkt stehen solle, wird naiv zur harmlosen moralischen Forderung erklärt, einer Art Pfadfindertum, das die sogenannten Technowissenschaften nur noch mit leicht entnervter Nachsicht hinnehmen. Im Grunde gelten Humanismus und Universalismus als zwar respektable, aber überholte Relikte aus einer früheren Welt. Beunruhigend ist auch das Schweigen der allesamt gleich ratlosen Politiker vor manchen grundlegenden bioethischen Entscheidungen und den Fragen, die eigentlich die gesamte Gesellschaft mobilisieren müßten, und zwar mit allerhöchster Priorität. Sie schweigen viel zu oft. Oder drücken sich an die Wand. Als wäre ihnen die gestellte Frage zu schwierig.

Doch wozu polemisieren? Lieber sollten wir versuchen, die sonderbare Desorganisiertheit dieser Debatte zu verstehen beziehungsweise die Dürftigkeit der sporadischen Wortgefechte, die sie auslöst. Dieser »Notstand« hat, glaube ich, einige spezielle, klar benennbare Ursachen.

Da ist zunächst die Komplexität der Problematik und die mangelnde Verständlichkeit der Stellungnahmen oder Ansichten, die dem Publikum Tag für Tag nahegebracht werden. Es ist eine ununterbrochene, alles in allem entmutigende Flut, in der wir ertrinken. Wer sich je die Mühe gemacht hat, sich auf die Texte der Richtlinien und Empfehlungen von Ethikkommissionen einzulassen, kann diese erste Hürde leicht ermessen. Die Anzahl und die Vielfalt der behandelten Fragen, die übermäßige Vorsicht der Beratungsorgane, in denen ein kleinlicher Pluralismus vorherrscht, die Hinfälligkeit der angebotenen Lösungen, während unterdessen das Wissen rasant zunimmt – dies alles macht es unmöglich zu begreifen, was auf dem Spiel steht. Die Stellungnahmen schießen ins Kraut, überlagern, widersprechen und ergänzen einander, bis sie am Ende so wenig brauchbar sind, wie es einst die römischen Enzykliken waren. Bioethiker ist zum »Beruf« geworden, mit seiner Liturgie und seinem Latein. Wenn, wie es heißt, zuviel Recht das Recht umbringt, so gilt das mit Sicherheit auch für das Wort – unabhängig vom guten Willen der Protagonisten, deren Meriten außer Frage stehen. Eines ist sicher: Wir tasten uns kollektiv in einem verwirrenden Zwielicht vorwärts.

Diesen Eindruck verstärkt die offensichtliche Inkohärenz gewisser richterlicher Entscheidungen. Ob es um Schwangerschaft oder um die Entnahme von Organen, um die Patentierbarkeit von Leben oder die »genetische« Feststellung der Vaterschaft geht – die Rechtsprechung wird einigermaßen zusammenhanglos und nur von Fall zu Fall ausgearbeitet. In den USA hat das berühmte Urteil des Obersten Gerichts vom 16. Juni 1980 im Fall *Diamond vs. Chakrabarty* die Büchse der Pandora für die »Patentierung von Leben« geöffnet. In Frankreich ist eines der krassesten Beispiele für Inkohärenz die Entscheidung des Kassationsgerichts vom 17. November 2000: Mit dem Urteil Perruche, das Epoche machen wird, gab das Gericht der Klage eines jungen Behinderten Recht, der Schadensersatz forderte, weil der Arzt die Rötelerkrankung seiner Mutter nicht rechtzeitig diagnostiziert hatte, so daß kein Schwangerschaftsabbruch mehr durchgeführt werden konnte. Bestürzt wiesen mehrere Juristen und eine Reihe von Experten darauf hin, daß mit diesem Urteil ein Arzt dafür bestraft wurde, daß er nicht getötet hatte! Es war also durch die simple Tatsache einer Geburt ein einklagbarer Schaden entstanden. Darüber hinaus nahm sich das Gericht stillschweigend das Recht heraus, ein Urteil darüber zu fällen, ob ein Leben lebenswert sei oder nicht. Was ganz gewiß nicht seine Aufgabe ist.

Urteile dieser Art bedeuten eine regelrechte kopernikanische Revolution für die Rechtsprechung. Sie verzerren die Funktion der Justiz, und dies um so folgenreicher, als sie in der Zukunft zweifellos zunehmen werden. Sie entstehen aus der offenkundigen Verlegenheit eines Justizsystems, von dem wir letztlich nichts Geringeres verlangen als eine Entscheidung über ontologische oder philosophische Fragen, die zu klären der Gesellschaft selbst nicht gelingt. Diese Umleitung der Rechtsprechung, diese stillschweigende »Verlegung« der Demokratie auf die Justiz spricht Bände über das Ausmaß der kollektiven Ratlosigkeit.

Und die Medien sind das unfreiwillige Echo dieser Ratlosigkeit. Es bleibt ihnen ja nichts anderes übrig, als die wissenschaftlichen Fortschritte einen nach dem anderen abzuhandeln, in aller Hast, und dabei entweder der positivistischen Zauberwelt oder der düsteren Prophezeiung anheimzufallen. Es ist schwer vorstellbar, wie sich die demokratische Auseinandersetzung dieser Fragen annehmen sollte, solange unter den Intellektuellen oder in der politischen Elite ein durchsetzungsfähiger, tatkräftiger, eigensinniger Wille fehlt. Die Komplexität ist aber um so spürbarer, als die Informationen sich mit immer größerer Geschwindigkeit entwickeln. Die Forscher sind die ersten, die ihr mit den raschen Erfolgen ihrer Disziplin einhergehendes Unbehagen angesichts dieser mentalen Unordnung formulieren. So der belgische Genetiker Gilbert Vassart, der mit einem Anflug von Melancholie bekennt: »Das Schwindelgefühl rührt daher, daß man nicht alles lernen und die Daten nach und nach integrieren kann. Die Informationsmenge ist unmöglich zu verarbeiten. [...] Ob es wohl in naher Zukunft möglich sein wird, sie zu einem zusammenhängenden Ganzen zu fügen, dessen Wechselwirkungen wir begreifen können?«[20]

Dazu kommt die Heterogenität der Auffassungen in den verschiedenen europäischen Kulturen. Es sind grundsätzliche Divergenzen, über die in der Regel geschwiegen wird. Tatsächlich bringen die Fragen auf dem Gebiet der Bioethik nahezu unüberwindliche Widersprüche zwischen den europäischen Ländern zum Vorschein, zum Beispiel zwischen dem wissenschaftsgläubigeren Großbritannien und Deutschland, das angesichts seiner Vergangenheit auf Manipulationen des Lebens allergisch rea-

giert. Diese Widersprüche stellen *de facto* schon die bloße Vorstellung von gemeinsamen Werten, den Keim der Idee Europa,
in Frage. Das ist kein geringes Problem. »Die Divergenzen aufgrund unvereinbarer ethischer Auffassungen innerhalb Europas
sind so groß, daß sie sich zwangsläufig auf die Europäische
Union auswirken müssen. Da Wissenschaft und Moral wieder
einmal die Politik ins Wanken bringen, sind alle Voraussetzungen gegeben, daß wir kurz- und mittelfristig eine in der Geschichte der europäischen Institutionen ungewöhnliche Krise
erleben.«[21]
    Die Politik zieht es vorläufig vor, diese fundamentale Diskus-
sion zu lähmen, noch ehe sie ernsthaft begonnen hat. Der europäische Vogel Strauß vergräbt den Kopf im Sand. Wenn die Berufung auf die gemeinsamen Werte zum EU-Dogma und Ritual
geworden ist, sollte man dessen Inhalt lieber nicht allzu genau
prüfen. Die Geschichte könnte sich eines Tages dafür rächen.

Die Heftigkeit der Auseinandersetzung

Und was sollen wir von der verbalen Gewalt halten, die sich
breitmacht, sobald von Biologie oder Ethik die Rede ist? Falls
sie tatsächlich stattfinden, zeichnen sich die Debatten um Em-
bryonenstatus, Klonieren, Patentierbarkeit von Leben, Fortpflanzung oder Gentherapie durch eine Heftigkeit und einen Manichäismus aus, die so unversöhnlich sind wie die ideologischen
Schlachten früherer Zeiten. »Die Polemiken zwischen Anhängern und Gegnern der Biotechnologien erinnern sehr an ein
Zwiegespräch zwischen Schwerhörigen. Es hagelt Beschimp-
fungen, die gegenseitigen Unterstellungen wuchern.«[22] Aus der
Debatte wird Streit. Und was für ein Streit!
    Jeder neigt dazu, sich als Angehöriger einer Minderheit dar-
zustellen, die von einer feindseligen Mehrheit unterdrückt wird.

Die Fürsprecher der Wissenschaft protestieren regelmäßig gegen die »Ängste«, die »Ablehnung« oder die »Vorurteile«, die von den Medien, die sie weitertragen, noch geschürt würden. Ihre Widersacher, Ökologen oder kritische Forscher, halten die Wissenschaftsgläubigkeit und die moderne High-Tech-Wissenschaft für einen integralen Bestandteil der herrschenden Ideologie. So bemüht sich jeder, in der öffentlichen Meinung die Idee zu verankern, das Gute sei ganz auf der einen und das Böse ganz auf der anderen Seite, wobei natürlich beide Parteien überzeugt sind, auf der richtigen, der Seite des Guten zu stehen. Die Argumente zur Rolle der Medien sind derart deckungsgleich, daß es geradezu lächerlich ist. Ein Beispiel: »Es ist unanständig und sinnlos geworden«, schreibt ein berühmter Forscher, »die Antriebskräfte des Fortschritts zu kritisieren, als erwiese sich die Kritik als unhörbar, weil es nur eine einzige Perspektive gibt: immer noch schneller zu rennen als der Vorgänger oder der Nebenmann.«[23] Ein anderer Wissenschaftler scheint ihm aus der Ferne zu antworten; er wiederum empört sich über die herrschende Weltuntergangsstimmung. »Die verbreitete undifferenzierte Protesthaltung«, schreibt er, »geht häufig mit einer latenten Feindseligkeit gegen das Wissen als solches einher, selbstverständlich auf Kosten der elementarsten Objektivität.«[24]

Die Feindschaft, auch zwischen Forschern oder Intellektuellen, artet bisweilen in regelrechten Haß aus. Die einen werden als verantwortungslose Erben der NS-Ideologie verunglimpft, die anderen als zurückgebliebene Spiritualisten oder Dummköpfe, die sich gegen jeglichen Fortschritt wehrten und gleichgültig gegen das Leiden der Kranken seien, denen die Wissenschaft zu Hilfe eile. Und es stimmt ja, daß beide allzuoft bereit sind, ihre jeweilige Rolle anzunehmen. Auf das grundsätzliche Mißtrauen gegenüber der Wissenschaft (das unverwüstliche Motiv des Zauberlehrlings!) erfolgt der militante Haß des Religionsverfechters, der an die manichäistischen Grabenkämpfe des neunzehnten Jahrhunderts erinnert. Der Wissenschaftshistoriker André

Pichot schreibt in diesem Zusammenhang: »Diese kleine Welt hat, ohne sich dessen bewußt zu sein, das zu Beginn des Jahrhunderts gültige Schema wiederhergestellt: auf der einen Seite die rückschrittlichen katholischen Gegner, auf der anderen die Genetiker und ihre fortschrittlich gesinnten Anhänger (in der Regel Papstfeinde), denen sich insgeheim die NS-Theoretiker beigesellen, auch sie Anhänger der Eugenik.«[25]

Ein elender Streit. Dieselbe Heftigkeit prägt auch die unversöhnliche Auseinandersetzung über die Eugenik, die seit zehn Jahren beispielsweise den Genetiker Jacques Testart oder die Psychoanalytikerin Monette Vacquin auf der einen Seite und den Essayisten Pierre-André Taguieff auf der anderen entzweit. In jedem Fall gilt stets das Prinzip alles oder nichts: entweder eine glückliche Menschheit oder die Rückkehr der Nazis. Ein bipolares Denken setzt sich durch, das verkürzt und ressentimentgeladen zugleich ist. Diese absichtliche Verzerrung, die auf beiden Seiten betrieben wird, ist weder zufällig noch eine rhetorische Schwäche, sondern vielmehr Anzeichen eines Nachlassens der politischen und demokratischen Reflexion. Tatsächlich steht eine derart vernichtende Heftigkeit auf biologischem beziehungsweise naturwissenschaftlichem Gebiet in auffälligem Kontrast zum Konsens der Mehrheit und vor allem zu der schalen, weichen Gleichgültigkeit, die in wirtschaftlicher und sozialer Hinsicht heute inzwischen die Regel sind.

Kaum jemand, nicht einmal die Linke, kann heute noch gegen den Liberalismus oder die Marktwirtschaft argumentieren. Der Kampf der Ideologien wird nicht mehr auf deren angestammtem Terrain ausgetragen, sondern ist auf ein neues Gebiet ausgewichen: die Verheißung der Wissenschaft. Hier bringen sich anscheinend alle symbolisch gegenseitig um oder werfen mit Bannflüchen um sich. Das Problem ist, daß die Ideologie bei ihrer Abwanderung vom sozialen zum wissenschaftlichen Bereich, von der Wirtschaft zur Biologie ihre alte Erbitterung und ihren alten Dogmatismus mitgenommen hat. Anders ausgedrückt, die extreme Aggressivität der Debatte über die Sitten (im weiten Sinn) ist auch und vor allem das Symptom einer Schwäche des Denkens. Je wirrer die Gedanken, desto heftiger gerät man aneinander.

Wie denn auch anders? Die Fragen, die heute die Technowissenschaften an uns stellen, wurden eigentlich *noch gar nie gedacht*. Sie höhlen unsere gewohnten geistigen Kategorien aus, kündigen symbolische Verwerfungen an, verbreiten erkenntnistheoretischen Nebel und stellen damit eine gedankliche Herausforderung dar, die in der gesamten Menschheitsgeschichte vermutlich ohnegleichen ist. Gewiß ahnt oder begreift jeder von uns, daß eine derart einschneidende Veränderung neuartige Kräfteverhältnisse und wiederum neue Herrschaftsprozesse nach sich zieht. Wir spüren, daß sich ein »anderer« Raum der Politik öffnet. Aber diesen neuen Raum müssen wir zuallererst erkennen und ausleuchten, und davon sind wir noch weit entfernt.

Das Denken ist im Rückstand.

Wirtschaft, Informatik, Genetik: die drei Schwestern

An dem Rückstand ist ein Mißverständnis schuld, das uns die Entwicklung eines ziemlich abgedroschenen Begriffs recht klar vor Augen führt: »Globalisierung«. Diejenigen, die den Begriff verwenden, insbesondere die Journalisten und Politiker, sind untereinander oft nicht ganz einig, was er eigentlich bedeutet. Man meint damit ein Phänomen, eine »Revolution« rein wirtschaftlicher oder finanzieller Natur zu bezeichnen. Nichts wäre verlockender. In Wahrheit aber erleben wir *drei* Revolutionen gleichzeitig, deren Auswirkungen sich verbinden und potenzieren.

An erster Stelle natürlich die globale Wirtschaftsrevolution. Begonnen im neunzehnten Jahrhundert, nahm sie unmittelbar

nach dem Zusammenbruch des Kommunismus neuen Aufschwung. Sie bedeutet: beschleunigte Abschaffung der Grenzen,
Liberalisierung des Weltmarkts, Rückzug oder sogar Ausschaltung des Nationalstaats als Regulator der wirtschaftlichen Entwicklung. Diese Globalisierung hat den Geist (den Markt) aus
der Flasche (der Demokratie) befreit, in der er bisher eingesperrt
und gezähmt war. Unbestreitbar birgt sie Verheißungen, wie
einst die industrielle Revolution, aber sie ist auch genauso be-
drohlich. Die offensichtlichste – und endlos wiedergekäute –
Gefahr ist die fortschreitende Aushöhlung der Politik, das heißt
der Fähigkeit, kollektiv auf den Gang der Dinge einzuwirken.

Die zweite Revolution findet in der Informatik statt; sie begleitet die erste. Ihre hauptsächlichen Auswirkungen werden erst
jetzt allmählich spürbar. Das Wort »Informatik« wurde 1962 von
Philippe Dreyfus aus »Information« und »Automatik« gebildet
und bezeichnet auch die Wissenschaft, die der Computertech-
nik zugrunde liegt *(computer science*[26]*)*. Wir stehen noch ganz
am Anfang eines gigantischen Prozesses, der unser Verhältnis zu
Zeit und Raum von Grund auf verändert. Beide werden nach und
nach sozusagen außer Kraft gesetzt und durch eine gleichför-
mige, irreführende raumzeitliche Dimension ersetzt, die *virtuelle
Unmittelbarkeit*. Der Siegeszug der Informationstechnologie, des
Internet, des Cyberspace läßt vor unseren Augen einen »sech-
sten Kontinent« entstehen, der sich dadurch auszeichnet, daß er
nicht nur entterritorialisiert ist, sondern daß dort die Unmittelbarkeit regiert. Der virtuelle Raum ist nirgendwo und überall
zugleich. Er ist ungreifbar und, vorläufig jedenfalls, unbeherrsch-
bar. Aber genau dorthin, in diesen fremdartigen Kontinent, wandern alle menschlichen Aktivitäten eine nach der anderen aus:
Handel, Finanzwesen, Kultur, Kommunikation, Wirtschaft und
so weiter. Mit weiteren technologischen Durchbrüchen wird das
Migrationstempo noch zunehmen. Der Jurist Laurent Cohen-
Tanugi, Autor eines komplexen Essays zum Thema, bemerkt
dazu: »Die langfristigen Auswirkungen der Informations- und

Kommunikationstechnologie auf die sozialen Beziehungen, die Aneignung von Wissen und sogar auf den kognitiven Prozeß an sich sind schwierig einzuschätzen, zweifellos aber werden sie einschneidend sein.«[27] Im Augenblick stehen die Nationalstaaten und selbst die Demokratie noch ziemlich ratlos vor diesem neuen digitalen Kontinent, der einem Dschungel gleicht und allerlei Gefahren birgt. Welches Gewicht werden unsere internationalen Regeln, unsere Handelsabkommen, unsere Gesetze noch haben, wenn sie sich zunehmend in einer globalen Virtualität auflösen?

Die dritte Revolution, von der hier die Rede ist, die genetische, fügt sich in die Logik der beiden ersten ein und gehorcht deren Schubkraft. Sie ist nur in diesem Rahmen zu verstehen.

Aber noch analysieren wir diese drei Umwälzungen getrennt voneinander. Wir wägen die damit einhergehenden Verheißungen gegen die jeweiligen Gefahren ab. Wir polemisieren über die speziellen Alternativen, die mit der Genetik, der freien Marktwirtschaft, der digitalen Kombinatorik verbunden sind. Man kann sagen, daß der gesamte Reflexionsapparat von dieser Fragmentierung des Denkens – Universitätsdisziplinen, Parzellierung des Wissens, Spezialisierung der Forscher und der Wissenschaftsjournalisten – noch gelähmt ist. Die Wirtschaftswissenschaftler halten Vorträge über die Globalisierung und ihre eventuelle Regulierung, wagen sich aber selten mit ihrem begrifflichen Instrumentarium auf das Terrain der Biotechnologien vor. Den Genetikern und den »Ethikern« fehlt es gelegentlich an den erforderlichen Kompetenzen – auch am Mut –, um über die Deregulierung der Wirtschaft oder die symbolischen Wirbelstürme nachzudenken, die mit der Revolution der Informationstechnologie einhergehen. Die Informatiker wiederum haben mit ihren eigenen Forschungen viel zuviel zu tun, als daß sie sich mit der gefährlichen Vorherrschaft des Marktes oder der Flucht nach vorn der Biotechnologien beschäftigen könnten.

Dasselbe Phänomen können wir bei den Medien feststellen, die

die öffentliche Meinung bestimmen. Die Wirtschaft, die Informatik, die Genetik gehören nach wie vor in drei unterschiedliche
Rubriken und werden getrennt voneinander behandelt. Gern
wird die »faszinierende« Geographie dieser neuen Territorien
beschrieben, doch für die Verbindungswege zwischen ihnen interessiert sich kaum jemand. Jeder schmort mehr oder minder
im eigenen Saft. Dies führt zu einer Zersplitterung des Denkens,
zu einer Stückelung der Ideen, die katastrophale Folgen hat. Solange jeder nur auf seiner Parzelle sitzt, ist jeder Versuch einer
Analyse unvollständig und wirkungslos. Solange wir uns so verhalten, bleiben wir, um eine Formulierung aufzugreifen, die der
große Theologe Karl Rahner einst gebrauchte, aus freien Stük-
ken »gelehrte Dummköpfe« und »Fachidioten«, die im Zustand
»gelehrter Unwissenheit« verharren.[28]

Warum? Weil diese drei verschwisterten Revolutionen in
Wahrheit bereits ein System bilden und weil es oberflächlich ist,
sie getrennt voneinander zu betrachten. »Es ist wahrscheinlich,
daß die Historiker in einigen Jahrzehnten nur noch von einer
einzigen Revolution sprechen werden, deren Verwandlungen und
Anwendungen dieselben Charakteristika aufweisen: Stromauf-
wärts sind sie alle mit wissens- und kapitalintensiven Industrien
verbunden [...]; stromabwärts tragen sie alle zu demselben Phänomen der Entmaterialisierung bei, das die postindustriellen
Gesellschaften definiert.«[29] Wir beginnen erst allmählich zu begreifen, daß die Hauptprobleme, die unmittelbarsten Risiken, die
wahren Gründe zur Besorgnis nicht mit der einen oder der anderen Revolution verbunden sind, sondern *in der Wechselwirkung der drei miteinander, den unkontrollierten Interferenzen
zwischen ihnen, der unangemessenen Beschleunigung der einen
unter der treibenden Wirkung der beiden anderen* liegen.

Um ein Beispiel zu nennen: Problematisch sind nicht unbedingt die Neurowissenschaften oder die Genetik als solche, sondern die Bevormundung der beiden Disziplinen durch ein keiner Kontrolle unterliegendes Profitdenken. Nicht der Markt an

sich ist gefährlich, sondern die verheerende Anwendung seiner Prinzipien auf bestimmte Gebiete, beispielsweise die Biotechnologien, die eigentlich in die Zuständigkeit des politischen Willens und der moralischen Regulierung gehören. Anders ausgedrückt, das wirtschaftliche Dogma läßt das genetische Dogma gefährlich werden, und dieses wiederum macht das informationstechnologische Dogma potentiell furchterregend. Das gilt auch umgekehrt. Und so weiter.

Die Zusammenführung der Begriffe und Ideen ist eine der vordringlichsten Aufgaben, die sich uns heute stellen. Die Gewichtigkeit der Veränderungen verpflichtet uns, wenn wir sie verstehen und kontrollieren wollen, zu einem unbedingt fachübergreifenden Denken. Wir müssen lernen, diese drei historischen Revolutionen *zusammenzudenken.*

Triumph des Busineß

Das augenfälligste Beispiel dieser verheerenden Wechselwirkung haben wir bereits kurz erwähnt: die Verbindung zwischen der biogenetischen Revolution und der neuen Allmacht des Marktes. Vor gut fünfzehn Jahren wies ein amerikanischer Kongreßabgeordneter nicht ohne Humor auf die wahre Natur des Problems hin. Das Gefährlichste, schrieb er im Zusammenhang mit der biologischen Revolution, sei nicht, daß wir den Baum der Erkenntnis entdeckt, sondern daß wir ihn an die Wall Street verkauft hätten.[30]

Eine warnende Ironie, in der Tat. Heute, während wir mit großem Ernst ethische Fragen diskutieren, während wir von Fall zu Fall vorsichtig Gesetze zu erlassen versuchen, entsteht überall auf der Welt eine mächtige biotechnologische Industrie, die einzig und allein vom Gewinnstreben geleitet wird. Sie profitiert von der Tag für Tag zunehmenden Schwäche der Politik. Sie bedient sich der allgemeinen Deregulierung und Privatisierung, um eine Macht und eine Autonomie zu erlangen, wie man sie in der Geschichte bisher nicht oft erlebt hat.

Im Fall der Genetik ist diese Machtanhäufung beängstigend: Die genetische Biologie ist ja ohnehin schon ein riesiges Geschäft und Gegenstand eines erbitterten internationalen Wettlaufs. Die amerikanische Presse vergleicht diesen Industrieboom regelmäßig mit dem Goldrausch des neunzehnten Jahrhunderts. Für das zu erwartende Vermögen ist bereits der den »Petrodollars«, die nach den Ölschocks von 1974 und 1979 flossen, nachgebildete Begriff »Genodollars« aufgekommen. Auf diesem riesigen Markt, der lange von den USA beherrscht wurde, betätigen sich heute auch neue, ungeduldige Akteure, zumeist aus den entwickelten Ländern: Großbritannien, Deutschland, Frankreich, aber auch Brasilien und Indien. Im November 2000 gab es in den USA Tausende von Biotechnologieunternehmen, dreihundert allein im Ostküsten-Bundesstaat Maryland. Großbritannien, das unter den europäischen Ländern an erster Stelle steht, zählt bereits 560 Firmen: mehr als die Hälfte aller vergleichbaren Unternehmen auf dem Kontinent. Frankreich hat seinerseits in Évry ein Zentrum der biotechnologischen Forschung geschaffen, das bereits als das französische *Genetic Valley* gilt. In Indien treibt die Regierung seit 1986 die biotechnologische Forschung voran, hat ein eigenes Ministerium dafür eingerichtet und fördert die Universitätsausbildung der Forscher.

Das sind nur ein paar Beispiele. Jeder entwickelte Staat fühlt sich verpflichtet, an dem Wettlauf teilzunehmen. Jeder will auf den neuen Märkten präsent sein, und alle tragen dazu bei, das Tempo zu beschleunigen. Alle ethischen Bedenken, alle moralischen Befürchtungen, alle Appelle an die Vernunft werden als Behinderungen zurückgewiesen. Das ist schon ein sehr deutlicher Beweis dafür, daß die Sachzwänge des Busineß über moralische Erwägungen weitgehend die Oberhand gewinnen. Eine Entwicklung jagt die nächste. Bezeichnend ist der Fall Deutsch-

land. Traditionell zurückhaltend auf dem Gebiet der Biotechnologien, ist es unter dem Druck der internationalen Konkurrenz
inzwischen ebenfalls »ins Geschäft« eingestiegen.[31]

Angesichts eines Booms von diesem Ausmaß wiegen humanitäre Argumente nicht besonders schwer, und dies nicht nur wegen eines Kräfteverhältnisses, das sich inzwischen zum Nachteil
der demokratischen Prozedur verkehrt hat. Zwischen der moralischen Besorgnis über die ungeheure *Grenzüberschreitung* in der
Genetik und dem neuen Wirtschaftsliberalismus besteht ein im-
manenter Widerspruch: auf der einen Seite ein Bedarf an Regeln,
Maßhaltung, gesetzlichen Rahmen, gedanklicher Auseinandersetzung; und auf der anderen die industrielle und wirtschaftliche
Hast, die allein vom Konkurrenzprinzip diktiert wird. Unter
diesen Umständen sieht sich der Gesetzgeber häufig veranlaßt,
eine Sachlage in bescheidenem Umfang zu bestätigen, während
er gleichzeitig, allerdings unausgesprochen, darauf verzichtet,
dauerhafte Normen oder Verbote zu erlassen. Manche Juristen
halten diese neue Schwäche des Gesetzes, die Durchlässigkeit der
Grenzen für besorgniserregend. Nach ihrer Auffassung steht das
Gesetz heute »vor einem anonymen Prozeß wissenschaftlicher,
industrieller und technischer Entwicklung, der mit beunruhigender Macht und beinahe selbsttätig abläuft«[32]. Die Zeit, als der
französische Nationale Ethikrat mit großem Ernst das Eindringen merkantiler Interessen in den Bereich der Biologie anprangerte, scheint sehr weit zurückzuliegen (es war im Jahr 1987);
in seinem Bericht hieß es damals: »Die möglichen Faktoren für
mangelnden Respekt vor dem Menschen mögen weltweit zahlreich sein [...], bei uns aber ist kein Faktor so allgegenwärtig
und allmächtig wie das Geld.«[33]

Damit nicht genug. Auf dem Gebiet der Biotechnologien sind
die Fortschritte in der Forschung selbst sowie die Verkündung
neuer Entdeckungen weitgehend von den in Realzeit erfolgen-
den Reaktionen des Marktes bestimmt. Man wußte, daß die
Bekanntgabe der erfolgreichen Klonierung des Schafs Dolly

am 23. Februar 1997 den Aktienkurs des Unternehmens PPL Therapeutics an der Londoner Börse um 56,7 Prozentpunkte in die Höhe trieb. Diese direkte Verbindung zwischen Börsenkurs und wissenschaftlicher Entdeckung (oder Pseudoentdeckung) zu betonen ist inzwischen gängige Medienpraxis geworden. Am 14. März 2000 gab dieselbe britische Firma PPL die Geburt von fünf geklonten Ferkeln bekannt, und ihre Aktien stiegen augenblicklich um mehr als 50 Prozent. In Frankreich verdreifachte sich der Aktienkurs des Unternehmens Transgène im ersten Halbjahr 2000, der Kurs der Firma Genset verdoppelte sich. In Frankfurt erzielte den größten Wertzuwachs im selben Zeitraum das Biotechnologieunternehmen Morphosys, dessen Aktienkurs auf das Elffache stieg! Umgekehrt fielen die Aktien von Celera Genomics im Herbst 2000 um 25 Prozent, nachdem sich Tony Blair und Bill Clinton gegen die Patentierung des menschlichen Genoms ausgesprochen hatten.

Man kann sich fragen, was vom Berufsethos der Wissenschaftler geblieben ist, wieviel überhaupt noch von der Vernunft übrig ist, wenn die Forschung einer derart extravaganten Logik der Medien und der Börse gehorcht. »Die aufsehenerregend inszenierte Bekanntgabe der erfolgreichen Sequenzierung des menschlichen Genoms, mit der die Biotechnologieunternehmen an die Öffentlichkeit traten«, stellt ein belgischer Genetiker fest, »hatte nur den einen Zweck, den Aktienkurs in die Höhe zu treiben.«[34] Man könnte hinzufügen, daß die berühmte Sequenzierung des menschlichen Genoms, die in den Medien als noch sensationellerer Erfolg dargestellt wurde als die Eroberung des Weltraums, Gegenstand eines gnadenlosen Wettkampfs an der Grenze zur Unlauterkeit zwischen dem öffentlichen finanzierten Programm HUGO und der privaten Offensive des amerikanischen Labors Celera Genomics des kalifornischen Biochemikers und Geschäftsmanns Craig Venter war, der sich für den Bill Gates der Gene hält. Venter hat es geschafft, jedenfalls teilweise, die Hand auf das entschlüsselte Genom zu legen, und kann bald mit der Kommerzialisierung seiner Lizenzen beginnen. In den USA lösen seine Methoden, eine Mischung aus Geschwindigkeit und gezielt gestreuten Prognosen, leidenschaftliche Polemiken aus. Tatsächlich sind sie nur der vorläufige Höhepunkt einer merkantilen Logik, die inzwischen die Regel ist. Die lautstarke – und medienwirksam inszenierte – Bekanntgabe der erfolgreichen Entschlüsselung des menschlichen Genoms im Februar 2001 war ein perfektes Beispiel für die euphorisierende Wirkung eines Spektakels, in dem die echte Wissenschaft unhörbar wird.

Wie könnten sich in einem derart aufgeheizten Klima minimale Vorsicht, Ethik, ja der gesunde Menschenverstand noch durchsetzen, zumal wenn die Sensationsberichterstattung mit reißerischen Schlagzeilen wie »Unsere Gene sind Gold wert«[35] das Ihre dazu beiträgt? In Wahrheit verändert sich, ohne daß wir uns darüber im klaren sind, die Art und Weise, wie wissenschaftliche Entdeckungen gewonnen werden, nämlich nicht mehr aufgrund von »Streben nach Erkenntnis« (definitionsgemäß akademisch bestätigt und uneigennützig), sondern in Abhängigkeit von den »Bedürfnissen« der Industrie und der Verbraucher.

Käufliche Wissenschaft

Die Kontamination der genetischen Revolution durch die neoliberale Revolution der Wirtschaft reicht also viel tiefer, als wir uns vorstellen. Die Nachwirkungen dieser Kollision untergraben nach und nach das Wesen und die Organisation der wissenschaftlichen Forschung, den Status des Wissens. Daß zum Beispiel ein Forscher heute zugleich als Unternehmer agiert, ist bereits gang und gäbe. Immer mehr Hochschulabsolventen wollen ihre eventuellen Entdeckungen selbst vermarkten. So setzt sich mit der Zeit eine ständige Lüge fest. Auf der einen Seite, als Wissenschaftler, preisen sie die »großartigen« Verheißungen der Genetik, und auf der anderen Seite treten sie als Geschäftsleute auf und gründen ihr eigenes biotechnologisches Unternehmen, das sofort an der Börse gehandelt wird. Fortüne des Forschers und Ruin des Wortes.

Ein Beispiel ist Chris Evans, der britische Mikrobiologe, der siebzehn Unternehmen gegründet hat, 1998 mit Merlin Ventures auf den Markt kam und natürlich ein Vermögen machte. (Ethische Bedenken pflegt Evans verächtlich vom Tisch zu wischen, indem er versichert, daß die Biotechnologien in allen Fällen »nur Gutes bewirken«. Selbstverständlich!) Ein anderes Beispiel ist der französische Genetiker Daniel Cohen, Autor eines karikaturesk optimistischen Buches,[36] der zusammen mit den beiden Unternehmensgründern Pascal Brandys und Marc Vasseur 7 Prozent des Kapitals der Firma Genset besitzt, deren Börsenkapitalisierung im Juli 2000 rund vier Milliarden Franc betrug.[37] Kann angesichts dieses inzestuösen Verhältnisses zwischen Unternehmertum und Forschung noch von Wissenschaft, von Erkenntnis die Rede sein?

Man wende nun nicht ein, solche Befürchtungen entsprängen einer anachronistischen, technikfeindlichen oder »linken« Sturheit! Sogar die *New York Times* äußert immer öfter Bedenken angesichts dieser Fehlentwicklung: »Aus den Forschern sind Investoren geworden«, schreibt sie, »und aus den Investoren Erfinder. Uneigennützige Wissenschaftler, für die das Ergebnis einer Studie sich nicht finanziell niederschlägt, sind heutzutage eine Seltenheit.«[38] Eine amerikanische Universitätsprofessorin und angesehene Genetikerin empört sich über die »verheerenden Folgen der privatwirtschaftlichen Einflußnahme auf die wissenschaftliche Forschung«. »Die Genetik«, sagt sie, »stellt heute ein ideales Sprungbrett für alle dar, die reich werden wollen. Für die Grundlagenforschung hingegen, die doch unverzichtbar ist, interessiert sich kaum noch jemand.«[39] Ein französischer Forscher bekennt seine Bestürzung über die Instrumentalisierung der Forschung durch das Streben nach Profit und fügt hinzu: »Bei öffentlichen Ausschreibungen interessieren sich die Jurys oder Auswahlkommissionen nicht im geringsten dafür, ob die Forscher ethische Fragen stellen. Sie prüfen lediglich, ob ein Markt vorhanden ist, ob es Publikationen mit internationaler Valorisierung gibt!«[40] Solche Aussagen könnten wir endlos aufzählen. Bemerkenswert ist dabei, daß sie weder aus wissenschaftsfeindlichen Kreisen noch von vergeistigten Moralaposteln oder einer obskurantistischen Minderheit stammen, sondern mitten aus der wissenschaftlichen Gemeinde kommen.

All diesen Beispielen für die heimliche Absprache zwischen liberalem und wissenschaftlichem Dogmatismus ließen sich weitere hinzufügen, die wiederum die informationstechnologische Revolution ins Spiel bringen. Vermutlich haben die meisten von uns keine umfassende Vorstellung davon, was sich in Sachen Genetik im Internet tut. Zufällige Entdeckungen hier und dort sind besorgniserregend genug: Der Jagd nach Profit bietet das Internet nicht nur den virtuellen Zugang zum weltweiten Markt, sondern auch die Möglichkeit, nationale Gesetze vollständig zu umgehen. Und dies in einem Klima unverhohlener Allmachtsphantasien. Auf manchen Webseiten kann man bereits Ei- oder Samenzellen von »genetisch hochwertigen« Spendern bestellen, um das ideale Baby »herzustellen«. Das amerikanische Unternehmen Fairfax Cryobank mit Sitz in Kalifornien bietet auf seiner Site leistungsfähige Gameten zu variablen Preisen je nach sozialem und intellektuellem Status des Spenders an (das teuerste Sperma – 250 Dollar – stammt von Hochschulabsolventen mit dem akademischen Grad Ph. D.).[41]

Die Verschachtelung von Kategorien und Zielen, die törichte Tyrannei des Marktes über die Definition des Wissens, der Börsenrausch, der die besten Köpfe erfaßt – nichts davon dürfen wir aus den Augen verlieren, wenn wir über die biolithische Revolution nachdenken. Es gilt, eine globale kritische Reflexion auszuarbeiten. Wir brauchen eine entschieden fachübergreifende Analyse. Andernfalls wird sich zwischen den gelehrten bioethi-

schen Debatten und der zynischen Brutalität der Wirklichkeit
ein lächerlicher Graben auftun. Die Frage ist, ob wir bereit sind,
die Definition des *Menschen* dem verdummenden Taumel eines
»Prozesses ohne Subjekt« zu opfern, eines Prozesses, mit dem
der Strukturalismus zu Recht einst versuchte, den Tod des Menschen zu verkünden – das heißt das sang- und klanglose Verschwinden des Prinzips Mensch.

Diese pessimistische Hypothese will dieses Buch untersuchen.
In aller Ruhe.

ERSTER TEIL

Die bedrängte Menschheit

KAPITEL 2

Der Mensch nicht mehr
als ein Tier?

>»Der Mensch ist nicht deshalb menschlich gewor-
den, weil er mit dem Tier gebrochen hat, und er vermehrt seine Menschlichkeit erheblich, wenn er seinen Frieden mit ihm macht. Wir müssen das Tier
zuallererst als Gast im Haus des Menschen betrachten.«
>   DOMINIQUE LESTEL[1]

Eine neue Sensibilität durchzieht unsere Zeit. Eine aufrüttelnde
Überzeugung greift um sich: Letztlich seien wir gar nicht so verschieden von »unseren Freunden«, den Tieren. Wenn der Diskurs
in den Medien ein guter Indikator der herrschenden Meinung
ist, so ist der Gemeinplatz, der täglich kolportiert, wiederholt,
hinausposaunt wird, unüberhörbar: Der Mensch ist ein Tier wie
alle anderen. Oder: Wir haben Unrecht, den tierischen Anteil in
uns zu leugnen. Neben dieser vorgeblichen und endlos beschworenen Gewißheit wird die kategorische Auffassung vertreten, die
Tiere seien treuer, zärtlicher, weniger durchtrieben als die Menschen und so weiter. In unseren Städten und auf unseren Bahn-
höfen ist der Anblick ausgehungerter Außenseiter, die neben
ihrem Hund, dem Gefährten in der Not und der letzten emotionalen Zuflucht, auf dem Boden hingestreckt liegen, beredter
Ausdruck einer verzweifelten Gemeinschaft.

Wir müssen die Phänomene der öffentlichen Meinung ernst
nehmen. Dieses Phänomen spricht zunächst von einem neuen
Wohlwollen gegenüber den Tieren, einer Bewegung, die alle entwickelten Gesellschaften erfaßt und die zu verurteilen dumm
wäre. Nie zuvor in seiner Geschichte hat der Mensch soviel Mit-

gefühl mit dem Leiden nichtmenschlicher Wesen gezeigt. Nie hat
er Mißhandlungen oder Grausamkeit gegen Tiere so sehr miß-
billigt, daß Tierquälerei inzwischen in vielen Ländern unter Strafe
steht. Und nie hat das Haustier einen so wichtigen Platz in unserem Leben eingenommen. In Frankreich zum Beispiel gab es
im Jahr 1977 zweiundvierzig Millionen Haustiere. Jedes Jahr
kommen 750 000 französische Babys zur Welt, aber mehr als
eine Million Welpen. Die Franzosen geben mehr Geld für ihre
Haustiere aus (20 Milliarden Franc 1997) als für den Kauf von
Büchern. Im Schnitt kostet ein Hund seinen Besitzer jährlich rund
300 Euro, eine Katze über 150.

Hinzu kommt eine starke Zunahme von Hundekliniken,
Hundepflegesalons, Tierfriedhöfen und so weiter. In Frankreich
gibt es außerdem rund zwanzig Tierkrematorien. Für Tierquäler
sieht der Gesetzgeber immer strengere Strafen vor. Das neue französische Tierschutzgesetz vom 10. Juli 1976 erkennt das Tier ausdrücklich als »empfindungsfähiges Wesen« an und erweitert damit das berühmte Grammont-Gesetz aus dem Jahr 1850, mit dem
zum ersten Mal in Frankreich die öffentliche Mißhandlung von
Haustieren, insbesondere Pferden, verboten wurde. Die Fürsorglichkeit des Gesetzgebers geht inzwischen derart ins Detail, daß
beispielsweise ein Ministerialerlaß die Mindestlänge der Kette
für Kettenhunde auf zwei Meter fünfzig festgelegt hat. 1996 wurde im französischen Ministerrat die Frage erörtert, ob die Schaffung von Zentren zur kostenlosen medizinischen Versorgung der
Haustiere notleidender Personen angebracht sei.[2] Die instinktive Gleichsetzung von Haustieren und gewöhnlichen »Staats-
bürgern und Verbrauchern« mündet mitunter in einen recht komischen soziologischen Nachahmungstrieb, etwa wenn wir aus
der Statistik erfahren, daß 40 Prozent der amerikanischen Haus-
hunde fettleibig sind!

Dieses neue Wohlwollen gegenüber Tieren bringt es mit sich,
daß die öffentliche Meinung bestimmte traditionelle Aktivitäten
wie die Jagd oder den Stierkampf für zunehmend untragbar hält.

Dem Schutz der Vögel, der Stiere, der großen Raubtiere gilt heute ein uneingeschränktes *politisches* Engagement. Auf diesem Gebiet hat sich die kollektive Sensibilität enorm erhöht. Der Biologe Axel Kahn berichtet, er habe nach einer TV-Sendung von Christophe Dechavanne, *Ciel mon mardi!*, bei der er gewisse militante Extreme des Tierschutzes angeprangert hatte, Polizeischutz benötigt. Wie auch immer, die Rechte der Tiere sind ein wichtiges Anliegen geworden, das nicht nur die entwickelten Gesellschaften beschäftigt, sondern die gesamte internationale Gemeinschaft.

Ein Zeichen von vielen: die Verabschiedung einer »Universellen Erklärung der Tierrechte« am 15. Oktober 1978 durch die UNESCO: »Alle Tiere werden dem Leben gegenüber gleich geboren und haben die gleichen Existenzrechte.« Diese Erklärung ist in ihrer Formulierung so unverblümt, daß sie von Philosophen und Juristen Kritik, sogar Hohn erntete, nicht wegen ihrer Beweggründe, sondern wegen des bewußten Anthropomorphismus in Artikel 1, der unverkennbar der universellen Erklärung der Menschenrechte nachgebildet ist.[3]

Ob formal kritikwürdig oder nicht, war diese Erklärung jedenfalls Ausdruck eines Phänomens, das wir nicht unterschätzen dürfen: die große Bedeutung, die heute nicht nur der juristische Schutz, sondern generell die »Sache der Tiere« gewonnen hat. Die amerikanischen und deutschen Überlegungen zu dem Thema, bemerkt der Philosoph Luc Ferry, seien inzwischen so zahlreich, daß »zu ihrer kritischen Würdigung jüngst eine Bibliographie von über sechshundert Seiten erforderlich war«[4].

Mit den Affen tanzen

Das neuartige Wohlwollen, die erhöhte Sensibilität unserer Gesellschaft für das Leiden und die Rechte der Tiere sind nicht das
Ergebnis einer historischen »Freundlichkeit«. Ihre Fundamente
liegen tiefer, auch wenn wir es manchmal nicht klar erkennen:
Sie beruhen auf detaillierten und völlig neuen wissenschaftlichen
Erkenntnissen. Wir besitzen heute ein Verständnis des Lebens
und seiner Abläufe, das unseren früheren Vorurteilen den Boden
entzieht. Wir wissen unendlich viel mehr über die Tiere als früher. Und das neue Wissen wirft Fragen auf, die uns zumindest
in Verlegenheit bringen, weil sie Denkkategorien in Zweifel ziehen und »Grenzen« aufheben, die wir früher für unveränderlich
hielten – zum Beispiel die aristotelischen und platonischen Kriterien, denen zufolge der Mensch als einziger der Sprache mächtig oder das einzige »politische Wesen«, das heißt einer Kultur
fähig sei. (Für Aristoteles und Platon steht der Mensch zweifellos den Göttern näher als den Tieren.) Noch ein Beispiel: die
mittlerweile widerlegte Überzeugung der alten Naturforscher,
wonach der Werkzeuggebrauch ausschließlich dem Menschen
vorbehalten sei *(homo faber).*

Alle diese Kategorien sind heute brüchig geworden. Die erste
Lektion erteilt uns die Ethologie, die Wissenschaft vom Verhalten der Tiere in ihrer natürlichen Umgebung. So erfahren wir
etwa, daß manche Tierspezies »intelligentes Verhalten« von einer
Generation an die nächste weitergibt. Es ist bekannt, daß die
normalen Schimpansen *(Pan troglodytes)* ebenso wie die Zwerg-
schimpansen oder Bonobo *(Pan paniscus)* Gegenstände und
Dienstleistungen tauschen, Werkzeuge gebrauchen, sich mit Ge-
bärden verständigen, Jagdstrategien entwickeln, zielbewußt und
einsichtig ihre Jungen erziehen. Noch erstaunlicher: Bei ein und
derselben Spezies treten territorial unterschiedliche Verhaltensweisen auf. Die Primatenforscher sprechen in diesem Zusam-

menhang von unterschiedlichen Kulturen, und manche Anthropologen fordern regelrechte ethnographische Untersuchungen
über verschiedene Schimpansengruppen.[5] Ohne die Verhältnismäßigkeit aus den Augen zu verlieren, können wir also auch im
Tierreich von einer gewissen »kulturellen Vielfalt« sprechen.

Wir wissen auch, daß der Werkzeuggebrauch viel verbreite-
ter und systematischer ist, als wir uns früher vorstellen konnten,
nicht nur bei den Menschenaffen, nicht einmal ausschließlich bei
den Säugetieren: Zahlreiche weitere Spezies sind dazu in der
Lage, darunter auch manche Insektenarten. Die von G. Peckham
und E. Peckham 1898 beschriebene solitäre nordamerikanische
Wespe zum Beispiel ergreift mit ihrem Unterkiefer kleine Kie-
selsteine und klopft damit die Erde rund um ihre eingegrabenen
Eier fest. Der berühmte Galapagos-Fink benutzt zehn bis zwanzig Zentimeter lange Kiefernnadeln oder Kaktusstacheln, um
damit Insektenlarven aus der Rinde von Bäumen hervorzusto-
chern. Der Fischotter schließlich legt sich, wie von K. Hall und
G. B. Schaller 1964 beobachtet, einen Stein auf den Bauch und
öffnet damit Muschelschalen.[6]

Und die Sprache? Schon vor Jahrzehnten haben Primatenforscher höchst beeindruckende Sprachexperimente mit Menschenaffen durchgeführt und ihnen die Gebärdensprache der
Gehörlosen beigebracht, wobei sich erwies, daß Menschenaffen,
Schimpansen vor allem, imstande sind, sich mehrere hundert
Wörter anzueignen und korrekt zu gebrauchen.[7] Außerdem drük-
ken sie, wie die Verhaltensforscher nachgewiesen haben, Empfindungen aus, die man nicht anders als Gefühle bezeichnen
kann: Freude, Trauer, Mitleid. So wurden Schimpansen beobachtet, die sich fürsorglich um verletzte oder behinderte Artgenossen kümmern oder einen Freudentanz aufführen, wenn endlich
der langersehnte Regen einsetzt. Solche und andere Erkenntnisse
machen das Engagement der meisten Verhaltensforscher für die
Rechte der Tiere verständlich.

Das Zusammenleben mit den Tieren über lange Phasen der

Beobachtung hinweg läßt aus Wissenschaftlern – sehr zu Recht! – wachsame Anwälte der Tiere werden. So wechseln sie ganz natürlich von der beobachtenden Verhaltensforschung zum sehr anerkennenswerten ökologischen Engagement. Die berühmtesten Beispiele sind Diane Fossey, die dreizehn Jahre, bis zu ihrem gewaltsamen Tod im Jahr 1985, bei den afrikanischen Gorillas lebte, Jane Goodall, die unermüdliche Fürsprecherin »ihrer« Schimpansen, oder Shirley Strum, die mitfühlende Beobachterin der Paviane in Kenia.

Vor allem wird das Leiden der Tiere heute selbstverständlicher zur Kenntnis genommen als je zuvor. Einer der ersten, der öffentlich darauf hinwies, war der britische Moralist und Jurist Jeremy Bentham (1748–1832), mit Henry Salt der Begründer des Utilitarismus, der den Status der Tiere in der Gesellschaft mit der Ausbeutung und Mißhandlung von Sklaven verglich. In einem berühmten Text schrieb Bentham in diesem Zusammenhang: »Es gibt gute Gründe, die Thiere zur Nahrung der Menschen dienen zu lassen […], denn sie haben nicht, wie wir, jene langsamen und grausamen Vorgefühle des Zukünftigen, und der Tod […] möchte wohl immer weniger schmerzhaft sein als derjenige, der sie im unvermeidlichen Verlaufe der Natur erwartet. Aber wie kann man die zwecklose Qual rechtfertigen, die man sie leiden läßt; die grausamen Launen, die man an ihnen übt.«[8]

Das zentrale Dogma

Zu all diesen Beobachtungen aus der Verhaltensforschung kommen die Erkenntnisse aus der Genetik und den kognitiven Wissenschaften, die vielleicht noch verwirrender sind. Schon vor über dreißig Jahren registrierte Jacques Monod eine vollständige Verwandlung unserer Auffassung vom Leben. 1970 schrieb er: »Wir wissen heute, daß die chemischen Prozesse von der Bakterie bis zum Menschen im wesentlichen dieselben sind, in ihren Strukturen ebenso wie in ihrer Funktion.«[9] Dem »zentralen Dogma«, wie Francis Crick sagte, der mit James Watson die Doppelhelixstruktur der DNS entdeckt hat, können wir uns heute nicht mehr verschließen: Demnach ist die Desoxyribonukleinsäure die kleinste strukturelle Einheit alles Lebendigen; von der Bakterie bis zum Menschen, vom Elefanten bis zur Blaumeise »funktioniert« jedes Lebewesen aufgrund der gleichen, nur in ihrer jeweiligen Zusammensetzung unterschiedenen Säure.

Die gründlicheren Kenntnisse der Biologie, über die wir dank der Genetik heute verfügen, enthüllen uns eine immer größere Ähnlichkeit, ja eine molekulare Identität der Grundstrukturen aller Lebewesen. »Die DNA- und RNA-Moleküle bestehen aus denselben Elementen und enthalten ihre Informationen entsprechend denselben Codesequenzen (bis auf wenige Ausnahmen), von der Bakterie bis zum Menschen.«[10] Theoretisch offenbart uns das zentrale Dogma – unter anderem – eine unvermutete genetische Verwandtschaft zwischen dem Menschen und den höheren Primaten. Tatsächlich haben wir mehr als 96 Prozent der Gene mit dem Gorilla und dem Schimpansen gemeinsam.

In dieselbe Richtung weisen die Entdeckungen der kognitiven Wissenschaften.[11] Demnach erfolgen die Aneignung von Wissen, die Entstehung der neurologischen Strukturen im Gehirn und ihre Funktionsweise bei den verschiedenen Spezies auf sehr ähnliche Weise. Die Abläufe im menschlichen Gehirn sind komplexer, aber ihrem Wesen nach dieselben wie bei den Tieren. Das erklärte Ziel der kognitiven Wissenschaften beschreibt Dominique Bourg mit den treffenden Worten: »Das gemeinsame Programm der kognitiven Wissenschaften besteht darin, kognitive Strategien, gleichgültig, ob es sich dabei um künstliche, tierische oder menschliche Intelligenz handelt, in allgemeinen Begriffen darzustellen.«[12] So hat die gesamte Wissenschaft die Tendenz, nach und nach die theoretischen Barrieren abzutragen, die das allgemeine Verständnis und die Tradition zwischen dem Men-

schen und den übrigen Lebewesen errichtet hatten. Unter diesen
Umständen ist natürlich »die Vorstellung eines grundsätzlichen
Unterschieds zwischen Mensch und Tier kaum noch haltbar; die
Kontinuität zwischen den verschiedenen Spezies offenbart sich
deutlicher denn je«[13].

Zu dem von Grund auf verwandelten wissenschaftlichen Klima kommt eine mittlerweile verallgemeinerte Praxis wie die
Xenotransplantation, also die Verpflanzung von tierischen Zellen oder Organen auf den Menschen zu therapeutischen Zwek-
ken, deren symbolische Bedeutung sehr viel größer ist – und sein
wird –, als wir uns vorstellen. Die erste Xenotransplantation erfolgte bereits vor einem Jahrhundert: 1902 setzte Emerich Ull-
mann zum ersten Mal einer Patientin eine Schweineniere ein.
Doch erst in den sechziger Jahren wurde daraus eine allgemeine
Praxis, die seit zwanzig Jahren gang und gäbe ist. Inzwischen
hat die Wissenschaft noch viel mehr erreicht: Durch genetische
Manipulation ist es möglich geworden, auf Zellkernebene eine
regelrechte Kreuzung zwischen Mensch und Tier vorzunehmen:
Zum Beispiel werden menschliche Gene in Zuchtforellen eingesetzt, um deren Wachstum zu beschleunigen. Und das ist erst
der Anfang. Wie Hervé Kempf bemerkt, »steht eine noch viel
engere Zusammenarbeit [zwischen Mensch und Tier] bevor: Die
Tiere werden mit den Menschen eine Einheit bilden.«[14]

Nebenbei bemerkt: Das Thema Kreuzung oder Bastardisie-
rung von Mensch und Tier besitzt eine um so größere suggestive
Macht, als es an eine Ikonographie anknüpft, die so alt ist wie
das Denken selbst – die technowissenschaftliche Moderne läßt
die Gestalten der Sphinx und des Kentauren, der Sirene oder des
Werwolfs wiederaufleben, und ihre gespenstische Rückkehr in
der angewandten Wissenschaft und in den Medien trägt das
Ihre dazu bei, unsere alten Gewißheiten über die unverbrüch-
liche Einzigartigkeit des Menschen auszuhöhlen. Die Figur der
Schimäre, eines künstlich geschaffenen speziesübergreifenden
Wesens, wird bald ein Gemeinplatz der Genetik sein.

Die Schranke zwischen den Spezies ist also aufgehoben, und der Mensch ist »von seinem Sockel herabgestiegen und hat seinen ›natürlichen‹ Platz in der Schöpfung gefunden«[15]. An die Stelle der Barriere zwischen Mensch und Tier ist die Vorstellung einer »Schwelle« getreten, beispielsweise in bezug auf die geistige Komplexität. Nach Ansicht mancher Anwälte der Tiere haben bestimmte Spezies die Komplexitätsschwelle überschritten, was ihnen, *mutatis mutandis*, von Natur aus vergleichbare Rechte einräumt, wie sie dem Menschen zustehen. Diese These vertritt beispielsweise Tom Regan, Autor eines sehr einflußreichen Buchs über unsere Pflicht, den Tieren moralische Rechte zuzugestehen.[16]

An diesem Punkt mündet die neue Fürsorglichkeit gegenüber den Tieren in eine militante – und manchmal, wie ich finde, schwindelerregende – Infragestellung des Anthropomorphismus oder »Anthropozentrismus« im allgemeinen, das heißt einer allein auf das Wohl des Menschen ausgerichteten Weltsicht. So vollzieht sich unmerklich der Übergang vom Umweltaktivismus zum Antihumanismus.

Und hier, könnte man sagen, beginnt die Sache schiefzugehen.

Der nackte Affe

Wie schon erwähnt, richteten zunächst die Utilitaristen in der Gefolgschaft von Jeremy Bentham das Augenmerk auf das Leiden der Tiere, um zu versichern, daß der Mensch innerhalb der Natur nicht der einzige Inhaber von Rechten sei. Damit wollten sie den traditionellen Anthropozentrismus überwinden, angeblich ein Erbe des Christentums, von Descartes ebenso vertreten wie von der Newtonschen Wissenschaft, die sich den Menschen als *außerhalb der Natur stehend* dachte. Auf dieser transzendenten Stellung war sowohl die Überlegenheit der menschlichen

Gattung begründet als auch deren Fähigkeit, auf die Welt einzuwirken und sie zu verändern. Sie nahm sich das Recht heraus,
die Tiere, die Descartes mit lebenden »Maschinen« gleichsetzte,
nach Belieben zu benutzen. »Meine Auffassung«, schrieb er in
einem Brief an Moore vom 21. Februar 1649, »ist weniger grausam gegenüber den Tieren als vielmehr pietätvoll gegenüber den
Menschen, die nun, befreit vom Aberglauben der Pythagoräer,
von jeglichem Verdacht reingewaschen sind, sie begingen mit
jedem Verzehr von Fleisch, mit jedem getöteten Tier eine Sünde.«[17] In einem anderen, an Maupertuis adressierten Brief, behauptet Descartes, ein Tier zu töten sei dasselbe, wie eine Uhr
zu zerstören: ein dummes, aber keinesfalls verwerfliches Verhalten. So räumte die relative Transzendenz der Gattung Mensch
(mit Calvins Worten »nach dem Ebenbild Gottes geschaffen«,
»als Stellvertreter Gottes auf Erden«) dem Menschen das Recht
ein, sich der gesamten Natur als »Werkzeug« zur freien Verfügung zu bedienen. Das war die wichtigste Konsequenz des
Anthropozentrismus.

Heute geht es darum, den Menschen in die Natur wiedereinzu-
gliedern und seinen Status, seine Rechte nach unten zu korrigieren. Der Mensch ist heute nicht mehr als ein Element unter
vielen innerhalb der natürlichen Ordnung, ein »Element«, das
sich selbst in seinem Handeln einschränken und auf den pro-
metheischen Stolz verzichten muß. Dieser neue Naturalismus
stößt auf beinahe wundersame Weise auf die Gunst der öffentlichen Meinung und der Medien, vor allem deshalb, weil er mit
den neuen Imperativen der Ökologie übereinstimmt, aber auch
mit einer gewissen Ernüchterung in Einklang steht: Sie legt uns
den Abschied von dem früheren »Konstruktivismus« nahe, dessen fragwürdige Erscheinungsformen die Ideologien des zwanzigsten Jahrhunderts waren. Und schließlich paßt er zu dem neuen
Vitalismus und Hedonismus unserer Zeit, der die Freuden der
Unmittelbarkeit und des Körpers in den Himmel hebt. Nicht
mehr unüberlegt in eine Natur einzugreifen, deren Bestandteil

man ist, überhaupt nicht mehr auf den natürlichen Lauf der
Dinge einzuwirken: Das ist auch eine – diesmal ökologische –
Form, das angebliche »Ende der Geschichte« zur Kenntnis zu
nehmen.

Mit den ersten Theoretikern der Deep Ecology, der sogenannten Tiefenökologie, wird die Kritik am Anthropomorphismus
noch schärfer. Nun steht vor allem das Juden-Christentum im
Visier, insbesondere das erste Kapitel der Genesis, in dem es
heißt, der Mensch sei »als Abbild Gottes« erschaffen und habe
den Befehl erhalten, sich die Erde zu unterwerfen und über Tiere
und Pflanzen zu herrschen (Gen 1, 26-29).

Das am häufigsten zitierte Gründungsmanifest stammt von
dem amerikanischen Mediävisten Lynn White, jr., und wurde
1967 unter dem Titel »Die historischen Wurzeln unserer ökologischen Krise« in der Zeitschrift *Science* veröffentlicht. Darin
beschuldigt Lynn das Juden-Christentum der Abschaffung des
heidnischen Animismus und der Entzauberung der Welt. Das
alte Heidentum, so Lynn, habe jedem Baum, jeder Quelle einen
eigenen Schutzgeist zugeschrieben *(genius loci)*, den der Mensch
erst um Verzeihung bitten mußte, ehe er einen Berg ausschach-
ten oder das Wasser eines Flusses abgraben durfte. Mit der Einführung des Dualismus zwischen dem Menschen als »Sohn
Gottes« und einer entwerteten Natur (»hienieden«) habe das
Christentum mit diesem fundamentalen Gleichgewicht gebrochen. Daraufhin, schrieb er, »verflüchtigten sich die Geister, die
bis dahin *in* den Objekten der Natur gewohnt und die Natur vor
dem Menschen geschützt hatten. Damit war die faktische Vorherrschaft des Menschen über den Geist auf dieser Welt bestätigt, und die alten Verbote gegen die ungehinderte Ausbeutung
der Natur wurden hinfällig.«[18]

Bemerkenswert ist, daß Lynn White zwischen der eher kon-
templativen Tradition der christlichen Ostkirche und der eigensinnigen, aktiven Tradition der Westkirche unterscheidet. Der
griechische Heilige, schreibt er, begnüge sich damit, die Welt zu

betrachten, während der westliche Heilige zum Handeln gedrängt werde. Und wie es sich für einen guten Achtundsechziger gehört, richtet sich seine Kritik, die im Christentum die Wurzeln des Anthropozentrismus sieht, zugleich gegen die Selbstherrlichkeit der Industrialisierung nach westlichem Muster.

Der Schimpanse als Mitbürger?

Tatsächlich können wir angesichts der Analysen, zu denen die Anhänger der Deep Ecology gelangen, nur von einem Antihumanismus reden, der mitunter sogar in Haß gegen die menschliche Spezies umschlägt. Aber der Reihe nach: Die Bewegung der Tiefenökologie, die in den USA und in Skandinavien weiter verbreitet ist als anderswo, wurde maßgeblich von dem norwegischen Philosophen Arne Naess entwickelt. Sie setzt sich ausdrücklich von der »oberflächlichen« Ökologie ab, die dem »anthropozentrischen Vorurteil« verhaftet bleibe und eine Form von Kompromiß und Kollaboration mit einem System eingehe, das es zu beseitigen gelte. Dieser Denkansatz vermischt mystische, pantheistische und New-Age-Inspirationen mit bestimmten Schlußfolgerungen des Zen-Buddhismus. Er setzt sich entschieden für den »Biozentrismus« ein, das heißt das »in gleicher Weise aufgeteilte Recht« aller lebenden Spezies, »zu leben und zu wachsen«, und beruft sich dabei auf so unterschiedliche Denker wie Spinoza, Albert Schweitzer und Martin Heidegger.

Für Arne Naess und seine Anhänger ist der Mensch nicht länger das Ziel des Universums. An die Stelle dieses »Egoismus« der menschlichen Gattung, so fordert die Tiefenökologie, müsse ein neuer »biosphärischer Egalitarismus« treten, der in der Lage sei, die übrigen Bestandteile der Natur – Tiere, Pflanzen, Mineralien – zu respektieren. Auch diese, auch die Wiesen und die Wälder, hätten »Rechte«, die es gegen die maßlosen Ansprüche des Menschen zu verteidigen gelte.[19] In diesem Licht ist der Mensch nur noch ein simpler Anhang zur Schöpfung insgesamt. Wie von selbst mündet die Theorie in eine *Verurteilung der Erklärung der universellen Menschenrechte*, in der sie ein von der Moderne geschmiedetes Instrument der Beherrschung und Unterdrückung der Natur erblickt.

Auch den australischen Philosophen Peter Singer, einen vehementen Verteidiger der Tierrechte und Befürworter eines undifferenzierten Antihumanismus, müssen wir der Deep-Ecology-Bewegung zuordnen, obwohl er selbst sich auf den Utilitarismus und Jeremy Bentham beruft. Zunächst greift er den »Speziesismus« des Menschen an.[20] Der nach dem Vorbild »Rassismus« oder »Sexismus« gebildete Begriff bezeichnet die Anmaßung des Menschen, der aufgrund eines angenommenen Vorrangs seiner Spezies artfremde Lebewesen mißachtet und ausbeutet, sie im besten Fall auf einen niedrigeren Rang innerhalb des rechtlichen und moralischen Universums verweist. Demnach gilt es, die der Unterdrückung durch den Menschen zum Opfer gefallenen Tiere zu »befreien«.

Bekannt wurde Peter Singer übrigens mit einem militanten Werk, das er gemeinsam mit der Herausgeberin der italienischen Zeitschrift *Etica e animali* veröffentlichte.[21] Nach Ansicht Singers machen sich die Verteidiger der Menschenrechte eines heimtückischen Rassismus zu Lasten der übrigen Lebewesen schuldig: Aus ihrem Speziesismus heraus fühlen sich Menschen berechtigt, andere Lebewesen zu eigenen Zwecken zu instrumentalisieren oder barbarische wissenschaftliche Experimente an ihnen vorzunehmen – dieselben, die an der eigenen Spezies durchzuführen sie sich seit den Nürnberger Prozessen verbieten.

Singers internationalen Ruhm aber hat ein anderes, ebenfalls zusammen mit Paola Cavalieri herausgegebenes Buch gefestigt, das noch provokanter ist und leidenschaftliche Polemiken herausgefordert hat.[22] Darin wird das *Great Ape Project* vorgestellt, das die Verurteilung des Speziesimus auf die Spitze treibt, indem

es die Erweiterung der universellen Erklärung der Menschenrechte auf die Menschenaffen – Gorillas, Orang-Utangs und
Schimpansen – fordert. Es gebe nicht den geringsten Grund,
versichern Singer und Cavalieri, die Grundrechte allein den Angehörigen der menschlichen Gattung vorzubehalten. Sie greifen
auf das einst von Bentham vorgeschlagene Bild zurück und vergleichen die untergeordnete Stellung der Tiere mit dem früheren
Stand der Sklaven – »Wir haben begonnen, das Los der Sklaven
zu bedauern«, schrieb Bentham, »und werden eines Tages Mitleid mit den Tieren haben, die unsere Arbeit erledigen und unsere Bedürfnisse stillen« –, mit anderen Worten: Die Befreiung
der Tiere insgesamt und der Menschenaffen im besonderen (um
einen Anfang zu machen) wird als Projekt von ähnlicher Bedeutung wie seinerzeit die Abschaffung der Sklaverei präsentiert.

Unsere »geliebte Vorstellung« von Menschlichkeit ...

Beschränkte sie sich auf die militante Solidarität mit den Tieren,
wäre die Rhetorik der Verfechter des *Great Ape Project* in ihrem
Extremismus allenfalls fragwürdig und in ihren Formulierungen vielleicht ein bißchen lächerlich. Leider sind die angeführten Argumente, der hier und dort anklingende Ton nicht zum
Lachen. Um das als zu exklusiv verurteilte Konzept der *conditio
humana*, des Menschseins, in Zweifel zu ziehen, sprechen Singer und Cavalieri mehrfach das Problem geistig Behinderter oder
gehirngeschädigter Patienten an. Wenn wir Personen mit vermin-
dertem Verständnisvermögen die mit dem Status des Menschen
verbundenen Rechte zugestehen, seien wir ihrer Ansicht nach
– und das ist der Kern des Problems! – verpflichtet, bestimmten Tieren dasselbe Privileg einzuräumen. Schimpansen, Hunde,
Schweine und die erwachsenen Angehörigen vieler weiterer Spe-

zies, schreiben sie, seien von ihrer Fähigkeit her betrachtet, dem eigenen Leben einen Sinn zu verleihen, einem gehirngeschädigten Kind insofern weit überlegen, als manche geistig Schwerbehinderte selbst bei intensivster Pflege niemals das Intelligenzniveau eines Hundes erreichen könnten.[23]

Sie finden es also ungerecht, geistig schwerbehinderten Menschen einen Status zuzubilligen, der nicht ihren wahren geistigen Fähigkeiten entspricht. Damit führen sie in das Prinzip der Menschlichkeit eine Unterscheidung und eine Hierarchie ein, die man mit Recht niederträchtig finden darf, schon allein deshalb, weil sie *de facto* in die Idee eines Untermenschentums münden, an die uns die Geschichte eine schreckliche Erinnerung hinterlassen hat.

Selbstverständlich führen Singer und seine Anhänger zu ihrer Rechtfertigung an, es sei nicht ihre Absicht, den Begriff des Humanismus durch Verminderung der damit verbundenen unveräußerlichen Rechte zu *entwerten*, sondern im Gegenteil die Lage mancher Tiere *aufzuwerten*. Es nützt nichts: Solange wir uns nicht in eine falsche Naivität flüchten, können wir nicht leugnen, daß die Überlegung theoretisch – und auf abscheuliche Weise – umkehrbar ist. Hinter der Vermenschlichung des Tiers, jedenfalls unserer Beziehung zum Tier, kann sich die Bereitschaft zur *Degradierung des Menschen auf den Status des Tiers* verbergen oder ankündigen. Wenn die Annäherung von oben nach unten funktioniert, kann sie genausogut auch umgekehrt verlaufen.

Manche ironischen, ja höhnischen Bemerkungen zur »geliebten Vorstellung von Menschlichkeit«[24] sind regelrecht abstoßend. Élisabeth de Fontenay, die den Extremisten unter den militanten Tierrechtlern den Krieg erklärt hat, spricht zu Recht von einer »unanständigen Analyse«, von »Schamlosigkeit« und »Frechheit«.[25] Im gegebenen Fall tritt zu dieser Unverschämtheit, absichtlich oder nicht, eine erschreckende *Unvorsichtigkeit* hinzu. Tatsächlich schlagen die Verteidiger dieser Thesen eine

symbolische Bresche in ein Prinzip des Menschseins, das definitionsgemäß nicht abgeändert, verstümmelt oder teilweise untergraben werden kann. Und eben diese »radikale Dekonstruktion der Voraussetzungen der Menschlichkeit« fürchtet Luc
Ferry, ein Gegner der Deep Ecology, zu Recht.[26]

Außerdem hinterläßt die Art und Weise, wie Singers Nach-
eiferer die Nürnberger Prinzipien kritisieren und anprangern,
ein sehr großes Unbehagen. Die Kritik bezieht sich insbesondere
auf Artikel 3, wonach jedes therapeutische Verfahren zuerst an
Tieren getestet werden muß. Sonderbarerweise aber übernehmen Peter Singer und seine Freunde aus den Nürnberger Prinzipien nicht das explizite und aus Entsetzen geborene Verbot aller Experimente an Menschen, sondern die Legalisierung der
Experimente an Tieren. Élisabeth de Fontenay hat allen Grund
zur Beunruhigung und weist zu Recht darauf hin, daß die Fürsprecher der Menschenaffen mit dieser Dialektik »den Eindruck
erwecken, als wollten sie sagen, Tierexperimente seien ebenso
kriminell, wenn nicht krimineller als die Experimente der Nazis
an Juden und Zigeunern«. Das sei nichts anderes als eine Instrumentalisierung der Nürnberger Urteile, »dieser erhabenen Definition der Mahnung an beziehungsweise der Verkündung der
Würde jedes menschlichen Wesens«[27].

Aus ideologischer Sicht erscheint mir übrigens der Verweis
auf die sechziger Jahren im Zusammenhang mit der Tiefenökologie verstörend. Die humanismusfeindliche Gewalt mancher
Tierrechtler erinnert zwangsläufig an die antiwestliche Haltung
der damaligen Dritte-Welt-Aktivisten. An die Stelle der Drittwelt-
länder sind jetzt die unterdrückten Tiere getreten; die »speziesi-
stische« Arroganz der Menschen entspricht der Anmaßung der
Imperialisten von vorgestern; der Naturalismus der Umweltschützer bekämpft den Anthropozentrismus, so wie sich früher
das Lob des Unterschieds der vermeintlichen Arroganz des Westens entgegenstellte. Aus dem schlechten Gewissen schließlich,
der »Bürde des weißen Mannes«, wird eine nicht immer unschul-

dige Tierliebe. Im Grunde geht es immer um dasselbe. Auch die Zielscheibe ist stets dieselbe: der Universalismus.

Wer an der Gefährlichkeit dieser Theorien zweifelt, dem sei empfohlen, sich einmal die extremistischen Positionen anzusehen, zu denen die vor allem im angelsächsischen Raum vertretenen radikalsten Gruppen gelangen. Ein paar Beispiele. Die britische *Animal Liberation Front* schreckt nicht vor terroristischen Umtrieben zurück: Bombenattentate, Brandstiftung in Geschäftsräumen von Unternehmen, die diverser Experimente mit Tieren beschuldigt werden, und so weiter. Mehrere ihrer Anhänger (die auf etliche Hundert geschätzt werden) kamen mit Scotland Yard in Konflikt, manche wurden auch verurteilt. Dieselbe Tierbefreiungsfront steht außerdem im Verdacht, am 26. Oktober 1999 den Ermittlungsjournalisten Graham Hall, der im Fernsehen die Methoden dieser sonderbaren Tierrechtler angeprangert hatte, überfallen und gefoltert zu haben.[28]

In den USA setzt sich eine Splittergruppe, die sich VHEMT, *Voluntary Human Extinction Movement*, nennt, für die »freiwillige Ausrottung der Menschheit« ein, um der Biosphäre Gelegenheit zur Regeneration zu geben und den zahlreichen bedrohten Tierarten wieder zu ihrem Recht zu verhelfen. Auch die Zeitschrift *Earth First Letter*, die sich der Tiefenökologie verschrieben hat, verbreitet Slogans wie: »Liebe deine Mutter, werde selber keine« oder: »Echte Umweltschützer verzichten auf Kinder«. Auf der Leserbriefseite finden sich geburtenfeindliche Vorschläge, die über die Eugenik weit hinausgehen: Steuerprämien für freiwillige Sterilisation, Abschiebung von Einwanderern mit mehr als zwei Kindern, generelle Vasektomie und, in der Ausgabe vom 20. März 1991, »Überdenken der selektiven Kindestötung bei kleinen Mädchen«.[29]

Der letztgenannte, unglaubliche Ansatz verweist wiederum auf gewisse Standpunkte Peter Singers, die natürlich weniger stark ins Bewußtsein der Öffentlichkeit rückten als seine Kampagne zum Wohl der Menschenaffen. In einem älteren Werk gingen

Peter Singer und Helga Kuhse so weit, die Tötung schwerstgeschädigter Kinder zu rechtfertigen.[30] Unter Berufung auf die
Thesen Michael Tooleys, eines weiteren australischen Philosophen, schrieben die beiden Autoren, es müsse erlaubt sein, ein
Neugeborenes zu töten, wenn es keinerlei Aussicht habe, je ein
vernünftiges und unabhängiges Leben zu führen. Ein Recht auf
Leben hätten nur jene Lebewesen, die ein Mindestmaß an Selbst-
bewußtsein und eine gewisse Vorstellung von der Zukunft hätten.
Das Buch erhitzte verständlicherweise die Gemüter und führte
dazu, daß Singer eine geplante Vortragsreise durch Deutschland
absagen mußte.

Halbmenschen?

Generell müssen wir uns fragen, welcher Art das Unbehagen
eigentlich ist, das wir bei der Lektüre solcher ans Hirngespinst
grenzenden Texte empfinden. Ist es eine unbewußte Erinnerung?
Ein Déjà-vu-Erlebnis? Tatsächlich sind die hartnäckigen Bemühungen, den animalischen Teil des Menschen in den Vordergrund zu rücken, die wiederholten Versuche, eine der »Grenzen«
des Menschseins, nämlich die Trennlinie zum Tier, abzuschaffen, nicht nur durch wissenschaftliche Skrupel begründet. Die
Geistesgeschichte kennt ähnliche Vorgehensweisen, deren Absicht allerdings eindeutig ideologisch war.

Die Betonung des Animalischen mündet recht häufig in einen
»Vitalismus«, der den Instinkt erhöht und die »Fesseln« der Zivilisation und jeglicher Moral, insbesondere der jüdisch-christlichen, ablehnt. Mit der Forderung, dem »animalischen Teil« im
Menschen wieder zum Durchbruch zu verhelfen, ist gleichzeitig
die Erwartung verbunden, er möge von neuem das Recht haben,
sich nach den »Gesetzen des Dschungels« zu verhalten. Georges
Bataille hatte sehr gut begriffen, welches Risiko sich hinter der

Liebäugelei mit zivilisatorischen Grenzen verbirgt. Umgekehrt beschrieb er besser als jeder andere die zivilisierende Funktion des Verbots. Menschwerdung bedeutet, die Animalität im Menschen zu zähmen, sie der – kulturellen – Autorität des Geistes unterzuordnen und damit zu domestizieren. Genau das ist die Funktion des Verbots. »Von den Tabus«, schrieb Georges Bataille, »die den Inzest und den Abscheu vor dem Menstruationsblut betreffen, oder vom Kontakt mit den Toten zu den Religionen der Reinheit und der Unsterblichkeit der Seele ist die Entwicklung sehr klar zu erkennen: Stets geht es darum, die Abhängigkeit des Menschen vom Naturgegebenen zu negieren, unsere Würde, unseren spirituellen Charakter der animalischen Gier gegenüberzustellen.«[31] Fügen wir hinzu, daß die künstlerische Aktivität, überhaupt die Geburt der Kunst für Bataille die zweite menschliche Besonderheit, das zweite Zeichen der Menschwerdung darstellt: daher das lebenslange und gelehrte Interesse, das er der prähistorischen Kunst entgegenbrachte, besonders ihren prachtvollen Zeugnissen in der Höhle von Lascaux. Einer seiner Artikel dazu trägt übrigens den Titel »Von der Tierheit zum Menschenwesen und die Geburt der Kunst«.[32]

Freud meinte im Grunde dasselbe, als er im Zusammenhang mit dem Unbewußten von einem rein biologischen, triebgesteuerten »Es« sprach, der Quelle animalischer Instinkte; ein »Es«, das es nach der berühmten Formel »Wo das Es war, muß das Ich erscheinen« dem Bewußtsein und der strukturierenden Kraft des Verbots zu unterwerfen gilt.

Die Animalität zu erhöhen bedeutet deshalb also in vielen Fällen, die absichtliche, dauerhafte Menschwerdung, die uns vom Dschungel entfernt, abzulehnen. Einer Grenze dieser Art nähern wir uns niemals unschuldig. Bezeichnenderweise finden wir Hinweise auf diese hartnäckige »Überschreitung« bei manchen Antihumanisten, deren Namen die Geschichte bewahrt hat, allerdings aus negativen Gründen. So schlug der französische Rassismustheoretiker Georges Vacher de Lapouge (1854–1936) vor, durch künstlich herbeigeführte Kreuzung mit Menschenaffen robuste und gelehrige Arbeiter »herzustellen«, sogenannte »Halbmenschen«. Auch er sah die »Grenze« als durchlässig an. »Ich halte es nicht von vornherein für unmöglich, Kreuzungen der großen Menschenaffen untereinander und sogar mit dem Menschen zu erzeugen«, schrieb er. »Der Unterschied ist geringer als zwischen den Makaken einerseits und den Langschwanzaffen andererseits, und diese Affen aus unterschiedlichen Familien haben schon mehrfach erfolgreiche Kreuzungen hervorgebracht.«[33]

1717, eineinhalb Jahrhunderte vor ihm und aus denselben Gründen, nämlich zur Produktion einer Arbeiterschaft, hatte ein gewisser Zimmerman bereits den Vorschlag geäußert, die leichten Mädchen von Paris von Orang-Utans beziehungsweise die Menschenaffenweibchen von Männern schwängern zu lassen.[34]

Hinter diesen Beispielen sind zwei verschiedene Denkansätze zu erkennen: auf der einen Seite der Wunsch, die Grenze zwischen Mensch und Tier zu minimieren, und auf der anderen Seite der Versuch, die Vorstellung einer Grenze durch eine *unmerkliche Abstufung* zu ersetzen. Dies alles *führt automatisch zur Annahme eines Untermenschentums.* Die Idee einer Abstufung als solcher birgt die Gewißheit in sich, daß manche Menschen menschlicher seien als andere. Damit tut sich eine Bresche auf, in der sich der Wille zur Beherrschung, abhängig allein vom Kräfteverhältnis, ausbreiten und legitimieren kann.

Die Aktivisten der Deep Ecology, insbesondere die aufrichtigen unter ihnen, schätzen es nicht sehr, wenn man ihnen die Lektionen der Geschichte vorhält, ebensowenig wie es ihnen behagt, wenn man wieder einmal auf den Präzedenzfall der Nazis zurückkommt. Der drängt sich natürlich auf: Es waren ja die Nazis, die auf ausdrückliches Verlangen Hitlers 1933 das bis dahin umfassendste neue Tierschutzgesetz verabschiedeten. Die Besonderheit daran war, daß es alle früheren in- und ausländischen Gesetze insofern kritisierte, als diese nicht das Tier als solches schützten, sondern lediglich den *Anblick* öffentlicher Grausamkeit gegen Haustiere verboten. Das Neue daran war nun, daß das Tier zum ersten Mal in der Geschichte nicht in bezug auf den Menschen, sondern als Lebewesen an sich, »wegen seiner selbst« geschützt wurde.

Zwei Jahre später, im Juni 1935, vollendeten die Nazis ihren – romantischen, antikartesianischen – Willen, die Natur zu erhöhen und zu schützen, indem sie ein umfassenderes ökologisches Gesetz verabschiedeten, das Naturschutzgesetz.[35]

Das Paradox des Kannibalen

An dieser Stelle gilt es ein Mißverständnis zu beseitigen. Wenn wir die wirklich maßlosen Schlußfolgerungen mancher Tierrechtler ablehnen, heißt das nicht, daß wir die Notwendigkeit eines Tierschutzes in Frage stellen – zu dem auch die Notwendigkeit gehört, den Tieren Rechte zuzugestehen und ein neues Verhältnis zwischen Mensch und Tier herzustellen, das bestimmt ist von Respekt, Freundlichkeit und Fürsorglichkeit – ein Verhältnis, von dem unsere Gesellschaften entgegen ihren Behauptungen noch immer weit entfernt sind. Der Ausdruck »Kannibalismus« ist übrigens nur zu treffend.

Denn paradoxerweise rechtfertigt und verlangt die moderne Wissenschaft, die nach eigener Aussage über das Ausmaß der Verwandtschaft zwischen Mensch und Tier verstört ist, gleichzeitig neue Formen von Grausamkeit, die unsere Großeltern empört hätten. Obwohl sensibler für ihre Leiden, sind wir zu denselben Tieren objektiv grausamer. Darin liegt ein seltsames Paradox. Vielleicht verbirgt sich hier die Ursache der oben aufgezählten geistigen Irrwege?

Eine neue Grausamkeit? Das ist noch maßvoll ausgedrückt. Noch nie in unserer Geschichte haben wir das Tier zum Zweck der Ertragsmaximierung derart tyrannisiert wie heute. Von den

Hühnern unter Ultraviolettbestrahlung in den Legebatterien bis
hin zu den Kälbern, die in künstliche Lähmung versetzt werden,
damit sie schneller wachsen, vom Geflügel, dem systematisch
Schnäbel und Krallen entfernt werden, bis zu den inhumanen
Tiertransporten – die neue Leidensliste der Tiere ist erschreckend
lang. Sie wird von den Medien schon lange und in regelmäßigen Abständen angeprangert, allerdings ohne besondere Ergebnisse.[36] Anfang 2001 löste die Maul- und Klauenseuche, die sich
von Großbritannien aus epidemisch in halb Europa ausbreitete,
eine derartige Panik aus, daß die Behörden zu Gegenmaßnahmen
von unvorstellbarer Brutalität griffen: systematische Tötung ganzer Herden, Scheiterhaufen auf den Feldern, wo Tausende von
Tierkadavern verbrannten, Aufschichtung von Leichenteilen mit
Baggerschaufeln und so weiter. Wochenlang strahlten die Fern-
sehsender in Europa die Bilder eines riesigen Holocaust der Tiere
aus, der hauptsächlich mit finanziellen Erwägungen gerechtfertigt wurde: Mittelfristig war das vorsorgliche Keulen der Tier-
herden kostengünstiger als die systematische Impfung, die sich zu
Lasten der Exporte auswirkt. Nur wenige, viel zu wenige Stimmen prangerten den Zynismus an, mit dem diese überstürzte
Ausrottung geplant worden war. Man fand sich ab mit dem Leiden der Tiere und mit dem eigenen Unbehagen.

Damit nicht genug. Die Fortschritte der Genetik in der Tierzucht führen in manchen Fällen zu einem Übermaß der Instrumentalisierung, die an das reine Grauen grenzt. Peter Kemp
berichtet von seiner Teilnahme an einem zweitägigen Biotech-
nologie-Seminar, das im Frühjahr 1986 im Internationalen Uni-
versitätszentrum Dubrovnik stattfand. Dort erfuhr er, daß es
dank der Gentechnologie möglich sei, Hühner ohne Federn zu
erzeugen und Kühe ohne Pansen (um den Verdauungsprozeß zu
beschleunigen), und daß in der Schweiz Experimente durchgeführt würden, deren Ziel die Züchtung augenloser Schweine sei,
die infolge ihrer Blindheit mehr mit dem Fressen beschäftigt
wären als normale Schweine und also schneller fett würden.[37]

Ausführlich ließe sich berichten von der Verwendung tierischer Gewebe in der Pharmakologie, von den »transgenen« Methoden, die neue Spezies hervorbringen und das Tier als biologisches »Werkzeug« in den Dienst des Menschen stellen, von den Biotechnologieunternehmen, die massenhaft Tiere rekrutieren, weil sie Lebewesen inzwischen als »Apotheken auf vier Pfoten« betrachten.[38] Die vollständige Industrialisierung der Viehzucht zu den verschiedensten Zwecken hat aus den Tieren entweder Produktionsmaschinen oder Lieferanten von Protein, Albumin, Plasma und so weiter gemacht. Das heißt, die moderne Wissenschaft belehrt uns einerseits über unsere nahe Verwandtschaft mit den Tieren und degradiert sie zugleich zur lebenden Maschine, wie einst schon Descartes. Darin liegt ein enormer Widerspruch, um nicht zu sagen, eine Verlogenheit. Sie ist verstörend.

Was die Experimente mit Tieren betrifft, so sind die Zahlen regelrecht erschreckend. In den USA wurden Anfang der neunziger Jahre in den Versuchslabors rund zwanzig Millionen Tiere geopfert. (Die Aktivisten gegen die Vivisektion sprachen hingegen von siebzig Millionen.) In Frankreich gab zur selben Zeit eine Umfrage des Meinungsforschungsinstituts IFOP die Zahl der Tiere – in erster Linie Mäuse und Ratten –, die in rund tausend vom Landwirtschaftsministerium genehmigten Labors medizinischen Experimenten unterzogen wurden, sehr präzise mit 3 342 309 an.[39]

Hinzuzufügen ist noch, daß der Mensch des dritten Jahrtausends, weit entfernt von den vegetarischen Prinzipien, an die sich die Anhänger der Tiefenökologie halten, nicht zuletzt dank der gestiegenen Lebenshaltung mehr Fleisch denn je und wesentlich weniger Brot beziehungsweise Getreide verzehrt als seine Großeltern; unsere Ernährung besteht heute mehrheitlich aus tierischem Eiweiß. Der jährliche Fleischverbrauch, 1840 noch auf zwanzig Kilo pro Kopf geschätzt, ist im Jahr 1980 auf hundertzehn Kilo gestiegen (seither allerdings wieder leicht gesunken). Die westlichen – höchst kostspieligen – Konsumgepflogenheiten greifen nach und nach auf die Länder der südlichen Hemisphäre über, zur großen Verzweiflung engagierter Landwirte wie René Dumont.

Daraus folgt, daß der Mensch, wenn er seine neu konstatierte, wissenschaftlich erwiesene Verwandtschaft mit dem Tier so leichten Herzens akzeptiert hat, sich heute gerade deshalb den Vorwurf des Kannibalismus gefallen lassen müßte!

Der wiedergefundene Mensch

Wir müssen unser Verhältnis zum Tier also nach ganz neuen Kriterien definieren und vor allem das *Prinzip des Menschseins*, das uns vom Tier unterscheidet, auf ein neues Fundament stellen. Anders ausgedrückt, wir müssen lernen, in bezug auf die Menschlichkeit des Menschen »die Dekonstruktion zu dekonstruieren«.

Zunächst auf wissenschaftlicher Ebene. Unser grundsätzlicher Enthusiasmus angesichts der neuen Erkenntnisse und Durchbrüche darf uns nicht zur Leichtgläubigkeit verleiten. Um ein Beispiel zu nennen: Die Faszination, mit der wir heute auf die Gene starren und das Genom geradezu zum Identitätskriterium erheben, grenzt bisweilen ans Lächerliche. Die Feststellung, daß der genetische Unterschied zwischen Mensch und Schimpanse geringfügig ist (rund zwei Prozent), sagt nicht viel aus, außer daß zur Identifikation eines Lebewesens der genetische Parameter ganz und gar nicht ausreicht. Die genetische Verwandtschaft bedeutet vor allem, daß der Unterschiedsfaktor nicht in den Genen liegt oder aber daß die Gene nichts Wesentliches über die menschliche Natur aussagen. Ganz abgesehen davon, daß sich das Argument, wie André Pichot bemerkt, umkehren und eine rassistische Theorie begründen kann. »Wenn ein Unterschied von einem Prozent ausreicht, um den Menschen vom Schimpansen zu trennen, so genügt ein Unterschied von 0,1 Prozent zwischen Weißen und Schwarzen, um letztere zu Halbschimpansen zu erklären. Argumentationen dieser Art lassen sich sehr leicht umdrehen, und man kann mit ihnen aussagen, was immer einem einfällt.«[40]

Selbst wenn wir uns an quantitative Kriterien dieser Art halten, müssen wir einräumen, daß nicht die Struktur unserer DNA maßgeblich ist (zumal sie der DNA-Struktur des Bakteriums ähnelt), sondern die außerordentlich hohe Zahl der Neuronen im Gehirn und mehr noch deren Verknüpfungen miteinander. »Ich kenne kein anderes Lebewesen, das zehn Billiarden Neuronenverbindungen besäße«, bemerkt ein Genetiker und fügt hinzu: »Und mehr noch als die zahllosen Wechselwirkungen in uns selbst stellen die Verbindungen, die wir im Lauf unseres Daseins mit anderen Wesen knüpfen, das eigentliche Fundament unserer menschlichen Besonderheit dar.«[41]

In Wahrheit ist das positivistische Vorgehen, das Ähnlichkeiten und Unterschiede zwischen Mensch und Tier »wissenschaftlich« zu belegen versucht, *als solches* falsch. Die Wissenschaft ist nicht dazu gerüstet, uns ein *fundamentales Kriterium* zu liefern, mit dem wir eine exakte Grenze ziehen könnten. Genauer gesagt, es ist überhaupt nicht ihr Gebiet. Weder die Ethologie noch die Genetik, noch die Primatenforschung – die uns jedoch allesamt wertvolle Erkenntnisse liefern – sind imstande, den ontologischen Platz des Menschen innerhalb des Lebens anzugeben. Folglich müssen wir nach dem Sinn des Konzepts Menschlichkeit und nach der Definition des Begriffs *menschlich* fragen. Es ist keine rein materielle Gegebenheit, sondern eine in ständiger Veränderung begriffene, nie abgeschlossene kulturelle Schöpfung. Menschlichkeit ist kein Zustand, kein Privileg, keine meßbare Qualität oder Eigenart, sondern ein Projekt (oder ein »Prozeß«), ein stets unvollkommenes und immer gefährdetes Vorhaben. In diesem Sinn können wir tatsächlich sagen, daß sie nicht erblich ist, *obwohl sie auf besonderen physiologischen Eigenschaften gründet.* Der intelligenteste Menschenaffe kann nicht »Mensch werden«, geistig Behinderte hingegen können es wohl. Wir kommen als »möglicher Mensch« zur Welt, mit der nötigen biologischen Ausrüstung, um Zugang zur Menschlichkeit zu erlangen. Aber der Weg zu unserer »Menschheitsgeschichte« ist nie vorgezeichnet.[42]

Ganz abgesehen davon, daß der Zugang zum *Prinzip der Menschlichkeit* zum Teil auch von einer höheren moralischen Entscheidung abhängt, von einer Willensbekundung, von der bewußten Zugehörigkeit zu einem Kollektiv. Sehr anschaulich drückt dies Élisabeth de Fontenay aus, wenn sie schreibt: »Nicht aufgrund eines apriorischen rational-universellen Glaubens, sondern aufgrund der Regungen von Mitgefühl und Respekt, zu denen uns die Erfahrung der Geschichte erzieht, sind wir in unserer postmodernen Epoche verpflichtet, uns an die unvergängliche Minimalüberzeugung zu halten, der zufolge jeder Mensch die Besonderheit eines einmaligen Individuums besitzt und, gleichberechtigt mit allen anderen, Teil der Menschheit ist.«[43]

Franziskus und der Wolf

Wir müssen also im Licht dieser wiedergefundenen Vernunft über die »Rechte« der Tiere nachdenken. Daß sie Anspruch auf Respekt und Unversehrtheit und rechtlichen Schutz vor Grausamkeiten und schamloser Mißhandlung haben, steht in keiner Weise in Abrede. Nicht die Legitimität dieser Rechte ist hier klarzustellen, sondern ihre Grundlage. Das Tier hat Anspruch auf unbestreitbare »Rechte«, kann jedoch nie *Rechtssubjekt* sein – schon allein deshalb nicht, weil jedes Recht eine entsprechende Pflicht nach sich zieht. Die Tiere haben uns gegenüber keine »Pflichten«. Die Katze oder der Hund »müssen« uns nicht ihren

Biß ersparen, die Wespe oder die Mücke sind nicht »verpflichtet«, uns nicht zu stechen.

Mit anderen Worten, die Rechte der Tiere rühren allein von uns her, sind von unserer *Menschlichkeit* abgeleitet und nicht von einem vermeintlichen Kontrakt zwischen Mensch und Natur. Achtung vor den Tieren bedeutet in Wahrheit also Achtung vor der Menschlichkeit, deren Verwahrer wir sind. Nur *unter dem Blick des Menschen* hat das Tier Anspruch auf Rechte und nicht beispielsweise gegenüber seinen Artgenossen oder Freßfeinden. Die Tierrechte sind das Gegenstück zu den Pflichten des Menschen. In diesem Sinne sprach Immanuel Kant von unseren *Pflichten gegenüber den Tieren*, die in unseren Pflichten gegenüber allen Menschen wurzeln. André Comte-Sponville formuliert diesen Unterschied sehr treffend: »Der Mensch ist das einzig mögliche *Subjekt* von Pflichten und Rechten, aber nicht ihr einzig mögliches *Objekt*: Pflichten gibt es nur für den Menschen, und Rechte gibt es nur für den Menschen, aber das bedeutet nicht, daß es keine Pflichten gäbe, die nur dem Menschen *auferlegt* sind, und dementsprechend keine Rechte, die nur *vom* Menschen kommen.«[44] Der Mensch, der dem Tier Achtung entgegenbringt, erschafft und erhöht seine Menschlichkeit. Umgekehrt fällt der Mensch, der seinem Mitmenschen oder dem Tier Gewalt antut, auf das Niveau des rein »Tierischen« zurück.

Die subtile Unterscheidung ist keine juristische Spitzfindigkeit, sondern »die« Grenze. Sie zieht eine Konsequenz nach sich, die wir nicht aus dem Blick verlieren dürfen: Der Anthropozentrismus im strengen Wortsinn muß rehabilitiert werden. Mehr noch: Ohne das Paradox fürchten zu müssen, können wir »in einer Zeit der genetischen Manipulationen [sagen], daß der Anthropozentrismus nicht mehr nur Recht des Menschen ist, sondern seine Pflicht«[45].

An dieser Stelle könnten wir all die rituellen Angriffe gegen den westlichen Anthropozentrismus, ob kartesianischer oder jüdisch-christlicher Herkunft, einer kritischen Prüfung unterziehen. Die

meisten kranken an Unüberlegtheit oder Unkenntnis der Geistesgeschichte – auch die des kritischen Theologen und Psychoana-
lytikers Eugen Drewermann.[46] In Wahrheit ist dieser Anthropozentrismus auch in zahlreichen anderen Traditionen gegenwärtig,
etwa in der japanischen, aber auch im Denken der Antike, ob bei
Aristoteles, der erklärt, die Tiere existierten nur zum Wohl des
Menschen (*Die Politik*, I, 8, 1256), oder bei Cicero, der die Menschen als die absoluten Herrscher über alles auf Erden bezeichnet (*De natura deorum*, L, II). Wir können sogar sagen, daß der
Anthropozentrismus, den die Ökologen dem Christentum zur
Last legen, in Wahrheit auf das griechische Denken zurückgeht.[47]

Es stimmt freilich, daß sich die jüdisch-christliche Theologie
im Sinn einer menschlichen Siegerhaltung interpretieren lassen
konnte – vor allem jene berühmte Stelle aus der Genesis, die dem
Menschen gebietet, sich die Erde untertan zu machen und über
die Natur zu herrschen; wahr ist aber auch, daß mit der Herrschaft des Menschen stets eine *klar formulierte Verantwortung
für ebendiese Natur* einhergeht. Der Mensch wird darin als der
»verantwortliche Verwalter und Geschäftsführer« der Schöpfung vorgestellt. Johannes Chrysostomos vergleicht den Menschen – nach Paulus (im Brief an die Korinther) der »Mitarbeiter
Gottes« – mit einem Provinzstatthalter, der seine Macht auch
mißbrauchen kann. Um eine Formulierung des protestantischen
Theologen Olivier Abel aufzugreifen, ist der christliche Anthropozentrismus »ein Anthropozentrismus der Verantwortung«[48].

Im übrigen bleibt selbst den radikalsten Theoretikern der Ökologie (ich denke an den oben zitierten Lynn White) nichts anderes
übrig, als bestimmte Theologen oder große Zeugen des Christentums von ihren Vorwürfen auszunehmen, insbesondere Franz
von Assisi, den sie als den »größten spirituellen Revolutionär in
der abendländischen Geschichte« bezeichnen – den heiligen Fran-
ziskus, von dem die Legende berichtet, er habe mit dem Wolf von
Gubbio im Apennin gesprochen, und der in seinen *Fioretti* mit
lyrischen Worten die Natur und ihre Tiere besingt. Auf die fran-

ziskanische Tradition – die zur Zeit ihrer Entstehung im Ruch der Ketzerei stand – nimmt die heutige Kirche unverkennbar Bezug. Am 29. November 1979 ernannte Papst Johannes Paul II. Franz von Assisi zum Schutzpatron der Ökologen und wollte damit »die Christen auffordern, die Welt und eine bedrohte Natur, deren sich die Reichsten zu Lasten der Schwächsten bemächtigen, mit wohlwollendem und brüderlichem, respektvollem und gastlichem Blick zu betrachten«[49].

In demselben Geist hat der Sozialausschuß der französischen Bischöfe am 13. Januar 2000 ein Dokument mit dem Titel *Der Schutz der Schöpfung* veröffentlicht, in dem die Anliegen der Ökologie mit anklingen.

Alles in allem ist es unsere Pflicht, eine manichäistische Schwarzweißperspektive auf unser Verhältnis zu den Tieren entschieden abzulehnen. Es sei gefährlich, schrieb Pascal in seinen *Gedanken*, dem Menschen allzu deutlich vor Augen zu führen, wie sehr er den Tieren gleiche, ohne ihm zugleich seine Größe zu zeigen. Gefährlich sei es auch, ihm zu sehr seine Größe zu zeigen, ohne ihn an seine Niedrigkeit zu erinnern. Noch gefährlicher sei es, ihn in Unkenntnis der einen wie der anderen zu lassen.

Die Frage ist nicht, ob wir mit den Tieren verwandt sind oder nicht, sondern ob wir imstande sind, eine friedliche und respektvolle Beziehung mit ihnen aufzubauen und ihnen einen Platz an unserer Seite einzuräumen. Und dies *im Namen ebender Menschlichkeit*. Ebenso abzulehnen ist jegliche – wie rudimentär auch immer – Wiedereingliederung des Menschen ins Herz der Natur. Zweifellos ist der Mensch *in* der Natur, aber er ist nicht unabweislich darin eingebettet. Zwischen der Natur und dem Menschen bleibt eine Kluft, ein rätselhafter, aber tiefreichender Graben. Diese Kluft ist es, die im strengen Wortsinn unsere Freiheit und unsere Menschlichkeit definiert; die Freiheit, den naturgegebenen Tropismen zu entfliehen, die Mechanik des Instinktes zu durchbrechen, uns selbst »kulturell«, das heißt außerhalb

der Natur zu erschaffen. Schon 1488 beharrte Pico della Miran-
dola (1463–1494) in einem der Gründungstexte des Humanismus der Renaissance mit dem Titel *Von der Würde des Menschen*
auf der Freiheit des Menschen, sich selbst zu erschaffen und die
Grenzen der sinnlichen Welt zu überwinden.

Frieden mit der Natur zu schließen bedeutet heute sicher weder, von neuem mit ihr zu verschmelzen, noch, uns ihren Gesetzen
oder ihren Grausamkeiten zu unterwerfen. Auf diesem Gebiet
ist, um die wunderbare Formulierung eines ökologiebewußten
Theologen aufzugreifen, »der sanfte Weg unsere Zukunft«[50].

KAPITEL 3

Der Mensch nicht mehr als eine Maschine?

»Kommen wir also zu dem kühnen Schluß, daß der Mensch eine Maschine ist und daß das Universum aus nur einer Substanz – in verschiedenen Modifikationen – besteht.«

JULIEN OFFRAY DE LAMETTRIE (1747)[1]

Seit den sechziger Jahren tobt, von der Öffentlichkeit weitgehend unbemerkt, fern von Medien und Politik, ein neuer »Religionskrieg«. Er bringt nicht die Angehörigen zweier Konfessionen gegeneinander auf, auch nicht die Rationalisten gegen die Gläubigen, sondern er spaltet die wissenschaftliche Gemeinde selbst. Der Anlaß dieses »Kriegs« ist nicht banal. Es geht um die Frage, ob man den Menschen mit einer Maschine vergleichen kann, wie sehr sein Gehirn dem komplexen Zusammenwirken der neuronalen Verschaltungen gleicht, oder ob trotz allem noch eine letzte ungreifbare Grundwahrheit bleibt: Seele, Geist, Bewußtsein ... Aus dieser ersten Frage ergibt sich eine zweite: Wird man eines Tages einen Computer herstellen können, der dem menschlichen Gehirn entspricht, oder entspringt diese Idee einem wissenschaftsgläubigen Reduktionismus?

So läßt sich in Kürze die Streitfrage darstellen, die seit gut vierzig Jahren die Erforscher der künstlichen Intelligenz spaltet – im Fachjargon AI genannt, nach dem englischen Begriff *artificial intelligence*. Die Auseinandersetzung war zu Beginn noch lebhafter, als die eifrigsten Verfechter der künstlichen Intelligenz, die Anhänger der »starken KI« *(strong AI)*, weder Vorsicht noch Bescheidenheit in ihren Verlautbarungen an den Tag legten.

Wenn wir ihnen Glauben schenkten, müßten wir unsere vermeintliche menschliche Besonderheit definitiv zu Grabe tragen. Die metaphysische Grenze, die nach bisheriger Auffassung den Menschen von der Maschine trenne, erklärten sie, werde früher oder später fallen, denn wissenschaftlich sei sie nicht mehr haltbar. So lautete die ursprüngliche Botschaft. »Den theoretischen Unterbau der Forschung [über die künstliche Intelligenz] bildet die Annahme, daß es keinen ontologischen Unterschied zwischen Menschen beziehungsweise lebenden Organismen im allgemeinen und Maschinen gibt.«[2]

Triumphgeschrei? Zitieren wir ein paar Perlen oder sprachliche Zweideutigkeiten. 1955 bemühte sich der Neurophysiologe Warren McCulloch, alle Vorstellungen von menschlicher Besonderheit zu vertreiben, und versicherte: »Die Menschen sind nicht nur mit Maschinen vergleichbar, sie *sind* Maschinen.«[3] 1965 erklärte der künftige Wirtschafts-Nobelpreisträger Herbert Simon: »Maschinen werden innerhalb der nächsten zwanzig Jahre dazu imstande sein, jede Arbeit zu übernehmen, die auch der Mensch übernehmen kann.«[4] Ein anderer Forscher, Marvin Minsky »vom MIT sagt, die nächste Computer-Generation werde so intelligent sein, daß wir ›Glück haben, wenn sie uns noch als Haustiere halten‹«[5]. Diese Ansicht vertrat auch Christopher Langton vom Zentrum für nichtlineare Studien in Los Alamos, einer der ersten Theoretiker der künstlichen Intelligenz. Der Engländer Alan Turing (1912–1954), der eigentliche Erfinder des digitalen Rechners, versicherte, der Computer werde eines Tages in der Lage sein, sämtliche Aufgaben des menschlichen Denkens zu übernehmen. Dieser streng mechanistischen Vision hängen noch heute einige der überzeugtesten Roboterentwickler an. Hans Moravec zum Beispiel verkündete, es werde »binnen vierzig Jahren« Maschinen geben, die dem Menschen ebenbürtig seien.[6] Der Brite Hugo de Garis, der sich ebenfalls mit Robotern und künstlicher Intelligenz beschäftigt, geht noch weiter: Er meint, der Mensch werde eines Tages zwangsläufig von intelligenten

Maschinen ersetzt werden, die er »Artilekte« nennt (von *artificial intellect*).[7]

Für die Anhänger der »starken KI« sind die alten Verteidiger des Unterschieds zwischen Mensch und Maschine, die Verfechter der unhintergehbaren *Menschlichkeit des Menschen* nichts als hoffnungslos fossile Idealisten und Nostalgiker oder, schlimmer, heimliche Krieger irgendeines religiösen Obskurantismus. In der Tat werden die Argumente manchmal in diesem Ton vorgebracht! Zwar hat sich ein Teil der Forscher, die sich heute mit künstlicher Intelligenz befassen, von der harten Linie verabschiedet und zieht die bescheidenere »schwache KI« *(weak AI)* vor. Manche AI-Experten lehnen es sogar ab, ihre Forschungsergebnisse als Geschütze im Krieg gegen die metaphysische Stellung des Menschen einsetzen zu lassen. Das ändert nichts daran, daß die »starke KI« den Zeitgeist bestimmt und Tag für Tag das Denken der Laien beeinflußt. Die öffentliche Meinung und die Medien reden sich weiterhin mehr oder minder begeistert ein, daß zwischen Mensch und Maschine kein großer Unterschied mehr ist. Sporadisch schlachten Zeitungen, Film und Fernsehen sowie Fantasy-Literatur aller Art diese »Sensationshypothese« aus und entwerfen Szenarien, in denen die Roboter den Sieg davontragen. Es ist sogar im Geist der postmodernen Utopie, wenn wir unser Glück preisen, daß wir »in einer von neuen künstlichen Wesen bevölkerten Natur leben und uns ›glücklich‹ schätzen, mit ihnen eine neue Art ›sozialer Beziehungen‹ eingehen zu dürfen«[8]. In diesem verbreiteten Klima erscheint das Festhalten an der *Menschlichkeit des Menschen* in der Tat wie eine Nostalgie.

Auch diese Grenze ist durchlässig geworden.

Die Revolution des Kognitivismus

In Wahrheit steht die Erforschung der künstlichen Intelligenz in dem viel weiteren Rahmen des Kognitivismus (vom lateinischen *cognoscere*: erkennen), einem Gebiet, das sich nicht leicht eingrenzen läßt. Im Prinzip interessieren sich die kognitiven Wissenschaften für die Abläufe im Gehirn, die am Erwerb von Wissen beteiligt sind. Ihr Studienobjekt ist das Lernen als solches und alle daran beteiligten Prozesse, gleichgültig, ob der Lernende ein Mensch, ein Tier oder eine Maschine ist. Der Einfachheit halber wollen wir sagen, daß die kognitiven Wissenschaften sich bemühen, folgende Fragen zu beantworten: Aufgrund welcher Prozesse ist jemand (oder »etwas«) imstande, sich zu erinnern, zu begreifen, sich Wissen anzueignen?

In der Praxis bildet der Kognitivismus einen Sternennebel, in den so unterschiedliche Fächer wie Psychologie, Logik, Informatik einfließen. Die einzelnen Disziplinen kommen zusammen, ergänzen einander, durchdringen sich gegenseitig, allerdings in je nach Ort und Zeit unterschiedlichen Konfigurationen. Daraus entsteht ein ausgesprochen heterogener und vielfältiger Zusammenschluß, der in unterschiedliche Strömungen oder Splittergruppen zerfällt, zwischen denen man sich schwer zurechtfindet.[9] Dies um so mehr, als der Kognitivismus bereits eine lange Geschichte hat. Seitdem die sogenannten »Konnektionisten« hinzugekommen sind, seitdem sich die von dem chilenischen Neurobiologen Francisco Varela popularisierte Idee der »Verkörperung« durchsetzte und seitdem neben anderen Analysen auch die Wechselwirkungen eines Systems mit seiner Umgebung untersucht werden, stimmen die ersten Theoretiker heute einer sorgfältigeren – und vorsichtigeren – Neubewertung der Erkenntnisse zu.[10] Aber dieser theoretische Richtungswechsel ist beileibe nicht generell.

Zu erwähnen ist auch, daß seit den sechziger Jahren, vor-

wiegend im angelsächsischen Raum, eine Fülle kognitivistischer
Literatur entstanden ist: umfangreiche Texte, Thesen, Kolloquien,
Laborberichte und zahllose über Internet verbreitete Abhandlun-
gen, die allerdings nicht frei von einer Neigung zu elliptischen
Formulierungen und semantischer Koketterie und natürlich einer
Vorliebe für Fachjargon sind. Das Durcheinander der Begriffe,
die sich bewegende Komplexität erinnern – unter Wahrung der
Verhältnismäßigkeit – an die Lage der Geisteswissenschaften in
den sechziger und siebziger Jahren: Es herrscht viel Offenheit,
Neugier und Kreativität, aber auch dasselbe Fachkauderwelsch
und dieselben Verbarrikadierungen rund um eine normative, bisweilen intolerante Vulgata.

Das alles erschwert natürlich den Zugang zu diesen neuen
Gebieten. Dem neugierigen Außenseiter erscheinen die Streitereien quer durch die Lager der Kognitivisten häufig unverständlich und eigentlich überflüssig. Das Ergebnis ist ein gewisser Ein-
schüchterungseffekt, der viele Intellektuelle von den – doch sehr
wichtigen – Debatten fernhält. Dieselbe einschüchternde Macht
übten seinerzeit der Postmodernismus, der Strukturalismus, die
Psychoanalyse oder, einige Jahrzehnte früher, der von Louis Alt-
husser revidierte Marxismus aus. Heute wie damals schreckt man
instinktiv davor zurück, sich auf diese neuen Disziplinen einzulassen, wo der »Neuling« rasch verlacht, der Einfalt bezichtigt
oder der Inkompetenz verdächtigt wird. Die Einwände, die ihm
über die Lippen kommen, wischen die Eingeweihten unter Verweis auf die ehrfurchtgebietenden Gründungstexte leichthin beiseite, vielleicht mit einem mitleidigen Lächeln. Sich dann in dem
Labyrinth der Gruppen, Untergruppen und Splittergrüppchen
wieder zurechtzufinden ist keine geringe Aufgabe.

Auch auf die Gefahr hin, waghalsig zu erscheinen, wollen wir
hier versuchen, die wichtigsten Postulate des Kognitivismus so
einfach wie möglich darzustellen, um zumindest einigermaßen
zu ermessen, worum es bei den gegenwärtigen Auseinandersetzungen geht.

Das erste Postulat folgt der neuen Definition der Funktionsweise des Gehirns, die sich direkt von der Metaphorik der Informatik herleitet. Die Kognitivisten unterscheiden dazu zwei deutlich voneinander getrennte Ebenen: einerseits das Gehirn als
materielle, physische Realität, die in die Zuständigkeit der Neurowissenschaften fällt, und andererseits das Gehirn als Informationsprozeß, das heißt als eine nach der Logik der Informatik
analysierbare Funktionsweise. Diese beiden Ebenen, die materielle Organisation und die Funktion, stehen miteinander in
ähnlicher Beziehung, wie sie zwischen einem Computer als Maschine (der Hardware) und dem Computer als Informationsprozessor (der Software) besteht. Im übrigen betonen Theoretiker
der künstlichen Intelligenz wie etwa Christopher Langton, daß
nicht das Material, aus dem sie besteht, die Maschine ausmacht,
sondern ihre Organisation.

Was nun die *Organisation* betrifft, so sei das kognitive System
des Menschen mit dem der höheren Säugetiere vergleichbar. Es
zeichnet sich – zweites Postulat – durch eine Reihe aufeinanderfolgender *Repräsentationszustände* aus, deren Übergang ineinander von analysierbaren Prozessen gesteuert wird. Drittes Postulat: Diese aufeinanderfolgenden internen *Zustände* ergeben
semantische Formeln, eine »Sprache«, vergleichbar mit der Formelsprache der Logik. Die *Prozesse* schließlich, die sie steuern,
lassen sich auf eine kleine Anzahl elementarer Operationen
zurückführen, deren »Ausführung für eine Maschine selbstverständlich ist«[11]. Sie sind gewissermaßen zerlegbar in eine Aufeinanderfolge reiner Reflexe, die keine subjektive Interpretation
erfordern. Sie entsprechen – und ähneln vielleicht auch! – den
Rechenschritten im Betriebssystem des Computers.

Nach Ansicht der Kognitivisten ist also das, was wir bisher das
Bewußtsein nannten, im Grunde nichts anderes als das Ergebnis eines *Verarbeitungsprozesses*, der allein von der Gehirnstruktur abhängt; und diese wiederum besitzt selbstorganisierende
Eigenschaften, die in jeder Hinsicht denen eines elektronischen

Netzwerks gleichen. Das bedeutet, daß das menschliche Denken eine Form von *Rechnen* und folglich ein mechanischer Ablauf ist. Die Vorstellung von Intentionalität, Sinn, Zweckbestimmtheit lehnen die Konstruktivisten ab. Die humanistischen oder idealistischen Begriffe von vorgestern bezeichnen ihrer Ansicht nach nichts als neuronale Phänomene, die auf selbständig ablaufende, rein physikalische Prozesse zurückgehen, und diese Prozesse können wir jetzt zerlegen, das heißt, *wir können sie künstlich reproduzieren.*

Behalten wir von diesen wenigen – und sehr knappen – Angaben eines zurück: Aus der Sicht des Kognitivismus ist das, was früher als *wesentliche Dimension des Menschseins* galt, hinfällig geworden: kein Geist, kein Bewußtsein, keine Seele, kein Wollen … Der Mensch ist entzaubert und sich selbst entrissen. Er ist nur noch eine mechanische Einheit. Henri Atlan formuliert diese Vertreibung so: »Fast drei Jahrhunderte lang wurde die Biologie von der Frage nach Ziel und Zweck geplagt. Inzwischen ist das offenbar kein Thema mehr, denn nun ist es der physikalisch-chemischen und molekularen Biologie gelungen, das Lebendige von der Seele zu befreien.«[12]

Ein ausgesprochener Haß auf die Religion

Auf der einen Seite ist die Entstehung des Kognitivismus eng mit der Entwicklung der Informatik und ihrer Vorläuferin, der Kybernetik, verbunden. Auf der anderen Seite ist der Einfluß dieser Art des Denkens (und bestimmter Begriffe wie etwa die *Selbstreproduktion*) auf die Pioniere der Molekularbiologie unbestreitbar. Das ist sehr wichtig, denn der Kognitivismus bietet damit das perfekte Beispiel für die *ständige Wechselwirkung zwischen den drei Revolutionen* (in der Wirtschaft, der Informatik, der Genetik), von der am Anfang des Buches die Rede war.

In Frankreich hat unmittelbar nach dem Krieg Jean-Pierre
Dupuy als einer der ersten auf die direkte Verwandtschaft zwischen den modernen kognitiven Wissenschaften und der Kybernetik hingewiesen.[13] Was er über diese Abstammungslinie sagt,
hilft uns, die, wie wir sie nennen könnten, »verborgene Ideologie«
des Kognitivismus aufzuspüren. Denn zumindest am Anfang gab
es durchaus eine *ideologische Absicht,* und es ist nicht sicher, ob
sie inzwischen fallengelassen wurde. Eine Gründerrolle spielte
eine Reihe von zehn Veranstaltungen oder Konferenzen, die zwischen 1946 und 1953 im Hotel Beekman in New York und im
Hotel Nassau Inn in Princeton, New Jersey, stattfanden und als
»Macy-Konferenzen« – so benannt nach der Veranstalterin, der
philanthropischen Josiah Macy jr. Foundation – in die Wissenschaftsgeschichte eingingen. Die Teilnehmer waren Mathematiker, Logiker, Psychologen, Anthropologen und Wirtschaftswissenschaftler.

Das erklärte Ziel war ehrgeizig: die Schaffung einer allgemeinen fachübergreifenden Wissenschaft, die sich mit der Funktionsweise des Geistes beschäftigt, allerdings rein physikalistisch
ausgerichtet, fern von jeglichem Idealismus; eine Wissenschaft,
mit der sich ungreifbare Wesenheiten wie der Geist in die materielle Welt integrieren ließen. Ihr Vorhaben, sagten sie, wäre abgeschlossen, wenn es ihnen gelungen wäre, »wie der vermutete
Schöpfer des Universums ein Gehirn zu schaffen, das fähig sei,
alle Eigenschaften zu produzieren, die dem menschlichen Geist
zugeschrieben werden«[14]. Den Wissenschaftlern aus den unterschiedlichen Disziplinen, fügt Jean-Pierre Dupuy hinzu, sei eines
gemeinsam gewesen, ein *ausgesprochener Haß auf die Religion*
und eine Verachtung für die frühere Metaphysik. Ein wenig später, zwischen 1958 und 1976, verzweigte sich die Kybernetik als
Bewegung, zumal mit der auf das Betreiben Heinz von Foersters
hin entstandenen »zweiten Kybernetik«, die hauptsächlich am
Biological Computer Laboratory an der University of Illinois in
Urbana-Champaign betrieben wurde.

In dem Zeitraum, in dem die Macy-Konferenzen stattfanden, veröffentlichten zwei große Theoretiker, die heute als die Väter der Kybernetik und später der Informatik gelten, ihre jeweiligen Arbeiten: Johann von Neumann (1903–1957) und Norbert Wiener (1894–1964). Der erste hielt 1948 in Pasadena seinen berühmten Vortrag über die *Allgemeine Theorie und Logik der Automaten*, mit dem er die Grundlagen einer begrifflichen Annäherung zwischen der informationsverarbeitenden Maschine (der Vorgängerin des Computers) und den Lebewesen entwarf. Sein Postulat lautete, eines Tages werde es gelingen, über immer komplexere Algorithmen das Prinzip des natürlichen Lebens zu reproduzieren oder ein vergleichbares künstliches Leben zu schaffen. Nebenbei bezeichnete von Neumann das Nervensystem als »natürlichen Automaten«.

Wiener, Autor des maßgeblichen, 1954 erschienenen Buches *The Human Use of Human Beings. Cybernetics and Society*, gelangte zur selben Schlußfolgerung, brachte jedoch den Begriff der Entropie ins Spiel (aus dem griechischen *entropia*: Umkehr). Dieser Begriff ist übrigens in jeder Hinsicht fundamental. Entropie bezeichnet die natürliche Tendenz jedes organisierten Systems – das Universum eingeschlossen –, sich *auf eine immer größere Unordnung zuzubewegen*. Dieser Sachverhalt wird im sogenannten *zweiten Hauptsatz der Thermodynamik* formuliert. Mit anderen Worten, der zeitliche Verlauf lenkt die organisierte Materie und damit auch das gesamte Universum unaufhaltsam zu wachsender Unordnung, immer größerem Chaos. Eine umgeschüttete Tasse Kaffee, eine verwitternde Masse, ein verrottender organischer Körper, ein verstreutes Kartenspiel: Phänomene, die zu einer Zunahme der Entropie führen.

Nach Wiener gibt es interessanterweise jedoch »Enklaven«, in denen die Verlaufsrichtung der Entwicklung der des Universums entgegengesetzt zu sein scheint. Bildhaft könnte man von »Nischen des Widerstands« sprechen. Darin zeigt sich, schreibt er, »eine zeitlich begrenzte Tendenz zu mehr Organisation«, das heißt eine Verringerung der Entropie. Die Fähigkeit, der Entropie zu widerstehen, sei den Lebewesen und den Maschinen gemeinsam. Das reale Leben ist eindeutig eine Form von Widerstand gegen die Unordnung des Todes, der, symbolisiert durch den Zersetzungsprozeß, die bis dahin strukturierte Materie zerlegt und verteilt. Jedes Lebewesen stellt also eine solche »Enklave« dar. Maschinen wiederum verhalten sich genauso, nämlich über die Funktionen Rückwirkung, Emergenz oder Selbstorganisation, sie widerstehen der Entropie von außen und schaffen Ordnung, wo Unordnung (oder Chaos) war. Diese »antientropische« Ähnlichkeit zwischen lebenden Organismen und Maschinen ist für Wiener derart stark, daß sie seiner Ansicht nach einen Begriff wie »Leben« ganz einfach obsolet werden läßt.

»Deshalb«, schreibt er, »meine ich, wir sollten alle diese problemerzeugenden Wörter wie Leben, Seele, Vitalismus und so weiter lieber vermeiden. Besser ist es, einfach festzustellen, daß es keinen Grund gibt, weshalb Maschinen nicht den Lebewesen insofern ähnlich sein sollten, als sie innerhalb eines entropischen Systems Nischen verminderter Entropie darstellen.«[15] Der unerschütterliche Ernst dieser Aussage, der kalte Ton – oder trockene Humor – der Feststellung entsprechen der bevorzugten Ausdrucksweise der kognitiven Wissenschaften.

Die Theoretiker und Forscher der neueren Zeit bewirkten zwar eine Bereicherung und Nuancierung der Argumente des Kognitivismus, generell jedoch blieben sie der Linie der Gründerväter treu. Als Beispiel ließen sich die Arbeiten des dänischen Physikers Steen Rasmussen oder des amerikanischen Neurobiologen und Medizinnobelpreisträgers Gerald M. Edelman anführen, der eine Einheitstheorie aufzustellen versuchte. Ein französischer Vertreter dieser Richtung ist Jean-Pierre Changeux, der 1983 die Gemüter erhitzte, als er sein Buch *L'homme neuronal* (»Der neuronale Mensch«) herausbrachte, in dem er das menschliche Gehirn mit einem Computer gleichsetzte. Interessant ist übrigens, daß dieses Buch Anfang der achtziger Jahre keineswegs so isoliert oder innovativ war, wie man annehmen könnte, sondern mehrere Vorgänger in verschiedenen Ländern hatte. Alle diese Texte entsprachen nicht einer »Mode« (im schlechten Sinn des Wortes), sondern einer »Tendenz«: Verblüffend gleichzeitig wiesen sie auf den provisorischen Zustand einer Annäherung oder Reflexion hin.[16]

»Aus dieser Herangehensweise ergibt sich jedoch die Konsequenz, daß sich alles, was wir über das Funktionieren der Maschinen wissen, auf lebende Organismen übertragen läßt und umgekehrt. Folglich müßte es möglich sein, in Maschinen Leben zu erzeugen.«[17] In Wahrheit aber knüpften die kognitiven Wissenschaften genau an diesem Punkt an eine Schimäre an, einen unausrottbaren Traum, dem wir im Verlauf der Wissenschaftsgeschichte immer wieder begegnen.

Vom flötenspielenden Roboter zum künstlichen Menschen

Manche Beobachter meinen, eine Erklärung für das weitgehende Schweigen der Philosophen zu dem Thema sei das hohe Alter dieser Schimäre: Daß die provokante Gleichsetzung von Mensch und Maschine, wie sie die Kognitivisten oder Physikalisten betrieben, im Lager der Philosophen nicht mehr Kritiker auf den Plan gerufen habe, liege eben daran, daß die Provokation nicht neu war. Nur der Gedächtnisverlust der Moderne erklärt, weshalb sie als »revolutionär« gilt. »Mechanistische Vorstellungen vom Nervensystem hat es schon immer gegeben«, bemerkt der berühmte New Yorker Neurologe Oliver Sacks. »Im siebzehnten Jahrhundert verglich Leibniz das Hirn mit einer Mühle, im neunzehnten Jahrhundert war der Vergleich mit einer Telefonzentrale beliebt, und heute ist es eben der Computer.«[18]

Wir müssen gar nicht besonders weit zurückdenken, um zahlreiche Beispiele für die mechanistische Sicht des Menschen zu finden. Im siebzehnten Jahrhundert nimmt der Philosoph und Lordkanzler Francis Bacon mit seinem utopischen Roman *Nova Atlantis* eine generelle Verkünstlichung der Natur, auch auf der Ebene des menschlichen Geistes, vorweg. Der englische Materialist Thomas Hobbes (1588–1679) beschrieb das Denken als Rechenprozeß, und im folgenden Jahrhundert stellte der schottische Philosoph und Historiker David Hume (1711–1776), überzeugter Atheist und Newton-Schüler, die menschliche Intelligenz als schlichte mechanische Verknüpfung von Gedanken dar, die nach ähnlichen Gesetzen erfolge wie die Gravitation der Planeten. Der französische Mechaniker Jacques de Vaucanson (1709–1782) hingegen, der sich mit der Konstruktion dreier Automaten, darunter eines Querflötisten (1737), einen Namen gemacht hatte, strebte danach, einen echten »Kunstmenschen« zu bauen. Aus einer anderen Perspektive kam Paul Henri Thiry, Baron von Holbach (1723–1789), der als erbitterter Gegner des Christentums 1770 ein *System der Natur* veröffentlichte, in dem er die Besitzer einer »Seele« oder eines »Geistes« verspottete.

Der unmittelbarste – und dogmatischste – Vorläufer der heutigen Physikalisten oder Kognitivisten war aber zweifellos der französische Arzt und Philosoph Julien Offroy de Lamettrie (1709–1751); er ist der eigentliche »Vorfahr« von Jean-Pierre Changeux. Er veröffentlichte zwei bedeutende Werke, die beweisen sollten, daß das menschliche Denken nichts anderes sei als ein materielles Phänomen: *Histoire naturelle de l'âme (Naturgeschichte der Seele)* 1745 und vor allem *L'Homme machine (Der Mensch als Maschine)* 1747, das verboten wurde. Lamettrie schreckte nicht davor zurück, die berühmten Descartesschen Theorien über das Tier als Maschine auch auf den Menschen anzuwenden, und legte dabei eine so kämpferische Energie an den Tag, daß er wegen seines Materialismus und Atheismus verfolgt wurde, seine Stelle als Arzt verlor und bei Friedrich II. von Preußen um Asyl ansuchen mußte. Ein weiteres Werk von Lamettrie, *Politique de médicine* (1746), wurde ebenfalls verboten und auf Anweisung des Parlaments verbrannt.

Lamettries These ist zweifellos die am wenigsten nuancierte (und in mancher Hinsicht auch die schockierendste). In seinen Büchern lehnt er jeglichen Unterschied zwischen Mensch und Maschine rigoros ab: Der menschliche Körper, schreibt er, sei eine Maschine, die sich selbst aufzieht, ein lebendes *perpetuum mobile.* Ebenso weigert er sich, zwischen Mensch und Tier zu unterscheiden. Im Vorgriff auf die modernen Tierrechtler und Schüler Peter Singers versichert Lamettrie, ohne eine Sekunde zu zögern, daß die »Tauben, Narren, Idioten, Wilden«, mit geringeren Geistesgaben als manche Tiere ausgestattet, nicht verdienten, einer »besonderen Klasse« anzugehören, das heißt, Mensch genannt zu werden.[19]

Manche meinen, die Überlegungen Lamettries seien eine radikalisierende Interpretation der Descartesschen Thesen über das Tier als Maschine. Das trifft es nicht ganz: In Wahrheit sind seine Auslegungen eine recht vergröberte und absichtlich selektive Lesart. Wie Luc Ferry dazu bemerkt: »Descartes war weniger maßlos als seine Schüler: Das Tier blieb [für ihn] ein Geschöpf Gottes.«[20] Tatsächlich postuliert Descartes die Existenz eines Schöpfergottes und steht damit in offensichtlichem Gegensatz zu Lamettrie. Außerdem sieht er das Tier, obwohl Maschinen gleich, von einem Lebensatem beseelt, was die rein mechanistische Sichtweise wieder relativiert. Und sicher wäre Descartes nicht im Traum auf die Idee gekommen, den Maschinenvergleich auf den Menschen auszuweiten.

Jedenfalls brauchen wir nicht sehr tief in der Vergangenheit zu graben, um festzustellen, daß die »kognitivistischen« Streitfragen der Gegenwart manchmal geradezu wörtlich uralte Auseinandersetzungen wiederaufgreifen. Damit erklärt sich wohl,

weshalb sie bis heute »bei den Philosophen nur eine höfliche
Gleichgültigkeit«[21] hervorriefen – jedenfalls in Europa.

Wir werden sehen, daß diese »Ausrede« heute nicht mehr
gilt.

Galatea,
Aphrodite und der Golem

Nicht nur die Wissenschaft in der abendländischen Geschichte
interessierte sich für die »zweite Schöpfung«. Die Spur der mechanistischen Schimäre findet sich auch in der Mythologie und
der religiösen und literarischen Tradition, sie zieht sich wie ein
roter Faden durch unsere Kultur. Unser kollektives Gedächtnis ist
von Fabelwesen, verwandelten Robotern und beseelten Automaten bevölkert, die unsere Dichter und Schriftsteller immer wieder auf die Bühne schickten. Alle diese Gestalten entspringen derselben Faszinationskraft: der unaussprechlichen und ungreifbaren
»Grenze« zwischen Mensch und Maschine. Erinnern wir uns an
ein paar Beispiele.

Ein griechischer Mythos berichtet, daß König Pygmalion,
Herrscher über die Insel Zypern und ein berühmter Bildhauer,
sich eines Tages in die von ihm selbst geschaffene Elfenbein-
statue einer Jungfrau verliebte. Pygmalion taufte sie Galatea; sie
war das Bildnis der idealen Frau. Von Sehnsucht nach ihr verzehrt, bemühte er sich, ihre Gesichtszüge und körperlichen Run-
dungen immer mehr zu verfeinern und zu vervollkommnen,
damit sie schließlich zum Leben erwache. Es war vergebens.
Die Materie blieb leblos, und Pygmalion mußte Aphrodite, die
Schutzgöttin Zyperns, zu Hilfe rufen, damit Galatea zur Frau
würde und er sie heiraten könne. Es geschah. Im heutigen Sprachgebrauch steht Pygmalion, ursprünglich Sinnbild für die faszinierende Wirkung unbelebter Materie in menschlicher *Form*,
für den Mentor, der einem Wesen hilft, sich zu schaffen und zu

bilden. Festzuhalten ist am Pygmalion-Mythos vor allem die Unfähigkeit des Menschen, unbeseelter Materie ohne die Unterstützung der Götter Leben einzuhauchen – eine antimaterialistische Lektion.

In der berühmten Erzählung *Der Sandmann* von E. T. A. Hoffmann, die Freud ausführlich kommentiert hat,[22] verliebt sich ein junger Mann in eine Automatenfrau namens Olympia, die er verzweifelt zum Leben erwecken möchte. In der Erzählung wird die Puppe, ein Werk des großen Physikers Spallanzani, von dem bösen Menschen Coppelius vernichtet.*

Dieselbe Vorstellung findet sich in zahlreichen weiteren literarischen Werken. In Molières *Dom Juan* zum Beispiel (dessen Untertitel *Der steinerne Gast* lautet) steht der Titelheld im vierten Akt der Statue des Komturs gegenüber, die zum Leben erwacht und ihn in den Tod mitreißt. Molière ließ sich von etlichen Vorgängern zu diesem Stoff inspirieren, unter anderen von dem Schauspiel *Der Spötter von Sevilla* des spanischen Schriftstellers Tirso de Molina aus dem Jahr 1630. Eine vergleichbare Thematik findet sich in der berühmten Novelle *Venus von Ille*, die Prosper Mérimée als sein Meisterwerk bezeichnete; auch er greift auf das Motiv des »Steinernen Gastes« zurück, dem der Held zum Opfer fällt. Es ist bekannt, daß Mérimée ebenfalls eine sehr viel ältere Legende neu interpretierte, von der Ende des zwölften Jahrhunderts der englische Geschichtsschreiber Guillaume de Malmesbury in seiner *Chronik der englischen Könige* berichtet.

Am eindrucksvollsten aber kommt der Traum von der zum Leben erweckten Materie in der jüdischen Symbolik des Golem zum Ausdruck. Nach der Legende hat der Prophet Jeremias einen Golem geschaffen, der, kaum zum Leben erwacht, seinen Schöp-

---

* Vorbild der literarischen Figur ist der italienische Naturforscher Lazzaro Spallanzani (1729–1799), dem im Jahr 1777 als erstem eine Befruchtung *in vitro* gelang.[23]

fer für sein Werk tadelte, denn seinetwegen sei nun der Unterschied zwischen dem Menschen als Geschöpf Gottes und der Maschine, dem Geschöpf des Menschen, verdunkelt. Der Golem symbolisierte also eine *Überschreitung*, und Jeremias beschloß, sein Geschöpf wieder zu vernichten.

Das Golem-Thema taucht noch mehrfach in der jüdischen Überlieferung auf, insbesondere in den magischen Texten des zwölften Jahrhunderts, wo der Golem eine aus Lehm geformte Tier- oder Menschengestalt ist, die zum Leben erwacht, sobald ihr Schöpfer ihr den Namen Gottes auf die Stirn schreibt. Derselben Figur begegnen wir wieder in der legendären Geschichte des Prager Maharal (»MaHaRaL«, auf hebräisch »Moreinu ha-Rav Rabbi Liva«, das heißt »Unser Lehrer, der Rabbi Löw«), der im sechzehnten Jahrhundert lebte. Mit der Hilfe seiner Schüler, heißt es, habe Rabbi Löw einen Golem aus Lehm geformt und ihn dann zum Leben erweckt, indem er ihm das göttliche Zeiten, das Tetragramm, auf die Stirn schrieb. Das künstliche Wesen sollte die jüdische Gemeinde von Prag vor Pogromen schützen. Zunächst ein treuer Verbündeter des Rabbi in der Prager Altneusynagoge, sei der Golem schließlich wild geworden und habe sich eines Freitagabends gegen seinen Schöpfer empört, der ihn vernichten mußte. Von dieser Legende ließen sich mehrere Romane inspirieren, darunter *Der Golem* von Gustav Meyrink (1915), in dem die Lehmfigur durch kabbalistische Zeichen zum Leben erwacht.

In jüngerer Zeit – und das ist kein Zufall – sind verschiedene Aufsätze und Abhandlungen erschienen, die diese Legende noch einmal im Licht der modernen Biowissenschaften betrachten, etwa das umfangreiche, kluge Werk von Moshe Idel, eines Kabbalisten und Experten für jüdische Mystik, für dessen französische Ausgabe der Biologe und Philosoph Henri Atlan ein Vorwort geschrieben hat. »Nun gehört also die Idee, Lebewesen, vielleicht bald schon Menschen künstlich herzustellen«, schreibt Atlan nicht ohne Boshaftigkeit dort, »nicht mehr nur ins Reich der

Legenden und magischen Illusionen. In unseren Labors und unseren Kliniken wird sie Wirklichkeit.«[24]

Die Zähmung wilder Computerprogramme

Lebewesen künstlich herstellen? Atlans Formulierung ist vielleicht noch verfrüht. Auf jeden Fall aber fordert sie uns auf, Bilanz zu ziehen und uns klarzumachen, wie weit die angewandte Wissenschaft und die Technik bereits in den Grenzbereich vorgedrungen sind, in dem Mensch und Maschine aufeinandertreffen. Wir machen uns oft gar nicht bewußt, wie sehr wir bereits von selbsttätigen Maschinen, von virtuellen Schöpfungen und Artefakten umgeben sind, deren Allgegenwart es uns um so schwerer macht, uns zu orientieren. Die »lebende Maschine« ist zum Gemeinplatz geworden. Sie ist in unseren Alltag eingedrungen. Eigentlich leben wir inmitten von Golems. Sie wachsen und gedeihen wie noch nie und sind schon so zahlreich, daß genaue Angaben über ihre Menge völlig unmöglich sind. Aber zumindest können wir einige Kategorien aufzeigen.

Als *Computersimulationen* ließen sich zunächst die vielfältigen virtuellen Nachbildungen realer Bedingungen zusammenfassen. Seit den ersten »Automatennetzwerken«, die vor rund zwanzig Jahren, insbesondere von Henri Atlan, untersucht wurden, hat die Technik einen weiten Weg zurückgelegt. Schon seit den Experimenten von Warren McCulloch und Walter Pitts (1943) waren wir imstande, »virtuelle neuronale Netze« herzustellen, die echte Nervenzellen nachbilden. Dank einem von John Holland erarbeiteten Verfahren gelingt es heute, diese Netze mit sogenannten genetischen Algorithmen zu kombinieren und ihnen auf diese Weise wirkliche Autonomie zu verschaffen. Kurz gesagt, lassen sich mit diesen Algorithmen die Prinzipien der natürlichen Auslese auf Millionen kodierter Informationen anwenden, um die jeweils geeignetste herauszufiltern. Das bedeutet, daß das Verhalten der virtuellen neuronalen Netze unvorhersehbar wird und nicht mehr im voraus vom Betreiber festgelegt werden kann. Sie gewinnen somit eine Form von Intelligenz und »Freiheit«. Als Beispiel seien die von Demetri Terzopoulos geschaffenen virtuellen Fischschwärme genannt, die sich zufällig und autonom auf Computerbildschirmen hin und her bewegen.

Im Januar 1990 ging Tom Ray, ein in einem japanischen Labor beschäftigter Umweltforscher, noch einen Schritt weiter und schuf ein virtuelles Ökosystem. Das heißt, er verwandelte den Speicher eines Computers in ein »Territorium«, das einer lebendigen Umwelt entsprach, und nannte es *Tierra* (Erde). Dann ließ er in seinem virtuellen Raum komplexe Programme ablaufen, die in der Lage waren, sich zu verdoppeln, zu vermehren, zu verzweigen und neu zu kombinieren und so weiter. Erstaunlicherweise brachten es diese Programme, die Überlebens- und Eroberungsstrategien anwenden konnten, innerhalb einer einzigen Nacht fertig, den gesamten Speicher zu füllen. Nach diesem Experiment sagte Tom Ray die Schaffung künftiger »Softwarefarmen« voraus und erklärte, wir müßten eines Tages lernen, »manche dieser wilden Organismen zu zähmen«.

Tatsächlich tauchen »Schöpfungen« dieser Art nahezu überall auf. Japanischen Forschern ist es gelungen, ein virtuelles Idol zu erzeugen; sie nannten es Kyoko Date und gaben ihm die Gesichtszüge einer betörenden jungen Frau, die singen, tanzen, Interview-Fragen beantworten kann und vielleicht bald neben »echten« Gästen an Fernseh-Talk-Shows teilnehmen wird. Mit einer Vervielfältigung solcher »Lebewesen« der dritten Art können wir im Internet rechnen, wo es schwierig sein dürfte, sie von echten Männern und Frauen zu unterscheiden.

Ein weiterer Schritt ist mit der neuen Generation der Roboter getan, deren Leistungen die Medien so gern preisen. Sie sind nicht mehr virtuell, sondern materiell. Die neue Robotertechnik profitiert unmittelbar von den Forschungsergebnissen auf dem Gebiet der künstlichen Intelligenz, insbesondere den Erkenntnissen von Rodney Brooks und seinen Mitarbeitern am MIT. Die sogenannten intelligenten Roboter sind nicht mehr wie früher im voraus programmiert; ihre Reaktionen sind vielmehr Ergebnis einer permanenten, durch eine Vielzahl von »Programmmodulen«, zwischen denen der Roboter wählen kann, ermöglichten *Anpassung.* Dank den Fortschritten in der Bildverarbeitung sowie zunehmend leistungsfähigen Stimmerkennungssensoren sind einige Roboter bereits in der Lage, nicht nur die menschliche Sprache zu verstehen, sondern auch Gefühlsregungen eines menschlichen Gegenübers an dessen Gesichtsausdruck abzulesen. Das erste Experiment dieser Art wurde vom Team der Fumio Hara, der naturwissenschaftlichen Fakultät der Universität Tokio, durchgeführt.

Im Jahr 2000 begeisterten sich die Japaner für Aibo, einen Roboterhund, der einen Ball apportieren und den Befehlen seines Herrn gehorchen kann. Wie die Geschäftsleitung des Sony-Konzerns, der den 2500 Dollar teuren Hund produziert, gern betont, sind die Roboterhunde an die städtische Umgebung besser angepaßt als »Naturhunde«.

Andere Wissenschaftler lassen sich von der Insektenkunde inspirieren und erzeugen virtuelle Insektenschwärme, die auf verschiedene Weise untereinander kommunizieren und dadurch zu einem kohärenten kollektiven Verhalten gelangen. Noch erstaunlicher ist, daß diese »Insekten« Kooperationsstrategien entwikkeln können, um zu überleben und den Bestand des Schwarms zu sichern, wobei die Kooperation *in keiner Weise vorprogrammiert wurde.* Es handelt sich dabei um eine »Emergenz«, eine »Selbstorganisation« des virtuellen Systems, das sich damit dem realen Leben nähert.[25]

Michael Arbib von der University of California schuf hingegen einen virtuellen Frosch, den er *Rana computatrix* nannte. Er ist mit hochsensiblen Mikrokameras, einer künstlichen Netz-

haut und einem Nervensystem ausgestattet, und mit diesem
Sensorium kann er Hindernisse umrunden und »Beute« erkennen. Wieder andere Forscher entwerfen »Computermodelle von
Heuschrecken oder Meeresschnecken, um daraus Verhaltensvor-
aussagen abzuleiten, die anschließend mit realen Tieren unter
besonderen experimentellen Bedingungen getestet werden«[26].

Die Maschine »im« Menschen

Die verstörende Vermischung von Technik und Leben erfolgt jedoch auch auf ganz andere Weise. So gibt es Maschinen, die, statt
Leben nachzubilden oder zu simulieren, *in den lebenden Organismus* eingesetzt werden und dort eine Einheit mit ihm bilden. In solchen Fällen erfolgt die Begegnung zwischen Leben
und Maschine nicht als *Nachahmung*, sondern in Form eines
Ineinandergreifens. Hier öffnet sich das weite Feld der Neuroprothetik und der Implantate aller Art. Zunehmend perfektio-
niert, besteht ihre Aufgabe darin, eine irreparabel verlorene biologische Funktion zu übernehmen oder die Leistungsfähigkeit
eines Organs zu verbessern. Der Mythos ist hier nicht der Golem, sondern der Cyborg, die moderne Version des Maschinenmenschen, dessen Körper elektronische »Erweiterungen« enthält,
die seine körperlichen oder geistigen Fähigkeiten verzehnfachen.[27]
Er ist Mensch *und* Maschine und schickt sich an, Maschine *und*
Mensch zu werden. Das Problem ist nicht mehr die *Grenzzie-
hung*, sondern der *Anteil*, die Dosierung. Wieviel entfällt auf den
Menschen, wieviel auf die Maschine?
   Die verschiedenen Ersatzteile für den menschlichen Körper
haben sich im Verlauf der letzten fünf Jahrzehnte vervielfältigt
und wurden spektakulär verfeinert. Die Entwicklung erfolgte
Schritt für Schritt. Anfang der vierziger Jahre wurden die ersten
Apparate eingesetzt, die zuerst die Niere, dann andere Organe

ersetzen konnten. Es folgten die Herzschrittmacher, deren Einsatz weltweit rasch zunahm. 1989 kamen die ersten Insulinpumpen und Muskelstimulatoren in Gebrauch, die eine bestimmte abhanden gekommene Funktion übernahmen. Inzwischen gibt es Cochlea-Implantate,[28] die, in beide Ohren eingesetzt und über elektronische Leitungen mit dem Gehirn verbunden, bestimmte Formen von völliger Taubheit heilen können, mehr noch: »Das amerikanische House Ear Institute entwickelt bereits Elektroden, die direkt ins Gehirn implantiert werden.«[29]

Die wissenschaftliche Presse verkündet ununterbrochen die jüngsten Innovationen und Forschungsansätze, die immer vielversprechender klingen. Zwei amerikanische Neurochirurgen, Roy Bakay und Philip Kennedy von der Emory University in Atlanta, haben einem Querschnittgelähmten winzige elektronische Implantate in die Großhirnrinde eingesetzt, die er – in gewissem Rahmen – mit Gedankenkraft aktiviert, so daß er über elektronische Signale einen Computer bedienen kann. Johnny Ray, der gelähmte Patient, der mit einer Elektrode im Kopf lebt, ist in den USA zum Medienstar geworden. Die Forschung arbeitet auch schon an einem künstlichen Auge, bestehend aus einer Kamera und einem Hochleistungsmikroprozessor, der mit der Sehrinde verschaltet wird und Blinden das Augenlicht zurückgeben soll.

Wieder andere Forscher denken über die Möglichkeit nach, ein künstliches Gehirn herzustellen, zumindest Teile davon, die, aus Tausenden von Mikroprozessoren bestehend, zu »emergentem Verhalten« in der Lage wären und somit an die Stelle der Neuronen träten. Einstweilen mag das noch Zukunftsmusik sein. Dennoch: »Die künftige Komplexität der Implantate«, meint Hervé Kempf, »wird eine zumindest partielle Kontrolle gewisser Gehirnfunktionen erlauben: Gesichtssinn, Gehör, Steuerung der Gliedmaßen, aber auch Einfluß auf die Gemütsverfassung und auf kognitive Aufgaben.«[30] Die Technik kolonisiert den Menschen, dringt in ihn ein, ergänzt ihn und wird ihn vielleicht irgendwann einmal vollends abschaffen.

In anderen Fällen dienen Implantate in oder am menschlichen Körper nicht als Ersatz für ein krankes Organ, sondern versorgen den Organismus mit einer *zusätzlichen* Funktion, wie zum Beispiel die Computerkleidung, Wearcomp genannt, die mit Biosensoren oder elektronischen Leitungen ausgestattet ist, die dem Träger permanent die Speicher-, Rechen- oder Kommunikationskapazitäten eines Computers zur Verfügung stellen. Erwähnt seien auch die direkt in die Haut eingesetzten elektronischen Chips, auf denen sich dieselben Informationen oder Identifikationsmerkmale speichern lassen wie auf einer normalen Chipkarte.»Kevin Warwick, Kybernetikprofessor an der Universität Reading in Großbritannien, ließ sich im August 1998 einen Chip in die Haut implantieren und benutzt ihn als Sesam-öffne-dich in einem ›intelligenten Gebäude‹.«[31]

Erwähnen sollten wir schließlich noch kurz die spektakulären Fortschritte in der Erzeugung künstlicher Gewebe, Stoffe oder Organe als Ersatz für die entsprechenden natürlichen Körperteile. Allein darüber ließen sich mehrere Seiten füllen. So sind wir heute imstande, Epidermiszellen für Hauttransplantationen zu züchten, wir können Knochenimplantate aus Korallen herstellen, die anschließend von den Knochenzellen des Organismus wieder resorbiert werden, und wir können verschiedene Arten von Hämoglobin für Bluttransfusionen synthetisieren. Derzeit wird aktiv die künstliche Regeneration von Nervenzellen erforscht, und es ist nicht ausgeschlossen, daß wir schon bald in der Lage sein werden, eine künstliche Leber herzustellen.

Das Elfenbein, aus dem einst Galatea bestand, vereinigt sich heute mit dem lebenden Körper.

Die Klage des Tamagotschi

Der Triumph der Technik, der Erfindungsreichtum in der Kreuzung von Mensch und Maschine, die immer wieder übertroffenen Implantations»rekorde«, dies alles hat einen technowissenschaftlichen Diskurs ausgelöst, dem eine nicht erlahmende sportive Begeisterung innewohnt. Die zeitgenössische Chronik (Medien, Unterricht und Lehre, politische Debatte ...) jubelt über den wahr gewordenen Science-fiction-Traum. Sie spricht von den »erweiterten Grenzen«, von der »Allmacht« der Technik und von der ganz und gar nicht mehr utopischen »vollkommenen Gesundheit«. Diese Meisterleistungen finden im öffentlichen Bewußtsein übrigens einen so enormen Niederschlag, daß ein Wettlauf zwischen den Forschern ausgebrochen ist, wer als erster (und womöglich verfrüht) mit dem neuesten elektronischen Implantat, der neuesten Prothesetechnik auf den Markt kommt. Die symbolische, ideologische oder ethische Bedeutung der Innovationen spielt dabei kaum noch eine Rolle. Dabei darf sie nicht unterschätzt werden.

»Neue Wörter haben in unsere Sprache Einzug gehalten, die sehr deutlich zeigen, daß die Kriterien für die Abgrenzung des Menschen ins Wanken geraten sind. [...] ›Cyberassistierte‹ Individuen sind schwächliche, kraftlose Menschen mit kurzer Lebenserwartung, die eine gewisse soziale Funktionstüchtigkeit nur noch um den Preis technischer Krücken erzielen: Stimulationssysteme, Biochips in Flüssigform, Cyberoptik, bioplastische Gefäße, maßgeschneiderte Medikamente, Impulsverstärker, künstliche Gliedmaßen und Organe, Speichersysteme, neuronale Verschaltungen und andere Apparaturen dieser Art.«[32]

Es kann freilich nicht ohne Konsequenzen bleiben, wenn wir nur träge zuschauen, wie die Kriterien des Menschlichen ausgehöhlt werden, und uns damit abfinden, daß Mensch und Maschine zunehmend ineinander übergehen. Schon in der unmittelbaren Zukunft, wie Sherry Turkle, Professorin im Department »Wissenschaft, Technik und Gesellschaft« am Massachusetts Institute of Technology, betont, würden die Kinder durch das »Cyberbewußtsein« dazu verleitet, »Informationssysteme als ›fast lebendige‹ Wesen zu betrachten, von einem Erklärungskonzept zum anderen zu wechseln und mit den Grenzen zwischen Lebendigem und Objekt zu spielen«. Seit der Erforschung der künstlichen Intelligenz, fährt sie fort, habe das Wort »Intelligenz« nach und nach seine Bedeutung verloren, und die Kinder hätten sich diese Abwertung spontan zu eigen gemacht: Von der »Intelligenz« ihrer Computerspiele sprächen sie nicht anders als von der Intelligenz ihrer Freunde, ohne den geringsten Unterschied. Noch beunruhigender ist, daß wir denselben sprachlichen Bedeutungsverlust im Gefühlsbereich erleben. Die Kinder benutzen das Wort »lebendig« für ihre virtuellen Tiere ebenso wie für ihre echten Hunde und Katzen, *ohne einen Unterschied zur Kenntnis zu nehmen*. Nach Ansicht von Sherry Turkle »knüpften die traditionellen Debatten über die künstliche Intelligenz an die technischen Möglichkeiten von Maschinen an; die neuen Debatten werden sich um die emotionale Anfälligkeit des Menschen drehen.«[33]

Auch die Massenvermarktung virtueller Haustiere für Kinder, der Siegeszug des Tamagotschi, ist nicht ohne Folgen geblieben. Diese kleinen batteriebetriebenen Wesen, die Nahrung, Zuwendung, Pflege brauchen, um nicht einzugehen, tragen zu einer häufig verheerenden Entfremdung des Begriffs Leben bei. In Deutschland protestierte der Tierschutzverband gegen die Tamagotschi, weil sie, so der Vorwurf, den Kindern das Gefühl von Verantwortung gegenüber »echten« Lebewesen nähmen. Dasselbe gilt für das Computerspiel *Creatures*, das 1996 auf den Markt kam. Darin treten virtuelle Wesen von menschlicher Erscheinung auf, die Norns, die in einem realistischen Ambiente agieren (Straßen, Wohnungen und so weiter) und von dem Maß an Aufmerksamkeit abhängig sind, das ihnen der Spieler entgegenbringt. Das Spiel vermittelt dem Kind gewisse Allmachtsgefühle, die nicht ganz ungefährlich sind, denn es gibt keinerlei Gegengewicht durch Verantwortung, Grenzen oder Strafen. »Die Tendenz des Spiels«, bemerkt ein Forscher vom Straßburger Institut für Genetik, »geht dahin, daß beispielsweise ein Wesen mit einer Behinderung der Euthanasie unterzogen werden muß, damit der Defekt sich nicht fortpflanzt.«[34]

Und schließlich sollten wir uns klarmachen, daß der Welt der Maschinen in Wahrheit ein Todesprinzip innewohnt. Die Roboter stehen für eine Existenz ohne Leiden, ohne Anfälligkeit, ohne Symptome; aus diesem Grund wecken sie eine unbestimmte Furcht. Diese These vertritt ein Forscher wie Jean-Claude Beaune, für den der angeblich »intelligente« Automat *endgültig den Tod ins Leben einführt.* Er bietet dem Blick des Menschen das Bild eines zerstückelten und erkalteten Körpers, die Vorstellung einer toten Gegenwart mitten im Leben. In diesem Sinne ist er eine »Todesmaschine«, nicht weil er gefährlich oder gar fähig sei zu töten, sondern weil er den Tod repräsentiert und ihn in unserem Alltag präsent werden läßt.[35]

Was die Abgrenzung des Menschlichen betrifft, drängt sich der Eindruck auf, daß die Technik sich viel schneller entwickelt hat als das Nachdenken über sie und als das Denken an sich. Im Vergleich zur Epoche von Vaucanson oder Lamettrie, deren positivistische Provokationen folgenlos blieben, ist dies zweifellos ein neues Element. Die Wissenschaft ist manchmal vorsichtig, die Technowissenschaft ist es nicht. Diese »Neuerung« sollte die Philosophen aufrütteln, denn ebendieses neue Element, dieser veränderte, frenetische Kontext läßt ein kritisches Nachdenken über die verschiedenen Hypothesen – und Unbesonnenheiten – im Zusammenhang mit dem »Maschinenmenschen« nötiger denn je erscheinen.

Es ist Zeit, auf den Boden zurückzukommen.

Reden wir chinesisch!

In Wahrheit waren die Kritiken am Kognitivismus immer zahlreicher, fundierter, manchmal auch weitreichender, als wir uns vorstellen. Wenn sie sich letztlich nicht durchgesetzt haben, so zweifellos deshalb, weil ihnen der technowissenschaftliche Kontext (man könnte von Ideologie sprechen) nicht freundlich gesinnt war. Manche Kritiken wurzeln im traditionellen Humanismus. Sie stammen von Philosophen oder Volkswirten, also von außen. Dieser Kategorie könnten wir die Warnungen des Wirtschaftswissenschaftlers und Nobelpreisträgers Friedrich von Hayek zurechnen, auf den sich der moderne Neoliberalismus so gern beruft, dessen Kritik an der Wissenschaftsgläubigkeit bezeichnenderweise jedoch viel seltener zitiert wird. Dabei ist sie massiv: Den Reduktionismus, den die kognitiven Wissenschaften an den Tag legen, hält Hayek für eine »tyrannische Illusion«. Seiner Ansicht nach besteht kein Zweifel, daß eben aus diesem Grund die Technowissenschaft auf sozialer Ebene zum Scheitern verurteilt ist.[36]

Eine ähnliche Kritik hat Karl Popper, Fürsprecher der offenen Gesellschaft und anerkannter Vertreter eines maßvollen Materialismus, geäußert. Auch Popper meinte, der Reduktionismus – in diesem Stadium – wende sich gegen das rationalistische Ideal, auf das er sich doch berufe, und trage zur Vernichtung jeglicher humanistischer Moral bei. Sobald die Wissenschaft dominierend werde, höre sie auf, vernünftig zu sein. In einem 1991 erschienenen Artikel machte er sich über die Gleichsetzung von Gehirn und Computer lustig. Dem Rechner, sagte er, werde immer das entscheidende Element fehlen, das dem lebendigen Weisen zu eigen ist: die Initiative.[37]

Allerdings wurde auch innerhalb der wissenschaftlichen Gemeinde von Anfang an Kritik laut, nämlich von seiten der Wissenschaftsphilosophen, die zumindest einen Teil der Kognitivisten dazu brachten, auf die »starke KI« der Anfangszeit zu verzichten. Der berühmteste Kritiker aus diesem Lager, der Philosophieprofessor John Searle aus Berkeley, verspottet die vermeintliche »Intelligenz« eines Computers mit einer Überlegung, die wie ein ontologischer Geistesblitz daherkommt: mit dem berühmten Argument des »chinesischen Zimmers«, mit dem er die angebliche Intelligenz der »Turing-Maschine« kritisiert – die Metapher für den mit »Daten« gefütterten und »Antworten« liefernden Computer. Dieses Argument ist ins Standardrepertoire jedes kritischen Nachdenkens über die künstliche Intelligenz eingegangen.[38]

Man stelle sich vor, so Searle, in einem dunklen Raum zu sitzen, in dem sich dicke Bücher mit Regeln, leere Blätter sowie genügend Schreibutensilien befinden. Der Kontakt zur Außenwelt erfolgt durch zwei Wandschlitze, die *Input* und *Output* heißen. Gelegentlich schiebt jemand Papierstücke mit chinesischen Schriftzeichen durch den *Input*-Schlitz. Der Insasse des chinesischen Zimmers versteht kein Wort Chinesisch. Seine Aufgabe ist nun, den Abschnitt in einem der Regelbücher zu finden, der mit der Sequenz von Schriftzeichen auf dem eingesteckten Papierstück übereinstimmt. Das Regelbuch sagt ihm dann, welche Schriftzeichen auf ein leeres Blatt Papier zu schreiben sind. Wenn alles aufgeschrieben ist, muß das Papierstück durch den *Output*-Schlitz gesteckt werden. Wurden die Regeln korrekt formuliert, kann er auf diese Weise die Fragen »beantworten«, ohne ein Wort davon zu begreifen. Der Insasse des chinesischen Zimmers tut also nichts anderes, als nach vorgegebenen Regeln mit Symbolen zu hantieren, die für ihn keinerlei Bedeutung haben. In derselben Situation ist der Computer: Er verfügt lediglich über Symbole sowie über Regeln, die den Umgang mit ihnen steuern.[39]

Mit diesem Gedankenexperiment ruft uns Searle in Erinnerung, daß das menschliche Gehirn zwar ein »Mechanismus« ist (und deshalb bis zu einem gewissen Grad eine »Maschine«), jedoch ein kausaler Mechanismus, der »die außergewöhnliche Eigenschaft besitzt, Bewußtsein hervorzubringen«, während ein Computer »nichts anderes hervorbringt als den Zustand, der aus dem Ablauf eines Programms hervorgeht«[40]. Hingegen erscheint ihm die Frage, ob das Gehirn »intrinsisch ein Rechner sei«, absurd, denn »*nichts* ist intrinsisch ein Rechner, es sei denn, damit ist ein bewußtes Wesen gemeint, das Berechnungen anstellt. Ein Rechner kann nur etwas sein, das als solches interpretiert wurde. Die Interpretation des Gehirns als Rechner ist ebenso plausibel, wie wenn wir etwas beliebig anderes als Rechner bezeichnen.«[41]

Daß Searles Kritik die Selbstgefälligkeit der ersten Kognitivisten erschüttern konnte, liegt zum einen sicher daran, daß sie großartig einfach ist – und gewürzt mit einer Prise Humor –, zum anderen daran, daß sie nicht im Namen eines Idealismus vorgebracht wurde, den Searles Kollegen auf Anhieb hätten ablehnen können. Der Philosoph aus Berkeley tritt stets als entschiedener Naturalist auf. Wenn er an die Existenz des menschlichen Bewußtseins glaube, sagt er, so deshalb, weil es »ebenso natürlich und real [erscheine] wie die Verdauung und die Photosynthese«. Die Abschaffung des Bewußtseins durch die meisten Kognitivisten lehnt er also offensichtlich ebenso ab, wie er sich vom alten kartesianischen Leib-Seele-Dualismus abgrenzt.

Ist der Computer gerührt?

Die Kritik des Philosophen Hubert L. Dreyfus, eines Kollegen von John Searle in Berkeley, ist zwar weniger bildhaft formuliert, aber vielleicht noch tiefgreifender.[42] Dreyfus stellt die grundlegenden Postulate des Kognitivismus insgesamt in Frage. Seiner Ansicht nach ist es schlichtweg falsch, zu behaupten, das Gehirn funktioniere wie ein numerischer Computer; falsch, zu glauben, besagter Computer könne uns helfen, die menschliche *Psyche* zu begreifen; falsch, sich einzubilden, wir könnten die unser Handeln bestimmenden Informationen so analysieren, als wären sie meßbare und fixe Größen, *während sie in Wahrheit von der jeweiligen Situation abhängen.*

In diesem letzten Punkt stimmt Dreyfus wieder mit der sogenannten »humanistischen« Kritik überein. Im Unterschied zum Computer, sagt er, sei der Mensch nicht ein für allemal definiert, sondern befinde sich in einem Prozeß dauernden Werdens. Der Mensch sei kein Zustand, sondern ein Projekt. Seine »Natur« sei in ständiger Bewegung, auf ein Ziel ausgerichtet, durch ein »letztes Bestreben« *(ultimate concern)* unaufhörlich verändert. Das, so Dreyfus, sei die Besonderheit des Menschen, seiner *Menschlichkeit*: daß er in der Lage sei, sich *über sich selbst hinaus* zu konstruieren. Natürlich könne ein Mensch sich auch so weit rückwärts bewegen, daß er sich so mechanisch wie ein Computer verhalte, die Umkehrung jedoch sei unmöglich.[43] Ein Computer könne sich nicht über sein Programm hinaus entwickeln.

Mit der Frage der Intentionalität beschäftigt sich auch ein anderer berühmter Gegner der künstlichen Intelligenz, Joseph Weizenbaum. Auf die offenkundigen Grenzen des Computers verweisend, bezweifelt er, daß die Analyse seiner Funktionsweise für den Menschen irgendwie hilfreich sein könnte. Welchen Sinn kann schon die Vorstellung von künstlicher Intelligenz angesichts bestimmter Probleme oder Situationen haben – Hoffnung, Leiden, Furcht, Liebe –, denen allein der Mensch gegenübersteht? Die vermeintlichen »Entscheidungen« eines Computers sind bestenfalls ein Ergebnis der instrumentalen Vernunft und ignorieren jeden Begriff von *Verantwortung*. Die Frage lautet also nicht, ob wir ihn so programmieren können, daß er an unserer Stelle entscheidet, sondern ob wir es tun *sollen*. »Das menschliche Einzelwesen«, schreibt er, »befindet sich in einem ständigen Zustand des Werdens. Die Aufrechterhaltung dieses Zustands, seines Menschseins, ja seines Überlebens hängt entscheidend davon ab, daß er sich selbst als menschliches Wesen sieht und auch von den anderen menschlichen Wesen so gesehen wird.«[44] Eben weil der Mensch mit *Verantwortung* ausgestattet ist, hat die wissenschaftliche Forschung nicht das Recht, alles, was möglich ist, tatsächlich zu tun. Der Computer hingegen ist keiner Verantwortung und auch keiner Intentionalität fähig.

Von der Intentionalität zum Gefühl ist der Weg nicht weit. Es genügt nicht zu erwähnen, daß der Computer keine Gefühle hat. Wir sind Weizenbaum dankbar, daß er noch einmal speziell darauf hinweist. In diesem besonderen Punkt gehen manche Kritiker des Kognitivismus noch weiter als er und fragen sich, ob die Gefühle, die menschlichen Emotionen nicht *sogar eine maßgebliche Rolle bei der Rationalität* spielen. In diesem Fall müßte der Begriff »künstliche Intelligenz« von Grund auf revidiert werden. Diese anregende These vertritt der Neurobiologe Antonio R. Damasio, Leiter der Abteilung Neurologie an der Universität Iowa. »Rational sein«, schreibt er, »heißt nicht, sich von seinen Gefühlen loszusagen. Das denkende, rechnende, entscheidende Gehirn ist nichts anderes als das lachende, weinende, liebende, Lust und Unlust empfindende Gehirn. Das Herz hat seine Gründe, die der Verstand ... durchaus nicht ignoriert.«[45]

Damasio stützt seine Argumentation auf die nicht nur in den USA wohlbekannte, außergewöhnliche Geschichte von Phineas P. Gage, der im Jahr 1848 fünfundzwanzig Jahre alt war und Vorarbeiter eines Bautrupps, der nahe der Stadt Cavendish in Vermont Eisenbahnschienen verlegte. Gage war damit beschäftigt, mit einer Eisenstange Sprengstoff in eine Lücke im Stein zu stopfen, als ein Funken die Ladung vorzeitig explodieren ließ, so daß ihm die Stange mitten ins Gesicht schoß. Sie drang durch die linke Wange ein, durchstieß den Kopf diagonal nach oben, wobei sie den linken Schläfenlappen schwer verletzte, und trat auf der rechten Seite des Schädels wieder aus. Gage starb aber nicht an seiner Verletzung, sondern erholte sich relativ schnell und konnte wieder seiner Arbeit nachgehen, obwohl ein Teil der Stange für immer in seinem Gehirn steckenblieb. Keine der lebenswichtigen Funktionen (Bewegungsfähigkeit, Sprache, Gleichgewicht, Gedächtnis) war beeinträchtigt. Aber sein soziales Verhalten hatte sich drastisch verändert. Er wurde reizbar, ordinär und unberechenbar und war offensichtlich nicht einmal mehr in der Lage, in die Zukunft zu planen und vernünftige Entscheidungen zu treffen. Damasio vergleicht den Fall Gage mit einem seiner Patienten, den er Elliot nennt und der in den siebziger Jahren des zwanzigsten Jahrhunderts nach der Abtragung eines Gehirntumors, dessen Wachstum einen Teil des Gehirngewebes zerstört hatte, eine ähnlich radikale Veränderung seiner Persönlichkeit erlebte. Auch bei Elliot blieben, wie bei Gage eineinhalb Jahrhunderte zuvor, nach dem Eingriff die geistigen Funktionen des Gehirns zwar erhalten, doch er war zu keinem vernünftigen Sozialverhalten mehr in der Lage.

Eingehendere Untersuchungen brachten die Ursache dieser Veränderung zutage: Elliot *konnte keine Gefühle mehr empfinden.* »Er schien das Leben völlig neutral zu betrachten«, bemerkt Damasio. »Mit wenigen Worten läßt sich der unglückliche Zustand Elliots folgendermaßen definieren: Er konnte wahrnehmen, nicht aber fühlen.«[46] Dasselbe war offenbar Phineas P. Gage zugestoßen, nimmt Damasio an und folgert daraus, daß Emotionen, anders als normalerweise vermutet, das rationale Denken nicht »stören« oder durchkreuzen (die Raserei der Leidenschaften, die Irrationalität des Gefühls, das Pathos der Romantik und so weiter), sondern *wesentlicher Bestandteil der Vernunft sind.* Seiner Ansicht nach gehören Gefühle unverzichtbar zur Rationalität des Menschen. Die Funktionalität der Emotionen könnte durchaus ein Ergebnis der Evolution sein, wie Darwin sie beschreibt. Sie wäre ein Beweis für die unfaßbare Komplexität der Mechanismen im menschlichen Gehirn, über die wir, so Dama-

sio, nur staunen können. »Die Wahrnehmung der Gefühle«,
fügt er hinzu, »bildet die Grundlage dessen, was die Menschen
seit Jahrtausenden Seele oder Geist nennen.«[47]
Könnten wir uns einen gerührten Computer vorstellen?

Eine Form von Autismus

Kurz und gut, es ist die *Subjektivität* in allen ihren Bedeutungen, die den eigentlichen Unterschied ausmacht. Und darüber
kann keine neurobiologische Studie Rechenschaft ablegen – nicht
für das Tier und noch viel weniger für den Menschen. Im Zusammenhang mit einem anderen, aber verwandten Thema veröffentlichte der amerikanische Philosoph Thomas Nagel im Jahr
1974 einen Artikel, in dem er erklärte, man könne zweifellos das
Nervensystem einer Fledermaus vollständig ergründen, aber welche Empfindungen sie habe, werde niemand je erfahren – *What
is it like to be a bat?* war sein Artikel treffend überschrieben:
»Wie ist es, eine Fledermaus zu sein?« Könnte ein Computer
verstehen, wie es ist, ein Mensch zu sein? Natürlich nicht. Der
Wissenschaftler, von dem ich dieses Bild entliehen habe, hat recht,
wenn er schreibt, daß »die neurobiologischen Theorien des Bewußtseins einen beträchtlichen Mangel aufweisen: Sie sind nicht
imstande, dem inneren, subjektiven Aspekt des ›Geisteslebens‹
Rechnung zu tragen.«[48]
Es ist nicht erstaunlich, daß manche Psychoanalytiker in diesem Punkt noch rigoroser sind. Im Rahmen einer leidenschaftlichen brieflichen Auseinandersetzung mit einem Neurobiologen
geht Jacques Hochmann so weit, die angebliche »künstliche Intelligenz« als *Autismus* zu bezeichnen. »Neulich sah ich der Textverarbeitungsmaschine meiner Sekretärin zu«, erzählt er. »Ohne
sich um den Sinn zu kümmern, druckte sie eine Zeile nach der
anderen aus, mit gleichbleibender Geschwindigkeit, von rechts

nach links, dann von links nach rechts und so weiter. Dasselbe
Verhalten habe ich bei einem mir bekannten autistischen Kind
beobachtet, das mit derselben Leichtigkeit ein Buch von vorn
nach hinten und von hinten nach vorn lesen konnte, ohne sich
um die Bedeutung des Gelesenen zu kümmern.«[49]

Ohne die Polemik auf die Spitze zu treiben – ob man schon
eine Textverarbeitungsmaschine als »künstliche Intelligenz« bezeichnen kann, sei dahingestellt –, können wir uns fragen, ob der
Begriff Autismus nicht auch auf manche Kognitivisten zutrifft,
die in der Abgeschiedenheit ihrer Labors den Kontakt mit den
einleuchtendsten Voraussetzungen des wirklichen Lebens verlieren. Es ist möglich, daß diese Forscher unwissentlich beeinflußt
werden von dem, »was David Bolter in seinem Buch *Turing's
Man* ›definierende Technologie‹ nennt. Das sind Technologien,
die als Metaphern, Beispiele, Modelle oder Symbole für das Verständnis des Menschen von sich selbst dienen.«[50]

Platon benutzte die Metapher des Töpfers für den Schöpfer
der Welt, die sich dann auch in der Bibel wiederfand: Die Genesis spricht von einem Gott, der seine Geschöpfe aus Erde vom
Ackerboden formt. Die Herstellung der ersten Uhr und die Erfindung der Feinmechanik führten dazu, daß für den mittelalterlichen Menschen – jahrhundertelang und bis hin zu Descartes – das Universum von Mechanismen bewegt wurde und
von einem »großen Uhrmacher« geschaffen war. So bringt jede
technische Neuerung ein beschreibendes Modell der Realität hervor, zwar provisorisch und metaphorisch, das wir jedoch gern
für die endlich enthüllte »Wahrheit« halten. Heute ist der Computer, auch wenn er selbst das Produkt einer begrifflichen Revolution ist, zweifellos wiederum zu einer »definierenden Technologie« geworden, und die meisten wissenschaftlichen Metaphern
(Programm, Codierung etc.) speisen sich aus der Informatik. Und
wir vergessen gern, daß es sich *lediglich* um Metaphern handelt.

Dieser neue Reduktionismus bleibt freilich *nicht ohne Folgen
für unser Verständnis vom Menschen.* Zu Recht bemerkt Peter

Kemp mit leichter Besorgnis: »Wenn aber der Computer zu einer ›definierenden Technologie‹ für das Verständnis von Menschen geworden ist, wird der Mensch leicht als Größe aufgefaßt, die ›bloß‹ ein Computer ist.«[51] Mit anderen Worten, wir setzen den Menschen nicht deshalb mit einer Maschine gleich – oder lassen diese Gleichsetzung zu –, weil der Vergleich zuträfe, sondern weil wir ihn so sehen *wollen*. Das ist keine Feststellung, sondern eine Entscheidung – eine hirnverbrannte Entscheidung.

KAPITEL 4

Der Mensch als Sache?

>»Ist der Mensch am Ende einer unaufhaltsamen
Entwicklung der merkantilen Gesellschaft tatsächlich bei dem höchst erstaunlichen Ergebnis angelangt, daß er sich nun selbst als Ware erzeugt?«
BERNARD EDELMAN[1]

Angesichts der Ungeheuerlichkeit dieses weiteren tiefen Ein-
schnitts kann einem leicht schwindelig werden. Er ist juristischer Natur. Seit rund zwanzig Jahren verabschieden wir uns
auf rechtlicher Ebene schrittweise von einer Auffassung des Lebens und des Menschen, die jahrhundertelang gesichert schien;
von einer Rechtsauffassung, aber auch von einem Status, der
im Lauf der Geschichte tausendfach bestätigt wurde: daß der
menschliche Körper unantastbar sei und das Leben dem Besitz
entzogen. Der Bruch vollzieht sich allerdings nicht jäh, sondern
Schritt für Schritt, ohne genaues Ziel und ohne klares Bewußtsein vom Geschehen. Unterschwellig scheinen unsere Gesellschaften von einer grenzenlosen technowissenschaftlichen Verheißung getragen zu werden und sind von der Wucht dieser
ontologischen Umwälzung wie gelähmt. Wir sind in einer Logik
des Wettbewerbs gefangen, die uns verbietet, uns auf dem Gebiet der Biotechnologie auch nur den geringsten Rückstand zu
leisten. Infolgedessen sind wir der kommerziellen Konkurrenz
und dem Zwang zur Anpassung gnadenlos unterworfen. Aber bis
wohin? Abgesehen von einigen Randgruppen und einigen besorgten Wissenschaftlern findet kaum eine öffentliche Auseinandersetzung über diesen rasenden Wettlauf statt. Anscheinend
sind andere Themen wichtiger. Der demokratische Alltag läßt

sich durch diesen symbolischen Erdrutsch nicht – oder kaum – aus dem Trott bringen. Dabei könnten wir wetten, daß sich die Gesellschaft in einer nahen Zukunft rückblickend fragen wird: Wie konnte *das* nur möglich sein? Und warum in dieser totalen Teilnahmslosigkeit?

Das? Ich rede von der langsamen Rückentwicklung des Lebens auf den Status der Handelsware und von der absehbaren Herabwürdigung des Menschen zur Sache. Ich denke an die Privatisierung des Lebens und folglich auch des Menschen im Namen eines »naiven Realismus«[2] und an einen Technologiewahn, der von sich berauscht ist. Denn genau dies ist die unaufhaltsame Dialektik, die von nun an herrscht: Alles Leben, von der Pflanze über das Tier bis hin zum Menschen, droht zum *Objekt* der Inbesitznahme, des Kommerzes und des Profits zu verkommen.

Der kategorische Imperativ

Um zu ermessen, wieviel auf dem Spiel steht, müssen wir uns daran erinnern, was bis vor kurzem noch galt. Wenn es um den Status des Lebens geht, pflegen die Teilnehmer der Kolloquien ebenso wie die Mitglieder Nationaler Ethikkommissionen andächtig Immanuel Kant zu zitieren, vorzugsweise die berühmte dritte Formulierung des kategorischen Imperativs, den sogenannten *praktischen Imperativ*, der das Prinzip des Menschseins definiert. Der Text lautet folgendermaßen: »Handle so, daß du die Menschheit sowohl in deiner Person als in der Person eines jeden anderen jederzeit zugleich als Zweck, niemals bloß als Mittel brauchest.«[3] Kants Formel bedeutet, daß der Mensch – in seinem Körper wie in seinem Sein – nicht instrumentalisiert werden kann. Das betrifft seinen Status und seine Identität. Er kann keinem anderen Zweck unterworfen werden als sich selbst, kann weder in Besitz genommen noch verkauft, noch als Rohstoff benutzt werden. Der Mensch ist Zweck an sich; er kann nie – ausschließlich – Mittel sein. Im übrigen ist jeder Mensch einzigartig und insofern weder austauschbar noch *ersetzbar*.

Halten wir fest, daß die geschichtliche Epoche, in der Kant die *humanitas*, die Menschlichkeit des Menschen, mit solchem Nachdruck definierte, eine ganz besondere war: das Zeitalter der Industrialisierung, die eine enorme Zahl von Männern, Frauen, Kindern ihrer dörflichen Umgebung entriß und zum Objekt, zur Arbeitskraft degradierte. Der kategorische Imperativ ist also auch als Warnung zu verstehen. Sechzig Jahre später verurteilt Karl Marx mit einer vom Kantschen Humanismus inspirierten Formulierung die Ausbeutung des Menschen durch den Menschen und die Verdinglichung des Arbeiters. Doch dieser Imperativ, den Kant im Jahr 1785 in der Sprache der Kirche aufstellte, steht seinerseits in einer uralten jüdisch-christlichen Tradition.

Er bedeutet auch, daß nicht alles auf der Welt in Besitz genommen oder beschlagnahmt werden kann. Ein Anteil der Wirklichkeit muß notwendigerweise vom Tauschgeschäft, also dem Handel, ausgenommen sein. (Der Mensch und alles Leben sind in diesem »Anteil« offensichtlich enthalten.) Im Alten Testament finden wir diesen Gedanken in eine wunderbare Metapher eingebettet, in das Bild vom »Anteil des Herrn« (Dt 32,9), der von jeglicher Inbesitznahme ausgeschlossen ist: Er muß vor der Aufteilung der restlichen Welt abgezogen werden. Seinetwegen bleibt »die absolute Absichtslosigkeit der Welt, die im Prinzip niemandem ›gehört‹ als dem Schöpfer«[4], erhalten.

Nichts anderes sagt Spinoza über den Status des Menschen, wenn er in seiner *Ethik* darlegt, die Vernunft führe zu der Erkenntnis, daß der Mensch dem Menschen ein Gott sei. Überhaupt definierte und begründete die gesamte abendländische Philosophie den besonderen Rang des Menschen immer wieder damit, daß er nicht nur *in* der Welt sei, wie es ein reines, manipulierbares Objekt wäre, sondern auch imstande, die Welt zu *denken*: Dies bedeutet, daß er nicht nur passiv in der Welt *ist* wie ein »Seiendes«, sondern die Welt in dem Maße, wie sein Denken sie erfaßt und überwindet, auch *hat*. Sein Dasein auf Erden ist in keiner Weise mit dem einer Sache vergleichbar. Aus diesem Grund kann der Mensch nicht *Objekt* eines Handels oder Tauschgeschäfts sein. Auch Gesetze und Rechtsprechung schrieben traditionell diesen *Unterschied* fest, die Sakralisierung des Lebens, die also nicht ausschließlich von der Religion herrührt (wie man häufig annimmt). Das römische Recht zum Beispiel erhob die Unveräußerlichkeit der Person zu einem wesentlichen Unterscheidungskriterium zwischen dem Stand des freien Bürgers und dem des Sklaven. Mit der Abschaffung der Sklaverei wurde diese Eigenschaft auf die gesamte menschliche Gattung erweitert. Der menschliche Körper kann kein Handelsobjekt sein, auch nicht für seinen Besitzer. Mit anderen Worten, ich kann meinen Körper nicht zerstückeln, um einzelne Organe zu verkaufen; wenn ich mich freiwillig verstümmle, mache ich mich strafbar.»Um jede Möglichkeit auszuschließen, daß ein Rechtssubjekt seinen Körper, seine Person nach dem Vorbild des Eigentümers, der seinen materiellen Besitz nach Belieben gebrauchen und mißbrauchen kann, als Handelsobjekt benutzt«, bemerkt eine Juristin, »verfügt die französische Rechtsdoktrin seit dem Ende des neunzehnten Jahrhunderts, daß der menschliche Körper unveräußerlich ist.«[5] Das hat einen einfachen Grund: Wenn der menschliche Körper nicht wie eine Sache *im Handel* sein kann, so deshalb, weil er die Person *verkörpert*. Er ist intrinsisch an der *Menschlichkeit des Menschen* beteiligt.

Angesichts der sehr alten Tradition und der lange Zeit unverletzlichen Gültigkeit dieser Rechtsauffassung können wir verstehen, weshalb die verschiedenen europäischen Ethikausschüsse seit ihrer Gründung Anfang der achtziger Jahre die Unveräußerlichkeit des menschlichen Körpers zum unantastbaren Prinzip erhoben. In seiner Verlautbarung Nr. 20, die den Titel trägt: *Stellungnahme zum Verbot der Kommerzialisierung des menschlichen Körpers*, bekräftigte der französische Nationale Ethikrat dieses Prinzip: »Die Würde des Menschen ist bedroht, wann immer seine Freiheit geleugnet oder beeinträchtigt wird, das heißt, wann immer sich eine Verdinglichung des Menschen oder seine Instrumentalisierung, insbesondere unter finanziellen Erwägungen, abzeichnet.« Schon damals, 1989, prangerte der Rat das Gewicht des kommerziellen Aspekts in dieser Problematik an: »Geld verdinglicht alles, was es kauft, und setzt ein Istgleichzeichen vor alles, was es verdinglicht hat; dies nicht zufällig, sondern weil es seinem Wesen entspricht.« Der Ethikrat hielt es deshalb für vordringlich, daß wir »den Menschen mit allen unseren Kräften vor der Unwürdigkeit jeglicher Verdinglichung bewahren«[6].

Dieses Prinzip steht heute kurz vor dem Kollaps; unter dem Druck des technischen – und kommerziellen – Imperativs droht der Damm zu brechen. Das Leben wird in seinem innersten Wesen schrittweise zum kommerziellen Objekt: zuerst das pflanzliche, dann das tierische, zuletzt das menschliche Leben. Wir dürfen uns hier nichts vormachen. Zwar wurden Pflanzen und Tiere schon immer kommerzialisiert, getauscht, verkauft, und lange Zeit war dieser Tauschhandel sogar die Basis der Wirtschaft. Doch keine Tierspezies, keine Pflanzenart konnte *als solche* in Besitz genommen und kommerzialisiert werden. Niemand war je Besitzer der Spezies »Esel« oder der Spezies »Pferd«, nur individuelle Esel und Pferde konnten Eigentum sein. Diesen Unterschied dürfen wir nicht vergessen, wenn wir heute von der fortschreitenden »Privatisierung des Lebenden« reden. Die zunehmende Instrumentalisierung des Lebenden, schreibt ein Volkswirt, werde heute durch eine rein kasuistische Unterscheidung zwischen »lebender Materie« und »lebendem Subjekt« begünstigt; ersteres sei instrumentalisierbar, letzteres nicht. »Diese Unterscheidung«, fügt er hinzu, »wird das vom Nationalen Ethikrat bekräftigte Verbot der Kommerzialisierung des menschlichen Körpers bald hinfällig werden lassen.«[7]

Reine Panikmacherei? Da bin ich mir nicht so sicher.

Die Bakterie, die Auster und die Maus

Auf jeden Fall dreht sich genau darum die – beträchtliche – Auseinandersetzung um das »Patent auf Leben«, wie man heute
sagt. Es geht um die Frage, ob der Urheber einer genetischen Erfindung oder Entdeckung, die einen neuen lebenden Organismus hervorbringt, das Recht hat, seine Erfindung patentieren zu
lassen. Und Gewinn daraus zu ziehen. Denn die Erteilung eines
Patents entspricht der Inbesitznahme nicht nur eines individuellen Lebewesens (ich kaufe einen Hund oder ein Pferd), sondern
einer bestimmten Spezies, einer lebenden »Identität« (ich kaufe
diese oder jene Hunderasse ...). Ein Patent auf Leben gewährleistet das Eigentum an einem biologischen Prozeß, üblicherweise in der Form eines genetischen Codes oder einer Genmanipulation. Das war am Anfang unvorstellbar. Dann änderte sich
manches. Denn wie ließe sich innerhalb einer globalisierten, industriellen, liberalen Logik die Forschung finanzieren, wenn
Entdeckungen nicht patentierbar und folglich gewinnbringend
wären? Letzteres hat sich durchgesetzt und ist inzwischen die
Regel.

Sehen wir uns die einzelnen Etappen dieser langsamen Verschiebung an: Es ist faszinierend, wie unaufhaltsam sämtliche
Schranken, erst zwischen lebloser Materie und pflanzlichem
Leben, dann zwischen pflanzlichem und tierischem Leben und
schließlich zwischen Tier und Mensch, nach und nach ausgehöhlt
und zum Einsturz gebracht wurden. Bei jeder Etappe fiel der Einfluß der amerikanischen Rechtsprechung stark ins Gewicht. Zeitlicher Verschiebung und (vor allem europäischen) Widerständen
zum Trotz verlief die Entwicklung ganz so, als steuerte Amerika
allein eine weltweite Revolution des Rechts.

Die Patentierung eines »natürlichen« Produkts war zunächst
von Rechts wegen verboten, in den USA wie überall sonst. Natürlich konnte man eine Erfindung auf der Grundlage anorgani-

scher Materie patentieren – eine neue Metallegierung, ein mecha-
nisches Gerät, einen Motor und so weiter –, jedoch nichts, was
irgendwie mit organischer Materie zu tun hatte, ob pflanzlicher
oder tierischer Herkunft: Die Züchtung einer neuen Pflanzenart
aus Kreuzungen und aufeinanderfolgenden Selektionen war nicht
patentierbar. Die Natur war für jegliche Kommerzialisierung
tabu. Dem Patentrecht wurden noch weitere Einschränkungen
auferlegt, die ihrerseits durch Erwägungen der öffentlichen Ordnung oder der guten Sitten begründet waren.

Der erste formelle Angriff gegen diese Vereinbarung erfolgte
1930, als in den USA ein folgenschweres Gesetz über pflanzliche Erzeugnisse verabschiedet wurde: der sogenannte *Plan Act*.
Das utilitaristisch motivierte Gesetz zielte darauf ab, der – lob-
byistischen – Forderung der Saatguterzeuger Rechnung zu tragen,
die sich die ersten hybriden Mais- und Sojasorten, von denen sie
sich bessere Erträge erwarteten, patentieren lassen wollten, denn
die Vermarktung versprach einen beträchtlichen wirtschaftlichen
Gewinn. Zur Veranschaulichung der Größenordnung: Mit den
ersten, ab 1922 erprobten Hybridmaissorten nahm der Hektar-
ertrag *um das Vier- bis Fünffache* zu. (Im übrigen erzeugt das
Unternehmen Pioneer, gegründet im Jahr 1926 von Henry A. Wallace, noch heute Hybridsaatgut.[8]) Die neuen Hybridsorten wiesen außerdem die Besonderheit auf, daß sie sich nicht – oder
nur sehr schlecht – fortpflanzen und gewissermaßen nur einmal
leben, was bedeutet, daß sie vor jeder Aussaat erneuert – und
folglich neu gekauft – werden müssen. »Der Hybridmais«,
schreibt Jean-Pierre Berlan, Agronom und Mitarbeiter am französischen Institut für landwirtschaftliche Forschung, »ist die
heilige Kuh der Argrarforschung – und sie wird von den Saat-
guterzeugern gemolken.« Ein halbes Jahrhundert später wird
die Frage der Konfiszierung von gentechnisch verändertem Saatgut auf viel breiterer Basis wieder sehr aktuell. Wir kommen darauf noch zurück.

Bleiben wir vorläufig beim *Plan Act* des Jahres 1930. Es steht

außer Zweifel, daß dieses Gesetz schon damals einen einschneidenden juristischen Bruch darstellte. »Von nun an standen sich
nicht mehr die ›lebende‹ und die ›unbelebte‹ Natur gegenüber,
sondern die Erzeugnisse der Natur, ob organisch oder anorganisch, auf der einen Seite und der menschliche Erfindungsgeist
auf der anderen.«[9] Zum ersten Mal wurde organische (pflanzliche) und anorganische Materie in derselben rechtlichen Kategorie zusammengefaßt: Beide galten nun als Gegenstände, die in
Besitz genommen und kommerzialisiert werden können. Eine
erste Grenze war überschritten.

Die zweite Grenzüberschreitung folgte fünfzig Jahre später
mit dem berühmten Urteil *Diamond vs. Chakrabarty*, mit dem
am 16. Juni das Oberste Gericht der USA – mit fünf zu vier Stimmen! – zwei Forschern das Recht einräumte, eine gentechnisch
veränderte Bakterie patentieren zu lassen. Die Richter begründeten ihr Urteil damit, daß dieser lebende Organismus kein Erzeugnis der Natur sei, sondern eine Erfindung des Menschen: eine
neue *Bakterienspezies*. Außerdem, betonten sie, sei die patentfähige Bakterie von gesellschaftlichem Nutzen – es handelt sich
um eine Bakterie, die Erdölprodukte »abbaut« und im Fall einer
Ölpest eingesetzt werden kann.

Mit diesem Urteil begann die zweite symbolische und juristische Schranke zu bröckeln. Zwar ging es ursprünglich nur um
Leben in seiner rudimentärsten Form, die einzellige Bakterie,
während für alle höherentwickelten Lebewesen die Patentierung
im Prinzip verboten blieb. Doch wie Bernard Edelman betont,
machte sich »das Gericht keine Illusionen über die Konsequenzen
seines Urteils«. Tatsächlich überschritt das amerikanische Bundespatentamt sieben Jahre später eine weitere Grenze, als es dem
Patentantrag für eine transgene Auster stattgab. Auch hier ließe
sich einwenden, daß die Auster ein primitives Tier sei und das
Leben in seiner Gesamtheit von diesem Patent unberührt bleibe.
Doch bald darauf, am 12. April 1988, wurde die letzte Barriere
überwunden, als dasselbe Bundesamt der Patentierung einer im

Rahmen der Krebsforschung »erzeugten« transgenen Maus zu-
stimmte.

Nun war es soweit. Damit hat sich der rechtliche Status des
Lebens definitiv verändert. Wie Marie-Angèle Hermitte, eine der
herausragendsten französischen Sachverständigen auf dem Gebiet, anmerkt: »Im öffentlichen Bewußtsein bedeutete diese Veränderung des Patentrechts, daß Lebewesen rechtlich gesehen als
Erfindungen gelten, die mit chemischen Körpern gleichzusetzen
sind, daß die menschlichen Gene mit den Genen der übrigen Spezies gleichwertig sind und daß die Grenzen zwischen Organischem und Anorganischem sowie den verschiedenen Reichen des
Lebenden abgeschafft wurden.«[10] Der amerikanische Einfluß ist
so stark, der Druck der internationalen Konkurrenz so groß, daß
Europa, und mit ihm die restliche Welt, auf dem Umweg über die
Welthandelsorganisation (WTO) dem amerikanischen Beispiel
bald folgen wird.

Die Jagd nach Patenten wird allgemein, global und fieberhaft
sein. Sie ist heute die Hauptantriebskraft des »Goldrausches«
der Biotechnologieunternehmen. Ein Jurist – er ist nicht allein –
fordert uns auf, uns diesen radikalen Wandel in unserer Beziehung zur Welt bewußtzumachen. »Er übersteigt das kartesianische Vorhaben, den Menschen zum ›Beherrscher und Besitzer
der Natur‹ zu erheben«, sagt er, »denn er bringt uns schrittweise
dazu, das Leben als Handelsobjekt und die Lebewesen folglich
als ›Dinge‹ zu betrachten.«[11]

Die Tricks des Terminators

Um die geltenden Prinzipien und die damit verbundenen Risiken besser zu begreifen, müssen wir uns kurz mit der »pflanzlichen« Frage beschäftigen, und zwar mit den sogenannten GVOs,
den gentechnisch veränderten Organismen. Die Entwicklungen

im Saatgutbereich während der letzten zehn, fünfzehn Jahre geben uns einen Vorgeschmack auf das, was früher oder später allen Formen des Lebens blüht. Und vielleicht ist auch der Mensch davon nicht ausgenommen ... Beeindruckend ist die Geschwindigkeit, mit der genetische Innovationen und ihre Patentierung zu enormen Machtkonzentrationen geführt haben. Am Anfang steht ein unbestreitbarer Fortschritt: Die an bestimmten Pflanzenspezies (Mais, Soja, Raps, Kartoffeln und anderen) vorgenommenen gentechnischen Veränderungen fördern die Resistenz gegen natürliche Feinde wie den Maisbeulenbrand oder das Kartoffelvirus, aber auch gegen Herbizide wie das berüchtigte Produkt Roundup (ein sogenanntes »Breitbandherbizid«) der Firma Monsanto. Andere gentechnische Veränderungen könnten den Anbau bestimmter Pflanzen in Trockengebieten oder auf landwirtschaftlich bisher nicht nutzbaren Böden ermöglichen. Es werden wahre Wundergetreide entstehen! Die wissenschaftlichen Verheißungen geben Anlaß zu großen Hoffnungen. Es wäre absurd, sie zu bagatellisieren.

Aber die mit großer Begeisterung verkündeten wiederkehrenden Verheißungen (»Nahrung für die dritte Welt!«[12]) dienten von Anfang an vor allem dazu, das Streben nach Profit und Herrschaft zu rechtfertigen, dessen Folgen verheerend sind: »Konzentrationen, Privatisierung der genetischen Ressourcen, Amelioration von Pflanzen allein im Hinblick auf die Ziele der chemischen Industrie etc.«[13] Eine Herrschaft, die um so unerbittlicher ist, als die großen Saatguthersteller mit der seit 1922 angewandten und perfektionierten Technik unfruchtbare Hybridsorten erzeugen. Außerdem, noch erstaunlicher, ist manches Saatgut derart manipuliert, daß die Saat nach einem bestimmten Zeitraum vernichtet beziehungsweise die Keimung des entstehenden Samens und damit seine weitere Verwendung im Nachbau oder in der Züchtung verhindert werden. Zu diesem Zweck werden sogenannte Repressor-Gene und Toxin-Gene in das Genom der Nutzpflanze eingeschleust, die sich ähnlich verhalten wie eine Telefon-Chipkarte, deren Guthaben aufgebraucht ist: als Selbstzerstörungsmechanismus – nachdem das Saatgut einmal seinen Zweck erfüllt hat, stirbt es ab, die Samen sind nicht mehr keimfähig. Die mit makabrem Humor »Terminator« genannte Technik ist im Besitz der Firma Monsanto.[14] Die »bioziden« Sorten zwingen die Bauern, sich Jahr für Jahr mit neuem Saatgut einzudecken: Der Sinn der Methode besteht also in der progressiven Beschlagnahme der landwirtschaftlichen Produktion durch die großen Saatguthersteller, die infolge der allgemein praktizierten Übernahmepolitik noch dazu immer weniger werden.

»Angesichts der Erfindung von ›Biozid‹-Technologien vom Typ *Terminator* und vermutlich bald auch *Verminator*«, bemerkt ein Experte, »ist es nicht abwegig, von einer radikalen Umwälzung der Landwirtschaft zu sprechen. Diese gentechnischen Methoden verhindern, daß der Samen, egal von welcher Pflanze, nach der Ernte keimt, so daß der Landwirt gezwungen ist, jedes Jahr den Händler aufzusuchen, um neues Saatgut zu kaufen, oder aber chemische Cocktails zu erwerben, die imstande sind, die bioziden Gene zu blockieren und die Selbstvernichtung des Samens somit zu verhindern.«[15] Wobei nicht eigens erwähnt werden muß, daß diese chemischen Cocktails vom selben Hersteller stammen.

Am erstaunlichsten aber ist, daß dieser – eigentlich entscheidende – Aspekt der Debatte über die GVOs völlig in den Hintergrund gedrängt wurde; statt dessen wird eine Auseinandersetzung über die gesundheitlichen Folgen für die Konsumenten oder die ökologischen Risiken, das Prinzip der Vorbeugung und so weiter geführt. Die Medien konzentrieren sich meist auf das »krank machende Essen« oder die mögliche Kontaminierung der Umwelt durch genmanipulierte Nutzpflanzen, aber welche ungeheure Macht mit der Inbesitznahme von Leben durch einige wenige Biotechnologieunternehmen – die Biopiraten, wie sie heute genannt werden – verbunden ist, wird kaum je erwähnt.

Doch die Konzentration auf die Risiken hat paradoxerweise ausgerechnet jenen in die Hände gespielt, die man eigentlich bekämpfen wollte! So versäumten es die großen agrochemischen
Unternehmen nicht, die ökologischen Vorzüge ihres genmanipulierten Saatguts zu rühmen, das sich in der ersten Generation
selbst zerstört: Ist das nicht die beste Methode, um die Risiken
auszuschalten? Stellt ein unfruchtbarer oder auf die Selbstvernichtung programmierter Samen nicht den besten denkbaren
Schutz für die Umwelt dar?

So wurde eine Geschäftsstrategie in eine Tugend verwandelt
und die Terminator-Technik – dank der Leichtgläubigkeit der
großen Medien – als Antwort auf ökologische Bedenken präsentiert. In Wahrheit war und ist sie vor allem ein Werkzeug der
Macht und der Inbesitznahme. Schon 1998, im Jahr ihrer Einführung, machten zwei Wissenschaftler auf das Paradox aufmerksam: »*Terminator* ist nur das Endergebnis eines langen Prozesses der Konfiszierung des Lebens, der damit beginnt, daß das
Erbgut zur Handelsware wird.«[16]

Es ist nicht übertrieben, von einer Konfiszierung zu sprechen.
Manche Konzerne wie Monsanto, Novartis, Limagrain, Pioneer-
Dupont, DeKalb oder Asgrow stellen eine regelrechte transglo-
bale Genindustrie dar. Der amerikanische Essayist Jeremy Rifkin
hat ein ganzes Buch über das Vorgehen und die Allmacht dieser
neuen Industrie verfaßt.[17] Die Methoden, mit denen die Saat-
gutkonzerne der Landwirtschaft ihre patentierten Techniken auf-
drängen, erinnern bisweilen an die düstersten Science-fiction-
Szenarien. Das Unternehmen Monsanto zum Beispiel, das sich
vorgenommen hat, zum »Microsoft der Biotechnologie« zu werden, setzt Privatdetektive ein, um Bauern aufzuspüren, die paten-
tierte Sojasorten anbauen, ohne dafür bezahlt zu haben. Dasselbe Unternehmen schärft mittels Anzeigenkampagnen in der
landwirtschaftlichen Fachpresse den amerikanischen Bauern ein,
daß jeder Verstoß gegen die Anbauverträge gut 1200 Dollar pro
Hektar Anbaufläche kosten kann.[18]

Damit nicht genug: »Um das Maß vollzumachen, fordert Monsanto die Landwirte auf, die ›Piraten‹ unter ihren Nachbarn zu denunzieren, und hat zu diesem Zweck eine kostenlose Hotline eingerichtet.«[19] Die logische Konsequenz ist, daß immer mehr Landwirte von den Patentinhabern vor Gericht gezerrt werden. So soll allein Monsanto an die fünfhundert amerikanische Landwirte unter dem Vorwurf des illegalen Anbaus von genmanipuliertem Saatgut gerichtlich belangt haben. Die Privatisierung der Landwirtschaft mündet in polizeistaatliche Methoden. Der sakrosankte Schutz des Eigentums umfaßt nun auch das Pflanzenreich, das einst für jeden unentgeltlich war.

Im Rückblick wird man wahrscheinlich kaum verstehen, weshalb die demokratischen Regierungen, die öffentliche Meinung, die Medien so lange nicht reagierten. Ein Schweizer Wissenschaftler macht kein Hehl aus seiner Verwunderung. »Zu Beginn des dritten Jahrtausends«, schreibt er, »wird der Weltmarkt für Saatgut von einer Handvoll multi- oder transnationaler Unternehmen beherrscht. Sie haben viel investiert und versuchen jetzt natürlich, nicht zuletzt unter dem Druck ihrer Aktionäre, so schnell wie möglich den Ertrag ihrer Investitionen zu ernten. Es stellt sich nun die Frage, weshalb Regierungen und wissenschaftliche Experten das zugelassen haben und weiterhin zulassen.«[20] Angesichts der rasant wachsenden Macht der Biotech-Konzerne, fügt er hinzu, seien Politiker und Wissenschaftler anscheinend »entweder machtlos oder arglos oder verschlagen«.

Nur Mut, auf zur Flucht – nach vorn!

Die zwangsläufigen Entwicklungen und Kräfteverhältnisse im Zusammenhang mit gentechnisch veränderten Organismen hätten eine ausführlichere Beschreibung verdient. Begnügen wir uns hier mit der Feststellung, daß sie uns ein perfektes Modell, eine

Simulation in Originalgröße für die künftigen (und schon jetzt stattfindenden) Genmanipulationen an Tieren und später auch an Menschen liefern. Die Folgen unserer drei Revolutionen – in der Wirtschaft, der Informatik, der Genetik – fügen sich hier zu einem perfekten Ganzen zusammen und führen unsere Gesellschaft in eine Einbahnstraße, aus der es keinen anderen Ausweg mehr gibt als nur die Flucht nach vorn.

Zum Beispiel das Saatgut – ein Speicher des Lebens –, ausgedrückt in den numerischen Begriffen der Computersprache: Ein Samen ist nichts anderes als eine Sequenz kodierter, gespeicherter, übertragbarer und patentierbarer Informationen. Übrigens wird das französische Institut für Agrarforschung (INRA) nicht müde, »die Ehe zwischen Biologie und Informatik« zu loben. Der Agronom Jean-Pierre Berlan, Forschungsdirektor am INRA, hat über den Wechsel vom traditionellen Saatgut zum Saatgut als Software, dessen Schutz vor »Kopien« aller Art die Biotech-Unternehmen für ihr angestammtes Recht halten, eine begeisterte Analyse erarbeitet. Die Handbewegung des säenden Bauern, der hofft, daß seine Saat aufgeht, wird nun mit der Erstellung von Raubkopien gleichgesetzt. Ist das Programm keine frei verfügbare »Freeware«, gilt der Sämann als Betrüger. So wird der Bauer symbolisch zum Freibeuter ... Außerdem hat der Übergang von der Biologie zur Informatik einen Realitätsverlust zur Folge, sozusagen eine Virtualisierung des pflanzlichen Lebens, das fortan emotional völlig unbelastet ist. Natürlich bedeutet dies eine Entweihung des Lebens – damit läßt es sich um so leichter vermarkten.

Die weltweite wirtschaftliche Revolution hingegen zwingt die Staaten, sich am rasenden Wettlauf zu beteiligen. Statt sich für Moratorien, Kontrollen oder Reglementierungen einzusetzen, bleibt ihnen nichts anderes übrig, als den Fehdehandschuh der Konkurrenz aufzuheben. Statt eine besonnene demokratische – oder sokratische – Debatte über ein Thema in Gang zu bringen, das mindestens so schwerwiegend ist wie seinerzeit die

Fragen im Zusammenhang mit der Atomindustrie, berufen sie sich lieber auf die unverzichtbare »wirtschaftliche Dynamik« – ein Gebiet, auf dem niemand gern zurückbleibt. Folglich neigt die politische Macht dazu, die lästigen ethischen oder philosophischen Fragen – im Namen einer alles beherrschenden Wirtschaftsräson – unter den Teppich zu kehren. Die einzige Logik, der sich niemand entziehen kann, ist der Sprint mitten hinein in den Nebel.

In Frankreich hat die Regierung im Jahr 1999 unter dem Namen Génoplante eine entsprechende Struktur geschaffen, unter deren Dach verschiedene öffentliche Organe wie unter anderem das Institut für Agrarforschung (INRA), das wissenschaftliche Forschungsinstitut für Entwicklungszusammenarbeit (ORSTOM) sowie Saatguterzeuger, Tochterunternehmen von Rhône-Poulenc, vereinigt sind. Das Ziel dieser neuen Einheit mit Sitz in Évry und Montpellier besteht darin, »die Pflanzengenomforschung voranzutreiben und im Rahmen einer Partnerschaft öffentlicher und privatwirtschaftlicher Unternehmen industrielles Eigentum zu schaffen« und zu vermeiden, daß sich der geringste Rückstand auf dem Gebiet der pflanzlichen Biologie als »Wettbewerbsnachteil auf seiten der wissenschaftlichen Gemeinde, der französischen Saatguterzeuger sowie der agrochemischen Unternehmen auswirkt«. Die Botschaft ist deutlich.

Die – selten zu Rate gezogenen – Forscher und Agronomen wurden aufgefordert, sich an dem »Wirtschaftskrieg« zu beteiligen. Mehr noch, sie wurden ermutigt, eigene Start-up-Unternehmen zu gründen, um für den Goldrausch gerüstet zu sein. Diese Empfehlung, frei nach Staatsmann Guizot (von dem der Rat stammte: »Bereichert euch!«), entspricht derselben Geisteshaltung, mit der die amerikanische Zeitschrift *Nature* in einem sehr bezeichnenden Artikel den Forschern empfahl: »*If you can't patent it, don't do it!*«[21] – wenn es nicht patentfähig ist, vergessen Sie's lieber. »Die ausgeprägte Tendenz der letzten Jahre, die

Forschung in den Dienst des Marktes, der Industrie zu stellen, ist geradezu eine Verpflichtung geworden.«[22]

Die Überlegung ist in gewisser Weise vernünftig. Wissenschaftliche Forschung ist notwendig, sie wird immer teurer, und das Geld für ihre Finanzierung kann nicht allein vom Staat kommen. Bis auf wenige Ausnahmen vertritt niemand mehr diese etatistische oder staatsbürokratische Auffassung. Doch sobald man die freie Marktwirtschaft in der Forschung akzeptiert, bleibt einem nichts anderes übrig, als von den Entdeckungen auch Rentabilität zu erwarten. Manche Fürsprecher dieses liberalen Prinzips bedauern übrigens, daß diese Sichtweise für die europäischen Forscher im Unterschied zu ihren amerikanischen oder japanischen Kollegen noch nicht selbstverständlich ist, und erblicken darin eine mögliche Ursache für den Rückstand gegenüber den USA oder einen Wettbewerbsnachteil. Das gilt zum Beispiel für den Berater des französischen Forschungsministeriums Alain Gallochat.[23]

Die anderen großen Agrarstaaten riefen ähnliche Organisationen oder Programme wie Génoplante ins Leben, etwa die amerikanische Plant Genome Initiative oder das japanische Rice Genome Research Program. Der Vorsprung der Vereinigten Staaten ist derzeit noch erheblich. Schätzungen zufolge besitzt allein das Unternehmen Monsanto 70 Prozent der weltweiten Patente auf dem Gebiet der pflanzlichen Biotechnologie. Die konkurrierenden Länder, insbesondere in Europa, haben das Gefühl, sich auf einen Wettlauf eingelassen zu haben, wie Michel Boucly, der Vizepräsident von Génoplante, sagte.[24] Der Wunsch, den eigenen Platz gegen die mächtige weltweite Konkurrenz zu behaupten, ist verständlich. Das ändert aber nichts daran, daß es verstörend ist, wenn wir zusehen müssen, wie die unerbittliche merkantile Logik die wissenschaftliche Forschung ohne weiteres der alles beherrschenden Marktwirtschaft unterordnet. Was Génoplante betrifft, so protestierten mehrere Forscher am INRA gegen den kommerziellen Charakter und die Undurchsichtigkeit des Vorgehens. Die ATTAC-Bewegung wiederum erblickt darin einen weiteren Schritt auf dem Weg zur »biototalitären Gesellschaft«. Trotzdem rennen wir weiter.

Seit einigen Jahren formiert sich allerdings ein Widerstand gegen die weltweite Inbesitznahme der Landwirtschaft durch die Agroindustrie. Es sind nichtstaatliche Organisationen, ein paar kritische Wissenschaftler, eine Handvoll landwirtschaftlicher Fachorgane oder Agrarverbände wie der französische Bauernverband. Alle bedienen sich wirkungsvoll des Internets, um ihre Texte, Gegengutachten, manchmal auch vertraulichen Informationen zu verbreiten. Alle bemühen sich, die Lücken in den traditionellen Strukturen des demokratischen Entscheidungsprozesses zu schließen. Tatsächlich aber zeugen diese vereinzelten Mobilmachungen von einem tiefgreifenden Wandel selbst in der Politik. Bis jetzt können sie schon den einen oder anderen Sieg verzeichnen. So stieß die Handelsoffensive der GVO-exportierenden amerikanischen Unternehmen dank der Sensibilisierung der öffentlichen Meinung auf ernsthaften Widerstand, und nach weltweiten Protesten wurde das Terminator-Saatgut von seinem Erfinder – vorläufig – aufgegeben. Kleine Erfolge zwar, aber vielversprechende.

Wir können davon ausgehen, daß diese »Front« in den kommenden Jahren wachsen wird, schon allein deshalb, weil sich die Praxis des genmanipulierten Saatguts, die Inbesitznahme des Lebens, auf die Biologie generell ausgeweitet hat. Die Überlegungen sind dieselben, die Prioritäten vergleichbar, die Konkurrenz identisch. Bis auf eine Kleinigkeit: Hier geht es nicht mehr um Mais oder Raps, sondern um den menschlichen Körper.

Das Genom für den Meistbietenden?

Seit einigen Jahren sind das Europäische Patentamt und seine amerikanische Entsprechung, das Patents and Trademark Office, der Schauplatz einer erbitterten rechtlichen Auseinandersetzung. Tag für Tag reichen Forscher, Biotech-Unternehmen, spezialisierte Juristen komplexe Anträge ein, um sich so rasch wie möglich ihre genetische »Entdeckung« oder ihren Anteil am menschlichen Genom patentieren zu lassen. Nach Auskunft von Alain Gallochat wurden bereits mehrere tausend DNA-Fragmente in den USA zum Patent angemeldet.[25] Eine unglaubliche Neuerung: Patentierfähig sind nicht mehr nur genetische »Erfindungen«, sondern sogar schon simple »Entdeckungen«. Der Begriff des Patents wird also immer weiter ausgedehnt – eine fatale Entwicklung in der Rechtsprechung, wie die Juristen selbst häufig feststellen.

In den USA ist sie praktisch zur Regel geworden, fast schon zur Obsession. Eine Genetikerin aus Washington, D.C., beschreibt die Abwege der Justiz folgendermaßen: »Stellen Sie sich vor, daß sich jemand ein Mikroskop patentieren läßt und anschließend auf die Idee kommt, daß alles, was durch das Mikroskop betrachtet wird, ihm gehört. Undenkbar! Trotzdem passiert heute genau das. Der rasende Wettlauf hat begonnen. [...] Ein privates Unternehmen, das sich ein Gen patentieren lassen will, hat oft nicht die geringste Ahnung von seiner Funktion. Man will sich nur den Gewinn aus sämtlichen Verwertungsmöglichkeiten sichern.«[26]

Man könnte die wilde Jagd nach dem Copyright für eine im Grunde folkloristische Auswirkung der Justizgläubigkeit und des Pragmatismus der Amerikaner halten. Dem ist nicht so. Europa wird diesem »undenkbaren« Wettlauf nicht lange Widerstand leisten. Eigentlich hat die symbolische Gleichschaltung des Alten Kontinents mit Nordamerika in der Patentierung von Leben schon

1998 begonnen, nachdem in Brüssel die Richtlinie 98-40-CE verabschiedet wurde.

Die Verabschiedung dieses bedrohlichen Textes war eine *ethische Katastrophe*, die kaum bis ins öffentliche Bewußtsein vorgedrungen ist. Sie ermächtigt die privaten Forschungslabors und die Biotech-Unternehmen, ihre Entdeckungen patentieren zu lassen inklusive allem, was das *menschliche Erbgut* betrifft. Damit überschreitet sie die letzte Barriere und wirft fröhlich die letzten Hemmungen ab. Kurz zuvor hatte der Forscher Bernard Edelman diese Möglichkeit erwähnt, allerdings ohne so recht daran zu glauben. »Man kann allmählich schon befürchten«, schrieb er, »daß der Mensch selbst auf die eine oder andere Weise zum Gegenstand von Patenten wird, und sei es auf dem Umweg über sein Genom.«[27] Genau das ist eingetreten: Diese Barriere hat die europäische Richtlinie endgültig überschritten.

Im Sommer 2000 bekundeten mehrere tausend Persönlichkeiten aus der europäischen Forschung und Lehre ihre Empörung, indem sie eine Petition unterzeichneten, die der Europaabgeordnete Professor Jean-François Mattei lanciert hatte. Der französische Ethikrat protestierte ebenfalls (wenn auch ein bißchen spät) und forderte eine öffentliche Debatte auf breiter Ebene. Es protestierten auch Institutionen wie das Rote Kreuz, die Liga für die Menschenrechte und die französische Ärztekammer, und die damalige französische Justizministerin Élisabeth Guigou erklärte schließlich, noch im Sommer 2000, die betreffende Richtlinie sei »mit französischem Recht unvereinbar«. Damit handelte sie sich eine scharfe Erwiderung seitens der Europäischen Kommission ein, die Frankreich mit finanziellen Sanktionen drohte. Glücklicherweise weigerten sich aber auch etliche andere europäische Staaten, die Richtlinie in nationales Recht zu überführen, wozu sie theoretisch bereits im Juli 2000 verpflichtet gewesen wären.

Die Richtlinie schien um so schockierender, als sie sich über mehrere offizielle Erklärungen zur Genomforschung kurzerhand hinwegsetzte, zum Beispiel die am 11. November 1997 von der UNESCO verabschiedete universelle Erklärung über das menschliche Genom und die Menschenrechte, mit der die fundamentale Einheit sämtlicher Mitglieder der Familie Mensch hervorgehoben und das Genom explizit als Bestandteil des »gemeinsamen Erbes der Menschheit«[28] bezeichnet wurde. Ein weiteres Beispiel sind die übereinstimmenden Erklärungen des amerikanischen Präsidenten Bill Clinton und des britischen Premierministers Tony Blair – die allerdings weniger aus ethischen Bedenken heraus formuliert waren als vielmehr aus Furcht vor einem Mißbrauch der Vormachtstellung eines Biotechnologieunternehmens wie der von Craig Venter geleiteten und in Sachen Gensequenzierung höchst aktiven Celera Genomics. Wie dem auch sei: Die europäische Richtlinie von 1998 war jedenfalls ein Beweis, daß zwischen den vorgeschützten menschenfreundlichen Absichten und dem konkreten Verhalten ein abgrundtiefer Graben klaffte.

Die Vehemenz der Reaktionen und das Ausmaß des Zorns waren begründet. Angesichts der massiven Gegenwehr, die leider zur Unzeit erfolgte, schrien die Biotech-Lobbys sofort auf – wie üblich – und protestierten gegen den »Obskurantismus« und die potentielle »Blockierung« jeglicher Forschung, falls die Richtlinie nicht umgesetzt würde. Vor allem aber sorgten sie sich um ihren Profit, aber das sagten sie nicht. Genaugenommen war der Druck des Geldes selten so eklatant und so erschreckend. Zumal er in einer so entscheidenden Angelegenheit auf eine repräsentative Instanz ausgeübt wurde. Ist nicht das erste Ziel des Projekts Europa im Ganzen der Erhalt der europäischen Werte? Sind die Inbesitznahme des Lebens und die Verdinglichung des Menschen – scharf verurteilt von so integeren Nobelpreisträgern wie François Jacob und Jean Dausset – nicht ein geradezu karikatureskter Verstoß gegen ebenjene Werte?

Zwar wird die fragliche Richtlinie in ihrer ursprünglichen Form wahrscheinlich nie in die jeweiligen Nationalgesetzgebun-

gen der Mitgliedsländer integriert werden, sondern vorerst wenigstens toter Buchstabe bleiben. Nichtsdestoweniger zeugt der
Zwischenfall als solcher *von einer unglaublichen Anfälligkeit
unserer Demokratien.* 1998, als die Richtlinie vor dem Europaparlament und dem Europäischen Rat aufgesetzt, diskutiert, formuliert wurde, nahmen weder die beratenden Organe noch die
Gegenmächte ihre Aufgaben wahr. Wo waren die Abgeordneten?
Was tat die Presse? Was sagten die Experten und humanistisch
gesinnten Juristen? Die weiteren Gefahren der Verdinglichung
des menschlichen Körpers müssen wir im Licht dieser unbeantworteten Fragen und im Gedanken an die äußerste Verwundbarkeit der Demokratie betrachten: Sie sind zahlreicher – und
schwerwiegender –, als wir annehmen.

Organe zum Verkauf

So skandalös sie war, drehte sich die europäische Richtlinie letztlich nur um die Gene, biologische Einheiten, die im Grunde abstrakt bleiben, schwer zu definieren und folglich ebenso schwer
zu fassen sind. Eine andere Sache ist es, wenn die Vermarktung
nicht mehr die Gene betrifft, sondern die *menschlichen Organe
selbst.* Genau diese Perspektive beunruhigt heute eine Reihe von
Juristen, Ethikern, Philosophen.

Zuerst aber eine positive Feststellung: Die Fortschritte in der
Medizin ermöglichten im Verlauf der letzten Jahrzehnte – vor
allem – eine zunehmend verbesserte Transplantationspraxis, die
sich auf immer komplexere Organe erweiterte: Herz, Niere, Leber, Lunge, Knochenmark und so weiter. Wer würde nicht eine
Entwicklung begrüßen, die das Leben vieler Männer und Frauen
verlängert hat?[29] Wenn die Zahl der Transplantationen noch
nicht explodiert ist, liegt dies weniger an der medizinischen
Technik als vielmehr an einem Mangel an bestimmten Organen.

Die Arithmetik zwischen Spendern und potentiellen Empfängern hat sich umgedreht: Mittlerweile herrscht Knappheit. Das Überleben von Patienten, die auf ein Organ warten, ist in vielen Fällen ein reines Glücksspiel – abhängig vom passenden Spender zum richtigen Zeitpunkt. Im Jahr 1999 sind in Frankreich 333 Personen gestorben, die das lebensrettende Organ nicht mehr rechtzeitig erhielten.

Schon Mitte der siebziger Jahre wurde der Ruf nach einer Gesetzesänderung laut, um dem zunehmenden Mangel abzuhelfen. Das französische Senatsmitglied Caillavet, Initiator eines Gesetzes aus dem Jahr 1976, das seinen Namen erhielt, schlug eine Lockerung der Auflagen für die Organentnahme bei Unfallopfern vor. Bis dahin waren Organentnahmen nur erlaubt, wenn die formelle (und testamentarisch festgelegte) Zustimmung des Verstorbenen oder das ausdrückliche Einverständnis der Familienangehörigen vorlag. Das neue Gesetz stellte das Prinzip des stillschweigenden Einverständnisses auf: Erfolgte kein Protest seitens der Familie, galt das Einverständnis als erteilt. Die Neuerung war radikal, aber in den meisten Fällen übernahmen die Ärzte eine vermittelnde Funktion, bemühten sich darum, die Zustimmung der nächsten Angehörigen einzuholen, und respektierten Absagen. Das alles geschah innerhalb einer von Vertrauen und Diskretion bestimmten Beziehung, unter dem Einfluß der Trauer, was viel Fingerspitzengefühl verlangte.

1994 erfolgte eine allgemeine Gesetzesnovellierung im Rahmen der sogenannten bioethischen Gesetze, und die alte Lex Caillavet erhielt einen Zusatz, der von Zurückhaltung und Vorsicht geprägt war. Fortan war eine Organentnahme nach dem Tod wieder von der Zustimmung der Familienangehörigen[30] abhängig, allerdings konnte diese Gegenstand einer minimalistischen Interpretation sein. Hinsichtlich der Organspende lebender Personen blieben die gesetzlichen Bestimmungen vorsichtig und reduzierten die potentiellen Spender auf eine eingeschränkte Zahl von Verwandten.[31] Die Gesetzgeber waren offensichtlich von dem Wunsch motiviert, jedes kommerzielle Interesse auf diesem Gebiet auszuschließen: Nach diesem Gesetz sowie einem internationalen Abkommen ist Organhandel verboten. In der Theorie bleibt das Prinzip der absoluten Uneigennützigkeit erhalten.

In der Theorie.

In der Praxis ist die Situation weniger eindeutig. Ein erstes Beispiel: Es gibt heute überall auf der Welt zahlreiche öffentliche oder private Einrichtungen, die man Biobanken nennt. Ihre Existenz ist dem breiten Publikum unbekannt. Dort werden Proben von menschlichen Organismen aufbewahrt: Gewebe, Zellen, Organe, Gameten und so weiter. »Beliefert wurden die Biobanken bislang hauptsächlich mit ›Abfällen‹ oder ›Überresten‹ von chirurgischen Eingriffen oder Biopsien, also mit Dingen, die in den Krankenhäusern für wertlos befunden und entsorgt wurden.«[32] Mit den Fortschritten der genetischen Biologie aber ist alles im Wandel begriffen. Ein Fragment des menschlichen Körpers, das gestern noch von geringem Interesse war, kann nach dieser oder jener wissenschaftlichen Entdeckung oder Neuerung plötzlich überaus wertvoll sein. Wertvoll und gewinnbringend. Infolgedessen kann sich die unentgeltlich erteilte Zustimmung eines Patienten zur Entnahme von ein paar Zellen oder einem kleinen Gewebestück als Kuhhandel erweisen: Ohne es zu ahnen, hat der Patient biotechnologisch verwendbares und möglicherweise einträglich vermarktbares »Material« geliefert. Damit geraten sowohl das Wesen der Zustimmung als auch die Idee der Unentgeltlichkeit ins Wanken.

Im Juli 1998 machten die Mitglieder des Beratungsausschusses für die Ethik der Biotechnologie die Brüsseler Kommission auf den doppeldeutigen Status der Biobanken aufmerksam, der allen möglichen Fehlentwicklungen Tür und Tor öffnet, auf kommerziellem Gebiet wie im Hinblick auf den Schutz des Privatlebens. Dank der in jeder Zelle enthaltenen DNA birgt selbst das geringste Bruchstück menschlichen Gewebes eine Menge Informationen über den Spender – Informationen, die in jedem Sinn des Wortes ihren Preis haben. Denn die Biobanken »stehen in immer engerer Verbindung mit der technisch-wissenschaftlichen Forschung und Entwicklung und den damit vergesellschafteten wirtschaftlichen Interessen«[33]. Im Licht der gegenwärtigen Genomforschung und -auswertung kann diese Feststellung nur beunruhigend sein.

In regelmäßigen Abständen, aufgeschreckt durch eine Pressemeldung oder einschlägige Erklärung, scheinen die öffentliche Meinung und die Medien mit Entsetzen die Praxis der »Lagerhaltung« menschlicher Organe wiederzuentdecken. Dies war im Januar 2001 in Großbritannien der Fall, als ein offizieller Bericht darauf aufmerksam machte, daß in Krankenhäusern und medizinischen Fakultäten im ganzen Land mehr als hunderttausend verschiedene Organe aufbewahrt wurden. Schon im Jahr zuvor hatte die »Affäre van Velsen« viel Staub aufgewirbelt, nachdem bekannt geworden war, daß der niederländische Arzt van Velsen der Hauptlieferant von Organen war, die er vor allem bei Autopsien an Kindern und ohne Wissen der Angehörigen entnahm. Alles deutet darauf hin, daß Skandale dieser Art zunehmen werden.

Besorgniserregend sind auch die sich mehrenden Meldungen über die weltweite Suche nach Organen. In den westlichen Ländern berichten die Medien und manchmal sogar die Polizei hin und wieder von Fällen illegalen Organhandels, der von mafiaartigen Organisationen kontrolliert wird. Es wurden einzelne Fälle beschrieben, aber die Informationen sind noch nicht völlig beweiskräftig. Bekannt ist allerdings, daß in manchen totalitären Staaten, zum Beispiel in China, hingerichteten Personen Organe entnommen werden, die dann hochrangigen Vertretern des Regimes zugute kommen. Der chinesische Dissident Harry Wu, ein Geologe, der nach neunzehn Jahren im Laogai, dem chinesischen Gulag, jetzt in Amerika lebt, hat im Jahr 2000 ein Buch veröffentlicht, in dem er diese Praxis anprangert. In Form eines offenen Briefs an Bernadette Chirac (und über sie an die westlichen Regierungen) versichert Harry Wu, das postmaoistische China sei inzwischen das Zentrum eines ungeheuren staatlicherseits praktizierten Organhandels.[34] Ein extremes Beispiel, aber noch ein Einzelfall.

Die Praxis des »Organtourismus« hingegen ist ein Phänomen, das sich ohne jeden Zweifel rapide ausweitet. Die medizinische Fachpresse berichtet regelmäßig von einschlägigen Fällen: Staatsbürger der reichen Länder des Nordens kaufen menschliche Organe von Spendern, die sich aus Not von einem Teil ihres Körpers trennen. »Wohlhabende Dialysepatienten reisen um die Welt, um eine Niere zu kaufen, was ihnen zu Hause bei Strafe verwehrt ist. Engländer und Deutsche fliegen nach Indien, Japaner in die USA, Nordamerikaner nach Peru oder Brasilien. Der Handel ist professionell organisiert und wird häufig als medizinischer Tourismus deklariert.«[35] Wir wissen auch von Transplantationszentren in Asien und den arabischen Ländern, wo die reichen Organempfänger zu hohen Preisen aufgenommen werden und ihr Fremdorgan erhalten. Auch im Internet finden sich Seiten, die menschliche Organe anbieten, außerdem berichten mehrere NGOs von diesem humanitären Skandal neuen Typs.

Mit dem heute weltweit herrschenden Käuflichkeitswahn, mit der fortschreitenden Verdinglichung des Lebens, dem sich nach und nach sämtliche Demokratien beugen, werden solche Gepflogenheiten zwangsläufig um sich greifen und allgemeine Praxis werden.

Alle diese nicht aufgelösten Widersprüche zwischen Ethik und Marktgesetzen, die immer wiederkehrenden Befürchtungen und Entgleisungen erklären, weshalb manche Debatten die Gemüter derart erhitzen wie der – geradezu explosive – Streit um den Status des Embryos.

Das Rätsel des Embryos

Welcher Status dem Embryo während seiner ersten Tage oder Wochen zuzuweisen sei, ist eine Frage, über die seit Jahrhunderten gestritten wird – wahrscheinlich hat sie schon zu allen Zeiten Priester und Gelehrte, weltliche und geistige Mächte, Juristen und Philosophen auf den Plan gerufen. Sie ist auch kein Monopol der abendländischen Zivilisation: Dasselbe Rätsel treffen wir im Orient ebenso wieder wie in Asien und Afrika. Unzählige Abhandlungen wurden darüber geschrieben (von Aristoteles, Descartes und vielen anderen). Ist der Embryo eine Sache? Dann ist kaum verständlich, weshalb diese »Sache« sämtliche Anlagen zu einem menschlichen Wesen in sich trägt, denn »das Ei birgt die gesamte Zukunft des Organismus und enthält alles in Potenz, sogar das Schicksal der Spezies«[36]. Dieser »Zellhaufen, den es gestern noch nicht gab« (wie France Quéré formuliert), soll also eine *Person* sein, die den ontologischen Status des menschlichen Wesens verdient? Um eine alte Terminologie zu benutzen: Hat der Embryo eine Seele oder nicht? Und wenn ja, ab welchem Entwicklungsstadium?

Eine uralte Frage in der Tat, und über Jahrhunderte ungelöst. Aristoteles zum Beispiel unterschied drei Stadien: eine Vitalseele, eine fühlende Seele und eine verstehende Seele. Bei den Christen, entgegen den Vermutungen, »hat die Diskussion Jahrhunderte gedauert und hält immer noch an. Die Ansichten sind geteilt: Auf der einen Seite stehen die Vertreter einer frühzeitigen Beseeltheit, auf der anderen die Anhänger einer späten Beseeltheit. Von den kirchlichen Autoritäten wurde der Streit nie endgültig entschieden.«[37] Der Streit trennte insbesondere die griechischen Kirchenväter wie Gregor von Nyssa, die sich für eine frühzeitige Beseeltheit (von der Zeugung an) aussprachen, und die lateinischen Kirchenväter, die an die späte Beseeltheit glaubten. Thomas von Aquin, der sich in diesem Punkt an Aristoteles hielt, vertrat die Auffassung, daß die Beseeltheit bei Knaben nach vierzig Tagen, bei Mädchen nach neunzig Tagen eintritt. Im sechzehnten Jahrhundert schloß sich das römische Magisterium der Ansicht der lateinischen Kirchenväter an.

Jedenfalls war die Debatte über den Status des Embryos von Anfang an eine Frage von größter Bedeutung, denn daraus ergab sich ja eine bestimmte Vorstellung vom Menschen an sich. »Die Denker des christlichen Altertums«, schreibt Patrick Verspieren, »erkannten genau, daß ihre Ansichten über den Beginn des menschlichen Lebens untrennbar verbunden waren mit bestimmten Aussagen über den Menschen insgesamt, über seine biologisch-geistige Einheit, die Würde seines Körpers, seine Fähigkeit, Böses von Generation zu Generation weiterzugeben.«[38]

Der jüdische Talmud vertritt eine vierzigtägige Frist vor Beginn der Beseeltheit. Im Islam gibt es zwei unterschiedliche Auffassungen: Danach entsteht die Seele nach vierzig beziehungsweise hundertzwanzig Tagen. »Bei den Muslimen fängt das ›Leben‹ als solches erst in dem Augenblick an, in dem die embryonale Wölbung sichtbar wird – das heißt mit dem einundzwanzigsten Tag nach der Befruchtung, wie Avicenna erklärt, oder, anderen Beobachtern zufolge, vom dreißigsten Tag an.«[39] Aber schon vor diesem Datum ist das Leben heilig, auch wenn es noch »unbeseelt« von Gott ist, und muß respektiert werden.

Diese uralte Debatte wurde jedoch ausgeklammert, als die Mehrheit der westlichen Gesellschaften beschloß, auf die strafrechtliche Verfolgung von Schwangerschaftsabbrüchen zu verzichten. Die Abtreibungsgegner, eine Minderheit, waren lange die einzigen, die sich noch mit dieser Frage beschäftigten, sowohl im Hinblick auf den wenige Tage alten Embryo als auch in bezug auf den mehrere Wochen alten Fötus. Heute ist um den Status des Embryos von neuem eine hitzige Debatte entbrannt, wenn auch aus anderen Gründen; eine Debatte, die von den Linken aus der Furcht heraus, sie könnte automatisch den Streit

um die Abtreibung wiederaufflammen lassen, häufig verzerrt
wird.

Zwei besondere Begebenheiten, die beide mit der Entwicklung
der Biogenetik verbunden sind, erklären diese aufsehenerregende
Rückkehr. Da ist zunächst das Problem der sogenannten *überzähligen* Embryonen. Mit der fortschreitenden Entwicklung der
medizinisch unterstützten Fortpflanzung, der In-vitro-Fertilisation und der Präimplantationsdiagnostik entsteht eine wachsende
Anzahl nichtverwendeter Embryonen, die im tiefgefrorenen Zustand aufbewahrt werden. 1997 schätzte das französische Ge-
sundheitsamt die Zahl der Embryonen, die in den Tiefkühltruhen
der Krankenhäuser liegen, auf rund fünfzigtausend. Achttau-
send davon kommen definitiv für keinerlei »Elternprojekt«[40]
mehr in Frage. Bis auf einige Ausnahmen verboten die bioethischen Gesetze von 1994 die Vernichtung der nach diesem Zeitpunkt erzeugten Embryonen. Was sollte man also künftig mit
diesem »lebenden Nachschub« anfangen? Auf unbestimmte Zeit
aufbewahren? Entsorgen? Die Frage läßt sich nicht beantworten, solange wir uns nicht zuvor über den Status dieser »Zellhaufen« einigen, die in der – zweideutigen – Terminologie des
französischen Nationalen Ethikrats zugleich »potentielle Personen« sind.

Die zweite Frage, die sich aus der ersten ergibt, betrifft die bio-
genetische Instrumentalisierung: die wissenschaftliche Forschung
und die eventuellen Experimente an und mit diesen Embryonen.
Für die Wissenschaftler stellt der überzählige Embryo nicht nur
ein wertvolles Forschungsobjekt dar, er ist auch ein verwendbares biologisches Material, eine Art Maschine, die Substanzen,
Gewebe, Organteile hervorbringt. Wir unterscheiden hier zwei
verschiedene Zellkategorien: einerseits die *embryonalen Stamm-
zellen*, die einige Tage nach der In-vitro-Zeugung entnommen
werden können, und die *embryonalen Keimzellen* aus dem in der
achten Woche abgetriebenen Fötus. »Die embryonalen Stamm-
zellen können sämtliche Zelltypen eines Organismus hervor-

bringen, jedenfalls den größten Teil davon. Sie könnten also zur Regeneration ganzer Körperteile eingesetzt werden, die durch Verletzung oder Alter schadhaft geworden sind.«[41] Kein Wunder, daß man diesen »Lagerstätten« des Lebens heute soviel Interesse entgegenbringt!

Person oder Nichtperson?

Es sind also die wissenschaftliche und die biotechnologische Forschung, die gemeinsam das Dilemma wieder in den Vordergrund gerückt haben. Heute wird darüber in einem Klima rechtlicher und vor allem industrieller Dringlichkeit diskutiert, das für den eigentlich notwendigen besonnenen Umgang mit einer sehr heiklen Frage nicht gerade günstig ist. Und das den Standpunkten nicht gerecht wird. Die jeweiligen Lager sind in ihren Prinzipien sehr weit voneinander entfernt: Am einen Extrem des Spektrums, auf der Seite des wissenschaftlichen Utilitarismus, beruft man sich meist auf den großen Philosophen und Bioethiker der Postmoderne Tristram H. Engelhardt, dessen Forschungsergebnisse und (ziemlich positivistische) Stellungnahmen die amerikanische Bioethik erheblich beeinflußt haben. Für ihn ist die Sache recht einfach, denn, sagt er, die Technologie habe unsere Beurteilung der *conditio humana* verändert. Die menschliche Spezies sei keineswegs unwandelbar und könne auf lange Sicht sehr wohl »umgestaltet« werden. Unter den Menschen, meint Engelhardt, seien manche noch nicht – oder nicht mehr – »Personen« im vollen Sinn des Wortes, und zählt zur Kategorie der »Nichtpersonen« Säuglinge, verwirrte Greise und natürlich Embryonen.[42] Für ihn ist die Freigabe von Embryonen zur Stammzellenforschung kein prinzipielles Problem.

Diese pragmatische und profanisierende Auffassung vom menschlichen Körper im allgemeinen wird in Europa von etlichen Essayisten oder Philosophen aufgegriffen, die der Entwicklung der Biotechnologie positiv gegenüberstehen. Dies gilt zum Beispiel für den Belgier Gilbert Hottois, für den der Körper ein »faktologisches und zufälliges Produkt ist [...], das im Hinblick auf bestimmte vom Menschen festgelegte Zwecke und Ziele verändert und betrieben werden kann«. Jede Vorstellung vom »Körper, der kraft einer Notwendigkeit und einer onto-theologischen Verpflichtung als solcher zu respektieren sei«, lehnt er ab.[43]

Das andere Extrem, diesem undifferenzierten Pragmatismus genau entgegengesetzt, bilden bestimmte restriktive Auffassungen, wie etwa das deutsche Embyronenschutzgesetz von 1991, wonach der Embryo ab dem Zeitpunkt der Verschmelzung von Ei und Spermienzelle als Person gilt und folglich nicht Gegenstand von Forschung und Manipulation werden darf. Eine rigide Position, die bekanntlich auch der Einstellung der römisch-katholischen Kirche entspricht, wie sie in den letzten Jahrzehnten viele Male bestätigt wurde, insbesondere durch die berühmte Instruktion *Donum Vitae*, die am 22. Februar 1987 von der Kongregation für die Glaubenslehre veröffentlicht wurde. »Deshalb«, heißt es darin, »erfordert die Frucht der menschlichen Zeugung vom ersten Augenblick ihrer Existenz an, also von der Bildung der Zygote an, jene unbedingte Achtung, die man dem menschlichen Wesen in seiner leiblichen und geistigen Ganzheit sittlich schuldet. Ein menschliches Wesen muß vom Augenblick seiner Empfängnis an als Person geachtet und behandelt werden, und infolgedessen muß man ihm von diesem selben Augenblick an die Rechte der Person zuerkennen und darunter vor allem das unverletzliche Recht jedes unschuldigen menschlichen Wesens auf Leben.«[44]

Diese Strenge der Doktrin wird Tag für Tag angeprangert und verurteilt. Tatsächlich steht sie im Widerspruch zu dem tastenden, vorsichtigen, unsicheren, aber immerhin oft gutwilligen Pragmatismus, der andernorts herrscht. Dieser Kontrast führt bis-

weilen zu paradoxen Wiederbegegnungen: Es kommt vor, daß
ausgerechnet die erbittertsten Gegner des katholischen Standpunkts ihm das Verdienst der Kohärenz zugestehen. So zum Beispiel François Dagognet, einer der zeitgenössischen französischen
Philosophen, die den verschiedenen biogenetischen Übergriffen
wie der Klonierung und anderen noch am positivsten gegenüberstehen. »Der katholischen Kirche«, schreibt er, »müssen wir
ehrlicherweise zugute halten, daß sie alle drei Methoden (Empfängnisverhütung, Abtreibung, Sterilisation) in gleicher Weise
verurteilt. Das ist richtig: Entweder man akzeptiert sie alle, oder
man lehnt sie alle ab. Lassen wir nicht zu, daß ein Wortverdre-
her oder spitzfindiger Moralist die eine toleriert und die anderen ausschließt: In Wahrheit ist alles ein und dasselbe.«[45] Dieselbe Feststellung trifft der Gynäkologe Claude Sureau, Mitglied
der französischen Akademie der Wissenschaften, der schreibt:
»Hervorzuheben ist die kohärente Haltung der katholischen
Kirche auf zwei Gebieten, auf denen sie häufig kritisiert wurde
– auch von mir –, nämlich der Empfängnisverhütung und der In-
vitro-Fertilisation. [...] Es wäre falsch, die Realität des Problems
zu verkennen, und ungerecht, den gedanklichen Zusammenhang
einer ablehnenden Haltung in dieser Hinsicht zu leugnen.«[46]
   In der Tat: Wie ließe sich rechtfertigen, daß ein wenige Tage
alter Embryo geschützt werden muß und nicht zu Forschungs-
zwecken und Experimenten benutzt werden darf, wenn man
gleichzeitig hinnimmt, daß ein mehrere Wochen alter Fötus
durch Abtreibung eliminiert wird? Läuft die Embryonenforschung etwa darauf hinaus, daß der Embryo fortan zielgerichteter und systematischer instrumentalisiert wird, auf eine Weise,
die noch skandalöser ist, als wenn man sich darauf beschränkte,
ihn zu »eliminieren«? Manche bauen ihre Argumentation auf
dieser Unterscheidung auf. Andere – vor allem die Kirche – sehen
darin eine unannehmbare Heuchelei.
   Dies vorausgeschickt, brauchen wir nicht eigens zu betonen,
daß sich die zeitgenössischen Denker und Juristen verzweifelt

bemühen, zwischen zwei symmetrischen und so konträren Positionen einen vernünftigen Mittelweg zu finden, der die Wissenschaft nicht behindert und das *Prinzip Mensch* dennoch respektiert. Wer könnte eine Richtung angeben? Natürlich ist man versucht, sich an die Wissenschaft selbst zu wenden und von ihr die Lösung eines Problems zu erwarten, an dessen Wiederbelebung sie nicht unbeteiligt ist. Aber solche Erwartungen sind müßig und werden auch in Zukunft vergeblich sein, soviel steht fest. Einmal deshalb, weil die wissenschaftlichen Spekulationen über die verschiedenen Stadien der Embryonalentwicklung und die ersten Zellteilungen (von der Zygote über die Blastomeren und die Morula zur Blastozyste usw.) aus ethischer Sicht nicht viel mehr sind als schwerverständliche Spitzfindigkeiten: In Wahrheit ist die Wissenschaft nicht gerüstet, um Definitionen zu liefern oder »Schwellen« festzusetzen, die nicht auf Beobachtung basieren. Es ist immer falsch, das »Beschreibende« mit dem »Vorschreibenden« gleichzusetzen. Ein so gewitzter agnostischer Biologe wie René Frydman erkennt dies als einer der ersten: »Das Wesen und Sein des Embryos«, schreibt er, »ist nicht Aufgabe der Biologie: Sie kann ihn lediglich beschreiben, denn in der Hauptsache fällt er in den Bereich der Metaphysik.«[47]

Die Sprachakrobaten

Die Verlegenheit der Wissenschaftler hat in Wahrheit eine ganz andere Ursache, sie ist in der Wissenschaft selbst zu suchen. Aus dem Fortschritt der Technowissenschaft – und den begleitenden Reformen in der Rechtsprechung – hat sich hinsichtlich des Embryos ein objektiver Widerspruch ergeben, der viel zu selten erwähnt wird, obwohl er kaum größer sein könnte. Einerseits haben uns Wissenschaft und Rechtsprechung auf tausenderlei Wegen zu einer *immer ausgeprägteren Personifizierung des*

Fötus geführt: Über Ultraschall können wir ihn »sehen«; dank der Genetik können wir ihn identifizieren und gewissermaßen »abhorchen«; insgesamt ist dank den wissenschaftlichen Erkenntnissen der letzten Jahrzehnte der Fötus heute ein von seiner Mutter deutlich unterschiedenes Wesen, während er früher mehr oder weniger mit ihr in eins gesetzt wurde. Gleichzeitig erkennt das Gesetz den Fötus nun als Person mit bestimmten Rechten an, insbesondere dem Recht auf therapeutische Maßnahmen. Im Zuge der Ideologie der Rechte des Kindes[48] ist eine neue Sensibilität entstanden, *die darauf bedacht ist, den Fötus zu schützen, notfalls gegen seine Mutter.*

Wie ein praktischer Arzt sagte, erleben wir heute den »Fötus als Patient«. Diese extreme Personifizierung des Fötus kann sogar sehr weit gehen. In Atlanta, Georgia, zum Beispiel wurde eine Frau zum Kaiserschnitt, den sie aus religiösen Gründen ablehnte, auf gerichtlichem Weg gezwungen. »In *The American Journal of Obstetrics and Gynecology* konnten die amerikanischen Ärzte lesen, daß ihre Verantwortung gegenüber dem Fötus *als Patienten* sie zu einem chirurgischen Eingriff an einer schwangeren Frau notfalls auch gegen deren Zustimmung zwingen könnte. Der Fall aus Atlanta wird Rechtsgeschichte schreiben.«[49]

Demgegenüber machen das in den meisten entwickelten Ländern als Errungenschaft geltende Recht auf Abtreibung und jetzt auch der Wille zur Forschung am Embryo aus diesem ein »Objekt«, das im einen Fall der Mutter, im anderen Fall der Wissenschaft zur Verfügung steht. Der Widerspruch ist total, unüberwindlich – es sei denn, wir wenden kleine sprachliche Tricks an. Das geschieht in den meisten Fällen: »Wenn wir die Stellungnahmen der verschiedenen praktischen Ärzte analysieren«, schreibt Michèle Fellous, »gelangen wir zu der paradoxen Feststellung, daß der Fötus in der gegenwärtigen Forschung entweder als menschliches Wesen gilt oder aber ihm dieser Status verweigert wird. [...] Manche Techniken führen zu einer ›Personifizierung‹ des Fötus, andere hingegen zu seiner Entmenschlichung.«[50]

Der semantische Kunstgriff wird zum üblicherweise benutzten Ausweg, und das ist bezeichnend.[51] Manche Biologen zum Beispiel ziehen den Begriff *Conceptus* vor (der Gezeugte), um nicht das allzu bedeutungsschwere Wort Fötus verwenden zu müssen. Andere versuchten, den Begriff »Präembryo« durchzusetzen, was aber derart offensichtlich strategischen Zwecken dient, daß die List ziemlich rasch durchschaut wurde. »Der ›Präembryo‹ (oder jeder ähnliche Begriff) ist ein operationeller Trick, der in erster Linie dazu dient, daß man über das Erzeugnis der menschlichen Zeugung während der ersten vierzehn Tage frei verfügen kann, ohne sich mit denselben ethischen Problemen herumschlagen zu müssen wie zu jedem späteren Zeitpunkt.«[52] Die Erfindung des »Präembryos« wurde sogar in der Wissenschaftspresse verurteilt: »Wer den ›Präembryo‹ in den Wortschatz einzuführen versucht, […] jongliert nur mit Worten, um die ethische Debatte zu beeinflussen. Die Anwendung von Sprachakrobatik kann das Problem allenfalls verschleiern, aber gewiß nicht lösen.«[53]

Genau diese Sprachakrobatik wird in manchen Texten immer noch betrieben. So hat sich beispielsweise die britische Rechtsprechung den heuchlerischen Begriff des Präembryos zu eigen gemacht, um zu bestimmen, daß von einem menschlichen Wesen vor dem vierzehnten Lebenstag nicht die Rede sein könne. Auch die Gesetzgebung der anderen westlichen Länder schreitet auf dem Weg des Pragmatismus und der Sprachakrobatik unaufhaltsam voran. So behauptete zum Beispiel der französische Verfassungsrat, der dem Menschen geschuldete Respekt gelte nicht für in vitro gezeugte Embryonen, und grenzte sie somit aus der Gemeinschaft der Menschen aus. Dies geschehe »auf Verlangen der Wissenschaftler und im Namen der Kranken, die ein Recht haben, in den Genuß neuer Therapien zu gelangen. […] Das Alarmsignal blieb ungehört.«[54]

Derselbe Utilitarismus beherrschte auch die Reform der französischen bioethischen Gesetze im Jahr 2001, deren Ziel unter anderem die Zulassung der Embryonenforschung war. Allein dieser unentschlossene Pragmatismus ist der beste Beweis, daß das Rätsel des Embryos nicht gelöst ist, im Gegenteil. Heute wie gestern legt es die erdrückende Verantwortung der Entscheidung in die Hände jedes einzelnen. Erdrückend ist die Verantwortung in der Tat: Die Geschichte lehrt uns, daß der Status, den wir dem Embryo zubilligen, den Status des Menschen spiegelt. Der Embryo als Sache? Das wäre kein gutes Vorzeichen. »Wer die Achtung vor dem Embryo ablehnt und dies mit seinen mangelnden Fähigkeiten begründet, ist auf dem besten Weg, auch dem ›Menschen ohne Eigenschaften‹ die Achtung zu verweigern.«[55]

Das Schlimmste, die allergrößte Feigheit wäre, die Antwort den neuen Freibeutern und »Biotech«-Geldgebern zu überlassen ...

KAPITEL 5

Der Mensch als Summe
seiner Organe?

»Es geht darum, das Biologische, das Soziale und
das subjektive Unbewußte miteinander zu verknüpfen: das, was aus dem Menschen einen Menschen
macht und nicht nur ein Stück lebendes Fleisch.«
PIERRE LEGENDRE[1]

Gehen wir von einer einfachen Feststellung aus, einem Gemeinplatz eigentlich: Die Medizin leidet heute unter ihrer Technisierung. Die ungeheuren Fortschritte der letzten Jahrzehnte haben
die ärztliche Praxis schleichend unterwandert und verwandelt.
Die Ärzte sind nicht die letzten, die sich darüber Sorgen machen.
Ultraspezialisiert, mit allen denkbaren hochkomplexen Apparaten ausgestattet, unendlich präzise in ihren chemischen wie chirurgischen Eingriffen, ist die moderne High-Tech-Medizin in eine
grenzenlose Zahl einzelner Disziplinen zersplittert, die ebenso
leistungsfähig wie auf einen engen Bereich eingegrenzt sind. Sie
zerlegt ihren Gegenstand in Gewebe, Gefäße, Knochen, Körperteile, Organe und so weiter und bedient sich dazu zahlreicher
ständig verbesserter und immer leistungsfähigerer Apparate – von
den bildgebenden Verfahren bis zur Informatik, vom Laser bis
zur Nanotechnologie –, die jede therapeutische Maßnahme bis
in den Infinitesimalbereich hinein verfeinern. Zu schweigen von
den verschiedenen Methoden der Reproduktionsmedizin oder
den bevorstehenden Gentherapien, die wir einer immer besseren Beherrschung der Technik verdanken.
   Der fortschreitenden Technisierung entspricht die immer
stärkere Konzentration auf das jeweils zu heilende oder zu

»reparierende« Organ. Der Arzt wird zum Mechaniker; der Mensch, der einst mehr war als die Summe seiner Einzelteile, ist in den Hintergrund gerückt. Mit der modernen Apparatemedizin geht der Vorrang des Meßbaren, Quantifizierbaren, Analysierbaren einher. Die ärztliche Untersuchung hat sich dadurch unaufhaltsam *objektiviert*, während der Patient hinter der unendlichen Komplexität seiner Anatomie verschwindet. Die von den Maschinen analysierten und überwachten Parameter ersetzen den leidenden Menschen durch eine Unmenge mathematischer Daten. So wird die subjektive Dimension, die früher die individuelle *Lebenserfahrung* war, auf ein Minimum reduziert, ja vergessen.

Viele praktische Ärzte sind sich der Gefahren bewußt, die mit dem Verschwinden des Patienten als Subjekt zugunsten eines fragmentierten Körpers verbunden sind, sie kommen auch hier und dort zur Sprache, und das nicht erst in jüngster Zeit. Aber es ist nicht so einfach, sie zu beschwören. Wird nicht jeder Arzt, auch der Nichtfacharzt, heute genötigt, die Objektivität des Instrumentariums dem qualitativen »Zuhören« vorzuziehen? Ist dies nicht unverzichtbar für eine exakte Diagnose und eine wirksame Behandlung? Es bestehe die Gefahr, warnte ein Arzt, daß wir still und leise vom ohnehin schon sehr objektivierenden Vorgehen zu einer Behandlungspraxis übergehen, die den Körper des Kranken kurzerhand in *bloße lebende Materie* verwandelt. Wenn dies der Fall sei, fügt er hinzu, »fürchten wir, daß die Ärzteschaft als soziale Einrichtung nicht überleben wird und daß die Ära des biomedizinischen Technikers das Verschwinden der sozialen Person des Arztes bedeutet«[2].

Der enorme Erfolg, den der von einem Allgemeinarzt verfaßte Roman *Dr. Bruno Sachs* in Frankreich hatte, veranschaulicht sehr deutlich, wie groß die soziale Erwartung gegenüber der ärztlichen Praxis ist (Zuhören, Sprechen, Da-Sein, Menschlichkeit des Gesprächs) und wie oft sie heute durch die technizistische Entwicklung des Berufsstandes frustriert wird.[3] Die

Befürchtung ist nicht neu. Erinnern wir uns an die ewigen Diskussionen von vorgestern über die unersetzliche Menschlichkeit des Hausarztes, an dessen Stelle nach und nach die kalte Kompetenz des Spezialisten trat. Schon Michel Foucault beschrieb das Krankenhaus als »Heilungsmaschine«: Darin sei der von Apparaten und Leuchtdioden umgebene Patient nur noch ein Verbund von zu erforschenden Organen. Diese rein naturwissenschaftliche Betrachtungsweise erscheint im Licht der neuen Allmacht von Biologie und Genetik noch furchterregender als in der Vergangenheit. Die Biologisierung des Lebens verändert unsere Wahrnehmung des menschlichen Körpers von Grund auf. Man denke nur an die verschiedenen Transplantationen, Implantate und Apparaturen, mit denen die Medizin den funktionellen Zustand der jeweiligen Körperpartien, die als austauschbare »Teile« gelten, prüft und beurteilt. Diese Herangehensweise gewöhnt uns nach und nach »an den Gedanken, daß wir ›Zellenmenschen‹ sind, allesamt nichts als Organbehälter«[4].

Die Psychoanalytiker sind naturgemäß die ersten, die diese neue wissenschaftsgläubige Kurzsichtigkeit beklagen. »Daß wir die Tendenz entwickelt haben, uns weniger um die Individualität des Kranken den Kopf zu zerbrechen, daß wir ihn weniger als eine Person mit einer Geschichte und Gefühlen sehen, sondern lieber als eine Ansammlung von Organen, die der Reparatur bedürfen oder ausgetauscht werden müssen, ist eigentlich eine Binsenweisheit«, sagt ein Vertreter ihrer Zunft.[5] Erst jüngst ist man sich bewußt geworden, daß eine psychologische Vorbereitung und Anschlußbehandlung vor und nach bestimmten Eingriffen wie einer Transplantation oder der Entfernung eines Organs unverzichtbar ist. Wie die Psychoanalytikerin Geneviève Delaisi de Parseval betont, gilt dasselbe auch für fortpflanzungsmedizinische Maßnahmen; sie fürchtet, die Ärzte begnügten sich auf diesem Gebiet damit, »technische Lösungen« anzubieten. Aber noch ist die menschliche Begleitung, die sie fordert, die Ausnahme. Die Vernachlässigung des Patienten zugunsten seiner Organe bleibt eine um so besorgniserregendere Tendenz, als die Biologisierung allmählich die gesamte Medizin erfaßt, die Psychiatrie eingeschlossen.

Ein Toter mit durchlöcherten Augen

Die Vernachlässigung des Subjekts und das Desinteresse an dem nebulösen Bereich der Gefühle und immateriellen Gegebenheiten, die den Menschen ebenso ausmachen wie seine Organe, läßt sich nicht nur am Umgang der Medizin mit dem lebenden Menschen ermessen, sondern auch an der Art, wie eine Gesellschaft den leblosen Körper wahrnimmt und behandelt. Kehren wir in diesem Zusammenhang noch einmal zur Praxis der Organentnahme *post mortem* zurück. Wie erwähnt, verlangt in Frankreich das neue Gesetz aus dem Jahr 1994 wieder die Zustimmung der Angehörigen, setzt jedoch *keine Obergrenze für die Zahl der entnommenen Körperteile* fest. Theoretisch sind damit der Zerstückelung des Verstorbenen Tür und Tor geöffnet. Aber wie uns ein bedrückendes Gerichtsverfahren gezeigt hat – »die Affäre von Amiens« im Jahr 1992 –, kann man den menschlichen Körper, auch wenn er tot ist, eben nicht ungestraft zu einem Vorratslager für Organe herabwürdigen.

Im Juli 1991 wurde ein achtzehnjähriger Radfahrer von einem Auto niedergefahren und schwer verletzt; er wurde erst ins Krankenhaus von Dieppe gebracht, dann in die Universitätsklinik von Amiens, und dort stellten die Ärzte den Hirntod fest. Die Eltern des jungen Christophe, die das Prinzip der Organspende guthießen, kamen der Bitte der Ärzte nach und erlaubten die Entnahme bestimmter Organe aus dem Körper ihres Sohns. Das geschah. Einige Monate später erfuhren die Eltern infolge einer Indiskretion, daß der Leiche mehr Organe als angekündigt entnommen worden waren: Die Rede war von »acht chirurgischen

Eingriffen sowie zwei nichtchirurgischen Maßnahmen oder Untersuchungen«, darunter die Abnahme der Hornhaut beider Augen. Empört, daß sie darüber nicht im voraus informiert worden waren, leiteten die Eltern gerichtliche Schritte ein. Im Zuge der Verhandlung erfuhren sie 1992 das wahre Ausmaß der Zerstückelung ihres toten Sohns. Die Eingriffe waren sogar noch viel zahlreicher: »Entnommen worden waren die Augen (nicht nur die Hornhaut), die absteigende Aorta, die Bauch- sowie die rechte Oberschenkelschlagader, die beiden medialen Unterschenkelvenen und die rechte Oberschenkelvene. Für die Eltern war es eine ›alptraumhafte Vision‹.«[6]

Bleiben wir bei dem letzten Wort: dem Alptraum. Er dient uns als Lektion. Für die trauernden Angehörigen wie für jedes bewußte Wesen läßt sich der Körper nicht einfach auf die Stufe von bloßem Material reduzieren, sondern ist Träger von symbolischen Bedeutungen, einer »Spur« der Menschlichkeit, die man nicht mit einer Handbewegung beiseite wischen kann. Auf das sogar in einer materialistischen und laizistischen Gesellschaft komplexe Verhältnis zur Leiche ging einst die französische Gesetzgebung ein, als sie das Prinzip der *Bestattungsfreiheit* einführte. Das Gesetz aus dem Jahr 1887 entzog der Kirche das Privileg, den Friedhof zu bestimmen, und räumte jedem das Recht ein, selbst zu entscheiden, was aus seiner sterblichen Hülle werden sollte. Diesem Prinzip der Selbstbestimmung versetzte die Lex Caillavet aus dem Jahr 1976 einen schweren Schlag, als sie die Zustimmung des Toten zur Entnahme von Organen *von vornherein annahm.*

Bei dem Körper eines nahen Verwandten stößt das wunderbare Prinzip der menschlichen Solidarität, das hinter der Organspende steht, also auf eine unüberschreitbare Grenze, ob man es will oder nicht: auf *die Vorstellung vom Körper, der »etwas anderes« ist als ein schlichtes Konglomerat von Geweben und Organen.* »In den Jahren nach der Lex Caillavet«, betont die Juristin Marie-Angèle Hermitte, »machten die Familien klar, daß es ein Unding ist, den augenlosen, seiner Organe beraubten, enthäuteten und zerstückelten verstorbenen Angehörigen zu akzeptieren. Sie aktualisierten den Kampf der Bezeichnungen: die Leiche, die etwas von dem verstorbenen Menschen fortbestehen läßt, gemeinsamer Besitz der Familie, Material zu therapeutischen Zwecken? Sie brachten das vergessene Prinzip wieder in Erinnerung.«[7] Die Materialität der Fakten – Bedarf an Organen zur Transplantation, Gewebe- und Blutgruppenverträglichkeit, Haltbarkeitsfristen und so weiter – kann also nicht vergessen machen, worum es in Fällen dieser Art *auch noch geht*: um den symbolischen Aspekt nämlich, der letzten Endes vielleicht noch wichtiger ist als alles andere.

Gehen wir noch ein Stück weiter. Tatsächlich kollidieren zwei Vorstellungswelten miteinander, wenn es um die Organentnahme bei einer hirntoten Person geht. Auf der einen Seite steht das vom Solidaritätsgebot getragene Argument für die Spende. Gibt es eine eindrucksvollere Manifestation der menschlichen Solidarität als die Spende von wiederverwendbarem Fleisch? In dem Wechsel von einer Person zur anderen, in diesem organischen Kreislauf, der die Lebenden mit den Toten vereinigt, in dieser außergewöhnlichen Verbindung zwischen dem leblosen Körper des Spenders und dem aufnehmenden Körper des Empfängers geschieht etwas, das offensichtlich nicht allein in den Bereich der Medizin gehört. Dieses »geteilte Leid« ist wie *die Entstehung einer neuen Gemeinschaft der Menschen*, die sowohl von biologischen als auch symbolischen Banden zusammengehalten wird.

Michel Tibon-Cornillot, Forscher an der französischen Hochschule für Sozialwissenschaften, hat sich sehr anschaulich über diese neue Form von Gemeinschaft und die »Spende von lebendigem Fleisch« geäußert. Er erkennt darin ein Spiegelbild bestimmter christlicher Formeln, mehr noch: »ein verwirklichtes Christentum«. Durch die Organspende, sagt er, entsteht »eine neue Gemeinschaft, die zwischen dem Akt des Spendens, dem

Empfang und der durchaus realen Präsenz der Körperteile sehr stark an die Gemeinschaft der katholischen Kirche erinnert, die sich als mystischer Leib offenbart, nämlich als der Leib des auferstandenen Christus, von dessen Fleisch und Blut jeder Gläubige spirituell *und real* ein Teil ist«[8]. Man mag diese theologische Interpretation übertrieben oder »an den Haaren herbeigezogen« finden, doch kann niemand die symbolische Kraft dieser neuen biologischen Formen von Solidarität leugnen. Die Organspende ist alles andere als ein belangloser Austausch.

Dem gegenüber steht eine andere bildliche Vorstellung – entgegengesetzt, aber nicht minder legitim –, die durch die Organentnahme umgestürzt wird. Sie hängt eng mit dem Verhältnis jedes Menschen zum eigenen Körper oder dem seiner Nächsten zusammen. Und diese Beziehungen sind voller Zweideutigkeit und befrachtet mit symbolischer Bedeutung. Denn genaugenommen *besitzt* der Mensch seinen Körper nicht nur, sondern er *ist* auch sein Körper. Der phänomenologische Ansatz von Maurice Merleau-Ponty hat dieses Paradox aufgezeigt; er erklärt, daß jede reduktionistische Sicht des menschlichen Körpers sehr viel tiefgreifendere Erschütterungen nach sich zieht, als wir annehmen.

Man kann eine Leiche, die noch durch tausend Fäden mit einem Dasein, mit Erinnerungen und Gefühlen verbunden ist, nicht nach Belieben zerstückeln. Man kann nicht so tun, »als ob« der sterbliche Überrest nichts mehr wäre. Oder vielmehr: *So einfach ist es nicht.* Unser Umgang mit dem menschlichen Körper, ob tot oder lebendig, sagt übrigens immer einiges über die Art von Gesellschaft aus, für die wir uns entschieden haben. Marcel Mauss nannte die jeweils spezifische Art, wie wir unseren Körper bewohnen und ihn gebrauchen, »Körpertechniken«, denn über sie werden gesellschaftliche Normen, gemeinsame Werte, eine bestimmte Vorstellung vom Verhältnis zum anderen und zu sich selbst weitergegeben.[9] So gesehen ist der Körper niemals nur Materie oder ein Gebilde aus Organen.

Eine »Nutztierpsychologie«

Der symbolische Aspekt in der Beziehung zum Körper verweist uns auf eine offenkundige Wahrheit, die wir allzu häufig vergessen: Die Person läßt sich nicht auf die funktionale Materialität ihres Körpers oder ihres Gehirns, geschweige denn ihres Genoms reduzieren. Zur menschlichen Identität gehört noch ein »Mehr«. Wie Dominique Bourg zu Recht betont, läßt sich die persönliche Existenz auch nicht allein auf die biologische Individualität reduzieren. »Wir existieren nur außerhalb unser selbst, nur durch unsere wechselseitige Teilnahme am Universum der Zeichen und Symbole, das aus sich heraus historisch ist.«[10]

Die streng biologische Sicht läßt jedoch diese symbolischen Netze, die jede Person tragen, weitgehend außer acht. Sogar die Bioethik vernachlässigt sie manchmal, trotz ihres guten Willens zum Humanismus: Wenn sie eingreift, um – unter Berufung auf ihre Unantastbarkeit – jede Form von Vermarktung menschlicher Organe zu verbieten, führt die Bioethik keinen besonders klaren Diskurs. Manche sind der Ansicht, daß allein der Nachdruck, mit dem der Körper als ein Gebilde aus verwendbaren Organen beschrieben wird, unsere symbolischen Anhaltspunkte gefährlich durcheinanderbringe. »Schon der ständige Gebrauch des Ausdrucks ›Biomaterie‹ läßt von vornherein ahnen, daß dahinter die Vorstellung vom Körper als Summe von ›konstruierten‹ Teilen steht [...]. Diese minimalistische und fragmentarische Sicht des Unantastbaren trägt dazu bei, die Vorstellung von einem nicht zerlegbaren, vom Lebensatem erfüllten Ganzen und Urgrund der symbolischen Beziehungen zu verschleiern.«[11]

Das gesamte monumentale Werk des großen Rechtshistorikers Pierre Legendre widmet sich im Grunde dieser ungeheuren Problematik. Legendre findet nicht genug harte Worte, um den biologischen Reduktionismus zu geißeln, die »Nutztierpsychologie«, wie er es nennt, anzuprangern. Er sieht sogar in »der fort-

schreitenden Ausbreitung der Vorstellung, wonach die Wahrheit
der Abstammung biologisch sei«, eine der Grundlagen der stets
von Wissenschaftsgläubigkeit durchdrungenen modernen Erscheinungsformen von Totalitarismus. »Der Nationalsozialismus«, fügt er hinzu, »war der Triumph dieser Absurdität und
die Ausrottung der Juden die Vollendung einer verdinglichten,
einer ›Metzger‹-Auffassung von Abstammung.«[12] Für ihn ist
die Sache klar: Keine wissenschaftliche Beschreibung oder Realität, ob biologisch oder genetisch, reicht je aus, um uns zu
menschlichen Subjekten zu machen. Wir müssen vielmehr als
Menschen *eingesetzt*, das heißt in den Kontext einer *Geschichte* gestellt werden und »unter bestimmten Bedingungen in den
Gründungsdiskurs eintreten«[13]. Diese notwendige Einsetzung
meint Legendre, wenn er vom »genealogischen Prinzip« spricht,
um das herum er seit Jahren ein überaus reiches Gedankengebäude errichtet.

Aber was soll das heißen? Für Legendre ist die Genealogie,
das heißt die Eingliederung in eine Geschichte, die Verankerung
in einem Fundament und in normativen, gesetzlich festgeschrie-
benen Verfahren (unter die das Inzestverbot fällt), ganz einfach
das, was den Menschen ausmacht, der andernfalls nur »lebendes Fleisch« bliebe. Um seine Formulierung aufzugreifen: das,
was das Leben ausmacht. »Für den Menschen«, fügt er hinzu,
»hat das Leben der *Vorstellung* Vorrang vor dem triebhaften
Leben, und die Fiktion gehört immer mit dazu.«[14] Mit anderen
Worten, auch wenn die Biologie und die Genetik mehr wissen
und können als je zuvor, sind sie nicht imstande, den Menschen
erschöpfend zu definieren. Sich an ihre Denkmuster, ihre Postulate, ihre Methoden zu halten bedeutet, das Prinzip Mensch zu
verwässern und einer gefährlichen Rückentwicklung den Weg
zu ebnen.

Nichts anderes sagt Hannah Arendt, wenn sie vom menschlichen Leben als einem nie vollendeten Werk spricht. Den Menschen auf die reine Triebhaftigkeit des Lebens, auf die »Vita-

lität« der Spezies zu reduzieren, bedeute, ihm die Mittel zum Widerstand gegen die Unterdrückung zu nehmen.[15] Was ist die menschliche Freiheit anderes als das Privileg eines »konstruierten« Daseins und der Vorrang des Symbolischen? Der Philosoph Ernst Cassirer, Zeitgenosse von Hannah Arendt, formulierte in seiner Schrift *Was ist der Mensch?* einen sehr ähnlichen Standpunkt: Nach seiner Auffassung unterscheidet sich die Gesellschaft der Menschen von der Gesellschaft der Tiere darin, daß sie sich auf Sprache, Gefühl, kulturelle Leistungen und symbolische Formen gründet.[16]

Wie wichtig es für den Menschen ist, innerhalb einer Geschichte zu stehen, unterstreichen auch einige Neurologen, sogar jene, die ansonsten mit Legendres Auffassungen nicht übereinstimmen. Dies gilt generell für Neurologen, die den allzu mechanistischen Postulaten des Kognitivismus ablehnend gegenüberstehen.[17] Dazu zählt insbesondere Oliver Sacks. Das menschliche Gehirn, meint Sacks, sei das Produkt einer persönlichen und spezifischen »Geschichte«; weshalb die Behandlung einer Gehirnstörung stets auf eine »psychosomatische Reorganisation des Menschen« hinauslaufe. Der Neurologe behandle nicht einen Körper ohne Geschichte, nicht ein »Organ«, sondern eine »Person« in ihrer Ganzheit. Zur Veranschaulichung nennt er den Fall eines Patienten, der unter Migräne litt und sich gleichzeitig für die Mathematik begeisterte. »Als ich diesen Mann von seiner Migräne ›geheilt‹ hatte«, schreibt Sacks, »war er auch von seiner Mathematik ›geheilt‹: Mit der Pathologie war auch die Kreativität verschwunden, was klar bewies, daß wir stets die gesamte Ökonomie der Person berücksichtigen müssen.«[18]

Das genealogische Verbrechen

Der gesunde Menschenverstand erfaßt intuitiv die Kraft der *symbolischen Eingliederung* und der Notwendigkeit einer *Einführung* des Menschen in sein Menschsein. Wird der Alltag unserer Gesellschaften etwa nicht von der hartnäckigen Suche nach einer Zugehörigkeit oder Genealogie, von begieriger Ahnenforschung heimgesucht? Wir könnten sogar sagen, daß das moderne Individuum um so mehr das Bedürfnis empfindet, seinen Platz in einer *Geschichte* zu finden, je größer seine Autonomie ist, je gründlicher es von Traditionen und kollektiven Zwängen befreit ist. Die rasante Zunahme diverser Ahnenforschervereine, die neue genealogische Mode im Internet, die geradezu zwanghafte Wiederkehr des Themas Abstammung in der zeitgenössischen Literatur, der Musik, dem Film sind lauter Anzeichen dafür. Sie verraten einen Mangel und eine tiefe Unsicherheit. Auch die Psychoanalytiker und Psychotherapeuten räumen ein, daß die Frage nach der genealogischen Herkunft und Identität (wessen Sohn/Tochter bin ich?) im Kapitel geheimer Seelenqualen heute die Stelle des »Fehltritts« oder der »Sünde« eingenommen hat.

Das genealogische Prinzip beinhaltet jedenfalls die Idee der Weitergabe und geduldigen Erarbeitung, von einer Generation zur nächsten, jener *humanitas*, die von der Biologie unmöglich erfaßt werden kann. Sie ist es, die aus dem Menschen »etwas anderes« macht als ein bloßes Gebilde aus Organen und Geweben. Niemand entdeckt aus eigener Kraft die Vorschriften der Zehn Gebote, schreibt Paul Valadier mit einem Anflug von Ironie, sondern er *erbt sie*. »In Ermangelung einer solchen heteronomen, aufwendigen und für den Narzißmus sogar kränkenden Begegnung«, fügt er hinzu, »gelänge es dem Individuum niemals, sich zu strukturieren, seine Affekte zu beherrschen und sich als Subjekt zu installieren, das sein Schicksal einigermaßen in der Hand hat.«[19]

Die Juristen bestehen ihrerseits auf der Bedeutung von Kategorien wie Vater, Mutter, Bruder oder Onkel, die nicht nur in rein biologischer Verwandtschaft wurzeln, sondern von der Kultur *eingesetzt* wurden. Genau darin liegt das Paradox des modernen Individualismus: Nachdem das Individuum sich von jeder Zugehörigkeit und Abstammung befreit hat, entäußert es sich schließlich seiner selbst. So erweckt das Rechtssubjekt manchmal den Eindruck, daß es, wie Bernard Edelman sagt, »an seinem eigenen Triumph zugrunde geht«[20]. Zahlreiche zeitgenössische Debatten über moralische oder »menschliche« Themen, wie man heute oft sagt (Lebenspartnerschaften, Adoption, Leihmütter, In-vitro-Fertilisation und so weiter), drehen sich zwanghaft um das eine quälende Paradox: Wie läßt sich die individuelle Freiheit vergrößern, ohne gleichzeitig das Verschwinden des Individuums zu beschleunigen? Wie läßt sich eine durchtrennte soziale Bindung oder eine abgeschaffte symbolische Zugehörigkeit, eine vermenschlichende Genealogie wiederherstellen, ohne deshalb auf die Emanzipation oder die Autonomie des Ichs zu verzichten, die ja echte Errungenschaften sind? Sobald die eine oder andere Frage zur Sprache kommt, tritt jedenfalls die Schwäche der rein biologischen Betrachtungsweise deutlich zutage. Abgesehen davon sind die Auseinandersetzungen oft deshalb so leidenschaftlich, weil dieser Widerspruch schwierig, wenn nicht unmöglich aufzulösen ist.

Begnügen wir uns damit, zwei Probleme zu untersuchen, die scheinbar weit voneinander entfernt, in Wahrheit aber identisch sind: Inzest und Klonierung. Das Inzestverbot, diese ewige anthropologische Konstante, hat nicht nur den wollüstigen »Fehltritt« oder die Gewaltausübung eines Blutsverwandten im Visier. Das Verbrechen, das der Inzest unbestreitbar ist, besteht nicht nur in der verbotenen sexuellen Tat, der unrechtmäßig erschlichenen Lust, dem Egoismus des Vergewaltigers etc.: Wäre dies der Fall, würde eine etwas weiter vorangetriebene Permissivität der Gesellschaft das Verbot früher oder später doch sicherlich

aufheben? (Im Überschwang des Mai 68 gingen manche Aktivisten für die sexuelle Freiheit sogar so weit, die Entkriminali-
sierung des Inzests zu fordern.[21]) Dem ist nicht so; vielmehr ist
es das Pierre Legendre so teure genealogische Prinzip, das uns
hilft, die wahre Natur des Inzestverbrechens zu begreifen.

Der Jurist Denis Salas, der zusammen mit Antoine Garapon
das französische Institut für Rechtspflege leitet, nennt den Inzest bezeichnenderweise ein *genealogisches Verbrechen*. Die
Schwere der Tat, erklärt er unter Bezugnahme auf Pierre Legendre, liegt darin, daß der Inzest die instituierende Funktion der
Abstammung aufhebt und die genealogische Linie verfälscht –
eine Linie, die naturgemäß *absteigend* ist, denn sie steht innerhalb der Zeit. Wir stammen von jemandem *ab*, gehen nicht
nur im biologischen Sinn von unseren Vorfahren aus, sondern
auch als Erben, ausgestattet mit der Aufgabe, eine Menschheit im ständigen Werden weiterzutragen und fortzusetzen.
Das gesamte menschliche Abenteuer, von der ursprünglichen
Menschwerdung an, läßt sich im Bild der ineinandergreifen-
den Generationen zusammenfassen: Wir kommen von weiter
her ...

Der Vater, der den Körper seines Kindes sexuell in Besitz
nimmt, gibt einem im wahrsten Wortsinn unmenschlichen Trieb
nach. Er zerstört den natürlichen Lauf der Zeit. Er löscht das
Verwandtschaftsverhältnis aus. Er untersagt dem Opfer – und
dem eventuell gezeugten Kind –, »seinen Platz in der Kette der
Generationen einzunehmen«. Der Inzest ist der Cousin des Völ-
kermords, denn er mündet in »die Vernichtung des Individuums
durch Vernichtung seines Verwandtschaftsverhältnisses«. Mit
anderen Worten, vergewaltigt wird nicht nur der Körper des Kindes oder eines seiner Organe, sondern eben *die Grundlage seines Menschseins*. »Die Kliniker«, schreibt Denis Salas, »zeigen
uns genau, welche Konsequenzen die Ausgrenzung aus der Gene-
rationenfolge nach einer Kindheit im Terror einer entelterlich-
ten Familie hat: Selbstmord, schwere Depression, gestörtes Ge-

fühlsleben, kurz: die Unmöglichkeit, an einem vom Verwandtschaftsverhältnis zugewiesenen Ort zu leben.«[22]

Im übrigen weist Salas darauf hin, daß die Rechtsprechung
gegenüber dem Inzest eine unendliche Vorsicht an den Tag legt,
um einer schrecklichen Aufgabe gerecht zu werden, nämlich die
notwendige Strafe mit der ebenso notwendigen Aufrechterhaltung der symbolischen Verbindung, entgegen allen Anfechtun-
gen, in Einklang zu bringen. So wird der von einem Blutsverwandten in aufsteigender Linie an einem minderjährigen Kind
begangene Inzest als Verbrechen behandelt, während der Inzest
zwischen Bruder und Schwester oder zwischen Elternteil und
einem Verwandten aus der älteren Generation in der Regel nicht
geahndet wird. Anders gesagt, die Rechtsprechung legt Wert
darauf, die *Fiktion* der Abstammungslinie in dem Maß aufrecht-
zuerhalten, wie diese eine genealogische Identität begründet. Sie
versucht, ein Prinzip zu retten, auch wenn es verfälscht, verzerrt,
entmenschlicht wurde. Unter Strafe stellt sie den Mißbrauch der
elterlichen Funktion. In ihrer übermäßigen Vorsicht »liefert die
Rechtsprechung eine Interpretation des Verbots, die die Aufrechterhaltung der Abstammung trotz des inzestuösen Über-
griffs ermöglicht«.

Die Orientierungslosigkeit des Klons

Die summarischen Ausführungen über den Inzest dienten dem
Zweck, uns das Nachdenken über die Frage des Klonens zu erleichtern. Abgeleitet aus dem griechischen *klôn*, das »Schöß-
ling, Zweig« bedeutet, ist das Klonen, wie wir wissen, die künstliche Reproduktion eines Lebewesens (Pflanze, Tier, Mensch)
aus dem Kern einer seiner Körperzellen, der in eine entkernte
Eizelle eingeschleust wurde. Die nichtsexuelle Fortpflanzung
kann also auch auf die Verbindung männlich/weiblich verzich-

ten. Ein Lebewesen – jedenfalls weiblich – kann identisch reproduziert werden, ohne daß dazu ein »anderer« nötig ist. Genetisch gesehen ist es eine Kopie des Originals. Seit der aufsehen-
erregenden Meldung, mit der das Team um den schottischen
Biologen Ian Wilmutt am 27. Februar 1997 die erste gelungene
Klonierung bekanntgab und der Welt das Klonschaf Dolly vor-
stellte, steht die Frage, wann es den ersten menschlichen Klon
geben wird, auf der Tagesordnung. Ich will mich hier nicht mit
der technischen Machbarkeit oder der Zukunft des derzeit theoretisch noch geltenden Verbots aufhalten, sondern mich der Debatte um das Klonen als solches zuwenden.

Überflüssig zu erwähnen, daß das Klonen als triumphale
Technik ebenso wie als Wahngebilde den Zeitgeist beherrscht
und den täglichen Streit schürt. Die Vorstellung eines menschlichen Klons hat so viele Bezugsrahmen aus den Fugen geraten
lassen, daß die Diskussion meist voller Widersprüche ist. Unterschiedliche Standpunkte prallen aufeinander, die einander
erstaunlich symmetrisch gegenüberstehen. Juristen wie Mireille
Delmas-Marty sehen in der Klonierung ein Verbrechen gegen
die Menschheit,[23] während andere, Intellektuelle oder Philosophen (wie François Dagognet), in fortschrittsgläubige Begeisterung ausbrechen. In der Presse ist die Aussicht auf menschliche
Klone häufig Anlaß zu einer gewissen Erheiterung. Nennen wir
als Beispiel die Präsentation einer – übrigens höchst interessan-
ten – Ausstellung mit Podiumsdiskussion, die am 6. Dezember
2000 in der Pariser Cité des Sciences et de l'Industrie (einer Einrichtung samt Museum für Wissenschaft und Technik) veranstaltet wurde. Das mit einem schönen Frauengesicht geschmückte
Faltblatt kündigte die Ausstellung mit der Frage an: »Basteln
am Leben. Wechseln wir den Körper oder lassen wir uns klonen?« Ein weiteres Beispiel ist der Leitartikler der medizinischen
Fachzeitschrift *The Lancet*, der am 9. Februar 2000 mit fröhli-
cher Unbekümmertheit das Klonkind für die allernächste Zukunft ankündigte.[24] Und nicht zu vergessen natürlich die Sekte

der Raelianer, deren angeblich erstes Klonbaby im Januar 2003 geboren wurde; weitere Klonkinder sind angekündigt, aber der Beweis, daß das Experiment tatsächlich gelungen ist, steht noch aus.

Daß die Standpunkte nicht gegensätzlicher sein könnten, ist zugegebenermaßen verstörend. Wie kann ein und dieselbe Perspektive von seriösen Juristen einerseits als Verbrechen gegen die Menschheit gewertet und andererseits als »amüsante« Hypothese abgetan werden? Die aufeinanderprallenden Meinungen und unangemessenen Beurteilungen sind an sich schon bezeichnend. Ebenso verstörend ist, wie sehr die wiederkehrende Debatte von irrigen Sichtweisen und unbegründeten Ängsten beherrscht ist. Die Negativfaszination der totalen Identität zwischen Klon und Original – dasselbe, aber doppelt! – gehört eher ins Reich der uralten Phantasien. Wir treffen hier wieder auf die ewigen Mythen, nach denen in den meisten Kulturen die Verdoppelung einer Person, das Auftauchen eines Doppelgängers, der Abgrund der Mimikry mit großem Unheil verknüpft ist. Von den Anthropologen hören wir, daß der Doppelgänger oft mit einem Ungeheuer gleichgesetzt wird, weil er im Volksglauben für eine Auflösung der natürlichen Ordnung, eine mit unklaren Drohungen verbundene Unterschiedslosigkeit steht. René Girard hat viel über das Thema des Zwillingsdaseins geschrieben, das in den Mythen verteufelt wird, weil es die Auslöschung des Unterschieds, die wahnhafte Vernebelung des Andersseins verkörpert.

Aber nicht hier liegt der Hund begraben. Die Verdoppelung durch Klonierung ist im Prinzip ja nichts Neues, aus genetischer Sicht ist sie mit dem doppelten Dasein eineiiger Zwillinge vergleichbar. Die Zwillinge sind zwar genetisch identisch, erwerben jedoch eine Individualität, die nicht biologisch, sondern kulturell bedingt ist. Daß ihre Beziehung zueinander außerordentlich eng ist und eine einzigartige geistige und emotionale Nähe die beiden verbindet, steht außer Frage. Gleichwohl sind eineiige Zwillinge verschieden, denn sie sind *beide* von einer *Geschichte* zu Individuen gemacht. Niemandem fiele heute ein, sie als Ungeheuer zu bezeichnen. Ein kühner Mensch, der irgendwann in der Zukunft beschließt, sich klonen zu lassen, stünde nicht vor einem zweiten, verjüngten Ich, sondern ganz einfach vor einem anderen Menschen.

Problematisch ist das Klonen aus anderen Gründen, die unmittelbar mit dem genealogischen Prinzip zu tun haben. Wenn das Klonen die Mitwirkung des anderen am Prozeß der Fortpflanzung ausschaltet – was nicht zwangsläufig der Fall sein muß –, ist das *nichts anderes als ein absoluter Inzest*. Es treibt die transgressive Logik des Inzests bis an ihre Grenzen: Niemand ist enger mit mir verwandt als ich selbst. Die Selbstreproduktion ist das perfekte Symbol des Inzests und bedeutet somit das Ende der berühmten Unvollständigkeit des Menschen, der bis auf weiteres die *Begegnung* mit einem anderen gebraucht hat, um sich fortzupflanzen. Das Klonen, das auf unklare Weise eine Allmachtsphantasie befriedigt, verabschiedet sich von diesem gefundenen und geliebten Fremden, diesem unerhörten Partner, dem liebenden Miterzeuger. Über die Lotterie, die mit der sexuellen Fortpflanzung einhergeht, setzt es sich kurzerhand hinweg. Das Klonen ersetzt die Schaffung eines Wesens, das keinem anderen gleicht, weil es das zufallsbedingte Ergebnis einer *Begegnung* ist, durch eine schlichte Vermehrung von organischem Material. An die Stelle des »Eintretens« in die Welt, das die Fortpflanzung darstellt, tritt, wie Patrick Verspieren zu Recht sagt, der egozentrische Wille, *dem Körper eines künftigen Menschen die eigene Entscheidung aufzuzwingen*.[25]

Welche Konsequenzen der Ausschluß des anderen hat, liegt auf der Hand. Alles, was wir dem Inzest als genealogischem Verbrechen vorwerfen können, läßt sich Wort für Wort auf das Klonen übertragen. Die Elternschaft wird ausgelöscht. Die lineare Aneinanderreihung der Generationen – dieser »herabstürzenden Flut«, von der Tertullian sprach und in der Platon einen echten

»Entwurf der Unsterblichkeit« sah – wird jäh abgebrochen. Die Klonierung führt zu einer *lateralen* Reproduktion, die, wie der Inzest, die Genealogie durcheinanderbringt. Manche bezeichnen diese widersinnige Hypothese als »asynchrones Zwillingsdasein«: Zwillinge, die nicht derselben Generation angehören. Der französische Nationale Ethikrat ist sich dessen bewußt, wenn er feststellt: »Im äußersten Fall wäre der Begriff der Abstammung sinnentleert.«[26] Die Psychoanalytikerin Monette Vacquin beschreibt die völlig verkehrte Verwandtschaft, die sich daraus ergäbe – was wären zum Beispiel die familiären Bande zwischen dem menschlichen Klon und seinen Angehörigen? –, folgendermaßen: »Er ist der Sohn und der Zwillingsbruder seines Vaters. Er ist der Sohn und der Schwager seiner Mutter, die außerdem seine Schwägerin ist. Er ist zugleich der Sohn und der Enkel seiner Großeltern. Der Bruder seines Onkels. Der Onkel seiner Brüder. Er wird Vater und Großonkel seiner Kinder werden – sofern diese nicht ihrerseits Klone sind, in welchem Fall sie Brüder ihres Vaters und ihres Großvaters und wiederum Schwäger ihrer Großmutter wären.«[27]

Es ist klar, daß der Biologie alle diese Probleme im Zusammenhang mit dem Klonen entgehen. Denn es ist ja keineswegs nur eine Frage von mehr oder weniger gut »kopierten« Organen. Wir können uns vielmehr zu Recht fragen, wie ein Mensch es fertigbringen sollte, in diesem Spiegellabyrinth, in dem die Zeitlichkeit der Abstammung aufgehoben ist, seine Identität zu konstruieren. Die Psychoanalytiker aber wissen jetzt schon, was es kostet, die Nöte eines Kindes zu behandeln, das aus einem Inzest hervorgegangen ist, oder die Neurosen eines Patienten, der sich seiner Abstammung unsicher ist, die Leiden eines Erwachsenen, der nicht weiß, wer seine Eltern sind, und so weiter. Sie können sich sehr gut – und mit Entsetzen – vorstellen, was es, in einer nahen Zukunft, bedeuten wird, einen Klon zu therapieren.

Pierre Legendre nimmt seinerseits kein Blatt vor den Mund,

um den Wahnsinn dieser Hypothese zu verurteilen. »Soll der
Inzest verallgemeinert und das Zivilrecht entsprechend abgeändert werden? Wer wird für diesen Irrsinn bezahlen? Werden wir
verrückte Kinder erzeugen und sie zur Währung machen, mit
der wir die Rechnung unserer Allmachtsbestrebungen beglei-
chen?«[28]

Der Angriff
auf die Psychoanalyse

An dieser Stelle müssen wir unsere Überlegungen erweitern. Die
gegen den kurzsichtigen biologistischen Reduktionismus und
die Verfechter des »lebenden Fleisches« gerichtete Schelte eines
Pierre Legendre gehört in den größeren Kontext eines viel schär-
feren und umfassenderen Konflikts, der beinahe schon ein Religionskrieg ist: Er spaltet die gesamten Biowissenschaften vom
Lager der Psychoanalyse und traditionellen Psychiatrie. Auf der
trivialsten Ebene zeigt sich der Konflikt in den verschiedenen
Debatten über die Sittlichkeit oder die Bioethik. Die leidenschaftlichen Anhänger der »großen Übertretung« unserer Zeit (Biogenetik, Abstammung, Elternschaft, Sexualität und so weiter)
behaupten gern, das berühmte symbolische Prinzip, zu dessen
pedantischem Hüter sich Pierre Legendre – neben etlichen anderen! – aufschwingt, sei nichts anderes als das neue Gewand der
alten bürgerlichen oder christlichen Ordnung, die man beileibe
nicht für unanfechtbar oder unwandelbar halten dürfe.

Kurioserweise kämpfen also plötzlich die fortschrittsgläu-
bigen Verteidiger der Biotechnologie und die postachtundsech-
ziger Aktivisten für die Permissivität Seite an Seite gegen die
etablierte Ordnung. Einträchtig lehnen sie jeden Gedanken an
Selbstbeschränkung, Zurückhaltung oder strukturierende Verbote ab, die sich irgendwie auf eine symbolische Ordnung beziehen. Die einen berufen sich auf die Freiheit der Forschung,

die anderen auf die Revolution der Sitten. (Eine in der Tat sonderbare Allianz!) Im gegenwärtigen Stadium ist der Konflikt eminent politisch; und er nimmt karikatureske Formen an: Ordnung gegen Bewegung, Erhalt gegen Reform, Überschreitung gegen Moral und so weiter. In der Presse finden wir hin und wieder Angriffe auf die Psychoanalyse im allgemeinen und die Lacansche Problematik im besonderen. Darin werden, manchmal aus der Feder abweichlerischer Psychoanalytiker, die konservative Anthropologie und die »neue familiäre Ordnung der Psychoanalyse« angeprangert. Letztere sei nichts als die jüngste Erscheinungsform einer verachtenswerten moralischen Ordnung. Jacques Lacan wird darin sogar vorgestellt als der »Erschleicher des christlichen, paternalistischen Erbes, unterstützt von politischen Messianismen, die nach 1968 in Glaubensnöte geraten sind«[29].

Noch extremer gehen manche Fürsprecher der Technowissenschaft und der Biotechnologien vor und schließen sogar die Phänomenologie in ihre Verurteilung mit ein, weil sie eine allzu sakrale Vision von der Unantastbarkeit des menschlichen Körpers propagiert habe. In diesem Sinne, erklärt zum Beispiel Gilbert Hottois, »ist die Phänomenologie die derzeit subtilste Strategie der Ontologie«[30]. Man muß allerdings wissen, daß in kognitivistischen oder biowissenschaftlichen Kreisen die geringste Erwähnung der Ontologie, also die Bezugnahme auf den metaphysischen Sinn und Zweck des Seins, heute als ungehörig empfunden wird. Ontologie und Idealismus sind regelrechte »Schimpfwörter« geworden. Tatsächlich hat sich die Phänomenologie seit ihrem Gründervater Edmund Husserl im Namen einer »anderen« Wahrheit, einer gelebten, unsagbaren Erfahrung, die sich der wissenschaftlichen Rationalität vollständig entzieht, stets gegen den Dogmatismus der Technowissenschaft gewandt. Maurice Merleau-Ponty erklärte den menschlichen Körper zum erhabenen Sitz dieser lebenden Erfahrung und schloß daraus, daß er der wissenschaftlichen Rationalität definitiv unzugänglich sei und sich jedem Reduktionismus widersetze; kurz, daß sich die Wahrheit des Körpers zwangsläufig den engen Kategorien der Biologie entziehe. Auch hier, in der Kritik an der Phänomenologie, deutet sich ein indirekter Verweis auf das Christentum an. »Der phänomenologische Ansatz«, schreibt Hottois, »findet einen gewissen Widerhall in der christlich-katholischen Aufwertung der Fleischwerdung und ihres Mysteriums, das ebenso unfaßbar ist wie das Geflecht oder das Fleisch von Merleau-Ponty.«[31]

Für so dezidierte Autoren ist die Sache also klar: Phänomenologie und Psychoanalyse, Erben und Fortführer des Christentums, belasteten heute, sehr zu Unrecht, das bioethische Denken. Und schränkten es zu sehr ein. Sie lieferten – neben der Religion im allgemeinen – die wahre Erklärung für die humanistischen Vorbehalte und Widerstände, für die Skrupel und »ängstlichen« Bedenken, die in Europa angesichts der eroberungswilligen Biotechnologieunternehmen geäußert werden – insbesondere in diesem psychoanalytischen Willen, die Person über ihre Körperlichkeit hinaus unbedingt in eine Genealogie und eine symbolische Ordnung als Bedingungen ihres *Menschseins* einzugliedern.

Vor der mitreißenden biotechnologischen Dynamik, die uns in eine faszinierende Post-Menschheit führt, müßten diese Restskrupel endlich kapitulieren, meinen die Verfechter der Technowissenschaft. Jedes Festhalten an der symbolischen Ordnung gilt ihnen als Zeichen von Technikfeindlichkeit oder Obskurantismus, weshalb sie nebenbei ein Loblied auf den Nihilismus singen, der uns wenigstens die absolute Freiheit des Experimentierens gewähre. Im Zusammenhang mit der gegenwärtigen Krise der Ontologie, des Sinns im allgemeinen, schreibt Hottois zum Beispiel: »Der damit verbundene Nihilismus weist viele positive, emanzipatorische, diversifikatorische Aspekte auf: eine Kreativität, die zahlreiche Möglichkeiten und Hoffnung aufkeimen läßt.«[32] Auf technowissenschaftliche Plädoyers dieser Art, über deren Übertriebenheit wir manchmal lächeln, die uns manchmal aber auch erschrecken, werden wir später noch zurückkommen.[33]

Für das Verhältnis zwischen Biologie und Psychoanalyse sind diese extremen Äußerungen nur von marginalem Interesse. Zunächst weil sie sich auf eine irrige Interpretation der Psychoanalyse und des Freudschen Erbes stützen. Aus historischen Gründen, die mit dem Einfluß des Surrealismus oder der Phänomenologie zu tun haben, neigen die Franzosen manchmal dazu, die Freudianer für grundsätzlich technikfeindlich zu halten: Sie seien der Dichtung zugetan und beriefen sich angesichts der Gefahren des Positivismus stets auf die Überlegenheit des Geistes. Dabei stand Freud selbst sehr unter dem Einfluß des Darwinismus und war der Biologie alles andere als feindlich gesinnt; er hatte sogar vor, aus der Psychoanalyse einen Zweig der Biologie zu machen.[34]

Doch der häufig mit bombastischen Worten ausgetragene ideologische Streit zwischen einer zwangsläufig technikfeindlichen symbolischen Ordnung und einem zwangsläufig technikfreundlichen Nihilismus hat noch einen weiteren Nachteil: Er lenkt die Aufmerksamkeit von einer anderen, spezifischeren Konfrontation ab, die vor einiger Zeit zwischen den Neurowissenschaften und der Psychiatrie oder Psychologie ausgebrochen ist. Gegenstand der Auseinandersetzung ist eben die zuverlässige Definition des Menschen, die uns hier interessiert: Läßt sich der Mensch auf seine Organe reduzieren?

In den Sinn eintauchen

Seit rund zwanzig Jahren erobern die Neurowissenschaften immer mehr Terrain. »Harte« gegen »weiche« Wissenschaften: Die Neurologie etwa eines Jean-Pierre Changeux befindet mit unverhohlener Genugtuung, daß ihre Erkenntnisse über die Funktionsweise des Gehirns die Methoden der Psychologen und Psychoanalytiker hinfällig werden ließen. Wenn das menschliche Gehirn nichts weiter sei als die Verschaltung von Milliarden Neuronen und seine Wirkungsweise nichts als ein komplexes Wechselspiel von elektrischen Impulsen und Reizen, dann müsse die Psychiatrie eben selbst zur Neurowissenschaft oder zu einem Zweig der Biologie werden. Nach Auffassung der Neurophysiologen bestehe eine Kontinuität zwischen dem neurologischen und dem geistigen Zustand, und dieser enge Zusammenhang sei wissenschaftlich beschreibbar – oder werde es eines Tages sein. In diesem Sinne sei jede psychische Störung, jede Neurose, Psychose, Paranoia, Depression und so weiter nichts anderes als eine Art neurologischer Kurzschluß, sozusagen ein elektrisches Gewitter in den Gehirnzellen; jedenfalls eine rein organische Funktionsstörung. Heilbar sei sie nicht durch »Gespräch« oder verbalen Austausch, sondern durch Chemie beziehungsweise Chirurgie.

So ist im Verlauf der letzten Jahrzehnte eine biologische Psychiatrie entstanden, die mit Riesenschritten voranstürmt und eine kategorische Sprache führt. Sie geht rigoros naturwissenschaftlich vor, womit sie durchaus im Einklang mit dem herrschenden Diskurs steht. Für ihre Vertreter sind die Freudschen Ausgeburten über das Unbewußte, die Übertragung, die Libido und so weiter ein alter Hut, der so rasch wie möglich ins Archiv der Geschichte gehört. Ebenso archaisch ist nach ihrer Ansicht die angebliche symbolische Ordnung oder das genealogische Prinzip eines Pierre Legendre. Gern präsentiert sich die Biopsychiatrie als unabweisliche Größe der Moderne. Vielleicht rührt daher das Wohlwollen, das sie nicht nur von seiten der Presse erfährt, sondern auch in der Lehre und in der klinischen Praxis. Als Beispiel nennt der Psychoanalytiker Jacques Hochmann das berühmte *Diagnostische und statistische Manual psychischer Störungen*, das von der Amerikanischen Psychiatrischen Assoziation her-

ausgegebene Handbuch zur Klassifikation und Vereinheitlichung
der Nomenklatur in der Psychiatrie, das sich allmählich überall
auf der Welt durchsetzt: Dieses Handbuch, sagt er, das sich absoluter Neutralität rühme, sei unverkennbar vom Positivismus
inspiriert.[35]

Die – bewußte oder unbewußte – Tendenz der modernen Medizin, den Richtlinien dieses neuen therapeutischen Ansatzes zu
gehorchen, ist mittlerweile schon ins breite Publikum vorgedrungen. Man denke nur an den wachsenden Konsum von Neu-
roleptika, Schlafmitteln, Tranquilizern aller Art; man denke auch
an die vorherrschende Praxis der chemischen Zwangsjacke und
der Sedierung in den psychiatrischen Kliniken, trefflich veranschaulicht in dem Film *Einer flog übers Kuckucksnest*; daran
hat sich seither nicht viel geändert. Psychiater und Psychologen
beschweren sich manchmal über das Vordringen der inhumanen neurowissenschaftlichen Methoden in ihre Disziplin, die
alles, was die Menschlichkeit des Menschen ausmacht – Subjektivität, Geschichte, Sprache und so weiter –, als unerheblich
abtut.

Eine von ihnen, Françoise Parot, meint, darin bereits den angekündigten Tod der Psychologie zu erkennen. Der Siegeszug
der Neurowissenschaften scheint ihr die neue Form einer feigen
Unterwerfung unter die Natur zu Lasten der Kultur zu sein. »Und
hier«, setzt sie hinzu, »hat der vernichtende Prozeß der Labor-
psychologie begonnen, hier hat sie sich der eigenen Aushöhlung
von unten, durch Reduktionismus, ausgesetzt.«[36] Aber wenn die
Wissenschaft vom Menschen sich einfach in der *Natur* auflöst,
sagt sie, habe dies Folgen, die niemand bagatellisieren dürfe: »Mit
dieser naturalistischen Betrachtungsweise ist die Laborpsycho-
logie im Begriff, uns in die Natur einzugliedern, ja uns den Status des Menschlichen vielleicht ganz zu nehmen.« Der kalten Bio-
psychologie stellt sie die Alltagserkenntnis zahlreicher Kliniker
gegenüber, die im »wirklichen Leben« mit den Lebensnöten ihrer
Patienten konfrontiert sind, mit deren Einsamkeit und den zahl-

losen verschiedenen Leiden, unter deren Gewicht der Verstand ins Wanken gerät.

Sie spricht von den konkreten Erfahrungen der Psychologen, die sehr genau wüßten, daß der Mensch mehr ist als das Ergebnis seiner synaptischen Verbindungen. Sie betont die besänftigende, humanisierende Funktion der Sprache, wie sie die Psychologen gegenüber ihren Patienten anwenden. »Sie bereiten ein Bad aus Worten«, sagt sie, »die von psychischem Leiden sprechen oder stottern; sie *tauchen ein in den Sinn*, sie haben eine Funktion und eine Aufgabe, sie müssen diesen Wörtern, diesem Leiden einen Sinn geben, und das heißt: das Leiden in eine persönliche oder kollektive Geschichte integrieren und beruhigen, indem sie es menschlich machen.«[37]

Die meisten Psychologen oder Psychoanalytiker, die die verkürzte Perspektive der Biologie ablehnen, heben die Bedeutung der Sprache als »Instrument der Intersubjektivität und der sozialen Bindung« hervor und betonen gleichzeitig die unverzichtbare Funktion der *Beziehung zum anderen für die Konstruktion der Person und den Prozeß der Menschwerdung überhaupt*. Genau das ist die zentrale Frage im Zusammenhang mit den neuen Techniken der Fortpflanzungsmedizin, die ja über die technischen Verfahren hinaus auch die Identität des so gezeugten Menschen betreffen: Die Identität, die das Kind sich aufbauen muß, fällt durchaus nicht in den Bereich der Biologie.

Bei dieser Konfrontation, bemerken zwei Psychoanalytiker zu Recht, geht es im Grunde um die *Definition des Lebens*. Wer ist dafür zuständig, die Biologie oder die Psychologie? Anders ausgedrückt: Ist das Leben gleichbedeutend mit dem Leben der Organe, oder definiert es sich zwangsläufig über die Identität und die Subjektivität? »Es deutet alles darauf hin«, schreiben sie, »daß es nicht genügt, einen intakten Körper, ein Gehirn und Geschlechtsorgane zu besitzen, um ein geschlechtliches und freies Subjekt zu sein.«[38]

Immer wieder stehen wir vor demselben Dilemma. Läßt es

sich tatsächlich nicht anders überwinden als durch die Niederlage des einen oder anderen Lagers? Das ist sehr wohl möglich.
Statt eines mörderischen Religionskriegs zwischen den beiden
Ansätzen könnte man sich freilich auch einen versöhnlichen Dialog zwischen Neurowissenschaften und Psychologie vorstellen.
Statt der Aufforderung, sich zwischen schwarz oder weiß, allem
oder nichts, Wissenschaft oder Idealismus zu entscheiden, müßte man vielleicht für eine minimale Komplementarität zwischen
den beiden Vorgehensweisen plädieren, allerdings unter der Bedingung, daß beide darauf verzichten, sich um ein und dasselbe
Territorium zu streiten. Genau darum bemühen sich Jacques
Hochmann und Marc Jeannerod in einem sehr ergiebigen Dialog, aus dem hier schon mehrfach zitiert wurde. Der erste, ein
Psychoanalytiker, warnt seinen Gesprächspartner vor der ver-
ächtlichen Unnachgiebigkeit, deretwegen die Neurowissenschaften und die kognitiven Wissenschaften eines Tages dasselbe kläg-
liche Schicksal ereilen könnte wie einst den Behaviorismus. Diese
Richtung der Psychologie, die in den USA begründet wurde und
bis in die fünfziger Jahre des zwanzigsten Jahrhunderts maßgeblich war, forderte eine streng an den Naturwissenschaften
orientierte Vorgehensweise, die sich auf das empirisch beobacht-
bare, physikalisch quantifizierbare Verhalten sowie das rein physiologische Reflexschema der Wechselwirkungen mit der Umwelt beschränkt.

Sicherlich verliefe sich die Psychologie in einer Sackgasse,
wenn sie die Erkenntnisse der Neurowissenschaften zugunsten
eines antiwissenschaftlichen, psychologistischen Ansatzes igno-
rierte, während die Neurowissenschaften ihrerseits bald in eine
»jämmerliche Konsenspsychologie«[39] gerieten, wenn sie sich auf
die reduktionistische Sicht des »neuronalen Menschen« ver-
steiften.

Die Rückkehr des Erlkönigs

Wenn wir an die Fortschritte der Biogenetik denken, erfaßt uns
vielleicht manchmal ein leichter Schwindel angesichts der Vielzahl ungelöster Probleme, die uns heute auf den – möglichen oder
unmöglichen – Dialog zwischen zwei unterschiedlichen Definitionen des Menschen verweisen: Ansammlung von Organen
oder subjektives Bewußtsein, biologisches Material oder Ergebnis einer *Geschichte*? Das sind die Fragen, die in aller Hast den
verschiedenen Ethikkommissionen zur Untersuchung und Beant-
wortung vorgelegt werden. Als hinge der Sinngehalt des menschlichen Lebens von den Debatten in den Beratungsausschüssen
ab. Ungelöste Probleme? Die meisten – aber nicht alle – haben
mit der medizinisch unterstützten Fortpflanzung zu tun. Sehen
wir uns einige Beispiele an.

Zunächst die Gametenspende (Samen und Eizellen). Noch ist
Anonymität die Regel, doch angeblich wünschen sich etliche
Paare bereits, die Identität des Spenders oder der Spenderin zu
erfahren (»gelenkte Spende«). Anscheinend stellt man sich vor,
daß die Anwesenheit beziehungsweise Abwesenheit der »unbekannten« biologischen Eltern nicht ohne psychologische Konsequenzen bleibt.

Dann der Embryonentransfer *post mortem* (»das Kind der
Trauer«). Damit wird der Wunsch mancher Witwen erfüllt, ein
Kind des verstorbenen Gatten auszutragen und sich deshalb
einen tiefgefrorenen Embryo implantieren zu lassen, dessen Vater
der Tote ist. Dieser Transfer ist im Prinzip verboten, manche sind
jedoch der Ansicht, daß es bestimmte Ausnahmen geben müßte.
Zum Beispiel schlägt eine Ethikkommission vor, sich in dieser
Frage an der amerikanischen Gesetzgebung zu orientieren. Auch
hier kann man sich die Sorge der Psychologen im Hinblick auf
die künftigen Kinder vorstellen, die von Toten gezeugt wurden,
unabhängig von deren ausdrücklichem, jedenfalls anders als all-

gemein und testamentarisch bekundetem Willen. Die Sorge ist um so begründeter, als in den Vereinigten Staaten allmählich eine Praxis entsteht, von der in Europa noch wenig die Rede ist: die Spermaentnahme bei einem sterbenden oder bereits verstorbenen Mann. Die so gewonnenen Samenzellen werden augenblicklich tiefgefroren und stehen bei Bedarf der Witwe, der Geliebten oder sonst jemandem zur Verfügung. Das Verfahren wird bereits an vierzehn Kliniken in elf amerikanischen Bundesstaaten durchgeführt. »Es ist inzwischen so verbreitet«, bemerkt Jean-Jacques Salomon, »daß die amerikanische Gesellschaft für Fortpflanzungsmedizin ein Protokoll mit dem Titel ›Posthume Reproduktion‹ ausgearbeitet hat, und ein ›Bioethiker‹ von der medizinischen Fakultät der Universität Illinois, Dr. Timothy Murphy, fand den angemessenen Namen für diesen neuen Typ Vater: ›Sperminator‹.«[40] Nein, die Sorgen der Psychologen sind nicht unbegründet.

Erwähnt sei außerdem die Leihmutter, für deren Tätigkeit manche bereits den Status einer Dienstleistung fordern, die als solche honoriert und sozial anerkannt werden sollte. Auch die eventuelle tariflich festgelegte Entlohnung und die damit verbundene Trivialisierung der Leihmütter läßt Psychologen, Geburtshelfer und Kinderärzte schaudern, weil sie die Intensität des Austausches zwischen Mutter und Fötus schon lange vor der Geburt kennen, der die Grundlage der künftigen *Beziehung* bildet. Diese Bindung, die lange vor der Niederkunft beginnt, beschreiben ausführlich zahlreiche eindrucksvolle Werke.[41]

Erwähnen wir schließlich auch ganz allgemein den Anspruch auf die Dienste der Fortpflanzungsmedizin, die bisher ausschließlich unfruchtbaren Paaren vorbehalten ist. Schon werden die ersten Stimmen gegen die allzu rigide Regelung laut. Müßte sie nicht gelockert werden? Vielleicht werden die Methoden der Reproduktionsmedizin bald zur selbstverständlichen Praxis, zur Routine, womit die Fortpflanzung endgültig zur medizinischen Angelegenheit würde, frei von der Sexualität und folglich auch von der Liebe. Oder genauer: An die Stelle des »alten« Systems der Zeugung in Liebe träte das unendlich modernere Konzept des *Elternprojekts,* und die »Abstammung« könnte, so der bereits geäußerte Vorschlag, durch die aus Landwirtschaft und Handel entlehnten Begriffe »Nachvollziehbarkeit« oder »Herkunftsangabe« ersetzt werden. Das ist kein Scherz.

Es ließen sich noch tausend weitere Beispiele für solche »Möglichkeiten« der Fortpflanzung anführen, die der Zeitgeist mit einer Mischung aus Unglauben, Begeisterung und Beklemmung aufnimmt. Diese »Möglichkeiten« haben wenigstens zwei Charakteristika gemeinsam: Einerseits werden sie als Abhilfe für ein als unzumutbar empfundenes Leiden beziehungsweise als Einlösung eines Rechtsanspruchs angepriesen; andererseits müßte ihre eventuelle Akzeptanz tatsächlich von einer eindeutigen Definition des menschlichen Lebens abhängen. Von keiner Ethikkommission der Welt ist bekannt, daß sie je zu solcher Eindeutigkeit gelangt wäre. Also? Könnte die Definition des Menschlichen das Ergebnis eines revidierbaren und erweiterbaren Kompromisses sein, wie die Parlamentsanträge eines radikalsozialistischen Kongresses? Manche meinen, ja. Genau das ist die Frage.

Die Frage ist um so brennender, als das Objekt dieser waghalsigen Alchemie in fast allen Fällen natürlich das Kind ist, dessen weiteres Schicksal, seelisches Gleichgewicht und schließlich auch Glück in hohem Maß (inwieweit, wissen wir nicht) von den angewandten »Verfahren« abhängen. Doch während die heutige Gesellschaft das Augenmerk auf den Schutz der Kinderrechte verstärkt (Kampf gegen Pädophilie, Arbeitsverbot für Minderjährige, Schutz vor häuslicher Gewalt und so weiter), scheint sie paradoxerweise gegenüber dem *Leiden des noch ungeborenen Kindes* völlig gleichgültig zu sein.

Wir wollen uns hier nicht mit der konsumistischen Auffassung von Kindern und Fortpflanzung aufhalten, die offenbar allmählich zur Regel wird. Nur soviel: Das Kind droht zum Gegenstand einer Bestellung zu werden, die mit bestimmten Kosten sowie mit genauer zu definierenden Optionen und erhofften Garantien verbunden ist. Das Kind auf Bestellung ist also von Anfang an instrumentalisiert, und zwar insofern, als die Beschaffenheit seiner Organe, seines Körpers den Wünschen, Vorlieben, auch Hirngespinsten seiner Eltern entsprechen muß. Zwischen dem feierlich verkündeten »Schutz der Kinderrechte« und dieser fatalen Entwicklung zur »Machbarkeit« besteht, gelinde gesagt, ein Widerspruch. Treffend auf den Punkt bringt dies eine Soziologin, die schreibt: »Auf dem Gesundheitssektor setzt sich tatsächlich die rein konsumistische Auffassung von Marktfreiheit durch; danach ist der Fötus ein Patient und ein Konsument, für den sich Verbraucherschützer stark machen, die nicht seine Mutter sind …«[42]

Verständlich ist der Zorn eines Jacques Testart in diesem Zusammenhang, mit dem er solche Fortpflanzungsmethoden verurteilt, die der »Erzeugung eines Kindes für den Haushalt« dienen. Er fügt hinzu: »Diejenigen, die ein Loblied auf die künstliche Insemination der Nutztiere mit Unterstützung der Samenbank singen, haben womöglich die erbärmliche Vorstellung, daß die Abstammung auf die weißliche Flüssigkeit aus dem Penis oder der Spritze reduzierbar sei. Sehen sie nicht, daß das Sperma, eben weil es vom Vater stammt, vom Geliebten der Mutter, Träger von Bildern und Geräuschen ist, die im Reagenzglas mit der aufgetauten Samenprobe völlig absurd wären?«[43] Welchen symbolischen Zusammenhang werden diese Kinder erben? Ist niemand gewillt, im voraus ihr künftiges Weinen zu hören?

Um diese seltsame kollektive Taubheit aufzuzeigen – und anzuprangern –, zitiert der Psychologe Pierre Babin mit großer Sensibilität Goethes *Erlkönig* und zieht ihn als aufwühlende Metapher heran. In der Ballade, wir erinnern uns, fürchtet sich das Kind vor der Nacht. Geborgen in den Armen seines Vaters, der geschwind durch die Dunkelheit reitet, fragt es sich, ob sich in den Gebilden, die vor ihm auftauchen, der Erlkönig verberge,

der es holen will. Es hat Angst. Es will anhalten. Der Vater be-
schwichtigt es: Das sei nichts, nur ein Nebelstreif ... – mit anderen Worten, er ist *taub für die Klage des Kindes*. Als er den
Hof erreicht, ist das Kind in seinen Armen tot.

Die Symbolik dieses Gedichts überträgt Pierre Babin auf die
heutigen Probleme und bemerkt dazu: »Mit der Zeit erkenne ich
besser die Mittel und Wege zur Vernichtung der menschlichen
Welt: ein verallgemeinerter Erlkönig, eine dauernde Bedrohung.«
Anders ausgedrückt, wir dürfen nicht taub sein für diese dumpfen Klagen, diese diffusen Ängste, das Leiden der künftigen Kinder, die wir zu ihrem Schaden »der Symbolik entrissen haben«;
und er fügt hinzu: »Ich habe das Gefühl, daß hier und dort
irreparable Schäden angehäuft werden: Auf allen Seiten wachsen die Schulden, ohne daß wir je in der Lage wären, sie abzu-
zahlen. [...] Die Frage, die ich am häufigsten höre, lautet: ›Ist da
jemand?‹ oder: ›Ist hier Platz für mich?‹«[44]

Das Leiden der Herkunft

Erstaunlicherweise kommt es vor, daß die beiden Betrachtungs-
weisen, das naturwissenschaftliche und das philosophisch-
psychologische Menschenbild, kollidieren: so brutal, daß die
Auseinandersetzung in ein wildes Durcheinander ausartet. Das
frappierendste Beispiel ist die Diskussion über die sogenannte
»Babyklappe«, die es einer Frau ermöglicht, ihr Kind zur Welt zu
bringen, ohne daß ihre Identität registriert oder preisgegeben
wird. Die anonyme Geburt, unter anderem dazu gedacht, die
Zahl der Abtreibungen zu verringern, läuft natürlich auf eine
Adoption hinaus. Das Prinzip der Anonymität wird damit gerechtfertigt, daß die kulturelle Elternschaft (der Adoptiveltern)
über die natürliche Elternschaft (der biologischen Mutter) zu
stellen sei.

In Deutschland gibt es kein gesetzlich verankertes Recht auf
die anonyme Geburt – anders als in Frankreich sind »Babyklap-
pen« illegal. Aber auch in Ländern, in denen die anonyme Geburt gesetzlich erlaubt ist, wird sie wieder in Frage gestellt, und
zwar im Namen eines Leids, das bislang, wie man annimmt, grob
unterschätzt wurde: die Nöte der Kinder, die von ihrer Mutter
verlassen wurden und von ihrer unbekannten Herkunft gequält
werden. Als Erwachsene – und trotz der Liebe ihrer Adoptiveltern – leiden die anonym geborenen Kinder unter diesem rätselhaften schwarzen Loch in ihrer Geschichte, dem Geheimnis
um ihre Abstammung, dessentwegen sie im genealogischen Prinzip keinen Platz finden. Aus diesem Grund denken die Gesetzgeber über eine entsprechende Reform nach. Dem Recht der
Mutter auf die Anonymität steht das Recht des Kindes auf eine
Identität und die Transparenz der Generationenkette gegenüber.
Die geforderte Gesetzesnovelle wird somit – nicht zu Unrecht –
als ein Fortschritt zum Schutz des Kindes präsentiert.

Allerdings tritt die Ambivalenz der Überlegung, die sie voraussetzt, in aller Schärfe zutage, sobald wir uns die Argumentation genauer ansehen. Wer das »Recht auf Kenntnis des eigenen
Ursprungs« fordert, sich auf das Leiden von Menschen beruft,
die eine unklare Herkunft daran hindert, ihren Platz als Glied
einer genealogischen Kette zu finden, der beruft sich auf die
symbolische Ordnung. Mit dieser Argumentation erkennen wir
also die Bedeutung der Geschichte eines Menschen für die Konstruktion seiner Identität an, lehnen die positivistische Auffassung
ab, wonach die symbolische Ordnung, das genealogische Prinzip, weitgehend bedeutungslos sei, und weigern uns, die Wahrheit eines Menschen auf seine Organe zu reduzieren. Aus dieser
Perspektive machen wir einen großen Schritt auf Pierre Legendre
und die Psychologie zu und entfernen uns von der rein genetisch bestimmten »Nutztier«-Auffassung der Abstammung. Wie
Jacques Testart schreibt, der ein Gegner der anonymen Geburt
ist, »geht das Bedürfnis jedes Individuums, den eigenen Ursprung

zu kennen, viel weiter zurück als das molekulargenetische Menschenbild, das die Person nach den Eigenheiten ihrer DNA
definiert«.

Andererseits wird die Verurteilung der anonymen Geburt im
Namen einer *biologischen Wahrheit* formuliert, die es zu ermitteln gilt, weil, so die Behauptung, die biologische Wahrheit früher oder später die Oberhand über die emotionale Wahrheit
der Adoption gewinnen müsse. Hier wird also ganz bewußt die
Natur über die *Kultur* gesetzt, was der Bedeutung, die sonst der
symbolischen Positionierung beigemessen wird, radikal widerspricht. Die Argumentation stützt sich dabei insbesondere auf
die neuen Methoden der DNA-Analyse, mit der sich die Abstammung und Identität wissenschaftlich feststellen lassen. Das heißt,
während wir einerseits empfänglich für den psychologisch-phi-
losophischen Aspekt des Problems sind, unterwerfen wir uns
andererseits den Geboten der Biologie. Und dies im selben
Atemzug.

Die begleitenden Kommentare und Stellungnahmen zur ge-
planten Reform zeigen sehr deutlich den fundamentalen Widerspruch. Mit einer manchmal geradezu komischen medialen Hast
treten die Gegner der anonymen Geburt als Verteidiger der
Menschenrechte gegen die symbolische Gewalt der möglichen
Anonymität an. Sie ereifern sich um so mehr, als sie hinter der
Tradition der Babyklappe obskure religiöse Motive wittern, die
mit der Ablehnung der Abtreibung zu tun haben. Mit der Verteidigung des »Rechts auf Wissen« erkennen sie zwar die Bedeutung des genealogischen Prinzips an, doch sobald es um künstliche Befruchtung, gleichgeschlechtliche Elternschaft oder – im
äußersten Fall – Klonierung geht, weisen sie das *Diktat* genau
dieses Prinzips empört zurück. Bereit zu allen möglichen Überschreitungen auf diesem Gebiet, geißeln sie die Übermacht einer
»symbolischen Ordnung«, auf die sie sich dann wieder gern berufen, wenn es um die anonyme Geburt geht. Man stimmt einerseits der manipulatorischen Kühnheit der Biologie zu (ohne einen

Gedanken an künftiges Leiden zu verschwenden) und prangert andererseits die Gleichgültigkeit gegenüber dem Symbolischen an. Auf der einen Seite ist man wissenschaftsgläubig und wild entschlossen, gegen die »technikfeindlichen« Hemmungen anzutreten; auf der anderen Seite gibt man sich psychologisch und voller Mitgefühl für die so gezeugten Kinder: Den »Fortschritt« zu wollen ist heute weniger leicht denn je.[45]

Die Gedankenlosigkeit unserer Zeit zeigt sich manchmal sehr unverhohlen.

KAPITEL 6

Der Mensch vor dem Aussterben?

»Wir müssen lernen, nichts weiter zu sein als die Neuronen der Erde.«

JOËL DE ROSNAY

Die Humanität des Menschen, diese zerbrechliche Gewißheit, wird also von vier Seiten zugleich belagert. Diese vier Fronten, wir haben es in den vorhergehenden Kapiteln gesehen, sind durchlässig, die Grenzen zum Tier, zur Maschine, zur Sache, zum rein Biologischen aufgebrochen. Sind sie nur porös oder bereits obsolet? Manche halten die Trennlinien, die den Menschen abgegrenzt und definiert haben, endgültig für überwunden: Wir sollten endlich aufhören, sie zu verteidigen, finden sie, es seien die letzten Überreste eines »ewigen Menschseins«, das wir hinter uns lassen müssen. Leb wohl, Individuum. Dank den Technowissenschaften, dem Internet, der Genetik, dem Kognitivismus sei es nun endgültig Zeit für den Tod des Menschen – den Michel Foucault ohnehin schon 1966 in *Die Ordnung der Dinge*[1] vorhergesagt hat. Es sei Zeit für eine totale »Dekonstruktion der Subjektivität«, das heißt für das Ende des »Ichs« und die Überwindung der einst von Descartes eingeführten egozentrierten Modernität.[2] »Die menschlichen Gesichtszüge sind im Begriff zu verschwimmen«, schrieb Shmuel Trigano besorgt.[3]

Besorgnis? In der Begeisterung über die enormen Fortschritte des Wissens nehmen viele das unaufhaltsame Verschwinden des Menschen gern in Kauf und fordern uns nachdrücklich auf, in ein einzigartiges Abenteuer fröhlich mit einzustimmen: der Mensch nicht länger aus dem Paradies vertrieben, sondern endlich und endgültig von sich selbst »befreit«. Gilbert Hottois gehört zu ihnen. »Was bleibt denn vom Menschen«, fragt er, »von dem sich behaupten ließe, daß es den möglichen Konstrukteuren und Rekonstrukteuren der Technowissenschaften entgeht und weiterhin entgehen wird? Das Menschliche erscheint nicht mehr als eine Gegebenheit, der zu dienen und die zu vervollkommnen sei, sondern als eine unbegrenzt formbare Materie.«[4]

Erscheinen uns solche Aussagen abgeschmackt? Gefährlich? Unvernünftig? Tatsache ist, daß sich solche Stimmen seit einigen Jahren mehren und beharrlich den Tod des Individuums feiern, den sie nicht etwa als Katastrophe empfinden, sondern als eschatologische Verheißung. Verblüffenderweise können wir abseits des breiten Publikums, der Medien und der Politik sehr viele übereinstimmende Analysen und Meinungen entdecken. Besonders überraschend dabei ist, daß sie bis heute so selten miteinander verglichen und sowenig kritisiert werden. Das ist jedoch notwendig. Viele tarnen sich als technologische Gelehrtheit und grenzen dabei an Verrücktheit. Andere propagieren einen bewußten Antihumanismus, der nichts Gutes ahnen läßt. Diese Analysen beruhen auf unterschiedlichen Kenntnissen, bedienen sich unterschiedlicher Rhetoriken und Jargons, wissen manchmal nichts voneinander, in einem aber sind sie sich einig – sie verkünden alle dieselbe »Neuigkeit«: *Der traditionelle Mensch steht vor dem Aussterben.* Um diese Überzeugung publik zu machen, greifen die neuen Exegeten der Technowissenschaft gern auf die Kunst der Vorhersage zurück, wie sie einst die Utopisten praktizierten, die überzeugt waren, sie müßten die Ankunft des himmlischen Jerusalems beschleunigen.

Manche prophezeien das bevorstehende Verschwinden des Menschen mit Hilfe der Informatik und begrüßen den neuen Cyberspace, der die gesamte Menschheit miteinander vernetzt. Andere schwelgen in den Metaphern der Genetik und ersetzen das Individuum, diese »überwundene« Stufe, durch das autonome Gewimmel seiner Moleküle. Wieder andere schließlich erweitern die kognitivistischen Erkenntnisse und Postulate und verkünden eine *neue Synthese* zwischen Belebtem und Unbelebtem, die das einst unabänderliche Anderssein des Menschen hinfällig mache.

Der Mensch als Enzym

Die ersten dieser technowissenschaftlichen Vorhersagen drehen sich alle um ein und dasselbe Konzept: die Metapher vom globalen Gehirn, innerhalb dessen der Mensch bald nur noch ein bescheidenes Neuron sei. Diese These vertritt, neben vielen anderen, der Biologe und Wissenschaftsautor Joël de Rosnay, der zwei Bücher zu dem Thema veröffentlicht hat.[5] Er sieht im cybertechnisch ausgestatteten Menschen und der Entwicklung eines planetaren Kommunikationssystems den Beginn einer neuen Lebensform, des »hybriden Lebens«, das, wie er schreibt, »biologisch, mechanisch und elektronisch zugleich« ist. Die neue Bioform vereinigt, ja synthetisiert lebende Materie und Artefakt im allgemeinen, Mensch und Maschine im besonderen, woraus ein neuer planetarer Organismus entsteht: die gesamte Erde als ein Lebewesen, von Rosnay *Kybiont* genannt, dessen Nervensystem aus den Kommunikationsnetzen und Datenautobahnen gebildet ist. Den Menschen von morgen, der sich in dieser makroskopischen Realität bewegt, nennt er *Homo symbioticus*: Ein Äquivalent dessen, was wir heute als Zelle sehen, nicht mehr und nicht weniger.[6]

Bis zur Entstehung des von *Homines symbiotici* bevölkerten *Kybionten* wird es noch zwei, drei Jahrhunderte dauern, doch: »Auch wenn sich dieser Makroorganismus erst zu einem zukünftigen Zeitpunkt, dessen genaue Bestimmung nicht von Interesse ist […], voll entfaltet haben wird, so existiert er doch bereits im Kern und ist in seiner globalen Dimension lebendig.«[7] Über das bescheidene »Zellen«-Dasein des künftigen Menschen sollten wir uns nicht grämen, meint Rosnay, vielmehr mitwirken an der Entwicklung dieses »nährenden Superorganismus, der vom Leben der Zelle zehrt, den Neuronen der Erde, die zu werden wir im Begriff stehen«[8]. Seine Zukunftsvision begeistert ihn – obgleich seine Metapher an anderer Stelle noch weniger schmeichelhaft ist, denn aus den »Neuronen« werden bald »Enzyme«: »Als Enzyme einer Protozelle im planetaren Maßstab arbeiten wir ohne Gesamtplan, ohne wirkliche Absicht und auf chaotische Weise an der Errichtung eines Gebäudes, das uns überragt.«[9]

Dieser gigantische planetare, zugleich kybernetische, biologische und soziale Organismus, in dem wir aufgehen sollen wie die Bienen im Bienenstock, wird dank der perfekten Verschaltung menschlicher Gedächtnisse (Speicher) und Gehirne (Programme) natürlich mit einer kollektiven Intelligenz ausgestattet sein, neben der unser individueller Verstand, in dem wir jetzt noch eingesperrt sind, im Rückblick armselig dastehen wird. »Angepaßte Systeme gesellschaftlicher Rückkopplung [können] zur Bildung einer kollektiven Intelligenz beitragen, die derjenigen der isolierten Individuen *überlegen* ist.«[10] Wir müssen also lernen, auf die engen Grenzen unseres »Ichs« zu verzichten. Dabei erweckt dieser Zukunftsentwurf den Eindruck, als hätte Rosnay die ahnungsvollen Bedenken des berühmten Prähistorikers André Leroi-Gourhan (1911–1986) beim Wort genommen und ins Positive umgemünzt. Bereits Mitte der sechziger Jahre fürchtete dieser, daß die Entäußerung des menschlichen Körpers durch die Technik nach und nach jeden Menschen in eine »entpersonalisierte Zelle« eines Organismus von planetaren Ausmaßen verwandeln werde.[11]

Mit dem siegesgewissen Kauderwelsch ihrer Metaphern und ihrem feierlichen Ton könnten uns diese Zukunftsaussichten amüsieren, in Wahrheit jedoch erinnern sie bis in ihren futuristischen Enthusiasmus hinein an gewisse Blüten der utopi-

schen Literatur des siebzehnten und achtzehnten Jahrhunderts –
man denke an den berühmten Roman des Cyrano von Bergerac
(des echten), *Die Reise zu den Mondstaaten und Sonnenreichen*
(1650), den Urahn des Science-fiction-Romans. Die Beschreibung
der vereinigten planetaren Kräfte, die die gesamte Menschheit
erfassen, erinnert uns hingegen an gewisse animistische Erzählungen oder an die melanesischen Mythen vom »heiligen Stein«,
deren poetische Ausdruckskraft außer Frage steht.[12] In Rosnays
Fall jedoch geben manche Details Anlaß zu leiser Beunruhigung.

Zunächst deshalb, weil diese Aussichten im Unterschied zu den
Phantasien des Cyrano von Bergerac nicht als Literatur oder
Poesie auftreten, sondern laut und deutlich einen wissenschaftlichen Status beanspruchen. So werden sie auch in den Medien
wahrgenommen und präsentiert, was viel über unser gegenwär-
tiges Verhältnis zur Technowissenschaft aussagt. Doch so anschaulich und suggestiv Rosnays Zukunftsszenarien sind, zeichnen sie sich doch auch durch totale und bewußte Kritiklosigkeit
aus. Zwar zählt der Autor auf vierhundert Seiten alle technowissenschaftlichen Innovationen und Experimente der letzten
dreißig Jahre auf, doch bis auf kurze Ausnahmen und gelegent-
liche prinzipielle Einwände hinterfragt er sie nicht im mindesten.
Es bleibt beim überschwenglichen Ausblick.

Kognitivismus, künstliche Intelligenz, virtuelle Realität, Genmanipulation, Cybertechnik am Menschen: Dies alles wird *im
Tonfall begeisterter Zustimmung* vorgetragen. Das Vorgehen
ist sympathisch und erschreckend zugleich. Man argumentiert,
als könnte nichts davon je problematisch sein, als gäbe es im
Grunde keine menschliche und politische Geschichte mehr, und
konstruiert nach und nach eine glatte, von den menschlichen
Konflikten, Macht- und Herrschaftsverhältnissen, Ungerechtigkeiten und Widersprüchen geläuterte Realität. Die Utopie kata-
pultiert uns in eine Zauberwelt, deren ideologiefreier Optimismus in jeder Hinsicht entwaffnend ist. Wer hätte den Mut, in
eine solche Verzückung einzubrechen, um die nette Cyberselig-

keit mieszumachen? Im zweiten Teil dieses Buches werden wir allerdings sehen, daß sich hinter diesen »entzückten« Reden – auch – eine *Ideologie* und einige bisweilen furchterregende Vorurteile verbergen.

Das Cyberparadies?

Bleiben wir einstweilen bei den Verheißungen. Die rosige Aussicht verkündet nicht nur Rosnay, der hier lediglich als bescheidenes Beispiel zitiert ist, sie gehört vielmehr in eine heute relativ verbreitete Denkrichtung mit zahlreichen weiteren Vertretern, die der Einfachheit halber manchmal die »neuen Gurus« des Cyberspace genannt werden. Zum Beispiel der Kanadier Derrick de Kerckhove, Leiter des McLuhan-Programms an der Universität Toronto und lyrischer Verkünder des »Netzes«.[13] Oder auch der Philosoph, UNESCO-Berater und Begründer des Salons *Imagina* Philippe Quéau. Für ihn ist das Internet ein neues Amerika, eine »Utopie im Werden«. Wie andere Zukunftsmissionare vergleicht auch er gern den Menschen mit einer Maschine, und die vernetzte Welt mit einem entstehenden kollektiven Gehirn.[14] Denselben Cyberenthusiasmus teilen bezeichnenderweise ehemalige Marxisten, die in der Verbindung von New Economy und Internet eine – verzögerte – Verwirklichung der kommunistischen Utopie sehen. Was sei denn die planetare Intelligenz anderes als ein Kollektivismus mit menschlichem Antlitz, eine Neuauflage ganzheitlichen Denkens? Auch der Philosoph Dan Sperber gehört zu jenen, die das absehbare Aussterben der »kollektiven lokalisierten Identitäten« dank des Internets und des Beginns eines neuen planetaren Internationalismus begrüßen.[15] Diesen Optimismus teilt der Forscher und Informatiker Pierre Lévy, der als einer der ersten versuchte, die theoretischen Grundlagen einer Cyberkultur zu formulieren, die sich von den alten individualistischen und territorialisierten Kulturen des Menschen radikal unterscheidet.[16] In technischeren Begriffen, zugleich aber in lyrischerem und prophetischerem Ton als Joël de Rosnay verkündet er die unausweichliche Vereinigung der Menschheit in einer unerhört neuen, heute noch gar nicht vorstellbaren Form. Die planetarische Vereinigung, so Lévy, werde nicht in ein neues Imperium oder eine sonstige Form von Herrschaft münden, sondern das Produkt eines »überall einsetzenden kollektiven und vielgestaltigen Prozesses« sein, der bereits begonnen habe. Das sei ein vorherbestimmtes Ereignis, weil es alle Eigenschaften einer »Bewußtseinserweiterung« habe.[17]

Mit einem Feuer und einer schwärmerischen Begeisterung, wie man sie bei einem Wissenschaftler nicht erwartet hätte, beschreibt Pierre Lévy die Konvergenz mehrerer Prozesse: Globalisierung und Deregulierung der Wirtschaft, Expansion des Internet, Generalisierung der Informationsnetze, Auflösung nationaler Territorien, Aufstieg der Technowissenschaften und Biotechnologien. »Diese Bewegung beschleunigt sich seit dem letzten Jahrzehnt des zwanzigsten Jahrhunderts mit dem Beginn der politischen Einigung des Planeten, dem Erfolg der Liberalisierung, dem Zusammenschluß von Forschung und Industrie, der explosionsartigen Ausweitung des Cyberspace und der Verlagerung der Wirtschaft in den virtuellen Raum. Einige Jahrzehnte nach der Erkenntnis, daß das Universum sich ausdehnt, entdecken wir mit einer Mischung aus Begeisterung und Schrecken, daß wir teilhaben an der grenzenlosen Expansion der Formenwelt innerhalb eines menschlichen Bewußtseins, das sich noch nicht ganz vorbehaltlos zu engagieren wagt.«[18]

In einem Aspekt unterscheidet sich diese Zukunftsvision von den anderen: in dem festen Willen ihres Urhebers – Pierre Lévy ist auch Philosoph und mit der jüdischen Mystik vertraut –, den Prozeß mit einem spirituellen Inhalt auszustatten, der sich mit zwei Worten zusammenfassen ließe: Versöhnlichkeit und Wohlwollen. Seinen Überlegungen wohnt ein Glauben inne. Daher zum Beispiel die Beharrlichkeit, mit der er auf die Fähigkeit zur freiwilligen Selbstregulierung der Internetbenutzer und die in den Chatrooms herrschende Höflichkeit hinweist: »Die Teilnehmer an den virtuellen Gemeinschaften«, schreibt er nicht ohne Naivität, »haben eine starke soziale Moral entwickelt und regeln den Umgang miteinander mit Hilfe eines Komplexes von gewohnheitsrechtlichen – nicht schriftlich fixierten – Gesetzen: der ›Netikette‹. [...] Der implizite Moralkodex der virtuellen Gemeinschaft ist generell die Wechselseitigkeit.«[19]

Doch die spirituellen Perspektiven der Cyberwelt gehen darüber noch weit hinaus. Nach Lévys Ansicht kündigt das Ende der Territorien (und der Nationalstaaten) das Ende der Egoismen an; die Dauermobilität des globalisierten Menschen – der im Lauf seines Lebens immer wieder den Beruf, den Wohnort, die Beziehungen, die Überzeugung wechselt – ist ein Synonym für absolute Freiheit; die Durchtrennung der alten Bindungen (Familie, Nation, Unternehmen, Tradition ...) eröffnet unserem Nomadentum unbegrenzte Räume; die Technowissenschaft lädt uns zur »anhaltenden Schaffung einer Welt in grenzenloser Ausdehnung« ein; der Markt, der an die Stelle der alten Regulierungen tritt, »wird zum wichtigsten Ansporn der Kreativität«; auch das Geld, das bald zu einer Weltwährung zusammengeführt werden wird, ist nur noch eine Erscheinungsform des Daseins innerhalb ständigen Wandels und befreiender Vergänglichkeit. All diesen Voraussagen fügt Pierre Lévy eine weitere hinzu: das zwangsläufige Verschwinden der Grenzen und die endlich totale und dauerhafte Einwanderungsfreiheit. »Mit großen Schritten nähern wir uns der Ausrufung der globalen Konföderation«, verkündet er. »Was für ein Fest das sein wird!«

Das alles, versichert er, trage vor allem dazu bei, eine »Metamorphose des menschlichen Bewußtseins« zu beschleunigen, die früher oder später in diese kollektive Intelligenz münden werde, den letzten Horizont unserer Geschichte. Sie werde das Ende eines zu sehr in sich eingeschlossenen individuellen Bewußtseins

sein. Die kollektive Intelligenz werde also nicht nur aus der Zu-
sammenlegung der menschlichen Denkfähigkeit hervorgehen,
sondern sich auch auf das »planetare Hyperdokument des Web
stützen, das nach und nach sämtliche Werke des Geistes integriert«. So werde ein gigantischer, jederzeit aktivierbarer und
benutzbarer »Speicher« entstehen, auf den jeder von jedem Ort
der Erde aus jederzeit zugreifen könne. Zu dieser kollektiven,
unendlich kreativen künftigen Intelligenz lädt Pierre Lévy uns
nachdrücklich ein: »Jene, die an den Prozessen des kooperati-
ven Wettbewerbs, des Austauschs und der kollektiven Intelligenz im Cyberspace nicht teilnehmen«, schreibt er, »werden die
›Bauern‹ des neuen Zeitalters sein: jene, die nicht in der globalen
Stadt wohnen, sondern auf dem ›Land‹.«[20]

Die Egozentrik der Teilchen

In seiner kosmischen Begeisterung begibt sich Pierre Lévy in die
Nähe einer ganz anderen Version vom vermeintlichen Aussterben
des Menschen, seiner Abschaffung nicht durch die Informationstechnologie, sondern durch die Genetik. Mit seinen Bemerkungen, daß »die Atome, aus denen unsere Zellen zusammengesetzt
sind, im Herzen von Sternen entstanden, die vielleicht seit Jahrtausenden erloschen sind«, und daß »die DNA, die alle Prozesse
in unserem Organismus reguliert und steuert, nicht einmal zwei
Prozent spezifisch menschliche Gene enthält«, suggeriert er ein
Verschwinden des Menschen hinter der immanenten Realität
der Teilchen, aus denen er besteht. Diese relativ verbreitete Interpretation vertreten heute die Anhänger der »Evolutionsgenetik«
und der Soziobiologie.

Für diese radikalen Ultradarwinisten ist nicht mehr der Mensch
als solcher relevant für die natürliche Auslese, sondern *seine*
Gene. Anders ausgedrückt, der Mensch muß »den Genen den

Vortritt lassen, denn er ist nur noch deren Inkarnation«, zeitlich und instrumental.[21] Die schwindelerregende antihumanistische Dekonstruktion des Subjekts findet hier nicht im unendlich Großen, sondern im unendlich Kleinen statt. Der Gedanke entspricht einem umgekehrten Anthropomorphismus, wie ihn der Schwede G. Ostergren schon 1945 postulierte, als er vorschlug, das Gen als autonomen Organismus zu betrachten, der »sich des Menschen bedient«, um sich fortzupflanzen und seine Ziele zu erreichen.

Diese haarsträubende Hypothese wird heute von dem Soziobiologen Richard Dawkins wiederaufgegriffen und erweitert. Seiner Ansicht nach sind die Menschen nichts als »Kunstgriffe« der Gene, erfunden mit dem Ziel, sich fortzupflanzen. »Wir sind«, schreibt er, »Überlebensmaschinen – Roboter, blind programmiert zur Erhaltung der selbstsüchtigen Moleküle, die Gene genannt werden.«[22] Zwar relativiert Dawkins das Erschreckende, das dieser Antihumanismus der Teilchen haben könnte, indem er versichert, wir seien »nicht unbedingt gezwungen, ihnen unser ganzes Leben lang zu gehorchen« (zum Beispiel in puncto Fortpflanzung). »Laßt uns verstehen lernen«, fährt er fort, »was unsere eigenen egoistischen Gene vorhaben, und wir haben dann vielleicht die Chance, ihre Pläne zu durchkreuzen, etwas, was keine andere Art bisher jemals angestrebt hat.«[23] Trotzdem! Dieser kurze humanistische Einwand ändert nichts an der Eiseskälte dieser Theorie. Er ändert auch nichts am triumphierenden Nihilismus ihrer Formulierungen und Metaphern.

Mit solchen Überlegungen verleihen wir den Genen oder Chromosomen einen autonomen Status, eine Form von Individualität und Freiheit, schlimmer noch: Damit setzen wir voraus, daß wir auf die Fähigkeit der Elementarteilchen vertrauen, das Leben unabhängig von jeglichem bewußten Plan zu organisieren und fortzuführen. Auf diese Weise werden stillschweigend die letzten Reste der menschlichen Willensfreiheit ausgemerzt.

Das Vorgehen der Soziobiologen weist – natürlich unter Wahrung der Proportionen – eine gewisse Ähnlichkeit mit den Dogmen des Wirtschaftsliberalismus auf, der uns auffordert, dem Egoismus und dem Interesse des Individuums zu vertrauen und die Regulierung unserer Volkswirtschaften der »unsichtbaren Hand« des Marktes zu überlassen. Strukturell ist die Überlegung dieselbe: Sie setzt die Wirksamkeit eines ordnenden Egoismus über das unvollkommene, chaotische Flickwerk des menschlichen Willens.

So werden die Gene zu den vielbeschäftigten Agenten einer »unsichtbaren Hand« der Biologie geadelt. Ihr hektisch agierender Egoismus besiegelt unser Schicksal viel gründlicher, als es der alte Humanismus je konnte. Diese frappierende Parallele zwischen dem Motto »Jeder für sich« der wirtschaftlichen Akteure und dem »Handeln« unserer Gene ist vielleicht kein reiner Zufall, sondern bringt eine stillschweigende Ideologie ans Licht, die in beiden Fällen den Menschen hinter einem subjektlosen Prozeß zurücktreten läßt. Im übrigen benutzt Dawkins in einem anderen Werk eine Metapher mit ausdrücklich wirtschaftlichem Beiklang, denn sie bringt die den Wirtschaftswissenschaftlern so teure »Nützlichkeitsfunktion« ins Spiel. »Welches die tasächliche Nutzenfunktion ist, die in der Natur maximiert wird, dürfte im ersten Kapitel deutlich geworden sein: das Überleben der DNA.«[24] In diesem Buch vergleicht er die Evolution des Lebens mit einem »digitalen Fluß« und nennt sie einen »Fluß aus DNA«[25] – daher auch der Titel seines Buches. Aus diesem Blickwinkel sagen uns Dawkins' Thesen mehr über die Voreingenommenheit des Autors und den Zeitgeist als über die Realität.

Manche Kommentatoren räumen ein, es sei in der Tat nicht ganz harmlos, einem Gen Egoismus zu unterstellen. Sie sehen dahinter eine »Provokationsstrategie« und fordern uns auf, uns nicht davon schockieren zu lassen. Sie fügen – unvorsichtigerweise, meine ich – hinzu, abgesehen von der Provokation müß-

ten wir einräumen, daß »die aufeinanderfolgenden Entdeckungen der Biologen die klassische Sicht der lebenden Welt und das
Vertrauen in den Platz, den der Mensch darin einnimmt, zwangsläufig umstoßen müssen«[26]. Dieser Argumentation schließen wir
uns selbstverständlich nicht an: Damit nähmen wir ein für allemal hin, daß es der Wissenschaft und nur ihr obliegt, mit der
menschlichen Spezies etwas zu »tun«, über die Frage »nachzudenken«, was der Mensch sei, seinen Platz in der Kette des
Lebens »festzulegen«.[27] Mit anderen Worten, wir hätten demütig die Postulate des Positivismus unterschrieben.

Dawkins' absurde Individualisierung der Gene wird auf noch
provozierendere Weise von einigen Mikrobiologen aufgegriffen,
die sich in der totalen Spezialisierung auf ihr jeweiliges Gebiet
dem Autismus nähern. Als Beispiel sei die Hypothese von Lynn
Margulis und Dorion Sagan genannt: Sie beschreiben die Mi-
kroorganismen (Mikroben, Bakterien etc.) als »Benutzer« des
Menschen, die ihren Wirt dazu gebrauchen, sich im Universum
auszubreiten. Die Menschheit, ihre Werke und ihre Techniken
(insbesondere die Raumfahrt) wären demnach nur ein strategi-
sches Mittel, ein provisorisches Schiff sozusagen, dessen sich die
einzelligen Agenten bedienen, um interstellare Räume zu kolo-
nisieren. Wir wären also nur die unwissenden Instrumente eines
unbestimmten Wesens, der aus Teilchen, den einzigen wirklichen
»Subjekten« der Welt, bestehenden Biosphäre.[28]

An diesem Punkt trifft die angeblich mikrobiologische Beschreibung direkt auf die Thesen der Deep Ecology, die in manchen ihrer Komponenten an der Grenze zwischen Wissenschaft
und New-Age-Spiritualität steht. Wir denken natürlich an die
Gaia-Hypothese von James Lovelock, der die Erde und die Biosphäre als ein einziges riesiges Lebewesen beschreibt, von dem
wir nur ein Bestandteil unter vielen seien.[29] In der griechischen
Mythologie, wie sie der große Dichter Hesiod in seiner *Theogo-
nie* (achtes Jahrhundert v. Chr.) darstellt, ist Gaia die Erde, die
sich mit Uranos (dem Himmel) vereinigt. Aus dieser Verbindung

gehen sechs Söhne und sechs Töchter hervor: die Titanen, die erste Generation der Götter des Himmels und der Erde. Lovelock deutet diesen Gründungsmythos um und faßt Gaia, die Erde, als lebendes Wesen auf, das leidet und heute durch die Unternehmungen des Menschen vielfältig verstümmelt wird. Mit der Anrufung Gaias, der nährenden Mutter und verwundeten Kreatur, wird der Mensch zu einer neuen ökologischen Demut aufgefordert. Als einfacher Sproß in der kosmischen Organisation der lebenden Materie – auf halbem Weg zwischen den Elementarteilchen und Gaia – ist der Mensch angehalten, wieder Teil der Natur zu werden, in einer alles umfassenden Biosphäre aufzugehen, hinter einer planetaren »Kreatur« mit größeren Rechten zurückzutreten. Rechte der Tiere, der Wälder, der Meere, der Felsen, der Seen oder Flüsse ...

Wir wollen hier nicht über den Antihumanismus in den Thesen der Deep Ecology diskutieren, der bereits im Zusammenhang mit den Tierrechten zur Sprache kam.[30] Begnügen wir uns vielmehr damit, auf eine erste, vielsagende Konvergenz zwischen Positivismus und New-Age-Mystik hinzuweisen, die sich hier in der *Leugnung des menschlichen Prinzips* treffen. Es gibt noch andere Berührungspunkte ...

Vom leidenden »Ich«
zum friedlichen »Nicht-Ich«

Ein zweiter Fall ist die Begegnung zwischen bestimmten neurowissenschaftlichen Forschungsansätzen und dem Buddhismus, zweifellos diejenige, die am meisten zum Nachdenken anregt, was allerdings nichts daran ändert, daß sie in ihren Konsequenzen fragwürdig ist. Bestes Beispiel dafür ist das große Interesse, das ein Neurobiologe wie Francisco Varela, von seinem Fachgebiet ausgehend, an der buddhistischen Spiritualität bekundet. Auf welchen Wegen? Die Antwort wird klar, sobald wir uns die wichtigsten Postulate der Kognitivisten, zu denen sich auch Varela zählt, in Erinnerung rufen.

Eine ihrer Hypothesen ist das Verschwinden der menschlichen Individualität zugunsten anderer (molekularer oder neurologischer) Realitäten, mehr noch: Die Dekonstruktion des Subjekts steht sogar im Zentrum des kognitiven Denkansatzes. Auf diesem Umweg nehmen die Kognitivisten jenes Terrain, das sie bis dahin den Philosophen überlassen hatten, buchstäblich im Sturmangriff: den menschlichen Geist. Das geht bis zu dem Eingeständnis: »[Die kognitiven Wissenschaften] gehen in dieser Richtung so weit, daß sie uns erlauben, den Geist außerhalb aller Kategorien von Subjektivität zu denken.«[31] Mit anderen Worten, das *Nichtvorhandensein der menschlichen Individualität* wird als derart »offensichtliche« Feststellung präsentiert, daß damit sowohl der abendländische Humanismus als auch die kartesianische Philosophie hinfällig würden. Dank einem immer genaueren, immer umfassenderen, auf neue theoretische Grundlagen gestützten Wissen um die Vorgänge im menschlichen Gehirn sei es gelungen zu »beweisen«, daß der Geist eine problematische Realität ist und in der Form, wie er in den Labors studiert wird, ohnehin kein »Ich« besitzt.

Gern wird der Scherz des amerikanischen Philosophen Daniel Dennet zitiert, der weit mehr ist als ein launiger Einfall: »Man betritt das Gehirn durch das Auge, geht den Sehnerv entlang, rund herum um die Großhirnrinde, schaut hinter jede Nervenzelle und taucht dann unversehens im Tageslicht auf, an der Spitze eines Nervenimpulses, kratzt sich am Kopf und fragt sich, wo das Selbst geblieben ist.«[32] Hinter dem trockenen Humor verbirgt sich eine gewisse Verlegenheit: Die heutige Wissenschaft zwingt uns, zugunsten genetischer und neurochemischer Realitäten auf unser souveränes, voluntaristisches Ich zu verzichten. Da stehen wir, Waisen unseres verstorbenen Ichs, trauern um unser Bewußtsein, und es bleibt uns nichts anderes übrig, als uns in einen neuen *Nihilismus* zu fügen. Kein Wunder, daß der Begriff im gegenwärtigen Denken omnipräsent geworden ist. Anders als man allzuoft glaubt – und wiederkäut –, ist der Nihilismus nicht nur die Konsequenz eines angeblichen »Endes« der Ideologien oder der Geschichte; er ist auch kein vorübergehender Ausdruck eines unbestimmten Pessimismus. Sondern er wurzelt tiefer: *in unserer wachsenden Schwierigkeit, die Menschlichkeit des Menschen ontologisch zu definieren.*

Dieser Nihilismus hätte allerdings die Besonderheit, daß er einerseits unvermeidlich und andererseits unerträglich ist. Unvermeidlich, weil von der Wissenschaft »bewiesen«; unerträglich, weil er den Sinn und Zweck dessen zerstört, was man einst die »Gründe zu leben« nannte. Er würde den modernen, ernüchterten Menschen mit einem erheblichen Widerspruch konfrontieren, einer existentiellen Sackgasse, aus der niemand wieder herausfindet. Und so sind wir hin- und hergerissen zwischen dem Abgrund und dem Bedürfnis nach Sinn, gefangen in einer unerträglichen und undenkbaren Situation. »Unsere Kultur ist ausgehöhlt von der Erkenntnis, daß wir dazu verurteilt sind, an etwas zu glauben, von dem wir wissen, daß es nicht wahr sein kann.«[33] Die Neurowissenschaften behaupten, sie hätten mit dem Menschen, seinem Menschsein, seinem alten kartesianischen Ich endgültig aufgeräumt. Dadurch sind sie, zwangsläufig und aufgrund der logischen Abfolge ihrer Entdeckungen, zu *Theorien des Nicht-Ichs* geworden, die keine Alternative mehr zulassen.

Das Nicht-Ich, für einen Abendländer eine eher unbegreifliche Vorstellung, ist in anderen Traditionen, im Buddhismus zum Beispiel, eine durchaus vertraute Idee. Das ist der eigentliche – und logisch zwingende – Grund der Konvergenz. Varela ist sich bewußt, wie entmutigend der Nihilismus ist, in den uns die Neurowissenschaften unausweichlich führen. Aber das Nicht-Ich wissenschaftlich »festzustellen« ist eine Sache; eine ganz andere ist es, auf den »gewohnten Elan« zu verzichten, mit dem wir das

Gefühl, als individuelles Bewußtsein, als »Ich« zu existieren, instinktiv verteidigen. Das Dilemma ist theoretisch unlösbar, es sei denn, man läßt das menschliche Erleben außer acht – ein autistischer Zug, in den, wie wir gesehen haben, das kognitivistische Denken leicht verfallen kann und den Varela ablehnt. Aus diesem Grund wendet er sich der östlichen Weisheit zu – und fordert uns auf, ihm dabei zu folgen. Seiner Ansicht nach erlaubt uns allein der Buddhismus, unser subjektives Erleben zu erziehen und uns *ohne Angst* eine Vorstellung von Nicht-Ich anzueignen. Auch der zuvor zitierte Informatiker Pierre Lévy gibt der asiatischen Verlockung nach und ist bereit, sich von der Illusion des Ichs zu verabschieden, diesem »Kunstgriff«, sagt er, »der seinen Zweck zum Teil verloren hat«.

Nach der buddhistischen Tradition des Mittleren Wegs ist das »Ich« nicht nur eine Illusion, sondern auch die Ursache alles menschlichen Leidens. Die Verbissenheit, mit der wir uns ein Gefühl von Individualität konstruieren wollen, eine letzte Enklave, die eifersüchtig über ihr Anderssein wacht, ist die Ursache unserer Nöte und Ängste. Weil der Geist sich an dieser Illusion festhält, ja festklammert, wird er von Furcht geplagt. Das vermeintliche Ich »dient als geistige Basis für die menschlichen Leidenschaften oder Grundübel, die eigentlich nichts anderes sind als die Verbindungen zwischen einem Subjekt und einem äußeren Objekt, das häufig seinerseits ein Subjekt ist. Die Illusion verstärkt das Bedürfnis des Individuums, sich Wesen und Dinge anzueignen und zu objektivieren, statt sie so zu sehen, wie sie für sich sind, außerhalb des engen Horizonts der eigenen Wünsche und Voreingenommenheiten. Diese Grundübel werden häufig als die drei Gifte bezeichnet: Gier, Haß und Unwissenheit.«[34]

Der meditierende Buddhist lernt, sich von falschen Erwartungen und sinnlosen Impulsen zu lösen. Dazu durchläuft er die zwei Stufen der Meditationspraxis: Befriedung oder Zähmung des Geistes (in Sanskrit: *shamatha*) und Entwicklung des Unter-

scheidungsvermögens *(vipashyana)*. Um dem Nihilismus zu entgehen, nimmt der Meditierende darüber hinaus die buddhistische Unterscheidung zwischen »relativer Wahrheit« *(samvrti)* zu
Hilfe, die das Erscheinungsbild der Dinge bezeichnet, und der
»höchsten Wahrheit« *(paramârtha)*, die hinter dieser Scheinwelt
steht. So wird er heiter das Nicht-Ich beziehungsweise die Abwesenheit des Ichs *(anâtman)* akzeptieren. Die Individuen wie
auch die Dinge, lehrt Buddha, besitzen keine eigene Natur, keine
Substanz. Die Illusion eines individuellen Ichs, eines personalen
Prinzips, ist das Ergebnis von Unwissenheit *(avidyâ)*. Der Meditierende lernt die Unbeständigkeit akzeptieren, die flüchtige
und vergängliche Natur aller Phänomene, die unser Universum
ausmachen.

Interessant ist, daß Francisco Varela bei seiner Entdeckung des
Buddhismus eine Begeisterung an den Tag legt, die beinahe an
Bekehrungseifer grenzt. Mehr noch: Die Wiederentdeckung der
buddhistischen Tradition durch das moderne Denken, schreibt
er, sei eine »zweite Renaissance in der abendländischen Kultur-
geschichte«, und er vergleicht sie mit der Wiederentdeckung der
griechischen Philosophie im ausklingenden Mittelalter, zu Beginn der eigentlichen – oder ersten – Renaissance des Abendlands. Sind das friedliche Nicht-Ich und die heitere Vergänglichkeit, wie sie uns die meditative Tradition des Orients lehrt, unser
Königsweg? Das ist die Frage, die sich heute manche Dekonstruktivisten stellen.

Die vier Irrtümer

Diese – sehr kurzen – Anmerkungen zeigen uns, daß das seit einiger Zeit bekundete Interesse des Westens am Buddhismus nicht
nur eine Mode ist (obwohl das sicher auch eine Rolle spielt).
Zahlreiche, nicht immer harmlose Faktoren tragen zu dieser

neuen Verlockung des Orients bei, die in gewisser Weise an eine ähnliche Tendenz im Europa des neunzehnten Jahrhunderts erinnert. In einer bemerkenswerten und umfangreichen, auf zahlreiche Aussagen von »Konvertiten« gestützten Arbeit (in zwei Bänden), dem Ergebnis jahrelanger Forschung, hat der französische Soziologe Frédéric Lenoir versucht, die Beweggründe dieser Männer und Frauen nachzuvollziehen, die sich entscheiden, im Buddhismus »Zuflucht zu nehmen« (das ist der offizielle Begriff).

Zu den wichtigsten Gründen zählen Überdruß, ja Abscheu angesichts des maßlosen Konsumismus, der in den westlichen Ländern zur Regel geworden ist, die Ablehnung des rein marktwirtschaftlichen Denkens und eine gewisse Frustration angesichts der Banalität der Welt, aus der alle Spiritualität verschwunden ist. Bei einer wachsenden Zahl von Menschen aus dem Westen, schreibt Lenoir, sei das Bedürfnis festzustellen, »zu dem mythischen und magischen Denken, zu dem der moderne Rationalismus heute den Zugang verwehrt, zurückzukehren«[35]. Am Buddhismus schätzen sie, daß er jede Form von kollektiver Veränderung der Welt ablehnt und durch die Veränderung allein des Individuums ersetzt. Dabei tritt der Begriff des *karma* (die gute oder schlechte Tat, deren Akkumulation über die Beschaffenheit des nächsten Lebens bestimmt) an die Stelle des christlichen Begriffs von göttlicher Vorsehung oder der voluntaristischen Philosophie der Aufklärung. Aus diesem Blickwinkel kommt der Buddhismus auf diesem »endlosen Ruinenfeld zerfallener Utopien und Ideologien«[36], das aus der abendländischen Welt geworden ist, wie gerufen.

Dazu kommt die unbestreitbare Krise der großen biblischen Religionen (Christentum und Judentum), die heute als dogmatisch, bürokratisch und übertrieben moralisierend empfunden werden. »Die Menschen des Abendlands, die den Kirchen zu Recht vorwerfen, daß sie nichts anderes mehr vermitteln als Dogmen und Verhaltensregeln, sind für den spirituellen Weg, der vollständig auf das individuelle Erleben ausgerichtet ist, besonders empfänglich. Der Person des Priesters, Pastors oder Rabbiners, der Glaubensvorschriften und Verbote verkündet – Dogmen und Normen eben –, stellen sie den östlichen Meister gegenüber, der den Weg zu einer Erfahrung lehrt, die er selbst erlebt hat.«[37] Mit diesem spirituellen Lehrer knüpfen die neuen Adepten eine persönliche Beziehung, führen sokratische Diskussionen, entdecken eine unvoreingenommene Aufmerksamkeit und Frische, die sie, wie sie sagen, bei den Vertretern der eigenen religiösen Traditionen schon lange nicht mehr finden.

Dem von oben herab verkündeten Dogma ziehen sie die Weisheit vor, die ihnen in freundlichem Ton nahegebracht wird und frei von aller Schuld ist. In den meisten persönlichen Berichten, die Frédéric Lenoir zusammengetragen hat, ist besonders von der buddhistischen Sanftmut und Gelassenheit die Rede, die den westlichen Anhängern viel unmittelbarer mit der heutigen Sensibilität im Einklang zu stehen scheint. Daher das instinktive – und nicht immer begründete – Wohlwollen der öffentlichen Meinung und der Medien gegenüber einer individualisierten Weisheit, die als ausgesprochen tolerant wahrgenommen wird. »Auch ohne [den Buddhismus] gut zu kennen, erkennt man in ihm die wichtigsten Werte der Moderne: die Freiheit jedes Individuums, dem eigenen spirituellen Weg zu folgen; eine Religion, die mehr auf der individuellen Erfahrung und Einsicht gründet als auf einer dogmatischen Theologie; Wirksamkeit der religiösen Praxis mit konkreten Auswirkungen im Alltagsleben; Toleranz; Fehlen von Verhaltensmaßregeln und so weiter.«

Bei der neuen Hinwendung zum Orient spielt nicht zuletzt der exotische Reiz eine gewisse Rolle. Zumindest kommt er zu allem übrigen hinzu. Sicher hat auch das Bild von Tibet, dem unzugänglichen, sagenumwobenen »Dach der Welt« abseits aller konsumistischen Zwänge und Korruption, seinen Teil beigetragen, zumal die chinesische Aggression gegen Tibet in den fünf-

ziger Jahren und die seither von Beijing aus geplante Vernichtung der tibetischen Kultur das Volk *zur exemplarischen Inkarnation des Märtyrerlandes werden ließen, das der Barbarei
der Eroberer die unerschütterliche Sanftmut der Lamas entge-
genhält.* In den Augen des Okzidents hat es den Anschein, als
hätten sich die Tibeter in eine »andere« Zeitlichkeit oder einen
Raum außerhalb der Zeit geflüchtet, der um so faszinierender
ist, als wir Europäer und Nordamerikaner in der Kurzlebigkeit
der Moderne gefangen sind. So ist die medienwirksame Person
des Dalai Lama nebenbei zum Gegenpol des Papstes geworden:
bescheidene Toleranz gegenüber »Pracht der Wahrheit«, Wei-
ser im Exil gegenüber päpstlicher Majestät, ewiges Lächeln des
Weisen gegenüber der gerunzelten Stirn des Prälaten und so
weiter.

Alle diese Gründe für die Anziehungskraft des Buddhismus
sind bekannt und werden sogar immer wieder heruntergebetet –
vielleicht ein bißchen zu oft, so daß wir einen weiteren, abstrak-
teren, gleichwohl aber entscheidenden Grund leicht außer acht
lassen: *die vermeintliche Übereinstimmung zwischen bestimmten »Überschreitungen« der modernen westlichen Technowissenschaft und der buddhistischen Tradition,* zumindest in der
Sichtweise und nach der Auslegung der Europäer. Die Leugnung
der klassischen Auffassung vom Individuum, das mögliche Verschwinden der Humanität des Menschen, die Auflösung des Ichs,
der Zerfall des genealogischen Prinzips und die Ablehnung der
symbolischen Ordnung: Alle diese Ereignisse, die von der abendländischen Philosophie als *Verlust,* ja als mentale Katastrophen
erlebt werden, erscheinen seltsam kompatibel mit der buddhistischen Meditation.

Jene, die versucht sind, im Buddhismus Zuflucht zu nehmen,
erhoffen sich nicht nur Trost für den Verlust des Ichs, sondern
auch Befreiung von dieser verderblichen Obsession. Mit der Auf-
hebung der Dualität zwischen Ich und dem »All-Einen« läßt der
Buddhismus sie ein in den sanften und friedlichen Fließzustand

des genehmigten Rückzugs. Das Einverständnis mit dem Fehlen von Grundlagen, der Verzicht auf die falsche Individualität des Okzidents sollen sie vollends befreien von der »Mühsal, man selbst zu sein«, um die Formulierung von Alain Ehrenberg aufzugreifen, und von der Furcht, es nicht mehr sein zu können.[38] Kurz und gut, der Buddhismus verwirft passenderweise die vier Irrtümer, die als Ursache des modernen Unbehagens gelten: »Es gibt, sagt er, weder Beständigkeit noch Dauer im Genuß der Dinge und Wesen noch ein absolutes Prinzip, das man ein Ich nennt, noch ein Unzusammengesetztes, das man Reinheit nennt.«[39] Aus diesem Grund konnte der große antiklerikale Historiker Edgar Quinet, Mitglied des Collège de France im neunzehnten Jahrhundert, den Buddha als »diesen großen Christus der Leere« bezeichnen.

Aus demselben Grund werden die orientalischen Denkschulen, die mehr von einer Weisheitslehre haben als von einer Offenbarungsreligion, in einem wunderbaren Einklang mit der Moderne wahrgenommen. Sie scheinen, wenn man so sagen kann, den fortschrittlichsten wissenschaftlichen Erklärungen recht zu geben, indem sie die Forscher, ob Kognitivisten oder nicht, die das Menschliche des Menschen nach und nach abschaffen, von ihren Entdeckungen heilen. Zu ihnen gehört augenscheinlich auch Francisco Varela.

Und offensichtlich drückt genau hier der Schuh.

Ein imaginärer Buddhismus

Wie alle Schwärmereien ist auch die zunehmende Liebe zum Buddhismus nicht frei von Ambivalenzen und Mißverständnissen. Letztere rühren weniger vom Inhalt des Buddhismus als von der Interpretation her, die der Okzident, durchaus in gutem Glauben, an ihm vornimmt. Besonders auffällig ist dies in der simplifizierenden Auslegung des Buddhismus, wie sie auch von den Medien kolportiert wird: Die buddhistischen Meister sind die ersten, die dies beklagen. Halten wir zuerst fest, daß die extreme Vielfalt der buddhistischen »Wege« häufig unterschätzt oder sogar ignoriert wird. Wenn wir den Dalai Lama als eine Art universale moralische Autorität sehen, vergessen wir, daß er das geistige Oberhaupt einer einzigen buddhistischen Schule ist, der im vierzehnten Jahrhundert von Tsongkhapa begründeten und seit dem siebzehnten Jahrhundert in Tibet vorherrschenden »Schule der Tugendhaften«. Auch die fundamentalen Unterschiede zwischen den drei wichtigsten buddhistischen Lehren, die ebenfalls im Westen vertreten sind, werden häufig heruntergespielt: dem aus Sri Lanka stammenden alten oder *Theravâda*-Buddhismus (Kleines Fahrzeug), der heute in den südostasiatischen Ländern mit Ausnahme von Vietnam vorherrscht; dem *Mahâyâna* (Großes Fahrzeug), der in den verschiedenen japanischen Schulen (Jôdo, Zen, Nichiren Shoshu) und in Vietnam dominiert; und dem *Vajrayâna* (Diamantenes Fahrzeug) oder tantrischen Buddhismus, einem Zweig des Mahayâna-Buddhismus, der vor allem in Tibet praktiziert wird. In Europa sind vor allem die beiden letztgenannten Richtungen aktiv und unterhalten zahlreiche Zentren.

Den Buddhismus zu »einer« universellen Weisheitslehre zu erheben und als solche den verschiedenen Intoleranzäußerungen der Offenbarungsreligionen gegenüberzustellen ist so falsch, als bezeichneten wir die abrahamitische Tradition (die monotheistischen Religionen Judentum, Christentum, Islam) als ein und dieselbe Religion: So kommt es dazu, daß wir einen idealisierten oder überhaupt imaginären Buddhismus mit den krassesten Karikaturen eines Judenchristentums oder den radikalsten Auswüchsen des fundamentalistischen Islams vergleichen.[40] In Wahrheit ist auch die Geschichte des Buddhismus von Konflikten, erbitterten Auseinandersetzungen und Ausbrüchen schlimmster Intoleranz geprägt, auch in Tibet. »Die himmelschreienden sozialen Ungerechtigkeiten waren durch das Karma-Gesetz gerechtfertigt. Die Klostervorsteher benahmen sich manchmal wie tyrannische Feudalherren. Es herrschten ständige, manchmal mörderische Machtkämpfe zwischen Stämmen, Schulen und Klöstern. Dies zu ignorieren oder zu leugnen nützt der Sache Tibets, wie manche westlichen Schüler meinen, ganz und gar nichts.«[41]

Die zweite Fehlinterpretation betrifft die angebliche Wissenschaftlichkeit des Buddhismus beziehungsweise seinen sehr »modernen« Rationalismus, auf den man sich bisweilen beruft, während der Anteil des Wunderbaren oder gar Magischen, das in der buddhistischen Tradition ebenso enthalten ist, ausgeblendet wird. Das ist übrigens ein ungewöhnliches Paradox: Obwohl die Magie für die starke Anziehungskraft des Buddhismus im Westen unbestreitbar eine große Rolle spielte, tendierten seine abendländischen Anhänger dazu, diese Dimension gleich darauf wieder zu vergessen und statt dessen auf einer vermeintlichen Modernität zu beharren, die freilich nur in ihrer Vorstellung existiert. Im übrigen kam es in der schon langen Geschichte dieser großen orientalischen Verlockung zu etlichen Übertreibungen oder Täuschungen, die für sich sprechen. Man denke nur an die Lust am Okkulten und Paranormalen, der sich die Begründer der Theosophischen Gesellschaft – die wiederum eine bedeutende Rolle für den Erfolg des Buddhismus im Westen spielte – im neunzehnten Jahrhundert hingaben. Von den allerersten Theosophen kennt man heute noch Colonel Henry Steel Olcott und die Russin Helena Blavatsky (1831–1891), Autorin mehrerer Werke, darunter *Die Geheimlehre* (1888) und *Der Schlüssel zur Theosophie* (1889). Ihre Feindschaft gegenüber dem Christentum fand ihre Entsprechung nur in ihrem Haß auf die jüdische Religion.

An spirituellen *und* literarischen Täuschungen hingegen fehlte es im zwanzigsten Jahrhundert nicht. Wir erinnern uns an den in den zwanziger Jahren in den USA veröffentlichten, in mehrere Sprachen übersetzten und in Millionenauflage verkauften phantastischen Bericht von Baird T. Spalding über *Leben und Lehren der Meister im Fernen Osten*. Unvergessen ist auch *Das dritte Auge* von Lobsang Rampa, dessen englische Originalausgabe 1956 in London erschien. Das angeblich von einem Lama verfaßte Werk hatte in Europa und Übersee einen ungeheuren Einfluß. Es löste heftige Auseinandersetzungen und leidenschaftliche Begeisterung aus, bis sich herausstellte, daß der Autorenname ein Pseudonym und der wahre Verfasser der Sohn eines Klempners aus Plymouth war: Cyril Henry Hoskin, geboren am 8. April 1910. Von der Presse verfolgt, floh er nach Kanada, wo er rund zwanzig weitere Werke veröffentlichte, allesamt rein esoterisch.

Das vom Individualismus heimgesuchte Nicht-Ich

Wir kennen weitere Irrtümer im Zusammenhang mit dem Buddhismus, die von einer weniger pittoresken, aber folgenreicheren Neuinterpretation herrühren. Zumindest zwei von ihnen sollen hier erwähnt werden, weil sie uns direkt auf *das Prinzip Mensch* verweisen. Stellen wir zunächst die peinliche Frage nach dem »Fortschritt« oder der Entwicklung hin zu etwas »Besserem«. Für manche westliche Adepten des Buddhismus entspricht die Überzeugung von einer Kette aufeinanderfolgender Reinkarnationen je nach dem guten Karma, das während der früheren irdischen Existenzen angesammelt wurde, gewissermaßen einem Evolutionsprinzip. Manche erblicken darin sogar *mutatis mutandis* das Gegenstück zu unserer westlichen Vorstellung von Fortschritt. Nach diesem Prinzip wird das Gute erkannt und belohnt, solange sich die *Seelenwanderung* fortsetzt, diese zeitliche Reise der Wesen, die im großen *samsâra* (»bedingtes Dasein«, im weiteren Sinn der Kreislauf der Wiedergeburten) ihre aufeinanderfolgenden Existenzen durchleben.

Die evolutionäre Sicht des *samsâra* ist allerdings eine rein westliche Besonderheit, eine europäische Auslegung des Buddhismus, direkt beeinflußt von der Fortschrittsidee, wie sie von den Philosophen der Aufklärung und, lang vor ihnen, von den monotheistischen Religionen mit dem jüdisch-christlichen Heils- oder Erlösungsgedanken formuliert wurde. Im ursprünglichen Buddhismus impliziert die Reinkarnationslehre keine Richtung, keinen linearen Aufwärtstrend vom »Geringeren« zum »Höheren«. Der Buddhismus ist eine Weisheit der gekrümmten, nicht der geradlinigen Zeit; die Vorstellung von Weiterentwicklung oder historischer Sinnhaftigkeit, jedenfalls in unserem Verständnis, ist ihm fremd. Es waren die Theosophen des neunzehnten Jahrhunderts, die dem *samsâra* einen Aufwärtstrend unterstellten: Er ist eine eindeutige Verwestlichung des Buddhismus, was die meisten heutigen Adepten gar nicht ahnen.

Dasselbe ließe sich über den angeblichen Individualismus im Buddhismus sagen, den der Zeitgeist gern mit den New-Age-Geboten zur Selbstvervollkommnung oder »Selbstverwirklichung« gleichsetzt. Diese kalifornische Zen-Vision ist ebenfalls widersinnig und stößt bei manchen buddhistischen Meistern, die darin das Symptom einer unheilbaren westlichen Egozentrik erblicken, auf heftige Kritik. »Es gibt eine wesentliche Aussage des Buddhismus, die vergessen ist«, sagt beispielsweise Drukchen Rinpoche, das Oberhaupt des tibetischen Stammes Drukpa Kargyu. »Diese wesentliche Aussage lautet: Egal, was du tust, du tust es für alle Wesen. Aufgrund ihrer Mentalität denken die Menschen des Westens nur an die eigene Befreiung, an die eigene Erlösung, weil sie dazu neigen, etwas anderes zu suchen, den inneren Frieden etwa, was natürlich gut ist, aber sie begreifen ihn nur für sich selbst.«[42]

Regelrecht komische Formen nimmt das Mißverständnis an, wenn der Buddhismus herangezogen wird, um eine gewisse Freizügigkeit im Gegensatz zur jüdisch-christlichen Schamhaftigkeit zu rechtfertigen. Denn dabei vergißt man, daß die buddhistische

Ethik – zum Beispiel – die Schamlosigkeit verurteilt (eine der zehn grundlegenden unheilsamen Handlungen) und »sexuelle Verantwortlichkeit« empfiehlt, das heißt Verzicht auf sexuelle Beziehungen ohne Liebe und ohne langfristige Bindung (dritte Schulung zum vollen Bewußtsein).[43]

Diese wiederkehrenden Fehldeutungen im Hinblick auf einen individualistischen Buddhismus, der angeblich, ganz auf der Höhe der Zeit, im Gegensatz zum jüdisch-christlichen Gemeinschafts- oder Ganzheitlichkeitsdenken steht, ist ein Zaubertrick, um eine alles andere als fernöstliche Geisteshaltung – »Ich zuerst!« – zu orientalisieren. Der Buddhismus preist eben nicht das »Ich«, sondern behauptet vielmehr seine Nichtexistenz. Die buddhistische Meditation als Patentrezept für die friedliche Entfaltung des eigenen Ego zu interpretieren ist paradox. Der amerikanische Theologe Harvey Cox hat sich schon in den siebziger Jahren in einem Buch über den Okzident lustig gemacht, der unfähig sei, die im Zentrum der Lehre Buddhas stehende »Ego-Losigkeit« zu begreifen und zu akzeptieren. »Auf einer anderen Ebene«, schreibt er, »endet es bei den Anfängern des buddhistischen Pfades, die von der Idee der Ego-Losigkeit in Verlegenheit versetzt werden, damit, daß sie es mit etwas wie dem Gegensatz von Egoismus identifizieren oder damit, nicht ›egoistisch‹ zu sein. Für sie klingt es wie die vertrauten moralischen Gebote gegen die Selbstsucht, die sie seit ihrer frühen Kindheit zu hören bekamen. Nur wenigen wird die äußerste Radikalität und erschreckende Tiefgründigkeit der Ego-Losigkeit in ihrer nackten Wirklichkeit klar.«[44]

Tatsächlich entgehen wir dank der Umdeutung des Buddhismus im Licht des westlichen Individualismus dem *double bind*, dem unauflöslichen Widerspruch einer Weisheitslehre, die eben von jenen, die sich ihr zugewandt haben, um ihr Ich zu verwirklichen, das Gegenteil verlangt, nämlich den Verzicht auf das Ego. In dieser Neuinterpretation wird das Nicht-Ich vor allem zum oberflächlichen Alibi für den Abschied aus dem sozialen

Denken und die postmoderne Egozentrik. Aus diesem Blickwinkel hat Paul Valadier nicht unrecht, wenn er über das intellektuelle Stückwerk spottet, das manche Wissenschaftler sich
zusammensetzen – darunter auch Francisco Varela –, um zur
Unterstützung ihrer Thesen die Sicherheit einer »uralten Weisheit [heranzuziehen], die mit den allerneuesten Moden der kalifornischen Postmoderne geschmückt und damit rehabilitiert
oder umgewidmet wird«[45].

Weder Mensch noch Menschenrechte?

Dieses begriffliche Stückwerk, die Anpassung des Buddhismus
an die westliche Mentalität dient vor allem dazu, ein ungeheu-
res Problem auszulagern, das moralisch und politisch zugleich
ist: die absolute Unvereinbarkeit zwischen dem Nicht-Ich der
kognitiven Wissenschaften oder des Buddhismus und den Menschenrechten. Wenn das Ich eine Illusion ist, wenn der Mensch als
Individuum vor dem Aussterben steht, worauf sollen wir dann
die Achtung vor seiner Unverletzlichkeit und seiner Freiheit begründen? So bewundernswert es ist, fordert das buddhistische
maitrî (Wohlwollen und Freundschaft zu allen Lebewesen), das
manchmal mit der christlichen *agápê* (Nächstenliebe) verglichen
wird, nicht unbedingt zu aktivem Engagement oder Hilfsbereit-
schaft gegenüber dem anderen auf. Wenn mein »Ich« eine Illusion ist, gilt dies für meinen Mitmenschen genauso. Also? »Diejenigen, die soviel Bewunderung für das buddhistische Mitgefühl
empfinden«, schreibt Valadier, »müßten sich auch nach den gesellschaftlichen Auswirkungen einer Einstellung fragen, die sich
mit der schicksalsergebenen Hinnahme des menschlichen Leids
gut verträgt: Das ist letztlich die unausweichliche Konsequenz
dieser Welt der Illusion, die zu bekämpfen ganz vergeblich und
zweifellos zwecklos wäre.«[46]

Noch schwieriger aufzulösen ist der Widerspruch zwischen der westlichen – aber mit Allgemeingültigkeitsanspruch formulierten – Definition der Menschenrechte und dem buddhistischen Nicht-Ich, wenn wir das Karma-Gesetz bedenken, wonach Leid oder körperliche Behinderung in der gegenwärtigen Inkarnation auf »unheilsame Handlungen« in einem oder mehreren früheren Leben zurückgehen. Wie wäre unter diesen Umständen das Unglück der Kinder in der dritten Welt zu erklären? Wie könnte man jemals jenen zustimmen, die »das *ihrer Eigenschaft als Menschen inhärente* Recht der Kinder auf bessere Lebensumstände«[47] fordern?

Frédéric Lenoir erzählt in diesem Zusammenhang eine bezeichnende Anekdote, die zu einer lebhaften Auseinandersetzung innerhalb der buddhistischen Gemeinschaften in Europa Anlaß gab. Vor einigen Jahren verlor Glen Hoddle, damals Trainer der englischen Fußballnationalmannschaft und Buddhist, seinen Job, weil er behauptet hatte, »die Behinderten büßten für Fehler in früheren Leben«[48]. Die Aufregung über den Vorfall, fügt Lenoir hinzu, zeige deutlich, daß es den Menschen im Westen – zum Glück! – schwerfalle, eine Einstellung zu akzeptieren, ob wissenschaftlich oder buddhistisch, die dem Festhalten an den Menschenrechten und an der sozialen Gerechtigkeit widerspricht. Es sei denn, man verzichtet nicht nur auf den Menschen, sondern auch auf seine Rechte und seine Würde. Manche sind dazu offensichtlich bereit.

Was den Buddhismus betrifft, ist der Widerspruch übrigens nicht neu, sondern war seit Beginn der Beziehungen zwischen Orient und Okzident immer wieder Thema und Ursache von Auseinandersetzungen. In der Vergangenheit wurde der Verweis auf die orientalischen Religionen manchmal als Waffe gegen das Christentum und die damals allmächtige Kirche benutzt. Das zeigte sich deutlich bei den Enzyklopädisten des achtzehnten Jahrhunderts, bei Diderot oder Voltaire, die in der Existenz und der langen Tradition anderer Religionen den Beweis dafür sahen,

daß das Christentum nicht den alleinigen Anspruch auf »die«
Wahrheit besitzt. Noch deutlicher zeigte es sich im darauffolgenden Jahrhundert bei einem Philosophen wie Arthur Schopenhauer (1788–1860), einem großen Verteidiger des Hinduismus
und des Buddhismus, dessen Einfluß auf Nietzsche beträcht-
lich war, zumindest am Anfang, sowie bei dem Historiker Jules
Michelet (1798–1874), der sich ebenfalls sehr für die fernöstliche Weisheit interessierte. Sie alle richteten den Blick nach
Osten, um dem Ideal der Aufklärung zu dienen und den Horizont des Humanismus zu erweitern.

Doch es traf auch das Gegenteil zu. Und hier liegt das Problem. Die deutsche Romantik und die französische Gegenrevolu-
tion entdeckten im östlichen Denken brauchbare Waffen für den
Kampf gegen die Ideologie der Aufklärung, ihre Menschenrechte und ihren Materialismus. In diesem Sinne konnte bereits im
neunzehnten Jahrhundert von einer explizit gegen die Aufklärung
gerichteten »orientalischen Renaissance« die Rede sein. Friedrich von Schlegel und Johann Gottfried Herder, die zu den wichtigsten Vertretern des *Sturm und Drang*[49] gehörten, wurden nicht
müde, die Poesie, das Wundersame, die Magie und die Urwüch-
sigkeit des tausendjährigen Indiens zu rühmen und dem trockenen Rationalismus der europäischen Aufklärung entgegenzuhalten. Sie waren sehr geneigt, in den *Veden*, den vier großen
Gründungserzählungen des Hinduismus, ein indogermanisches
Dokument zu sehen. Schon lange vor den Gurus und den kalifornischen Kognitivisten gehörten sie zu den ersten, die die orientalischen Religionen zu kämpferischen Zwecken ideologisch
uminterpretierten. Im Frankreich des neunzehnten Jahrhunderts
entlehnte der Geschichtsphilosoph Joseph Arthur, Comte de Gobineau (1816–1882), ein Theoretiker der Ungleichheit, dem arischen Mythos und dem Kastenmodell etliche Argumente für seinen *Versuch über die Ungleichheit der Menschenrassen*.

Es gab also schon sehr früh eine Strömung, die man einen
»rechtsextremen Orientalismus« antihumanistischer Prägung

nennen könnte. Auch er erlebte im Verlauf des zwanzigsten Jahrhunderts mehrere »Reinkarnationen« und ist bis heute sehr präsent.[50] Die modernen Proselyten erwecken sehr oft den Eindruck, als hätten sie das vergessen. Die Erwähnung dieser Ambivalenz schließt selbstverständlich kein Urteil über den Buddhismus oder Hinduismus als solchen mit ein, ebensowenig wie über die Neurowissenschaften oder den Kognitivismus als wissenschaftliche Fachbereiche.

In Frage zu stellen ist nicht die »Heiligkeit der Leere«, nicht die Theorie vom »Nicht-Ich«, die Existenz der Gene oder die Nützlichkeit des Cyberspace, sondern die heute so verbreitete, gedankenlose Zustimmung zum Verschwinden des Menschen – um so mehr, als sie gefährlich an die zustimmenden Meinungen in einer nicht sehr fernen Vergangenheit erinnert.

ZWEITER TEIL

Die rückschrittliche Moderne

Wie im neunzehnten Jahrhundert ...

>»Nicht die vollständige Unterwerfung des Menschen
>durch die Naturwissenschaften droht uns – die Ge-
>fahr ist vielmehr, daß manche Menschen von ande-
>ren manipuliert werden.«
>DOMINIQUE BOURG[1]

In unserer Postmoderne, im sonst so zukunftsorientierten Geist
unserer Zeit schwingen einige archaische Relikte mit – ein sonderbares Phänomen, das sich schwer begreifen läßt. Es ist die
Ursache für die meisten Mißverständnisse. Wir betreten ein neues
Jahrtausend, benommen und betört von der Fülle der Erfindungen und neuen Technologien – und trotzdem kommt es vor, daß
wir flüchtig einige Aspekte des neunzehnten Jahrhunderts erkennen. Wir reden ungern darüber, weil wir nicht glauben wollen,
daß die Geschichte sich rückwärts bewegen könnte. Wir feiern
lieber den Sieg der Technowissenschaft – ihre Verheißungen, ihre
Fortschritte, ihre Seltsamkeiten –, statt uns mit ihren eventuellen Begleiterscheinungen zu beschäftigen. Wir berauschen uns
an Zukunftsaussichten, Science-fiction-Szenarien und den unerhörten virtuellen Möglichkeiten. Sind wir nicht die Kinder des
Internet, der Informationstechnologie, der neuen Welt? Die Un-
terstellung eines Rückfalls in vergangene Zeiten ist uns peinlich.
   Zu Unrecht. Die Geschichte, auch die Wissenschaftsgeschichte, bewegt sich nie mit der majestätischen Unbeirrbarkeit eines
Flusses vorwärts. Sie schlängelt sich, windet sich, dreht sich
manchmal im Kreis, gerät ins Stocken oder faltet sich wie ein
Akkordeon. Und ständig mischt sie Altes und Neues durcheinander. Mit anderen Worten, manchmal verbergen sich in abge-

legenen Nischen oder Höhlen *Bruchstücke aus der Vergangenheit*, die bei einem plötzlichen Sprung nach vorn wieder hervor-
geschleudert werden. Tatsache ist, daß uns manche Überbleibsel
im Gewirr der gegenwärtigen Umwälzungen wirklich ins Jahrhundert von Dickens, Guizot, Schopenhauer, Gobineau und des
»Weltuntergangspropheten«[2] Camille Flammarion zurückschik-
ken. Im Geplauder unserer Zeit tauchen Rhetoriken und Projekte auf, die sich leicht identifizieren und in der Ideengeschichte
sehr genau plazieren lassen.

Sehr deutlich erkennen wir dieses Phänomen an der europäischen Geopolitik. Nach 1989 und dem Niedergang des Kommunismus erlebten wir ungläubig die Wiederauferstehung euro-
päischer Mikronationalismen und Grenzstreitigkeiten aus der
Zeit vor und unmittelbar nach dem ersten Weltkrieg. Die chaotischen Verhältnisse auf dem Balkan und die Unruhe, die Mittel-
europa erfaßt hat, erinnern uns an die Friedensverträge von Versailles und Trianon oder, noch früher, an die Instabilität nach
dem Zusammenbruch zweier Weltreiche: des österreichisch-un-
garischen und des osmanischen. Kaum war das kommunistische
Packeis getaut, geriet die alte Geschichte, die so lang eingefroren
gewesen war, wieder in Bewegung, und aus dem Eis tauchten die
ungelösten Probleme von früher wieder auf. Nationalismus mit
fatalen Folgen oder ein neuer »Frühling der Völker«? Darüber ist
viel debattiert worden, und die Debatte führte uns in eine sehr
ferne Vergangenheit zurück. Manchen Ortsnamen, die im Westen
fast hundert Jahre aus dem Sprachgebrauch verschwunden waren, klangen plötzlich wieder vertraut: Bosnien-Herzegowina,
Sarajevo, Moldawien, Tschetschenien. Dieses erstaunliche Revi-
val ist keine Bagatelle.

Nicht weniger verstörend war das Paradox auf wirtschaftlichem und »sozialem« Gebiet. Getarnt als Fortschritt, lebte eine
überwunden geglaubte Form des Kapitalismus wieder auf: der
ungebremste, skrupellose Kapitalismus der industriellen Revolution, wie ihn zum Beispiel Adolphe Thiers gepredigt hatte, einer

der ersten Wortführer des Liberalismus im frühen neunzehnten Jahrhundert. Die rasante Entstehung neuer Ungleichheiten, die Aushöhlung der Sozialgesetze, das Zusammenbrechen des Sozialstaats ließen auch bei uns Ungerechtigkeiten wiederaufleben, die nicht so weit entfernt sind von den Mißständen, die Karl Marx in seinem *Kommunistischen Manifest* (1848) anprangerte. Gleichzeitig tauchten in den westlichen Ländern die »großen Familien« der Reichen wieder auf, die Milliardäre, die Finanzimperien, die stärker sind als jeder Staat, die Supermächte, das Maharadscha- oder Kastendenken aus einer anderen Zeit. Wie die Armen bei Victor Hugo oder Charles Dickens neidvoll in die Schaufenster der Bäckereien starrten, so haben die heutigen Armen gelernt, sich den Reichtum der Mächtigen im Fernsehen anzusehen. Wo ist der Unterschied? Auch hier brach das »Alte« unter dem Neuen hervor.

Noch verblüffender ist die Ambivalenz zwischen Zukunftshoffnung und Rückschritt, die uns das neue Jahrhundert auf dem Gebiet des Wissens und der Erkenntnis und der damit verbundenen Weltsicht beschert. Man denke nur an die neue Verwandtschaft zwischen Wissenschaftsgläubigkeit und Irrationalität, die sehr ans neunzehnte Jahrhundert erinnert: dasselbe Nebeneinander von schulmeisterlichem Positivismus und Okkultismus im Geschmack der Zeit, von exakten Wissenschaften und salonfähig gewordener Esoterik, von Wirtschaftsforschung und Hellseherei zur Hauptsendezeit. Wie im neunzehnten Jahrhundert führt die Arroganz des Positivismus dieselben Meinungsdiktate wieder ein, die schon Flaubert verhöhnt hat, während der Zeitgeist im Gegenzug ein tröstliches »reales Jenseits« wiederbelebt. Technowissenschaft am Morgen, *Akte X* und Tischrücken am Abend: Wir hatten vergessen, daß beides zusammenpaßt und *der positivistische Aberglaube früher oder später den Aberglauben schlechthin wieder mobilisiert.* In gewisser Weise erinnert dieses Phänomen an die romantische Reaktion des neunzehnten Jahrhunderts, als schon damals zuviel Positivismus die Vernunft zu ersticken drohte und das *Gefühl* als Gegengift auftauchte. Ein gefährlicheres Gegengift als das Gift ... »Gegen Ende des neunzehnten Jahrhunderts«, schreibt Giorgio Israel, »ist eine wachsende Gleichgültigkeit gegenüber der Einzigartigkeit des Menschen zu beobachten. [...] Das Fundament für seine Absetzung legte ausgerechnet die Romantik, trotz ihrer Anthropozentrik und ihrer geradezu zwanghaften Beschäftigung mit dem Individuum.«[3]

Aber es gibt ein noch erstaunlicheres Phänomen, und zwar auf einem Gebiet, das wir als ideologisch bezeichnen könnten. Sich selbst überlassen und auf die menschliche Spezies angewandt, geht das technowissenschaftliche Projekt so weit, Beherrschungsformen wiedereinzuführen, moralischen Verzicht zu rechtfertigen, einen Antihumanismus zu begründen, die allesamt das Echo einer erkennbaren Vergangenheit sind. In diesem Kontext wird die Absurdität des Rückschritts regelrecht erschreckend. Kolonialismus, Rassismus, Sklaverei, Eugenik, Nihilismus: Da tauchen, mit einem New-Look-Make-up verkleidet, lauter moralische Haltungen, Vorhaben und vorgebliche Schicksalsfügungen wieder auf, *die eindeutig ein Rückfall sind.*

Wir befinden uns also heute in einer geistigen Landschaft, die gröber, widersprüchlicher, paradoxer ist, als es den Anschein hat, in der das Neue neben dem *Déjà-vu* steht. Im Herzen der fortschrittlichsten Technologien findet der schlimmste Archaismus Platz; manchmal schleicht er sich in die wissenschaftlichsten Glaubensbekenntnisse ein. Wir entdecken eine alte Wahrheit wieder, die zu sehr in Vergessenheit geraten ist: Technischer Fortschritt und moralischer Fortschritt gehören nicht unbedingt zusammen. »Es besteht kein notwendiger Zusammenhang zwischen wissenschaftlicher Relevanz und juristischer oder moralischer Relevanz.«[4] Und damit nicht genug. Läuft das potentielle Klonen von Menschen nicht auf die Konzepte der Sklaverei hinaus? Können die Biotechnologien nicht eine neue koloniale Eroberung begünstigen, kann die Genetik nicht einen Rassismus dritter Art hervorbringen? Selbstverständlich. Aus diesem Grund verfehlt der aktuelle Diskurs über die Wissenschaft sein Thema, wenn er die Forderung »alles oder nichts« stellt.

Es geht uns nicht darum, die wissenschaftliche Revolution zu akzeptieren oder abzulehnen, streng technikfreundlich oder stur technikfeindlich zu sein; auch nicht um die Entscheidung zwischen Wissen und Obskurantismus. Wer die Augen nicht verschließen will, ist vielmehr verpflichtet, den wissenschaftlichen Diskurs erst zu akzeptieren, *wenn er zuvor Bilanz gezogen hat.* Die Wissenschaft muß auch weiterhin unter der Kontrolle der humanistischen Vernunft stehen: Das ist unverzichtbar. Die Mindestforderung an die Einsicht besteht darin, das Rückschrittliche hinter dem Fortschritt aufzuspüren, die ideologische Kapitulation als unterwürfige Aussöhnung mit der Technowissenschaft zu werten, die als »Veränderung« maskierte Ungerechtigkeit anzuprangern. Kurz gesagt, es geht darum, aufmerksamer auf die Tricks der Geschichte und der Menschen zu achten.

Diese nötige Unterscheidung zwischen Auferlegtem und Selbstgewähltem wollen wir in den folgenden Kapiteln skizzieren.

KAPITEL 7

Die neuen Archaismen

»Die alten Begriffe aus der Vorstellung einer ›Ontologie des Fortschritts‹, wie sie in den Theorien der
Sklaverei, dem Recht auf Eroberung, dem Recht auf
Kolonisierung zum Ausdruck kam, könnten, wenn
wir nicht wachsam sind, ein neues Anwendungsge-
biet finden.«   MARC AUGÉ[1]

Wenn wir die Fülle an Literatur betrachten, die sich mit den
neuen technologischen Revolutionen befaßt, wenn wir uns die
vielen Verheißungen, aber auch die Befürchtungen der verschiedenen Autoren ansehen, fällt uns eine manchmal überraschende
Wortwahl auf. In diesem neuen Krieg der Wörter wird immer wieder besorgt, beinahe schon zwanghaft die Vergangenheit beschworen. Die Beschwörungsformeln schwanken ständig
zwischen der Lobpreisung der Zukunft und der Rückkehr des
Grauens hin und her. Dieser Kontrast ist kein Zufall, sondern
kann geradezu als Symptom gelten: Wir sollten es ernst nehmen.
Es kommt tatsächlich einiges wieder …

Ein neuer Kolonialpakt?

Suchen wir uns ein erstes Wort aus: den »Kolonialismus«. Auf
den ersten Blick käme niemand auf die Idee, tatsächlich einen
Rückfall in Kolonialzeiten zu vermuten. Wenn es eine »Sünde«
gibt, von der sich das zwanzigste Jahrhundert definitiv befreit
glaubte, so ist es diese. Wir sind nicht nur aus dem bitteren Kreis-

lauf der Kolonialkriege und Freiheitskämpfe herausgetreten, sondern lassen nach und nach sogar eine Form aufrichtigen *Bedauerns* angesichts unserer imperialistischen Vergangenheit zu – Amerika gegenüber Vietnam, Frankreich gegenüber Algerien oder dem schwarzen Kontinent, England gegenüber dem Nahen Osten, sogar Rußland gegenüber den Grenzgebieten seines ehemaligen Weltreichs. Die europäische Generation, die jetzt an den Schalthebeln sitzt – die *Babyboomer* –, kultiviert geradezu das schlechte Gewissen und das »Weinen des weißen Mannes«. Nichts verwirft sie entschlossener als ihr einstiges koloniales Abenteuer, den Imperialismus der Vergangenheit. Und die neue Weltordnung, auf die sich jeder beruft und die auf den internationalen Konferenzen rituell in den Himmel gehoben wird, will selbstverständlich frei von jeder Form von Neokolonialismus sein; daran muß man nicht erst erinnern.

Doch auf dem Umweg über die Biotechnologien breitet sich allmählich weltweit eine Praxis aus, die *mutatis mutandis* an den Kolonialismus der Vergangenheit erinnert. Der Mechanismus, der dabei am Werk ist, läßt sich relativ leicht aufdecken. Die Biotech-Unternehmen sind, wie wir gesehen haben, die Macht von morgen. In ein paar Jahren werden sie einen Markt von mehreren hundert Milliarden Dollar repräsentieren, in den kommenden Jahrzehnten wird ihr Marktanteil noch viel größer sein. »Wer die Gene kontrolliert, wird das einundzwanzigste Jahrhundert kontrollieren«, versichert Jeremy Rifkin.[2] Die Gene seien »das grüne Gold« der Zukunft, heißt es manchmal. Die Biotechnologien üben nicht nur einen maßgeblichen Einfluß auf die Agrarwirtschaft und die Pharmaindustrie aus, sondern sind auch am sogenannten *Pharming* beteiligt, der Züchtung von Labortieren. *Die Rohstoffe, mit denen sie arbeiten, sind nicht Kupfer, Eisen oder Phosphat, sondern die Gene,* ob im pflanzlichen Bereich (Saatgut, Biodiversität etc.), in der Tierzucht (transgene Spezies) oder in der Humanwissenschaft (Genomsequenzierung, gentechnische Verfahren).

Es ist also auf dem gesamten Planeten ein Wettlauf um die Gene ausgebrochen. Die Konkurrenten sind ein paar Groß-unternehmen, die sich kraft der Patentierbarkeit von Leben das seltene Gen, das nützliche Bakterium, das effiziente Saatgut, die kostbare Tierspezies anzueignen versuchen. Was gestern noch als Gemeingut galt (die *res nullius* im römischen Recht), wird heute privatisierbar. Es geht darum, dieses neue Eldorado so rasch wie möglich untereinander aufzuteilen: Mit juristischen Barrieren, umzäunten Territorien, Kontrollstempeln und so weiter werden die Claims abgesteckt. Was damit aber konfisziert wird, bei-spielsweise in Form eines Saatguts oder einer Tierspezies, das ist nichts anderes als in Jahrhunderten angehäuftes menschliches Erfahrungswissen.

Es ist das Wissen der Landwirte auf der Nord- und Südhalb-kugel, der afrikanischen Rinderhirten, der asiatischen Reisbau-ern: Von Generation zu Generation haben sie durch geduldige Auswahl von Zuchttieren oder -pflanzen umfangreiches empi-risches Wissen erworben. Deren Genom ist jetzt aber sequen-zierbar und folglich auch patentierbar und kommerzialisier-bar geworden. Diese Inbesitznahme wird durch eine juristische Absonderlichkeit, um nicht zu sagen, einen unbewußten Rassis-mus möglich, nämlich die Annahme, daß das akkumulierte Er-fahrungswissen der Bauern auf der Südhalbkugel nicht als »gei-stiges Eigentum« gelte, während die Arbeit einiger Genetiker im weißen Kittel unmittelbar patentierfähig sei. Es wird also mit zweierlei Maß gemessen. Tatsächlich gehen die neuen »Koloni-alherren« des Nordens mit der genetischen Biodiversität des Südens um, als handelte es sich um einen Rohstoff, der aus der Steinzeit stammt und folglich keinen Wert hat: Der »Wert« be-ginnt, meinen sie, erst mit der Intervention der Technowissen-schaft. Das ist ein haarsträubender Widersinn und ebenso ab-surd – und vermessen – wie die Arroganz der ersten englischen Sträflinge in Australien, die die Aborigines mit Tieren gleich-setzten.

Wir könnten hinzufügen, daß diese neue Ungerechtigkeit, die dem Süden angetan wird, die absichtliche Mißachtung der simplen historischen Wahrheit voraussetzt. Wie die Welternährungsorganisation FAO häufig betont, haben die Länder des Nordens durchaus vom biologischen Erbe, also auch dem in den Ländern des Südens angehäuften bäuerlichen Wissen für ihre eigene Entwicklung profitiert. »Die amerikanische Landwirtschaft entstand nur dank der Ressourcen, die aus der ganzen Welt frei importiert wurden, denn die einzige bedeutende in Nordamerika heimische Spezies ist die Sonnenblume.«[3] Nach aller Logik müßte Amerika sich verpflichtet fühlen, seine genetische Schuld gegenüber dem Rest der Welt abzutragen. Das Gegenteil ist der Fall. Nur unsere grundsätzliche Begeisterung für die Technowissenschaft hindert uns daran, diese Ungerechtigkeit im vollen Umfang zu ermessen. Angesichts dessen ist das Geprahle der großen Saatguthersteller, die mit ihren gentechnisch veränderten Organismen (GVOs) angeblich den Hunger in der Welt bekämpfen könnten, zum Lachen.

Die Länder der sogenannten dritten Welt beginnen allmählich zu begreifen, welche neue Abhängigkeit ihnen bevorsteht. Es sind nicht mehr ihre Rohstoffe, die Gegenstand eines neuen Kolonialpakts zu werden drohen, sondern das immaterielle Erbe ihrer Gene. Ein Saatgut aus Afrika kann sequenziert und amelioriert werden und läßt sich nun als *Eigentum* eines großen Biotech-Labors in Form eines Anbaupatents zu hohen Preisen in dem Land wieder verkaufen, aus dem es ursprünglich stammt. Das ist nichts anderes als eine koloniale »Bioausbeutung«. Die tropischen Regionen Asiens, Afrikas und Amerikas, die immer noch ein immenses Reservoir an Biodiversität darstellen, spornen die privaten Konzerne des Nordens zu einer neuartigen Eroberung an.

Läßt man dieser Entwicklung freien Lauf, so mündet sie in eine neue Form von Gängelung, die der Bevormundung der armen Länder im achtzehnten und neunzehnten Jahrhundert in nichts nachsteht. »Was wird aus jenen, die ihren Lebensunterhalt verlieren, sobald Kakao, Vanille, Süßmittel nichts Exotisches mehr an sich haben und wie Hefe und Joghurt hergestellt werden können? Wo bleibt die ›Autonomie‹ Hunderttausender Bauern, wenn sie vollständig von den multinationalen Konzernen abhängen, die zugleich Saatgut und Agrochemie erzeugen?«[4]

Ende der achtziger Jahre begannen sich einige Regierungschefs auf der Südhalbkugel ernste Sorgen zu machen. Damals ging es vor allem um pflanzliches Saatgut. »Seitdem hat eine regelrechte, systematische Beschlagnahmung von Saatgut angefangen«, erklärte der Minister für Wissenschaft und Forschung der Republik Elfenbeinküste, »deren ›Herz und Hirn‹ in den industrialisierten Ländern sitzen und die, wenn sie anhält und sich ausbreitet, die dritte Welt hinsichtlich der Ernährungslage in eine noch größere Abhängigkeit von außen führen wird.«[5] Es geht schon lang nicht mehr nur um Saatgut: Inzwischen stehen sämtliche Formen von Leben auf dem Spiel.

Die Rückeroberung der Welt

Natürlich kommen diese heimtückischen Spielarten von Kolonialismus auf den großen internationalen Konferenzen regelmäßig zur Sprache, wie zum Beispiel auf der Konferenz von Bratislava im Jahr 1998, die sich mit der Praxis der Patentierung befaßte. Außerdem sind sie Gegenstand zäher Verhandlungen mit globalen Institutionen wie der Welthandelsorganisation (WTO), dem Internationalen Währungsfonds (IWF) oder dem Entwicklungsprogramm der Vereinten Nationen (UNPD). Stets geht es dabei um die »Vermenschlichung« der Globalisierung und den Kampf gegen den Neokolonialismus. Was die Biodiversität betrifft, so hat die Sorge um den Erhalt der natürlichen Artenvielfalt – ein Prinzip der Gerechtigkeit – zu dem Text geführt, der im Juni 1992 auf dem Weltgipfel von Rio unterzeichnet wurde und am 24. Dezember des folgenden Jahres in Kraft trat. Doch wegen des Gewichts der herrschenden Vorstellungen und Forderungen – Deregulierung, Privatisierung, Handelsfreiheit – sind solche Versuche müßig und die großzügigen Erklärungen wirkungslos. Wieder einmal treffen die Auswirkungen der drei großen Revolutionen unserer Zeit – der Wirtschaft, der Informatik, der Genetik – aufeinander und verstärken sich, und vor dieser Synergie steht der demokratische Humanismus ziemlich hilflos da.

Es genügt, die Stimmen aus dem Süden zu hören, um sich davon zu überzeugen. Alle prangern das unaufhaltsame Eindringen der Marktgesetze in die neue Weltordnung an. »Die Ideologie der Globalisierung«, bemerkt ein argentinischer Wissenschaftler mit einem Anflug von Ironie, »bedeutet letztlich eine Privatisierung der Macht, und die ist für den intellektuellen Dialog wenig empfänglich. So lehnt der Hyperkapitalismus, der die Globalisierung antreibt, jeden ›historischen Revisionismus‹ ab […] und verurteilt jede nicht von der Wirtschaft gestützte erhabene Idee zum Scherbengericht.«[6] Als die großen Verlierer der wirtschaftlichen Globalisierung[7] haben die ärmsten Länder offensichtlich keine Möglichkeit, der neuen Gier der Großkonzerne auf die Gene Widerstand zu leisten.

Wenn sie nicht ihre Grenzen schließen, wie es Indien teilweise praktiziert, und den Export von genetischen Ressourcen verbieten – womit sie sich aus dem Welthandel ausschließen –, bleibt ihnen manchmal nichts anderes übrig, als sich dem Meistbietenden zu verkaufen. Doch damit bestätigen sie, obwohl hier eindeutig Nötigung vorliegt, die vom Norden aufgestellten rechtlichen Prinzipien der Patentierbarkeit und Aneignung und machen sich gewissermaßen zu Komplizen der eigenen Unterwerfung. So entsteht in puncto Patente ein kolossales Ungleichgewicht zwischen Nord und Süd: *Der Norden wird »Eigentümer« des Südens.*

Nach den Angaben der Weltorganisation für geistiges Eigentum (WIPO) besitzen in industrialisierten Ländern ansässige Privatpersonen und Firmen 95 Prozent der afrikanischen Patente und 70 Prozent der asiatischen Patente auf allen möglichen Gebieten.[8] Es fällt schwer, in dieser Logik nicht eine neuartige Form von Kolonialherrschaft zu erkennen, diesmal nicht von staatlicher, sondern von privater Seite.

Besonders empörend ist dieser Neokolonialismus, wenn er von der Pharmaindustrie ausgeübt wird, weil er den Ländern des Südens über das Patentrecht den Zugang zu den wichtigsten Medikamenten verwehrt: Denken wir an die juristischen Auseinandersetzungen zwischen etlichen armen afrikanischen und lateinamerikanischen Ländern (Brasilien vor allem) und privaten Pharmaherstellern, die das Monopol auf bestimmte Medikamente gegen AIDS besitzen. Diese exemplarischen Konflikte werden in der Zukunft wohl stark zunehmen. Im angelsächsischen Raum nennt man diese Gen-Wucherer übrigens *privateers*, »Freibeuter«, bei uns hat sich die Bezeichnung »Biopiraten« eingebürgert. Richard Stallman, Begründer der Stiftung für freie Software *(Free Software Foundation)*, der unter anderem auch gegen diesen gesetzlichen Mißstand antrat, sagt zu der neu entstandenen Situation: »Die Menschen außerhalb der entwickelten Welt müssen unbedingt von allen diesen Monopolen für landwirtschaftliche Erzeugnisse und für Medikamente befreit werden. Sie müssen imstande sein, Medikamente herzustellen, ohne dafür den multinationalen Konzernen Lizenzgebühren zu zahlen. Sie müssen imstande sein, alle möglichen Pflanzensorten und Tierarten für ihre Landwirtschaft anzubauen beziehungsweise zu züchten und die Genetik so zu benutzen, wie es ihren Bedürfnissen entspricht.«[9]

In den Diskussionen und Vorträgen auf den Weltsozialforen, den Gegenveranstaltungen zu den Weltgipfeln (in Seattle im Jahr 2000, in Porto Alegre 2001, 2002 und 2003) kommt diese Problematik – zu Recht – immer häufiger zur Sprache. Sie wird noch viel häufiger Thema sein, denn die großen internationalen Organisationen (ILO, UNESCO, WHO) haben nicht mehr viel Geld zu verteilen und auch keine Zeit mehr für schöne Reden. Wie ein Jurist bemerkt, »beschränkt man sich heute wieder auf die Minimalforderungen der allerersten Sozialphilanthropen des neunzehnten Jahrhunderts: Eindämmung von Epidemien, Verbot von Zwangsarbeit, Einschränkung der Kinderarbeit und so weiter«[10]. Die zahllosen nichtstaatlichen Organisationen (NGOs), die sich an dieser Front engagieren, greifen also die Argumente der antikolonialistischen und antiimperialistischen Bewegungen der Vergangenheit wieder auf. Sie tragen dieselbe Fackel; die Methoden haben sich verändert, die Gegner ebenfalls – der Protest ist derselbe.

Das Problem ist, daß in den Ländern des Südens logischerweise das Mißtrauen wächst. Das aber erschwert die Durchführung der – wenigen – nicht profitorientierten internationalen Programme, die ein uneigennütziges wissenschaftliches Interesse vertreten. So ergeht es zum Beispiel dem umfangreichen internationalen Projekt zur Untersuchung und Erhaltung der genetischen Vielfalt der menschlichen Spezies, das die genetischen Profile von zehn- bis hunderttausend Individuen aus fünfhundert der rund fünftausend sprachlich oder kulturell unterschiedlichen menschlichen Populationen erstellt und analysiert. DNA-Untersuchungen, die anhand von Blut- oder Zellproben durchgeführt werden, sollen – in aller Transparenz – über verschiedene genetische Gegebenheiten und gesundheitliche Zustände auf der Erde Aufschluß geben. Dieses Projekt stößt bei den Einheimischen auf erheblichen Widerstand. Was man verstehen kann.

Sogar die Zusage, sie an eventuellen Gewinnen aus der möglichen Auswertung der Proben zu beteiligen, konnte das Mißtrauen nicht ausräumen. Die betroffenen Bevölkerungen »haben das Gefühl, daß ihre genetischen Ressourcen zu ihrem Nachteil ausgebeutet werden, so wie es zuvor mit Pflanzen und Saatgut geschehen ist, die sich westliche Industrieunternehmen angeeignet haben«[11].

Schlechte Erfahrungen machen jede gute Absicht fragwürdig.

Eine isländische Gen-Saga

Es kommt auch vor, daß relativ reiche Länder oder Gruppen von Menschen, die es gar nicht nötig hätten, sich kollektiv an Unternehmen beteiligen, die wissenschaftliche Erkenntnis und kommerzielle Aneignung unauflöslich miteinander verknüpfen. In Anbetracht des schwindelerregenden Tempos der biotechnologischen Fortschritte wissen die Beteiligten dabei selbst nicht genau, was sie eigentlich »verkaufen«. Ein häufig genannter Fall ist Island, das sich 1998 auf das erstaunliche Projekt *DeCode Genetics* eingelassen hat.

Das Projekt zielt darauf ab, die außergewöhnliche Homogenität einer Population von 270 000 Seelen auszunutzen, die sich Einflüssen von außen lange Zeit verschlossen hat und somit ein hochinteressantes genetisches Material zur Auswertung zu bieten hat. Sein Initiator ist Karl Stefansson, ein amerikanischer Geschäftsmann isländischer Herkunft, der lange Professor für Neurologie an der Harvard Business School und Experte für Plaque-Sklerose war. Sein spezialisiertes Labor wollte das exklusive Recht erwerben, die genetischen und genealogischen Eigenschaften der isländischen Bevölkerung zu erfassen und zu archivieren.

Dieses Recht wurde tatsächlich gegen zwei Millionen Dollar vergeben. Dank seinem wissenschaftlichen Ansehen vor Ort und seiner Überredungskunst gelang es Karl Stefansson, rund hundert einheimische Ärzte zur Mitarbeit zu bewegen. Nicht jeder verstand voll und ganz, worum es ging, der Widerstand war schwach und beschränkte sich im wesentlichen auf die Vertreter der Kirchen. Das Althing, das isländische Parlament, gab seine offizielle Zustimmung mit der Verabschiedung eines entsprechenden Gesetzes am 17. Dezember 1998. Einige Lokalzeitungen ließen Andeutungen fallen, wonach das eine oder andere Regierungsmitglied geschmiert worden sei, doch ihr Protest blieb ohne Wirkung. So kam es, daß Island für weniger als tausend Dollar pro Kopf einem privaten Unternehmen Zugang zu seinen Genen und seiner Genealogie gewährt. Erst die Zukunft wird zeigen, was dieser merkwürdige Handel, der von einem Science-fiction-Autor hätte stammen können, für Folgen zeitigen wird.

Seit dem Ende der neunziger Jahre sind viele Verträge dieser Art geschlossen worden; es werden in Zukunft noch viel mehr werden. So hat das australische Unternehmen Autogen Ltd. bereits mit dem Gesundheitsminister des pazifischen Königreichs Tonga einen Vertrag geschlossen, mit dem es die Exklusivrechte an den Genen der Männer, Frauen und Kinder des Archipels zwischen den Fidschi- und den Cook-Inseln erwarb. Allerdings hat sich Tonga, ein relativ armes Land, auf Rechteabtretungen dieser Art spezialisiert: Zu früheren Taten der Regierung zählen der Verkauf ihres Anteils am geostationären Orbit und die Einrichtung von Internet-Adressen, die an den Meistbietenden vermietet werden.[12] Rund um die Welt gibt es heute zahlreiche Gemeinschaften, die wegen ihrer Isolation und der »Reinheit« ihres Erbguts das Interesse der Genjäger wecken; das gilt u. a. für mehrere tibetische und neuseeländische Gruppen. Wie sollten sie auch einem finanziellen Angebot widerstehen, das, im Moment jedenfalls, wie ein Geschenk des Himmels scheint? So hat sich schon früher die Gemeinschaft der Mormonen, die sich so sehr für die Ahnenforschung begeistert, dem Unternehmen Myriads Genetics für eine prospektive Studie zur Verfügung gestellt. Der freie Zugang zur Genealogie der Mormonen auf der Grundlage von Daten der Universität von Utah und des bundesstaatlichen Archivs für Krebserkrankungen verschaffte Myriads Genetics einen wert-

vollen Vorsprung gegenüber der Konkurrenz. »Auf diese Weise«,
so die Zeitschrift *La Recherche*, »konnte das Unternehmen ein
Patent auf die DNA-Sequenz BRCA 1 (Brustkrebsgen) erwerben,
mit dem alle denkbaren industriellen Verwendungsmöglichkeiten
abgedeckt sind. Später gelang es Myriads Genetics, eine exklusive Lizenz des Patents zu erwerben, das die Verwendungsfor-
men von BRCA 2 schützt und einem Konkurrenten, dem Start-
up-Unternehmen Oncormed, gehörte.«[13]

Das neue Zeitalter des Rassismus?

Neben der Wiedereinführung des Kolonialismus ist der Rassismus eine weitere Erscheinungsform des Rückschritts. Dabei hat
der aktuelle Diskurs und die »politische Korrektheit« in den Medien die Rassendiskriminierung – zu Recht! – zum absoluten
Greuel erklärt, so daß uns die Rangeinteilung von Menschen
nach Haut- oder Haarfarbe nicht nur wissenschaftlich absurd,
sondern auch moralisch verwerflich erscheint. Rassismus ist für
uns der Gipfel rückwärts gerichteten Denkens, des Hasses und
der Ignoranz. Daran ist nicht zu rütteln.

Inzwischen aber greift in unserer Gesellschaft ein neuer Rassismus um sich, der nicht mehr die Hautfarbe oder die Form der
Augen zum Maß aller Dinge erklärt, sondern das genetische Profil des einzelnen Menschen. Dank der heute recht genauen Kenntnis des menschlichen Genoms, der immer größeren Zuverlässig-
keit der Gentests zu immer niedrigeren Kosten, die infolgedessen
immer mehr zur gängigen Praxis werden, gewöhnen wir uns allmählich an die Vorstellung, daß die Wissenschaft den Genotyp
jedes Menschen und seine Risiken für Erbkrankheiten mit großer
Präzision feststellen kann. Diese zuverlässige »genetische Identi-
fizierung« – mit der bekanntlich schon Straftäter überführt wurden – erlaubt Voraussagen über die individuelle Anfälligkeit für

bestimmte Erbkrankheiten wie Chorea Huntington oder das Fragile-X-Syndrom. Mit anderen Worten, es ist heute möglich, mehr oder minder fundiert zwischen Menschen mit »gutem« genetischem Profil und vom Schicksal weniger begünstigten Personen zu unterscheiden.

Daß diese Innovation der ewigen Debatte um Gerechtigkeit und Chancengleichheit neue Sprengkraft verleiht, liegt auf der Hand. Es gibt also Männer und Frauen, die weniger gut ausgestattet, weniger widerstandsfähig, weniger krankheitsanfällig sind als andere … Das ist weit entfernt von Lohndiskriminierung oder ungerecht verteiltem Immobilienvermögen. Wenn die Genetik sich einschaltet, um Beurteilungskriterien zu liefern, verlassen wir den Bereich der Ungerechtigkeit und begeben uns auf das Terrain der Diskriminierung, die nichts anderes ist als eine Form von Rassismus. Die Frage, die sich stellt, ist recht einfach zu formulieren: Wie werden wir künftig mit diesem neuen Wissen umgehen? Sind wir bereit, kurzerhand die Konsequenzen zu ziehen und uns vom Prinzip Menschlichkeit (das die Diskriminierung ausschließt) ein für allemal zu verabschieden? Oder werden wir imstande sein, diese neue Technik zu zähmen, zu disziplinieren, genauen Vorschriften zu unterwerfen und sie unter strenge ethische und demokratische Kontrolle zu stellen? Das ist der springende Punkt.

Die Frage ist weder abstrakt noch abgehoben. Sie spielt schon jetzt bei sehr konkreten Themen eine Rolle, die alle das Eingreifen des Gesetzgebers nötig haben. Die Verallgemeinerung von Gentests und deren praktische Auswirkungen finden bereits auf zwei Gebieten Anwendung: im Arbeitsrecht und im Versicherungswesen. Auf beiden Gebieten liefern sich die Anhänger des Liberalismus und die Verteidiger eines besorgten Humanismus seit mehreren Jahren einen heftigen Schlagabtausch. Erstaunlich daran ist, daß die Debatte selten vor breitem Publikum stattfindet und kaum je das Medienecho findet, das sie verdient.

Nehmen wir das Versicherungsrecht. Die Frage ist einfach:

Dürfen die Ergebnisse von Gentests herangezogen werden, um das zu versichernde Risiko genauer einzuschätzen, etwa im Fall einer Lebens- oder Krankenversicherung? Ein Versicherter mit »ungünstigem« genetischen Profil stellt natürlich ein höheres Risiko dar. Nach der Logik des Versicherungsgedankens müßte er einen höheren Beitrag zahlen. Deutet sein Testergebnis auf eine besondere Anfälligkeit hin, kann sich der Versicherungsträger sogar weigern, ein bestimmtes Risiko abzusichern. Der unerbittlich – oder vermeintlich – prädiktive Charakter der genetischen Bewertung beschwört das Bild eines Fallbeils herauf, das die Menschen in unverrückbare hierarchisch abgestufte Kategorien einteilt.

In der Theorie scheint die Sache klar, und die Auseinandersetzung geht zugunsten der Gleichbehandlung aus. Tatsächlich verstieße die eventuelle genetische Diskriminierung gegen die im Zusammenhang mit der Genetik geltenden Einschränkungen, die vielfach bekräftigt wurden, zum Beispiel von der universellen Erklärung der UNO zu den Menschenrechten und dem menschlichen Genom, wonach »niemand Ziel irgendeiner Diskriminierung aufgrund seiner genetischen Merkmale werden kann«; oder von dem Übereinkommen des EU-Ministerrats über die Menschenrechte, das »jede Form von Diskriminierung eines Menschen auf der Grundlage seines Erbguts«[14] verurteilt. In Anbetracht so feierlicher Proklamationen scheint man sich einig zu sein: Der Mißbrauch von Testergebnissen ist verboten und bleibt es.

In der Praxis ist die Situation leider sehr viel komplexer. Man könnte sogar sagen, daß trotz der beruhigenden Erklärungen eine gewisse Tendenz zur Bagatellisierung dieses neuen Rassismus zu beobachten ist. Der Mißbrauch des »genetischen Quotienten«[15] ist an der Tagesordnung.

Die genetischen Risiken

Besonders brisant ist die Frage in den USA, weil das amerikanische Versicherungswesen auf den Prinzipien Freiwilligkeit und Individualismus beruht. Es gibt keine allgemeine Krankenversicherungspflicht – die während der Clinton-Ära in dieser Richtung unternommenen Vorstöße wurden rasch wieder aufgegeben. Privatversicherungen und die Logik des Marktes sind nach wie vor die Regel. Auf Bundesebene ist die Verwendung von Gentests durch Versicherungsgesellschaften noch nicht vollständig geregelt. Die einzigen geltenden Gesetze zielen darauf ab, die Vertraulichkeit der Ergebnisse zu gewährleisten, stellen aber das Prinzip des freien Marktes, der in der Angelegenheit eine zentrale Rolle spielt, nicht in Frage. Ansonsten hat jeder Bundesstaat seine eigenen Gesetze. Schon 1997 unterwarfen rund dreißig Staaten, darunter Kalifornien, den Rückgriff auf Gentests durch Versicherungsgesellschaften theoretisch strengen gesetzlichen Einschränkungen. Das verhindert aber nicht, daß bundesweit agierende Unternehmen solche Verbote ohne weiteres umgehen können. In der Praxis fordern Versicherer immer häufiger von ihren Kunden Testergebnisse, ehe sie die Höhe der Beitragszahlung festlegen. Wir können nur feststellen, daß die »Bemühungen, auch auf Bundesebene Antidiskriminierungsgesetze zu erlassen, gescheitert sind und die beiden vorhandenen Gesetze, die sich direkt oder indirekt mit dem Problem befassen, zahlreiche Lücken aufweisen«[16].

In den USA nehmen die Fälle krasser Diskriminierung schon seit langem zu. Bereits im Juni 1991 berichtete eine amerikanische Hausfrau und Mutter in der Verbandszeitung der *National X Foundation*, ihr Versicherungsträger habe ihren Krankenversicherungsvertrag gekündigt, nachdem er erfahren habe, daß bei einem ihrer Kinder das Fragile-X-Syndrom diagnostiziert worden sei. Sie habe danach die größte Mühe gehabt, eine neue Versicherungsgesellschaft zu finden, obwohl das »fragile« Kind aus-drücklich nicht im Vertrag mit eingeschlossen war.[17]

Wer sich darüber empört, daß eine angenommene genetische Ungleichheit derart brutal in Rechnung gestellt wird, der sieht sich mit einer Fülle von Argumenten konfrontiert, die sich nicht alle von der Hand weisen lassen. Zum Beispiel mit dem Hinweis, daß genetische Informationen sich nicht wesentlich von den seit jeher üblichen Maßstäben im Versicherungswesen unterschei-den. Tatsächlich müssen vor dem Abschluß eines Vertrags zahl-reiche medizinische Angaben gemacht werden: über bereits be-stehende Krankheiten, die familiäre Vorgeschichte, persönliche Gewohnheiten wie Rauchen und so weiter – im Vergleich dazu seien die genetischen Informationen nichts wesentlich anderes. Es sei nicht einzusehen, weshalb es verboten sei, auch genetische Daten heranzuziehen. Das Wissen um das Erbgut eines Men-schen, heißt es weiter, sei eine Information wie alles andere; es könne nicht für alle Zeiten geheimgehalten werden. Manche be-haupten sogar, das Verbot von Gentests könnte sich als kontra-produktiv erweisen, weil es beispielsweise eine notwendige Re-form des Gesundheitssystems erschwere.

Doch die am häufigsten vorgebrachten Argumente stützen sich auf die vorherrschende Ideologie des Individualismus und Libe-ralismus. In den meisten industrialisierten Ländern geht die Ten-denz in der Tat zur ungehemmten Privatisierung aller Risiken im Zusammenhang mit Gesundheit, Altersvorsorge und so wei-ter. In diesem Licht würde das Verbot von Gentests tatsächlich diejenigen mit »günstigem Erbgut« zu vergleichsweise überhöh-ten Beiträgen zwingen: Sie müßten für die anderen mitzahlen. Außerdem drohte es eine »Informationsschieflage« zwischen ein-zelnen Versicherungsgesellschaften einzuführen, die zwangsläu-fig zum wirtschaftlichen Bankrott der weniger gut informierten Unternehmen führen würde. »Damit nicht genug: Die Versiche-rungsgesellschaften könnten die genetische Diagnose benutzen, um jenen, die sich freiwillig einem Test unterziehen und negative Ergebnisse vorlegen können, erheblich niedrigere Beiträge anzubieten, was für beide ein Gewinn wäre, sowohl für die Versicherungsnehmer mit günstigen Aussichten als auch für die Unternehmen, die sie versichern.«[18]

Wir kommen also wiederum zur selben Schlußfolgerung: Problematisch oder verurteilenswert ist nicht die genetische Information als solche (das wäre absurd), sondern ihre Instrumentalisierung durch den Markt und die damit verbundene Ideologie des Individualismus. Anders ausgedrückt: Es treffen wieder einmal die Auswirkungen der drei großen Revolutionen unserer Zeit (der Wirtschaft, der Informatik, der Genetik) aufeinander, und wie sich zeigt, lauern hier ganz neue Gefahren. Theoretisch wäre die einzige Möglichkeit, das Dilemma der Gentests gerecht zu lösen, *auf das unantastbare Prinzip der Risikoverteilung zurückzugreifen*, nämlich das »alte« System der allgemeinen Krankenversicherung. Zahlreiche amerikanische Experten sprechen sich übrigens für diese Lösung aus und wundern sich, weshalb man in Europa davon wieder abkommt und gerade im Gesundheitswesen mit der Liberalisierung liebäugelt. »Die meisten Experten, auch in den Vereinigten Staaten, halten die allgemeine Krankenversicherung für die einzige Lösung: Nur mit dem vollständigen Lastenausgleich läßt sich vermeiden, daß Personen mit überdurchschnittlich hohem Risiko bestraft werden.«[19]

Aber die Entwicklung auf dem alten Kontinent geht genau in die entgegengesetzte Richtung.

Die genetisch Benachteiligten

In Europa ist die Situation heute einigermaßen verworren. Manche Länder mit liberalerer Tradition oder weniger ausgeprägtem Solidaritätsdenken – Großbritannien zum Beispiel – sehen die Sache ganz nüchtern und akzeptieren die genetische Diskriminierung. So verwarf die Regierung in London kurzerhand die Warnung einer Beratungskommission, der Human Genetics Advisory Commission, die für die Auswertung von Testergebnissen durch Versicherungsgesellschaften ein zweijähriges Moratorium gefordert hatte. Im Februar 1997 hat sich der Verband der britischen Versicherungsgesellschaften die Regel gesetzt, vor dem Abschluß einer Lebensversicherung oder der langfristigen Absicherung bestimmter gesundheitlicher Risiken die Ergebnisse von Gentests zu verlangen. Im September 2000 erteilte Großbritannien den Versicherern sogar offiziell die Genehmigung, die Testergebnisse zu verwenden.

In der Praxis wird allerdings von Fall zu Fall entschieden, was die gesetzlichen Vorschriften ein wenig entschärft, wie ein britischer Genetiker bestätigt. »Die Versicherer sind heute verpflichtet, ihre Forderung präzise zu begründen, bevor sie von ihren Kunden irgendwelche genetischen Informationen verlangen. Wenn sie mit dieser Verpflichtung konfrontiert werden, fallen 95 Prozent der Forderungen von selbst in sich zusammen, weil sie völlig unhaltbar sind.«[20] Das ändert freilich nichts daran, daß die Regel als solche eindeutig diskriminierend ist.

In Deutschland verpflichten die gesetzlichen Krankenversicherungen die Versicherten einstweilen noch nicht zum Gentest. Die meisten privaten Krankenversicherungen hingegen haben eine für fünf Jahre geltende Selbstverpflichtung unterschrieben, wonach sie darauf verzichten, den Abschluß eines Vertrags von einem Gentest abhängig zu machen; das gilt allerdings nur für Versicherungssummen bis zu 250 000 Euro. Wer einen Vertrag über eine höhere Summe abschließen will, muß sich genetisch testen lassen, und nach Ablauf des fünfjährigen Moratoriums werden die Karten ohnehin neu gemischt.

In Frankreich hingegen stehen die feierlichen Proklamationen in auffälligem Widerspruch zur Doppeldeutigkeit der Gesetzestexte und zur gängigen Praxis. Nach dem Wortlaut der Gesetze ist es den Versicherern formell verboten, die Ergebnisse von

Gentests zu verwenden; das sogenannte Bioethikgesetz vom 29. Juli 1994 erlaubt Gentests lediglich zu medizinischen oder wissenschaftlichen Zwecken und stellt sogar die Verwendung von Informationen über eine Person, die aus der Untersuchung ihrer genetischen Merkmale gewonnen wurden, zu anderen als medizinischen oder wissenschaftlichen Zwecken unter Strafe. Die Versicherungsgesellschaften akzeptierten ihrerseits ein fünfjähriges Moratorium, das verlängert wurde. Auch der französische Ethikrat erinnert immer wieder daran, daß das geltende gesetzliche Verbot für die mißbräuchliche Verwendung von Gentests aufrechterhalten werden müsse. Anscheinend ist Frankreich derzeit gewillt, dem Wind der Liberalisierung zu trotzen. Aber wie lange noch?

Faktisch ist die Gesetzgebung weniger eindeutig, als es den Anschein hat. Die Widersprüche innerhalb des französischen Versicherungsrechts grenzen an Inkohärenz. Zwar ist die Verwendung von Gentests verboten, doch gleichzeitig ist jeder Versicherungsnehmer verpflichtet, seinen Versicherer von einer eventuellen Neubewertung des Risikos in Kenntnis zu setzen, widrigenfalls der Vertrag ungültig wird. Im Klartext: Gentests sind zwar verboten – aber jeder Versicherte muß seinem Versicherer unverzüglich die Ergebnisse etwaiger Tests mitteilen. Eine ziemlich absurde Situation.

Sie ist so absurd, daß sich vor einigen Jahren eine Entwicklung nach dem Vorbild der angelsächsischen Praxis abzuzeichnen begann. Am 25. November 1999 hat der französische Staatsrat mit seiner Stellungnahme zur Revision der bioethischen Gesetze den Weg dafür bereitet. Die Begründung lautete: Die Berücksichtigung der Ergebnisse von Gentests sei grundsätzlich nichts anderes als die ohnehin längst praktizierte Einbeziehung der familiären Vorgeschichte (wie zum Beispiel einer Neigung zu Herz-Kreislauf-Erkrankungen, verschiedener Krebsrisiken u. a.). Nach Auffassung des Staatsrats sind genetische Diskriminierungen langfristig nicht zu verhindern, es sei denn, man erklärt gleichzeitig

die in Versicherungsangelegenheiten gängige und erlaubte Praxis
der Fragebögen zur medizinischen Vorgeschichte für illegal.

Es drängt sich der Eindruck auf, daß die juristischen Bollwerke
unaufhaltsam nachgeben, eines nach dem anderen. Dafür sprechen drei Faktoren unterschiedlicher Natur: zum einen die fortschreitende Bagatellisierung von Gentests, die in naher Zukunft
so leicht zugänglich und so selbstverständlich sein werden wie
jede beliebige medizinische Untersuchung (die USA sind bereits
soweit); zum anderen die ständig wachsenden Gesundheitsaus-
gaben, die den Sozialstaat in einer alternden Gesellschaft akut
gefährden; schließlich die äußerst aktive Lobbyarbeit der Ver-
sicherungsunternehmen, die das liberalisierungsfreundliche Klima ausnutzen, um die öffentlichen Solidarsysteme insgesamt in
Frage zu stellen. (Man denke nur an die europaweiten Debatten
über die Renten- und Pensionskassen!) Es fragt sich, wohin ein
solcher Pragmatismus führt.

In Wahrheit ist nämlich nicht nur das Versicherungsrecht betroffen, sondern auch das Arbeitsrecht. Am brisantesten ist wohl
die Frage, ob der Arbeitgeber vor der Einstellung eines neuen
Mitarbeiters einen Gentest verlangen darf. Können wir akzeptieren, daß außer den üblichen Kriterien (Ausbildung, bisherige
Tätigkeiten, Berufserfahrung, persönliches Profil, graphologi-
sches Gutachten und ähnliches) nun auch noch die »genetische
Ausstattung« über einen Arbeitsplatz entscheidet? Auch hier
klafft ein Abgrund zwischen dem moralischen Anspruch und der
weit weniger menschenfreundlichen Realität.

In den USA erfolgen schätzungsweise 30 Prozent der Einstellungen nach vorheriger Prüfung der genetischen Daten des Bewerbers.[21] Zwar sind nach einem Gesetz vom Januar 1992 über
die *differently abled Americans*, die »anders befähigten Amerikaner«, Gentests vor einer eventuellen Einstellung nur erlaubt,
um reale Behinderungen festzustellen und die konkrete Eignung
des Bewerbers für eine bestimmte Stelle zu beurteilen, doch das
Gesetz ist vage, und die Praxis hält sich immer weniger daran.

Nur rund zwanzig Bundesstaaten verbieten die genetische Diskriminierung, und lediglich sieben stellen sie unter Strafe. Tatsache ist, daß die politische und gerichtliche Chronik voll von Präzendenzfällen und Konflikten auf diesem Gebiet ist. Im Februar 2001 zum Beispiel ging die Bundeskommission für die Gleichbehandlung von Arbeitnehmern gerichtlich gegen die Eisenbahngesellschaft Burlington Northern Santa Fe Railroad vor, die im Verdacht stand, sie habe ihre Mitarbeiter zu Gentests gezwungen.

In Dänemark, um ein anderes Beispiel zu nennen, trafen die Sozialpartner im Frühjahr 2000 ein Abkommen, mit dem Gentests bei der Einstellung für sachdienlich erklärt wurden. In Frankreich ist das Verbot zwar noch gültig, doch es werden bereits Forderungen nach einer Lockerung laut. Zu Recht stellt sich der Biologe Axel Kahn die melancholische Frage: »Werden die Arbeitgeber, sobald ihnen erst einmal Gentests zur Verfügung stehen, deren Vorhersagewert dank ihrer Wissenschaftlichkeit ganz anders ins Gewicht fällt als die zuvor genannten Verfahren [Graphologie, Numerologie und ähnliches], angesichts des internationalen wirtschaftlichen Drucks auf ihre Anwendung verzichten können?«[22]

So trägt sowohl im Versicherungswesen als auch im Arbeitsrecht alles dazu bei, eines der Prinzipien, auf denen unser Weltbild beruht, zu untergraben: die Gleichheit aller Menschen vor dem Gesetz. Dieses Postulat, ein wesentlicher Bestandteil der Erklärung der Menschenrechte – »Alle Menschen sind frei und gleich an Würde und Rechten geboren« –, stützt sich auf eine Übereinkunft, die bislang unanfechtbar schien: das *Prinzip Mensch*, das heißt die vollständige, uneingeschränkte und unantastbare Zugehörigkeit jedes Mannes und jeder Frau zu einem *gemeinsamen Menschsein*. Dieses Prinzip schließt selbstverständlich jede Rangordnung oder Diskriminierung aus. Es kann kein Untermenschentum, Halbmenschentum oder unvollständiges Menschsein geben. Noch einmal: Das Menschsein des Menschen ist absolut, es ist weder teilbar noch verbesserbar. Doch jetzt steht, jenseits von allem juristischen oder gerichtlichen Gefeilsche im Zusammenhang mit Gentests, ebendiese Unantastbarkeit in Frage.

Der Mangel an Entschlossenheit, Überzeugung oder Mut, den die Berater und politischen Entscheidungsträger in dieser Angelegenheit an den Tag legen, ist unverantwortlich. Wenn es so weitergeht wie bisher, kann man sich kaum vorstellen, wie sich die Ausbreitung einer »globalen« genetischen Diskriminierung noch verhindern ließe. Dann wäre es recht und billig, »die genetisch Benachteiligten«, wie Jacques Testart sie schon jetzt nennt, ihrem Schicksal zu überlassen. Sollte es je soweit kommen, haben wir den alten Rassismus nur bekämpft, um an seiner Stelle eine neue, noch schrecklichere Diskriminierung einzuführen.

Die Rückkehr des »Verbrechers«

Die Befürchtung, daß die Genetik die Grundlagen für neue Formen der Diskriminierung schaffen könnte, ist allerdings nicht neu. Sie wurde schon zu Beginn der neunziger Jahre geäußert, als unter Fanfarenklängen das »Human-Genom-Projekt« ins Leben gerufen wurde. Dieses ungeheure wissenschaftliche Vorhaben sei mit der Eroberung des Weltraums vergleichbar, hieß es damals. Manche sahen in dem Projekt dennoch nichts anderes als die unüberlegte Anwendung einer »Wissenschaft der Ungleichheiten« und nahmen mit Befremden zur Kenntnis, daß ein solches Unterfangen staatliche Fördergelder erhielt. Auch wenn die Bedenken und Befürchtungen sehr bald abgetan wurden, waren sie nicht ganz unbegründet.

Wer daran noch Zweifel hat, braucht sich nur anzusehen, was heute auf einem dritten juristischen Gebiet geschieht, nämlich im Strafrecht. Sicher sind die Mißstände und Fehlentwicklungen hier besonders deutlich und empörend. Erinnern wir uns zunächst an den Kontext. Die Verhängung von Strafen nimmt in unseren Gesellschaften seit Jahren rapide zu. Die Umstände sind inzwischen hinlänglich bekannt: Je mehr die moralischen Einschränkungen schwinden, je schwächer die kollektiven Zugehörigkeiten werden, die großen Glaubenssysteme zerfallen und die soziale Bindung nachläßt, desto mehr erscheint die »Bestrafung« als letzte mögliche Regulierungsmaßnahme, weshalb sie automatisch dazu neigt, sich zu verstärken und auszuweiten. Je zersplitterter eine Gesellschaft ist, desto repressiver wird sie.[23] Vor diesem Paradox stehen heute die meisten Demokratien.

In den Vereinigten Staaten ist die Bestrafung bekanntlich brutaler und spektakulärer. Die Zahl der Häftlinge nahm innerhalb von rund dreißig Jahren um das Sechs- bis Siebenfache zu: Von knapp dreihunderttausend in den sechziger Jahren stieg sie bis heute auf fast zwei Millionen, und die 1976 vom Obersten Gericht wiedereingeführte Todesstrafe erlebte eine regelrechte Renaissance (achtundneunzig Hinrichtungen im Jahr 1999, während rund viertausend Verurteilte in den Todeszellen auf ihre Exekution warten). Gleichzeitig hat sich die Strafrechtsdoktrin verhärtet. Heute gilt das Konzept der »Null-Toleranz«. Diese neue Politik, »die von dem früheren New Yorker Bürgermeister Giuliani angestoßen wurde und jenseits des Atlantiks besser bekannt ist als die Theorie der ›zerbrochenen Scheibe‹, besteht darin, das geringfügigste Vergehen unmittelbar strafrechtlich zu ahnden: Damit wird die Kriminalisierung der Armut und die Ausmerzung gefährlicher Bevölkerungsschichten in den Rang einer Sozialpolitik erhoben.«[24] Auf diese Weise, meint der Soziologe und Berkeley-Professor Loïc Wacquant, »wird der Sozialstaat durch den Bestrafungsstaat ersetzt«[25]. Die Formulierung spricht für sich.

In den USA und in geringerem Ausmaß auch in Europa hat sich die Vorstellung von Gefährlichkeit und die Forderung nach

Sicherheitsverwahrung nach und nach gegenüber der alten Trias Bestrafung – Besserung – Wiedereingliederung durchgesetzt. Es geht nicht mehr so sehr darum, den Straftäter zu bessern, als darum, ihn beiseite zu schaffen – er soll ein für allemal hinter Gitter. Daher die verschleierte Rückkehr zu einer archaischen Praxis wie der lebenslänglichen Haft (die in den USA sogar doppelt und dreifach verhängt wird); daher vor allem die verheerenden Folgen der neuen genetischen Ideologie oder die abwegige Vorstellung, es liege »alles in den Genen«. Das ist es, was uns hier interessiert. Wenn wir geradezu zwanghaft auf der überragenden Bedeutung der Gene für die Struktur der Persönlichkeit beharren – und damit andeuten, es sei alles angeboren, folglich unausweichlich –, *wittern wir schon wieder eine vermeintliche Prädestination zum Verbrecher*. Demnach gäbe es ein »Verbrechergen«, dem gegenüber die uralten guten Absichten der Humanisten oder die Überzeugung von der Lernfähigkeit (beziehungsweise Umerziehbarkeit) des Menschen sinn- und wirkungslos wären.

Die angebliche Prädestination zum Verbrecher kehrt in regelmäßigen Abständen in die öffentliche Diskussion und die Medien zurück. Schon Ende der sechziger Jahre war anläßlich eines besonders abscheulichen Verbrechens – ein gewisser Richard Speck hatte in einer einzigen Nacht neun Krankenschwestern ermordet – von einem Verbrecherchromosom die Rede, nämlich einem zweiten männlichen Geschlechtschromosom in seinem Erbgut (die Kombination XYY). Der Delinquent plädierte auf Schuldunfähigkeit infolge des überzähligen Chromosoms, und die Magazine *Time* und *Newsweek* wetteiferten mit Schlagzeilen über das Thema des »geborenen Verbrechers«. Daraufhin befaßten sich auch die Kriminalliteratur und der Film mit dem angeblich unbezwinglichen biologisch verankerten Trieb zum Verbrechen.

Heute setzt sich ein absurder Gedanke durch: Die gefährlichsten Verbrecher stünden genetisch gesehen außerhalb der Menschheit und müßten folglich auch so behandelt werden. »Statt ihnen beim ersten dummen Streich eine Strafe zur erhofften Besserung zu verpassen, fordert die Vernunft, sie ohne weitere Umschweife der Freiheit zu berauben, und zwar für immer, sofern es kein Mittel gibt, um weiteren Untaten vorzubeugen. [...] Die an Genetikern reichen modernen Staaten werden versucht sein, das Zustandekommen asozialer Verhaltensweisen, deren Ursache in der DNA zu finden ist, von vornherein zu verhindern.«[26] In dem vom Sicherheitswahn geprägten Klima, das unsere entwickelten Gesellschaften heute erleben, ist der Rückgriff auf eine illusorische präventive Genetik im Strafrecht eine ständige Verlockung. Im November 1982 zum Beispiel stellte sich die amerikanische Zeitschrift *Science Digest* ernsthaft die Frage, ob man Kinder mit einer genetischen Disposition zum Verbrechen nicht erfassen und von der Gesellschaft isolieren oder aber ärztlich behandeln solle.[27]

Die auf dem Umweg über die Genetik vorweggenommene Kategorisierung von Menschen (ob sie Verbrecher sind oder nicht) kann einem nur »modern« vorkommen, wenn man das Gedächtnis verloren hat. In Wahrheit hatten wir ähnliches schon im neunzehnten Jahrhundert. Vor dem Hintergrund der Industrialisierung und Verstädterung wurden die Gesellschaften in Europa von einer neuen Angst erfaßt, der Furcht vor der gefährlichen neuen Klasse, dem Proletariat. In dieser wissenschaftsgläubigen Zeit stieß die Kriminalpolitik auf unwiderlegliche Argumente für die Ausgrenzung jener, die als potentielle Verbrecher galten. Besonders ein Name ist mit dieser Rechtsauffassung und der Doktrin von der Eliminierung verbunden: Cesare Lombroso, italienischer Arzt, Begründer der Kriminologie und Erfinder des Begriffs vom »geborenen Verbrecher«. Die Ursache von Verbrechen, so seine These, sei in der durch Vererbung und Atavismus erworbenen körperlichen Beschaffenheit der Verbrecher zu suchen. Diese Idee vergiftete die europäische Kriminalistik, die fast hundert Jahre brauchte, um sich wieder davon zu befreien. Und jetzt haben die Verkünder der Weisheit »Die Gene sind alles« einigermaßen unverantwortlich diese Idee wieder ausgegraben.

In seiner berühmten Abhandlung *L'uomo delinquente*[28] begnügte Lombroso sich nicht mit der Behauptung, es gebe eine angeborene Prädisposition zum Verbrechen, sondern *sprach dem »atavistischen«, also degenerierten Individuum sogar den Status des Menschen ab.* In seinen Werken bediente er sich dazu einer Rhetorik, die ein unheimlicher Vorgriff auf die Sprache der radikalsten Genetiker unserer Zeit ist. Der Atavismus könne den Betroffenen in einen Abgrund der Primitivität stürzen, der ihn zum Nichtmenschen mache. So entspreche er im besten Fall, in einer geringeren Ausprägung von Atavismus, geistig dem Typus des Urmenschen der Steinzeit; im schlimmsten Fall, als Idiot, einem Tier. »Verbrecher«, schrieb er, »sind unter uns weilende Affen, gekennzeichnet durch die anatomischen Stigmata des Atavismus.«[29]

In einen ähnlichen Antihumanismus können uns, wenn wir uns nicht vorsehen, die blauäugigen Verkündigungen mancher Wissenschaftler führen, wenn sie zulassen, daß die Unteilbarkeit des menschlichen Prinzips mehr oder minder in Frage gestellt wird. Man denke beispielsweise an die seltsamen Berechnungen von Tristram H. Engelhardt, dem Papst der amerikanischen Bioethik, dem zufolge wir zwischen »menschlichen Personen« und »menschlichen Nichtpersonen« (etwa Menschen im Zustand des Komas oder der senilen Demenz) klar unterscheiden müßten. Da genügt ein kleiner Schritt, um in diese Kategorie auch die Verbrecher aufzunehmen und, warum nicht, die Armen …

Die Wiedereinführung der Sklaverei

Die Armen? Tatsächlich läßt diese positivistische Verzerrung des Prinzips Mensch noch viel empörendere Rückfälle in die Vergangenheit als Kolonialismus und Rassismus denkbar werden. Der Grund liegt auf der Hand: Der Begriff »Humanität« ist in unserer Geschichte noch relativ jung und folglich anfälliger, als man glaubt. In seinem Namen wurden die Ungerechtigkeiten und extremsten Formen von Beherrschung wie die Sklaverei zuerst bekämpft, dann abgeschafft. Ein Zeitgenosse von Aristoteles oder ein Bürger des Römischen Reichs konnte sich über das Sklaventum in keiner Weise entrüsten, weil *das griechisch-römische Altertum nichts wußte von der universellen Natur des Menschen*, also dem Prinzip der Humanität. Die Philosophie der Antike erfaßte die Menschen nur über bestimmte rechtliche Kategorien (Bürger, Vater, Sklave, Freigelassener etc.), die fundamentale Unterschiede zwischen ihnen begründeten und damit jede Definition des Menschen »im allgemeinen« ausschlossen. Die Römer, erinnert Bernard Edelman in diesem Zusammenhang, »hatten keinen Begriff von der Einzigartigkeit des Menschen als Ebenbild Gottes. Ihr Polytheismus verlangte zwangsläufig eine Vielzahl rechtlicher Stellungen für die menschliche Person.«[30] Aristoteles wiederum war nicht nur überzeugt von einem fundamentalen, wesensbedingten Unterschied zwischen den Griechen und den Barbaren, sondern dekretierte darüber hinaus (in seiner *Politik*), die einen seien zur Freiheit geboren, die anderen zur Sklaverei.

Aus dem jüdisch-christlichen Monotheismus und später dem Humanismus der Renaissance und der Aufklärung konnte der Begriff der Humanität, des Menschlichen erwachsen, auf dem der für alle Menschen gleichermaßen geltende Satz von der Unantastbarkeit der Würde ruht. Wird dieses Prinzip wieder hinfällig oder von der Wissenschaft in Frage gestellt, so kann nichts mehr verhindern, daß das Konzept der Sklaverei in unserer Ge-

sellschaft wiederauftaucht. In diesem speziellen Fall besteht der
Irrtum des Positivismus darin, daß er die Ethik oder sogar das
Recht servil an der Wissenschaft auszurichten versucht.[31] Eine
Übertreibung? Eine aus der Luft gegriffene Furcht? Tatsache ist,
daß in der zeitgenössischen Literatur zum Thema und in den
bioethischen Debatten immer wieder das Bild der Sklaverei her-
aufbeschworen wird, und dies im Zusammenhang mit so unterschiedlichen Fragen wie der Klonierung, der Stellung des Embryos, der Patentierbarkeit von Leben und so weiter.

François Gros zum Beispiel widersprach vor mehr als zehn Jahren heftig und zu Recht dem fragwürdigen Begriff »Präembryo«
mit der Begründung, daß er in den Prozeß der Menschwerdung
die Idee einer Abstufung, einer Rangfolge einführe. »Diese Absicht«, schrieb er, »würde uns von dem modernen Gedanken der
Universalität des Menschen wieder abbringen und zu einer hierarchisch gegliederten Menschheit zurückführen, mit der einst die
Sklaverei legitimiert wurde.«[32] Denselben Einwand äußert Marie-
Angèle Hermitte in bezug auf die Rekonstruktion des Menschen
als technisches Objekt durch die Technowissenschaften. »Die
Person ist jetzt also Subjekt und Objekt zugleich: Das ist praktisch eine Wiedereinführung der geistigen Struktur, mit der die
Sklaverei legitimiert wurde.«[33] Auch Patrick Verspieren warnt
vor einer möglichen »Wiedereinführung der Sklaverei«, allerdings im Zusammenhang mit dem Klonen und der gentechnischen Manipulation des menschlichen Erbguts, womit der so
erzeugte künftige Mensch auf den Rang eines »Instruments«
reduziert würde.[34] Auch Étienne Perrot zieht den Begriff Sklaverei heran, um gegen die kommerzielle Vergegenständlichung
der menschlichen Gene zu protestieren. »Immer häufiger setzt
sich die Auffassung des römischen Rechts durch«, schreibt er,
»die viele Lebewesen mit einer Sache gleichstellte, bis hin zu den
Kindern und den Sklaven; ausgenommen war lediglich der römische Bürger.«[35]

Mit demselben Vergleich verurteilt Henri Atlan jede Form von genetischer Planung, die darauf hinausliefe, den Menschen zum »Mittel« irgendeines (auch therapeutischen) Zwecks zu machen. »Das wäre nichts anderes«, schreibt er, »als die Einführung einer neuen Form von Sklaverei und Züchtung von Sklavennachwuchs, bei der Individuen von Geburt an zum Objekt expliziter Wünsche verurteilt wären – nicht nur unbewußter Wünsche, wie es immer der Fall ist.« Die äußerste Konsequenz dieser Überschreitung beschreibt Atlan so: »Damit würde nicht nur die Person des betroffenen Individuums geleugnet, sondern es zerfiele auch die Realität des Menschseins, wie es in der Erklärung der Menschenrechte begründet ist, zu Trümmern.«[36]

Diese Übereinstimmungen sind um so frappierender, als die allen zitierten Autoren gemeinsamen Befürchtungen durchaus nicht abstrakt sind. Das erstaunlichste ist, daß wir schon in den täglichen Nachrichten Meldungen über ganz konkrete »Grenzfälle« hören können. Wir nehmen solche Umwälzungen mit einem diffusen Erschrecken zur Kenntnis, ohne uns wirklich klarzumachen, was sie bedeuten. Zwangsläufig – denn das Wort »Sklaverei«, das nicht anders als der »Völkermord« oder die »Barbarei« immer wieder reichlich unüberlegt benutzt wird, ist zu abgegriffen und damit abgewertet. Das ist ärgerlich. Es hindert uns daran zu begreifen, daß es sich in den genannten Fällen um *echte* Sklaverei handelt, die eine ontologische Unterscheidung zwischen Menschen trifft. An Beispielen fehlt es nicht.

So hat ein Biosoziologe mit vollem Ernst vorgeschlagen, Frauen aus der dritten Welt sollten sich gegen Bezahlung Embryonen von Frauen aus den westlichen Ländern implantieren lassen und für sie als Leihmütter fungieren. Sie nähmen den reicheren und beschäftigteren Frauen aus dem Norden die Beschwerlichkeit der Schwangerschaft und die Schmerzen der Geburt ab, bekämen für jedes »Austragen« ein paar tausend Euro und könnten damit ihr materielles Elend lindern, während der Norden mit dem Export von tiefgefrorenen Embryonen und dem Reimport anpas-

sungsfähiger, mühelos assimilierbarer Säuglinge das Problem
des Geburtenrückgangs und der Zuwanderung in den Griff be-
käme.[37] Die extremsten Befürworter des Liberalismus sehen
nichts, was gegen die Einführung eines solchen internationalen
Handels spräche.

Es ließe sich nun einwenden, daß es sich dabei um einen einmaligen Grenzfall am Rand der Absurdität handelt, aber das ist
keineswegs sicher. Im Internet und in der Weltpresse finden sich
immer wieder Spuren von Unternehmen oder Vorhaben dieser
Art. Im Sommer 1995, berichtet Jacques Testart, offerierte das
Petersburger Unternehmen AIST mit einer Anzeige in der englischen Ausgabe der russischen Zeitschrift *Aeroflot* die freiwilligen
Dienste von Frauen, die bereit seien, sich inseminieren zu lassen
und die bestellten Kinder auszutragen. Die Firma garantierte die
jeweils gewünschten körperlichen Merkmale wie Augen-, Haarfarbe und so weiter bei der Erzeugerin sowie einen ordnungs-
gemäß ermittelten gehobenen Intelligenzquotienten und verpflichtete sich außerdem, sich um die Visumsangelegenheiten und
den Transport des Neugeborenen zu kümmern, nachdem die
Vaterschaft des Spenders/Käufers mittels Gentest bestätigt worden sei.

Dieser neue »Sklavenmarkt« ist eine Ungeheuerlichkeit, aber
im Grunde nichts anderes als die direkte Fortsetzung des Organhandels, der, wie wir gesehen haben, bereits offiziell stattfindet.
Der Rückfall in den Menschenhandel ist um so bedeutungsvol-
ler, als er sich mit der sehr »modernen« Verabsolutierung des
Marktes rechtfertigt. Wenn die Regel lautet, daß alles einen Preis
hat und alles gekauft und verkauft werden kann, mit welchem
Argument sollte man den neuen Parias verbieten, nicht nur ihre
Arbeit oder sexuellen Dienste zu verkaufen, sondern auch Teile
ihres Körpers oder die Gastfreundschaft ihrer Gebärmutter? Tatsächlich, versicherte Gilbert Hottois im Jahr 1999, »droht ein
großer Teil der liberalen Bioethik mit anarchistischer Tendenz
Situationen herbeizuführen, in der niemand mehr Einwände da-

gegen erhebt, daß ein Armer einem Reichen eine Niere ›frei‹ auf dem Weltmarkt verkauft«[38]. So weit sind wir bereits.

Noch einmal, es ist nicht die Biogenetik, der wir solche tragischen Rückfälle zur Last legen dürfen. Schuld ist vielmehr die Verbindung zwischen den »Angeboten« der Technowissenschaften und dem alles beherrschenden Weltmarkt. Der Zeitgeist, das vorherrschende Denken, die spontane Ablehnung von Regeln und Grenzen im Namen eines inkonsequenten, anarchistischen Liberalismus begünstigen diesen seltsamen Rückfall in die Vergangenheit, den ich hier die regressive Moderne nenne. Die Wiederkehr der Sklaverei im eigentlichen Sinn dank der technowissenschaftlichen Fortschritte wäre nicht vorstellbar – oder würde heftiger bekämpft –, wenn wir nicht durch die Rückkehr der Ungleichheit in unsere Gesellschaften schon gründlich darauf vorbereitet wären. Die »Bagatellisierung der sozialen Ungerechtigkeit«[39], die Blindheit für das Alte im Gewand des Neuen haben solche Regressionen erst möglich gemacht.

Wenn wir auf dem Gebiet der wirtschaftlichen und sozialen Ungerechtigkeiten nachgeben, verurteilen wir uns dazu, auch auf allen anderen Gebieten nachzugeben.

Ein neuer Feudalismus?

Wir wollen uns hier nicht auf eine weitere eingehende Analyse der neuen – bewußten oder unbewußten – Ungerechtigkeiten im Gefolge des Neoliberalismus einlassen.[40] Die sprunghafte Zunahme der Ungerechtigkeiten überall auf der Welt, aber auch innerhalb der einzelnen Länder des Nordens und des Südens ist eine vielfach bewiesene Tatsache. Die damit verbundene, vom Individualismus und dem starken Wunsch nach Autonomie beschleunigte soziale Zersplitterung kehrt sich paradoxerweise gegen das Individuum. Der Mensch besitzt heute gewiß mehr Autonomie als je zuvor in der Geschichte, gleichzeitig ist er aber verunsichert, bindungslos, der alten kollektiven oder rechtlichen Strukturen beraubt, die ihm Schutz gewährten.

Zahlreiche Kommentatoren der wirtschaftlichen Entwicklung verweisen auf den hohen Preis, den die Arbeitnehmer für diese Autonomie bezahlen müssen. Die neuen netzwerkartigen Unternehmens- und Betriebsstrukturen, die heute die alten Hierarchien ersetzt haben, sind flexibler und subtiler, deshalb aber nicht weniger einengend. Die hierarchische Macht ist unsichtbar geworden und somit schwerer zu bekämpfen. Wir kennen die Nachteile dieser falschen »Weichheit« des neuen Managements: individualisierte Normen, Akkordleistung, ständige Beurteilung, Unsicherheit durch immer mehr Teilzeitarbeit, exponentielle Zunahme von Streß, Dauerkontrolle – um nicht zu sagen »Bespitzelung« – jedes Arbeitnehmers dank der Informationstechnologie und so weiter.

»Zwar sind die Löhne der Arbeitnehmer heute siebenmal höher als zu Beginn des zwanzigsten Jahrhunderts«, sagt der Wirtschaftswissenschaftler Daniel Cohen, »aber der Preis für die bessere Bezahlung, die mit einer immer höheren Verantwortung einhergeht, ist ein beträchtlicher psychischer Verschleiß. [...] Die eigentliche Krankheit unserer Zeit ist eher die Depression, die Existenzangst, die Furcht vor Unzulänglichkeit, vor dem Fall, vor dem Fehltritt. An die Stelle der körperlichen Belastung ist der psychische Streß getreten.«[41] Der amerikanische Nationalökonom Robert Reich, ein ehemaliger Berater Bill Clintons, spricht in dem Zusammenhang von der Entstehung einer »verängstigten Klasse«. Christophe Dejours sieht in der »Rückkehr der Angst ins Unternehmen« ein zentrales Phänomen. Der Wirtschaftsexperte Robert Castel wiederum spricht von der »Destabilisierung des Stabilen«, und die amerikanische Essayistin Juliet Schor betont vor allem die erzwungene »Überarbeitung« *(overworking)* der schlechter bezahlten Arbeitnehmer, die häufig zwei und mehr Jobs annehmen müssen, um ihren Lebensstandard zu halten.

Dieses Umfeld bietet günstige Voraussetzungen für eine neue Form von Feudalismus. Nicht zuletzt gibt dank Privatisierung und Deregulierung nicht mehr das abstrakte, allgemeingültige Gesetz den Ton an, sondern der individuelle Vertrag mit dem Arbeitgeber, der häufig eine unverblümte Abhängigkeit festschreibt. Wie im europäischen Mittelalter wird die Zustimmung zur eigenen Unterwerfung gegen die Garantie auf Schutz – oder eine Dienstleistung – eingetauscht. So weist die Abhängigkeit der Bauern überall auf der Welt von den großen Erzeugern von nicht erneuerbarem Saatgut durchaus Ähnlichkeiten mit dem alten europäischen Feudalsystem auf. Die multinationalen Konzerne profitieren von der Schwäche der Staaten und versuchen, die weltweiten landwirtschaftlichen Nutzflächen als *Lehen* unter sich aufzuteilen. Das Wettrennen um die Privatisierung wird bisweilen mit der unaufhaltsamen Privatisierung von Gemeinschaftsland im England des sechzehnten Jahrhunderts verglichen. »Somit könnte der Kapitalismus des einundzwanzigsten Jahrhunderts zu den Sitten, Gebräuchen und juristischen Gepflogenheiten des Feudalismus zurückkehren.«[42]

Wegen dieses globalen Kontexts und der Gefahr möglicher Rückfälle müssen wir den aktuellen Debatten über die Veränderung der Arbeitsverhältnisse größte Bedeutung beimessen. Die Debatten sind allerdings oft sehr wirr, unzusammenhängend, verzerrt oder gehen an der Sache vorbei. Bis auf wenige Ausnahmen sind sie meist nichts anderes als obskure Streitereien zwischen Gewerkschaftlern oder Politikern. Überall in Europa haben die Arbeitgeber aus der angeblichen liberalen Revolution ihr Schlachtroß gemacht. Die neue Tendenz zur sogenannten Kontraktualisierung, die das Gesetz durch den Vertrag ersetzt, erscheint ihnen als unbestreitbarer Fortschritt und Modernisierungsfaktor. Was nicht ganz falsch ist: Sind die Vertragsfreiheit und die friedliche Verhandlung zwischen Sozialpartnern nicht den einengenden, starren Vorgaben eines Gesetzes vorzuziehen? Lassen sie das Getriebe der Wirtschaft nicht viel reibungsloser funktionieren und bieten dabei sämtlichen sozialen Akteuren viel mehr Freiheit? Tatsächlich läßt sich nicht leugnen, daß die Vertragsfreiheit *mit dem modernen Individualismus in Einklang steht.* Im übrigen erklärt der herrschende Neoliberalismus den Kontrakt zu einem Element des magischen Triptychons – Vertrag, Meinung, Markt –, das die neue demokratische Ordnung im einundzwanzigsten Jahrhundert bestimmen soll. So wird es allenthalben behauptet.

Das ist nicht wirklich überzeugend. Natürlich ist das Projekt der Kontraktualisierung der Gesellschaft eine These, die weniger neu ist, als behauptet wird. Im neunzehnten Jahrhundert präsentierten Historiker und Juristen den Sieg des Vertrags über den »Status« bereits als Garantie der Freiheit. Unterwerfung auf der einen Seite, freie Zustimmung auf der anderen: Eine wirklich emanzipierte Welt, hieß es, sei diejenige, in der der Mensch keine anderen als die selbstgewählten Ketten trage. In der Realität ist es nicht ganz so einfach. Die emanzipierende Kraft des Vertrags setzt nämlich ein egalitäres soziales und politisches Umfeld voraus, in dem kein Platz ist für allzu unausgewogene Machtverhältnisse. Ist dies nicht gegeben, so der Jurist Alain Supiot, wird das Vertragsrecht *ein Werkzeug zur Unterwerfung von Personen.* Um die altbekannte Metapher noch einmal abzuwandeln: Soll man den Füchsen und den Hühnern eine gleiche »Verhandlungsfreiheit« im Hühnerstall gewähren?

Die neue globalisierte Wirtschaft zeichnet sich nicht gerade durch egalitäre Beziehungen zwischen den Sozialpartnern aus, nicht einmal in Ländern wie Deutschland, wo die Gewerkschaften noch relativ mächtig sind. Ungleichheit und wachsende Unausgewogenheit in den Machtverhältnissen sind eher die Regel. Die Abhängigkeitsverträge oder gelenkten Verträge, die heute auf dem Vormarsch sind, zeichnen sich also recht häufig durch Bedingungen aus, die sie in die Nähe von Lehensbeziehungen rükken. Zahlreiche Vertragsformen laufen auf eine regelrechte Verpachtung der legislativen Macht des Staates hinaus: Im Namen der individuellen Freiheit legen sie das Schicksal des Indivi-

duums wieder in die Hände privater Mächte. Aber die Marktgesetze sind nicht unbedingt vorteilhaft für den Markt, nicht
einmal innerhalb der New Economy. Man könne sogar davon
ausgehen, meint der Jurist Alain Supiot, Experte für Arbeitsrecht, daß sie den Weg zu neuen Formen der Macht über Menschen öffnen.

»Die freiwillige Unterordnung«, schreibt er, »verliert an Bedeutung, denn sie genügt nicht mehr, um die Bedürfnisse der
Institutionen zu befriedigen, die das Pyramidenmodell durch die
Netzwerkstruktur ersetzen. Von feudaler Machart (wie könnte
man denn nicht an das Vasallentum denken?), weiß das Netz
mit dem simplen Gehorsam gegenüber Befehlen nichts anzufan-
gen. Es muß Personen unterwerfen, ohne sie ihrer Freiheit und
der Verantwortung zu berauben, die den wesentlichen Teil ihres
Preises ausmachen.«[43]

Kolonialismus, Ungleichheit, Rassismus, Feudalismus: Keiner
dieser Rückfälle in die Vergangenheit ist unausweichlich, aber
alle sind möglich, wie dieses Kapitel gezeigt hat. Die Zukunft des
Prinzips Mensch (und der gegenwärtig stattfindenden Revolutionen) ist also keine Frage der Wissenschaft. Sie ist eine Frage
der Ideologie.

KAPITEL 8

Die Genetik in den Klauen
der Ideologie

»Auf jedem Gebiet, auf dem eine Wissenschaft sich
einzurichten beginnt, gibt es zuvor immer schon eine
wissenschaftliche Ideologie; und auf dem Neben-
gebiet, das die Ideologie von der Seite her ins Visier
nimmt, gibt es zuvor immer schon eine Wissenschaft.«

GEORGES CANGUILHEM[1]

Das noch junge Abenteuer der Genetik mit ihren beispiellosen
Entdeckungen, ihren ungeheuren Fortschritten gehört nicht allein
in die Wissenschaftsgeschichte, sondern ebensosehr in die Geschichte der Ideologien. Warum? Weil die genetische Revolution
in jedem Stadium ihrer Entwicklung einen interpretatorischen
Diskurs angestoßen hat, *der nicht nur von Fakten und Wissen
bestimmt ist, sondern auch von Überzeugungen, Weltanschauungen, um nicht zu sagen: Leichtgläubigkeit.* In den letzten Jahrzehnten ist eine regelrechte genetische Ideologie entstanden, die
eine solche Überzeugungskraft und einen derartigen Medien-
erfolg entwickelt hat, daß es uns kaum noch gelingt, sie von den
echten wissenschaftlichen Erkenntnissen zu unterscheiden, auf
die sie sich angeblich stützt. So haben wir uns angewöhnt, systematisch die genetische Ideologie mit der Realität eines Fach-
gebiets oder dem aktuellen Zustand eines Forschungszweigs zu
verwechseln: Das ist gewissermaßen das *Vorurteil* unserer Zeit.

Diese besondere Ideologie nennen manche »genetischen Essentialismus« oder, wie Jacques Testart, »genetischen Totalitarismus«. Genausogut könnten wir von Aberglauben, Religion, sogar von volkstümlicher Götzenverehrung reden, so absurd sind

manche ihrer Auswüchse. Der gegenwärtige Siegeszug dieser Vulgata, ein erstaunliches Phänomen der Meinungsbildung, hat nicht zuletzt die tiefsitzende Orientierungslosigkeit unserer Zeit als Voraussetzung. Die allzu bequeme Lösung, jede menschliche Eigenschaft mit der genetischen Veranlagung zu erklären, entstand im Kontext der allgemeinen politischen und historischen Ernüchterung. Der Niedergang der großen kollektiven Weltanschauungen, die Desillusionen aller Art, die das ausgehende zwanzigste Jahrhundert prägten, haben eine Lücke hinterlassen, ein Vakuum, das nun ein neues Paradigma füllt, jedenfalls teilweise: die Überzeugung von der unabänderlichen Programmierung aller Lebewesen, den Menschen eingeschlossen, entsprechend den Vorgaben ihrer jeweiligen DNA. Die wissenschaftlich nachvollziehbare Programmierung, so die Überzeugung, trete an die Stelle der traditionellen – soziologischen, ökonomischen, kulturellen – Erklärungen, deren Scheitern mittlerweile erwiesen sei.

Der Brite Steven Rose, Präsident der British Association for Science, sprach 1995 unverblümt von diesem Vakuum als einer Ursache des Siegeszugs der Genetik. »Das ist eine Folge des fatalen Verlusts, der die westliche Welt in den letzten Jahren ereilt hat: Die Hoffnung, für soziale Probleme soziale Lösungen zu finden, ist dahin, sozialistische Demokratien und Überzeugungen gibt es nicht mehr. [...] Man sucht also nach Ersatzlösungen. Manche wenden sich dem religiösen Fundamentalismus zu. Andere suchen nach biologischen Erklärungen.«[2] So ist, weitgehend unbemerkt, aus der Genetik ein Gedankensystem mit hegemonialen Neigungen geworden, das den Anspruch erhebt, frühere Denksysteme zu entkräften, während es in Wahrheit oft nur eine Metapher durch eine andere ersetzt.

Es hat also alles mit einer Erwartung und einer sprachlichen Übertreibung, einer Fehlinterpretation begonnen! Das erinnert uns an den berühmten Ausspruch des Philosophen Ludwig Wittgenstein (1889–1951): »Die Philosophie ist ein Kampf gegen

die Verhexung unseres Verstandes mit den Mitteln der Sprache.«[3]
Daß die Sprache der Biologie den Verstand unserer Zeit verhext
habe, ist noch gelinde ausgedrückt. Das Bild des *genetischen Programms*, bei dem es sich, wie die (echten) Wissenschaftler immer wieder betonten, nur um eine Metapher handle, haben wir
für bare Münze genommen. Aus einem schlichten Bild wurde eine
»harte« Tatsache. Die öffentliche Meinung hat sich an starre
Begriffe wie Determination, Programmierung, Prädisposition gewöhnt und fragt sich nicht mehr, was eigentlich dahintersteht.
Nicht zuletzt dank den Übertreibungen der Medien, der sprachlichen Ungenauigkeit einiger Forscher und dem gewaltigen Rummel der Industrie begann besagte Meinung, die DNA als einzige
Ursache aller Eigenschaften nach und nach für wahr zu halten –
die DNA, die der Nobelpreisträger Jacques Monod Ende der
sechziger Jahre, schon damals mit leichter Übertreibung, als »die
grundlegende biologische Konstante« bezeichnete.

Nachdem die Überzeugung von der magischen Allmacht der
Gene bereits ein gewisses Beharrungsvermögen entwickelt hatte,
widerstand sie auch den Protesten der Wissenschaftler, die der
fatale Trugschluß beunruhigte. Zu ihnen zählte auch Henri Atlan
(der nicht der einzige ist und keineswegs der erste war): In einem Vortrag vor dem französischen Institut für Agrarforschung
(INRA) am 28. Mai 1998 demontierte er bis ins Detail die unbedachte Extrapolation von einer Metapher aus der Informatik, die
zur Beschreibung einer Methode durchaus brauchbar ist – dem
»Programm« –, zu einer reduktionistischen Weltanschauung, die
aus dem menschlichen Genom einen »Fetisch« macht (sein Ausdruck). Er verurteilte außerdem die dahinter erkennbaren kommerziellen Absichten: »Wie jeder Fetisch präsentiert sich auch
dieser bereits als Quelle nicht unbeträchtlicher Profite. [...] Mit
anderen Worten, die Kaufleute des Tempels sind nicht weit.«[4]

Wie zahlreiche Genetiker rückt Atlan die Überzeugung von
der Allmacht der Gene in die Nähe des Aberglaubens, erblickt
darin aber auch einen ideologisch motivierten, vielleicht so-

gar manipulatorischen Reduktionismus. Angesichts der auf dem
Spiel stehenden Interessen war die Botschaft in der Tat alles andere als harmlos. Vielleicht wurden die Proteste von Atlan und
seinen Kollegen zuwenig verbreitet, vielleicht verstießen sie zu
sehr gegen den Zeitgeist – fest steht jedenfalls, daß sie kaum
gehört wurden. Weder die großen Medien noch die Politiker
räumten mit dieser sonderbaren »einzigen Wahrheit« auf, die
viel seltener angeprangert wurde als etwa die Dogmen der Wirtschaft. Das unglaubliche Mediengetöse, das heute die geringste
»Bekanntgabe«, das geringste Experiment begleitet, zeugt von
der Beharrlichkeit der Überzeugung. »Tatsächlich«, schreibt
André Pichot ernüchtert, »ist das wichtigste Ergebnis des Spektakels ideologisch: die Erzeugung eines geistigen Klimas, in dem
alles erblich ist.«[5]

Die Gralssuche

Die Verhexung kommt häufig in religiösen Begriffen zum Ausdruck. Wider Erwarten war der genetische Diskurs von Anfang
an gespickt mit religiösen Metaphern und Bezügen. So konnte
man im wahrsten Sinn des Wortes von einer »DNA-Mystik« oder
einer »neuen Theologie« sprechen. Erwähnenswert ist besonders der Fall des amerikanischen Genetikers Walter Gilbert, der
1980 zusammen mit Kollegen den Nobelpreis für Chemie erhielt: Er beginnt seine öffentlichen Vorträge über das menschliche Genom rituell damit, daß er eine CD mit den Gensequenzen
vorzeigt und sagt: »Sehen Sie, meine Damen und Herren, Sie
sind hier!« Ein üblerer Reduktionismus läßt sich kaum denken.
In derselben Geisteshaltung »bezeichnen manche Genetiker das
Genom als ›Orakel von Delphi‹, als ›Zeitmaschine‹ oder als ›Kri-
stallkugel der Medizin‹. Der Genetiker, Chemie-Nobelpreisträ-
ger und erster Leiter des Human-Genom-Projekts James Watson

erklärt in öffentlichen Interviews, ›unser Schicksal [liege] in unseren Genen‹.«[6]

Tatsächlich scheuten sich die Initiatoren des großen wissenschaftlichen Unterfangens von Anfang an nicht, sich auf religiöse Analogien zu berufen. Im März 1986 erklärte Walter Gilbert, der Versuch, das menschliche Genom zu entschlüsseln, sei nichts anderes als die Suche nach dem heiligen Gral – nach der Überlieferung ist der Gral das Gefäß, in dem Joseph von Arimathaia das Blut des gekreuzigten Jesus aufgefangen haben soll; um die Gralssuche drehen sich neben anderen die Ritterromane des zwölften Jahrhunderts um König Artur und seine Tafelrunde. So inszenierten sich die Väter der Genomsequenzierung vorteilhaft als moderne Gefährten von Lanzelot. Im wissenschaftsgläubigen, götzenverehrenden Klima unserer Zeit wurde diese Metapher viele Male aufgegriffen und bis zum Exzeß wiedergekäut.

Soviel verlangte die Presse gar nicht. Sie spielte ohnehin mit beflissenem Eifer mit, vor allem in den USA. Die Bilder waren zwar falsch, aber sie verkauften sich gut. Unter zahllosen Beispielen läßt sich das Magazin *Time* nennen, das im Januar 1994 auf dem Titelblatt einen Mann zeigte, der wie Christus am Kreuz die Arme ausgebreitet und auf der Brust die DNA-Doppelhelix hatte. Die unsichtbaren und geheimnisvollen Gene traten an die Stelle des Heiligen Geistes oder eines Schutzengels; es wurde ihnen unterstellt, sie seien imstande, das Schicksal des Menschen ohne dessen Wissen zu lenken. So wurde die Entdeckung des sagenhaften Grals der Moderne, die Sequenzierung des menschlichen Genoms, zu einem regelrecht mystischen Abenteuer, hüllte sich als solches ins Gewand des Heiligen und war fortan über alle Kritik erhaben. Manche Biologen protestierten, freilich vergeblich, gegen diesen Unsinn, darunter auch Richard Lewontin, ein Feind des genetischen Reduktionismus, der sich mehrfach über die »biologische Gralslegende« lustig machte. »Die DNA«, schrieb er 1993, »ist zum Gegenstand eines echten Fetischismus geworden, der auf das Konto des leidenschaftlichen Missionseifers der modernen Tempelritter und der naiven Unschuld ihrer Gehilfen, der Journalisten, geht, die den Katechismus urteilslos geschluckt haben.«[7]

Die Religiosität des genetischen Diskurses geht über die Anekdote weit hinaus: Sie ist dem Reduktionismus als solchem inhärent. Sobald eine Erklärung als einzig mögliche und alle anderen ausschließende präsentiert wird, bringt sie zwangsläufig die Vorstellung von Totalität, von letzter Gültigkeit mit sich. Totalität aber ist ihrem Wesen nach etwas Religiöses. Auch der Physiker Stephen Hawking erliegt ihr in seiner *Kurzen Geschichte der Zeit*, wenn er erklärt, die Wissenschaftler seien angetreten, um den »Geist Gottes« zu enthüllen. Leon Lederman, ein anderer Physiker und ebenfalls Nobelpreisträger, hat das Teilchen, um das sich ein Großteil seiner Forschungen dreht, »Gott-Teilchen« *(God particle)* genannt.[8] Der Reduktionismus erzeugt stets stark vereinfachende Populärversionen; das gilt auch für die Genetik: Die DNA wird als determinierende Einheit präsentiert, die in der Lage sei, das Wesen des Menschen ein für allemal zu definieren, und erwirbt damit eine symbolische Stellung, die durchaus mit einer göttlichen, jedenfalls spirituellen Realität vergleichbar ist. Und tatsächlich »fungiert der Begriff DNA in der Massenkultur in vielerlei Hinsicht als das profane Gegenstück zum Begriff Seele im Christentum«.[9] Aus den Genetikern hingegen, die mit der ehrfurchtgebietenden Macht ausgestattet sind, die dem gewöhnlichen Sterblichen unzugängliche Hieroglyphenschrift der Gene zu »lesen«, werden die neuen Orakelpriester der Moderne, die Auguren der Technowissenschaft.

Die suggestive Kraft dieser »DNA-Mystik« ist um so furchterregender, als sie sich heute mit den Attributen der Erkenntnis schmückt. Darin erinnert sie eher an die gnostischen Religionen (das griechische *gnosis* bedeutet »Erkenntnis«) als an das historische Christentum. Die Gnosis, mehr oder minder mit orientalischer Esoterik gefärbt, war eine der intoleranten Häresien, gegen die sich das Christentum der ersten Jahrhunderte zur Wehr setzte – man denke nur an den aus Persien stammenden und von Augustinus im fünften Jahrhundert bekämpften Manichäismus. Die heutigen gnostischen Überbleibsel stellen also auch aus streng religiöser Sicht eine Regression dar. Im übrigen führt der unbewußte und mystische Irrweg in die Wiederkehr, diesmal unter wissenschaftlichem Deckmantel, der endlosen *Auseinandersetzungen, die nicht anders zu entscheiden sind als in rein subjektiven Begriffen oder Glaubensmaximen*, wie seinerzeit der Streit zwischen Katholiken und Protestanten über die Gnade, den freien Willen, die Vorbestimmung und so weiter. Bemerkenswert ist allerdings, daß die Mystik der DNA paradoxerweise die Vorstellung von Prädestination über die Idee von Freiheit stellt. »Die Rollen scheinen vertauscht: Heute ist es die Wissenschaft, die häufig die Existenz von Freiheit leugnet, als hätte im Streit zwischen Erasmus von Rotterdam und Luther über den freien Willen nicht der Glaube auf der Seite der Vorbestimmung gestanden, sondern die Vernunft!«[10]

Jean-Jacques Salomon, von dem diese Bemerkung stammt, fügt hinzu, daß die meisten bioethischen Debatten der Gegenwart (Ist der Embryo eine Person? Ist der Klon voll und ganz ein Mensch? und so weiter) die exakte Wiederholung des berühmten Streitgesprächs von Valladolid sind. Die auf Wunsch Karls V. zustande gekommene Diskussion fand von August 1550 bis April 1551 in der Kapelle des Dominikanerklosters San Gregorio im spanischen Valladolid statt und sollte die Frage klären, ob die Indianer der Neuen Welt eine Seele hätten. Ausgefochten wurde die Debatte von Juan Ginès de Sepúlveda, einem leidenschaftlichen Aristoteles-Schüler und -Übersetzer, der den Indianern die Seele absprach, und dem Dominikaner Bartolomé de Las Casas, dem Nachkommen des Paulus aus dem *Brief an die Galater* – und folglich glühendem Verteidiger der Gleichheit aller Menschen. Wie Karl V. im sechzehnten Jahrhundert verlangen die Machthaber heute »Stellungnahmen« von Wissenschaftlern und Weisen, um Streitfragen zu entscheiden. Und die modernen

Auseinandersetzungen sind der Theologie viel näher, als wir meinen.

In den USA, wo die Gesellschaft gleichermaßen von Religiosität wie von kommerziellem Geschick geprägt ist, grenzt der mystisch-wissenschaftsselige Irrglaube bisweilen ans Lächerliche. Ein derzeit vielzitiertes Beispiel ist der Biologe Kary Mullis, Nobelpreisträger aus dem Jahr 1993 und genialer Mystifikator: Er stellt in einer eigens gegründeten Firma kleine Karten oder Medaillons her, die geklonte DNA-Fragmente von Popstars, berühmten Athleten oder beliebten Schauspielern enthalten. Das ist nichts anderes als eine Wiedereinführung des in der Spätantike und dem christlichen Mittelalter weitverbreiteten Reliquienkults. »Die jungen Leute«, verkündete er gegenüber der *New York Times*, »könnten diese Medaillons wie Reliquien oder Totemgegenstände verwenden, könnten zugleich aber durch den Vergleich der Gensequenzen verschiedener Stars eine ganze Menge über die Gene lernen.« Kary Mullis hat es verstanden, die gewinnbringende Dreifachallianz von Leichtgläubigkeit, biologischer Pädagogik und Kommerz zu seinem Vorteil auszunutzen. Nobelpreise kommen eben nicht von ungefähr ...

Derzeit schmückt sich die Wissenschaft nicht nur mit einer irreführenden Religiosität, sondern wird selbst zur Religion.

Meine heiligen Gene ...

Trotz alledem wäre man versucht zu sagen, daß die Verirrung der Molekularbiologie ins Mystisch-Wissenschaftsgläubige nicht das allerwichtigste Phänomen unserer Zeit ist. Auf ein ganz anderes Gebiet begeben wir uns mit der im eigentlichen Sinn ideologischen Entgleisung. Mit Erstaunen stellen wir fest, wie groß der Einfluß ist, den die genetische Vulgata schon jetzt nicht nur auf das kollektive Verhalten ausübt, sondern auch auf die vor-

herrschende Weltanschauung in unseren entwickelten Gesellschaften: ein Phänomen der Meinungsbildung, ein Fall von kollektiver Psychologie, der erstaunlicherweise noch nicht genauer
untersucht wurde. Er hätte es verdient, denn er ist das Ergebnis
einer spektakulären Kollision verworrener Sehnsüchte, neuer Verlockungen, wirtschaftlicher und sozialer Widersprüche unserer
Zeit. Die vorerst spektakulärste dieser Kollisionen erleben wir in
den Vereinigten Staaten.

So ist im Alltag der Amerikaner die unaufhaltsame Tendenz
zu beobachten, alles auf die Gene zu schieben. »In den Mas-
senblättern aus dem Supermarkt, in den anspruchsvollen Feuil-
letons, in den Melodramen und Fernseh-Talk-Shows, in den
Frauenzeitschriften und Ratgebern für Eltern werden Überge-
wicht, Kriminalität, Schüchternheit, Führungstalent, Intelligenz,
politische Orientierung und modische Vorlieben immer nur mit
den Genen erklärt.«[11] Von uns unbemerkt, ist ein lautloses Erd-
beben im Begriff, die traditionellen politischen Kategorien zu
sprengen. In diesem ungeheuren symbolischen Mahlstrom verschwindet auch der Unterschied zwischen rechts und links. Aus
diesem Blickwinkel steht der genetische Totalitarismus den ideologischen Verblendungen der Vergangenheit in nichts nach.

Alle Bereiche des gesellschaftlichen Lebens sind davon betroffen. Nehmen wir als erstes Beispiel den traditionellen Gegensatz zwischen dem Streben nach Individualismus und der in die
Krise geratenen Institution Familie. Die genetische Verankerung,
die Enthüllung des unbezweifelbaren »Ursprungs« befriedigt auf
verschwommene Weise die quälende Identitätssuche, die eine
Eigenheit unserer Gesellschaften ist. In den USA sind Vaterschafts-
tests heute frei verkäuflich, jeder kann nach Belieben seine Abstammung überprüfen lassen. »Ein Mann kann ein Haar von
sich und ein Haar seines Sohnes einschicken und erhält kurz darauf vom Labor den Beweis, daß er der Vater des Kindes ist oder
eben nicht.«[12] Genauso in Großbritannien, wo es sich ein Spezial-
labor, die DNA Testing Agency, seit 1998 zur Aufgabe macht,

Verwandtschaftsverhältnisse genetisch zu klären. Diese neue Gewißheit erscheint vielen wie ein Geschenk des Himmels, ein Ersatz für die Anonymität und Bindungslosigkeit unserer Zeit. Sie ist ein unwiderlegliches Zeichen, das die mit dem Zerfall der Familien einhergehende Ungewißheit und Unbestimmtheit korrigiert. Sie wird als Antwort auf die »Ich-Krise« empfunden. Die genetische Wahrheit soll eine symbolische Stabilität einführen, eine Sicherheit, die um so verlockender ist, als sie nirgends sonst vorhanden ist.

So ist die Erwartung an die Genetik eine Antwort auf die Zunahme der Patchworkfamilien, der Eineltern- und Homoelternfamilien, aber auch auf die wachsende Vereinzelung, die, vor allem in alternativen Kreisen, allmählich zur Regel wird. Die Intensität der Erwartung erklärt jedenfalls die Inflation der Bücher, Artikel, Webseiten, die das Individuum bei seiner Ahnenforschung anleiten. In allen westlichen Ländern verzeichnet der Buchhandel eine spektakuläre Zunahme einschlägiger Titel, selbst in der Jugendliteratur. Hochkonjunktur hat auch die Genealogie-Software, die verschiedene Recherchemethoden vorschlägt *(Schnell und einfach Stammbäume erstellen; Erkunden Sie Ihre Familienchronik).* Es sind sogar kleine Unternehmen entstanden, die auf diesem Gebiet ihre Dienste anbieten. Die genealogische Obsession als Symptom der Identitätskrise hat inzwischen die ganze westliche Welt erfaßt.

Wir müssen uns aber klarmachen, daß die Ahnenforschung hinterrücks mit einer Neubewertung der familiären Bindungen einhergeht. Im Zivilrecht zum Beispiel neigen die amerikanischen Richter dazu, in Scheidungsfällen, bei Entscheidungen über das Sorgerecht oder Konflikten zwischen Adoptiv- und biologischen Eltern die genetischen Verbindungen auf jeden Fall über die emotionalen Bindungen zu setzen. Immer häufiger gibt die genetische Realität den Ausschlag, was ein Werturteil über die Natur der Institution Familie mit einschließt. In diesem Zusammenhang ist festzustellen, daß dadurch auch die Adoption zunehmend ins Zwielicht gerät, weil sie, so der Vorwurf, die Herkunft im dunkeln läßt, ein Blendwerk inszeniert, die biologischen Bindungen kurzerhand als belanglos abtut. In Amerika sind Gruppen und Vereine entstanden, deren einziges Ziel der Kampf gegen die Adoption ist. In ihrer Untersuchung zitieren Dorothy Nelkin und Susan Lindee die Vorsitzende einer dieser Gruppen, der »Bewegung für die Freiheit der Adoptierten«, die erklärt: »Dem Adoptivkind wird ein Schaden zugefügt, der nicht wiedergutzumachen ist, weil seine genetischen Bindungen und das Fundament seiner Identität zerstört sind.«

Ganz nebenbei schlagen die Verfechter der Vorherrschaft der Gene also eine *Neudefinition der Familie* vor: Die wahre familiäre Bindung sei die »Gemeinschaft der Gene«, die gemeinsame DNA. Bei der Vorstellung von einer transparenten und quantifizierbaren »molekularen Familie« kann es einem allerdings kalt über den Rücken laufen – und sei es nur deshalb, weil sie, indem sie sich auf den rein genetischen Aspekt der Abstammung und der Identität versteift, eine Art biologischer Instanz einführt, vor der alle Eltern zu erscheinen haben. Dort könnten sie sich dem Vorwurf ausgesetzt sehen, sie hätten ihrem Nachwuchs die »falschen Gene« weitergegeben. Die Gerichtschronik verzeichnet schon jetzt solche Fälle. »Das ›genetische Tribunal‹, das vermeintlich beschämende Krankheiten zutage fördert, ist eine Ohrfeige für den Begriff Familie. [...] Die mit der Weitergabe dieses Stückchens Unglück verbundene Schuld ist allgegenwärtig.«[13]

Der absurde Vorrang der genetischen »Nachvollziehbarkeit« von Verwandtschaft stellt die Generationen unter einen grundlegenden Verdacht. Er reduziert die genealogische Verbindung auf das (gute oder schlechte) Erbgut und tut die emotionalen Verbindungen, die Übermittlung eines symbolischen Bezugsrahmens, ja die Liebe selbst als Täuschungsmanöver ab. Im Grunde läuft alles darauf hinaus, daß die menschliche Fortpflanzung nichts anderes ist als die Rinderzucht, die Genealogie nichts weiter als die Selektion.

Eine Falle für die Linke

Der genetische Totalitarismus verändert die Auffassung von Familie auch auf andere Weise. Mit der Fixierung auf den vermeintlichen genetischen Determinismus stellt dieser Schicksalsfetischismus den Nutzen jeglicher Erziehung in Frage. Wenn alles ohnehin vom Zeitpunkt der Zeugung an in den Genen des Kindes festgeschrieben ist, hat die Qualität der Erziehung innerhalb der Familie eine geringere Bedeutung, als wir uns bisher vorgestellt haben; dann ist ein Kind eben »wegen seiner Gene« faul, unintelligent, unkonzentriert oder neigt gar zur Kriminalität, und die Eltern haben keinerlei Anlaß, deshalb Schuldgefühle zu entwickeln. Dann ist das Scheitern ihres Nachwuchses nicht auf ein schlechtes Vorbild oder auf ungenügende Erziehung, auf einen Mangel an Liebe oder Zuwendung zurückzuführen, sondern auf seine Chromosomen. Diese Interpretation wird um so bereitwilliger aufgenommen, als sie die Eltern, vor allem wenn das Kind in der Schule versagt, von einem übermächtigen Schuldgefühl befreit.

In den sechziger und siebziger Jahren waren in Fragen der Erziehung die auf der Psychoanalyse aufbauenden Theorien des berühmten Dr. Benjamin Spock maßgeblich. Die heutige Literatur für Eltern stützt sich dagegen nicht mehr auf die Psychologie, sondern auf die Biologie. Sie beruft sich gern auf den genetischen Determinismus, um den Eltern die Schuldgefühle zu nehmen, und empfiehlt ihnen, sich mit der Situation abzufinden. Die heute verbreitete Botschaft ist folgende: Ihre Kinder kommen durchaus nicht als unbeschriebenes Blatt zur Welt, sondern sind bereits weitgehend festgelegt, akzeptieren Sie sie, wie sie sind, und versuchen Sie nicht, sie zu ändern. Diese Argumentation hat den Vorteil, daß sie einerseits mit der berühmten »Ideologie der Kinderrechte« übereinstimmt und andererseits, gemäß der *political correctness*, das Prinzip der absoluten

Toleranz vertritt. Eine allzu direktive, voluntaristische Pädagogik wird im äußersten Fall sogar als sinnlose Brutalität eingestuft. Ganz nebenbei wird damit das Prinzip der Erziehung selbst abgeschafft.

Zu den Autoren, in der Regel Psychologen, die diese neue Tendenz in der Erziehungsliteratur, eine Art von genetischem Fatalismus, vertreten, gehören der Arzt Peter Neubauer und die Psychologen Jerome Kagan und Sandra Scarr. Alle drei sind, jeder auf seine Weise, der Meinung, die Eltern müßten sich an die Vorstellung gewöhnen, daß die Kinder verschieden und ungleich in ihren Fähigkeiten geboren werden. Sandra Scarr sagt dazu rigoros: »Ob ein Kind in der einen oder in der anderen Familie aufwächst, spielt für seine Persönlichkeit und seine intellektuelle Entwicklung praktisch keine Rolle.« Dies anzuerkennen, meint sie, könne »dazu beitragen, zahlreichen unnötigen Opfern ein Ende zu machen und viel emotionalen Kummer zu vermeiden«. Dabei denkt sie offensichtlich an die Eltern, die sie zu trösten versucht, indem sie ihnen das schlechte Gewissen ausredet.[14]

Bleiben wir bei diesem letzten Gedanken. Der Versuch, jede Idee von Versagen oder Verantwortung aus dem Weg zu schaffen, das Bedürfnis, von einem etwaigen Schuldgefühl befreit zu werden, die Suche nach Unschuld: Dies alles hat viel dazu beigetragen, daß der genetische Determinismus in Amerika so großen Anklang fand – was im Land der unbegrenzten Möglichkeiten erst einmal erstaunlich ist. Es erklärt auch, weshalb sich die demokratische Linke von bestimmten Debatten buchstäblich zu Fall bringen ließ. Herausragendes Beispiel ist die Auseinandersetzung, die nach der Entdeckung des angeblichen »Homosexualitätsgens« Anfang der neunziger Jahre ausbrach.

Am Beginn der Affäre stand der 1991 in der seriösen Zeitschrift *Science* veröffentlichte Artikel des Neurobiologen Simon Le Vay, in dem er die Vermutung äußerte, es bestehe ein ursächlicher Zusammenhang zwischen der Größe des Hypothalamus und Homosexualität (Le Vay war selbst schwul). Zwei Jahre später entdeckten der Molekularbiologe Dean Hamer und seine Mitarbeiter einen Zusammenhang zwischen der Struktur eines Genmarkers in einer Region des X-Chromosoms und männlicher Homosexualität. Obwohl Hamer überaus zurückhaltend war und nichts verkündete, wofür es keinen definitiven Beweis gab (nicht bei allen untersuchten Homosexuellen war der strukturelle Unterschied feststellbar), stürzte sich die Presse, in Amerika wie in der restlichen Welt, sofort auf seine Veröffentlichung und sprach fortan vom »Schwulengen«. Kurze Zeit später bereitete Hamer selbst seine Arbeit für das breite Publikum auf und veröffentlichte ein Buch, das die Debatte von neuem anheizte.[15]

Im Unterschied zu Europa, wo die Neuigkeit mit vorsichtiger Skepsis zur Kenntnis genommen wurde, reagierte die *gay community* in Amerika, aber auch ein großer Teil der amerikanischen Linken eher positiv auf die genetische Interpretation, die den Vorteil hatte, daß sie jede Vorstellung von Schuld oder sexuellem Fehlverhalten beseitigte. Fortan konnte sich niemand mehr irgendein Urteil über ein Verhalten erlauben, das bis dahin als abweichend gegolten hatte, denn schließlich war seine Ursache genetisch bedingt, was eine unabweisliche »Legitimation« für alle Schwulen und Lesben mit sich brachte. Ihre sexuelle Orientierung war keine freie Entscheidung und folglich nicht bewertbar. Sie war eine objektive Tatsache und konnte ebensowenig in Frage gestellt werden wie die Haut- oder Augenfarbe, war somit auch definitiv jedem moralischen Urteil entzogen.

Im äußersten Fall ließ der genetische Totalitarismus den Moralbegriff als solchen hinfällig werden. Sämtliche einschränkenden Regeln, auch über die Sexualität hinaus, erschienen auf einmal hinfällig. Im übrigen fanden sich – und finden sich immer noch – Philosophen, die diese Überlegung noch weiter treiben. Nach ihrer Auffassung verkündet die »genetische Erklärung« nichts anderes als das Ende der Moral. Mit welchem Recht

könnten wir einen Menschen noch moralisch kritisieren, wenn
nicht nur seine Vorlieben, sondern auch sein Handeln, sein Verhalten von der Struktur seiner DNA vorbestimmt sind?

Auf den ersten Blick schien die Genetik also der Permissivität
das Wort zu reden. Ein Teil der Linken war – unvorsichtigerweise – überzeugt, in der Genetik die unwiderleglichen Argumente zu finden, um die »liberale« (im angelsächsischen Sinn
des Wortes) Revolution der sechziger und siebziger Jahre zu vollenden. Das war ein Trugschluß. Es lag sogar etwas Pathetisches in
diesem übermächtigen Wunsch nach Befreiung von Schuld. Aber
die Rechnung ging nicht auf: Mit der Abschaffung aller Schuld
oder Verantwortung im Namen der Gene ging auch der Begriff
der Freiheit verloren. Der Sieg der Veranlagung über die freie
Wahl, der Vorrang des Determinismus gegenüber dem Willen
war nichts anderes als eine versüßte Form von Knechtschaft. In
genau diese Falle tappte ein Teil der amerikanischen Linken,
und in dieselbe Falle führt uns heute der leichtfertige Wissenschaftsglaube, für den auch Europa – die Rechte wie die Linke –
nicht unempfänglich ist.

Das Mißverständnis ist ungeheuer, sogar katastrophal. Denn
wenn es *irgendeine* Revolution gibt, die durch den genetischen
Fetischismus möglicherweise vollendet werden könnte, so ist es
die konservative und ultraliberale Revolution, die mit der Reagan-
Ära in den USA begonnen hat. Tatsächlich erfüllt der genetische
Totalitarismus die meisten ihrer Wünsche.

Pech für die Verlierer

Weiten wir die Überlegung aus. Daß die Krise des Sozialstaats
und der Aufschwung der genetischen Ideologie zusammenwirken, ist nicht zu übersehen. Das ist vermutlich kein Zufall. Die
Anhänger des Keynesianismus sind die ersten, die anerkennen,

daß in einer vom Individualismus bestimmten neuen Weltordnung die Biologie dazu neigt, sich an die Stelle der Wirtschafts-
politik zu setzen, wenn es um die Lösung sozialer oder gesund-
heitspolitischer Probleme geht. Das mag absurd erscheinen, ist
aber so. Mit dem Scheitern der großen kollektiven Projekte und
dem Generalverdacht, in den die soziologischen Erklärungs-
modelle für menschliches Verhalten geraten sind, hat der politische Voluntarismus an Glaubwürdigkeit verloren.»Was unsere
Sicherheit angeht, so setzen wir unsere Hoffnungen auf den Fortschritt der Biotechnologien, die, glauben wir, wesentlich wir-
kungsvoller Krankheit, Alter, ja den Tod zu bekämpfen vermögen als der Wohlfahrtsstaat. [...] Im äußersten Fall wird das
Gebiet der politischen Ideen oder Ideologien in die Privatsphäre
der Gefühle und Überzeugungen verbannt.«[16] Der genetische
Totalitarismus entspricht also in Übereinstimmung mit der totalen Marktfreiheit einer Entmachtung der Politik, zumindest was
ihre Aufgabe der Umverteilung betrifft.

Schon die Chronologie der Entwicklung ist vielsagend: Anfang der achtziger Jahre, mit Beginn der von Ronald Reagan
angeführten konservativen Revolution in den USA, wurde über
Arme und Sozialhilfeempfänger auf einmal ganz anders geredet.
Die damalige republikanische Regierung schickte sich an – wie
auch die heutige republikanische Regierung –, die staatliche Unterstützung abzuschaffen, weil sie immense Kosten verursache
und dabei völlig wirkungslos sei, ja geradezu eine Aufforderung
zur Faulheit, und so weiter. Nicht anders die Theoretiker des Liberalismus: Sie bezeichneten die Bewohner der städtischen Armen-
ghettos, die alleinerziehenden Mütter, sogar die Schwarzen als
Problemgruppen, deren Wiedereingliederung schwierig bis unmöglich sei. Hinterrücks wandelte sich der Tonfall, in dem über
soziale Probleme gesprochen wurde. Statt wie zuvor von »benachteiligten Gruppen« zu sprechen, Opfern wirtschaftlicher und
sozialer Mißstände, war auf einmal die Rede von pathologi-
schem Verhalten.

Mit einem Wort, der Arme war kein vom Schicksal benach-
teiligter Bürger mehr, sondern entweder ein geborener Faulpelz
und Schmarotzer oder ein Individuum, dessen geistige oder cha-
rakterliche Minderwertigkeit genetisch bedingt und somit unabänderlich war. Die Liberalen lehnten jedenfalls alle mildernden
Umstände für Armut ab. Es erschienen mehrere in dieser Geisteshaltung verfaßte Werke, die strenge Kritik an den staatlichen Un-
terstützungsprogrammen der demokratischen Ära und generell
am Wohlfahrtsstaat übten. Viel Beachtung fand das Buch des
Politologen Charles Murray, *Losing Ground*, mit dem er anhand
aufwendiger Studien zu beweisen versuchte, daß die staatlichen
Sozialprogramme nichts anderes bewirkten als eine automatische Vermehrung der Armut. In derselben Geisteshaltung hatte
vor ihm der Psychologe Richard Herrnstein behauptet, die Intelligenz des Menschen sei zu 80 Prozent genetisch bedingt. In Wahrheit knüpfte dieser Diskurs an den Sozialdarwinismus des neunzehnten Jahrhunderts an, mit dem einzigen Unterschied, daß er
aus dem genetischen Essentialismus Argumente mit wissenschaftlichem Anspruch bezog, die den Vorteil hatten, daß sie sich perfekt in die weltweit um sich greifende Brutalisierung des Liberalismus einfügten.

»Mit dem globalen Siegeszug einer kapitalistischen Produk-
tionsweise, zu der es keine Alternative mehr gibt«, bemerkt der
französische Genetiker Bertrand Jordan, »neigen unsere mer-
kantilistischen und individualistischen Gesellschaften dazu, die
Solidarität aufzukündigen und alle Verantwortung für das Werden des Individuums abzulehnen. Folglich sind ihnen alle Theorien willkommen, die das Schicksal des Menschen eher auf seine
Gene schieben als auf die Einflüsse der Umwelt, in der er aufgewachsen ist, der Erziehung und der sozialen Herkunft.«[17]

Es stimmt, daß die sozioökonomische Erklärung für Armut
oder Kriminalität in den vorhergehenden Jahrzehnten zu weit
getrieben und die Kontroverse »Angeboren oder erlernt?« fast
immer zugunsten des letzteren entschieden worden war. In den

USA ging ebenso wie in Europa der Opferdiskurs der Linken mit der – bis zur Absurdität gesteigerten – Bemühung einher, jedes soziale Phänomen systematisch mit der »Kultur« zu erklären, während der Anteil der »Natur« am Zustandekommen von Merkmalen und Verhaltensweisen mit Abscheu geleugnet wurde. Als der Wind sich drehte, schlug das Pendel genauso weit in die Gegenrichtung aus: Fortan war alles »angeboren«. Die Berufung auf genetische Fakten wurde zum unschlagbaren Argument, um die naive Gleichmacherei des alten Sozialstaats zu bekämpfen. »Sie wurden zur Waffe im Kampf gegen die staatliche Unterstützung für Bedürftige oder Umerziehungsprogramme in den Gefängnissen. Tatsächlich sind solche Maßnahmen sinnlos, wenn die Ursache der sozialen Probleme in den besonderen biologischen Merkmalen mancher Individuen zu suchen ist.«[18]

So setzte sich nach und nach *eine bequeme Verlagerung der ungelösten sozialen Fragen auf den Gesundheitssektor* durch. Gesellschaftliche Ungerechtigkeit war nicht mehr mit staatlicher Zuwendung und Sozialprogrammen zu lösen, sondern ein Fall für die Medizin. Wir könnten hinzufügen, daß die rigoros genetische Interpretation der Unterschiede zwischen Individuen mit einer neuen, um sich greifenden Mentalität übereinstimmte: Erstrebenswert waren nun wieder der gnadenlose Wettbewerb, die meßbare Leistung, die Belohnung des Tüchtigsten ohne übermäßige Rücksicht auf die Verlierer.

Dieses neue ideologische Klima begünstigte die triumphale Rückkehr einer enthemmten Soziobiologie, in Amerika wie anderswo.

Rückkehr der Soziobiologie?

Worum handelt es sich? Überlassen wir die Definition der Soziobiologie einem ihrer leidenschaftlichsten Vertreter, Edward
O. Wilson. »Die Soziobiologie«, schreibt er, »ist definiert als
die systematische Erforschung der biologischen Grundlagen des
Sozialverhaltens bei sämtlichen Arten von Organismen einschließ-
lich des Menschen, und sie macht sich hierbei Erkenntnisse aus
der Biologie, der Psychologie und der Anthropologie zunutze.«[19]
Und an anderer Stelle: »Dieser synthetische Ansatz entspricht
im wesentlichen der Darwinschen Theorie. [...] Wegen dieser
engen Verbindung zum Darwinismus wurde diese moderne
Theorie Neodarwinismus oder auch Moderne Synthese (oder
Synthetische Evolutionstheorie) genannt.«[20] Damit definierte er
die Natur seines Vorhabens: die Integration der Humanwissen-
schaften in die Naturwissenschaften. Die »moderne Synthese«,
die er sich vornahm, faßte so unterschiedliche Fachgebiete wie
die Genetik, die Verhaltensforschung, die Ökologie, die Popu-
lationsgenetik, die Soziologie und die Anthropologie zu einer
neuen Einheit des Wissens zusammen. Worum es dabei wirklich
ging, war die wissenschaftliche Untersuchung des menschlichen
Verhaltens entsprechend den Prinzipien der Evolutionstheorie
Darwins.

In den siebziger Jahren wurden Wilsons Thesen erbittert bekämpft, besonders von manchen seiner Kollegen von der Harvard University wie dem Genetiker Richard Lewontin und dem
Paläontologen Stephen Jay Gould, die eine linksorientierte Vereinigung gründeten: *Science for People*. Sein schärfster Gegner
aber war Marshall Sahlins, der es sich damals zur Aufgabe machte, die Soziobiologie Punkt für Punkt zu widerlegen, indem er
ihren Reduktionismus, unangebrachten »Genetismus« und geradezu karikaturesken politischen Konservativismus nachwies.[21]
Es sei sinnlos, meint er, den Menschen auf die Biologie reduzie-

ren zu wollen. Im *Prinzip Mensch* existierten eine Logik der Freiheit und eine »symbolische Ordnung«, die außerhalb des reinen Determinismus der Instinkte stünden, ja die gesamte menschliche Kultur, angefangen beim Inzestverbot, sei eine Widerlegung des Determinismus. Trotz einer gewissen Zustimmung von seiten der amerikanischen wissenschaftlichen Gemeinde (vor allem der Anthropologen) war der politische Widerstand gegen Sahlins' Thesen groß und die Auseinandersetzung bisweilen stürmisch. Am 15. Februar 1978, als Wilson auf dem Jahresempfang der AAAS, der amerikanischen Vereinigung für den Fortschritt der Wissenschaften, im Sheraton von Washington einen Vortrag hielt, riß ihm ein Gegner das Mikrofon aus der Hand und hielt ihm ein Hakenkreuz vor die Nase.

In Frankreich wurde Edward Wilsons Soziobiologie von dem allem linken Gedankengut fernstehenden Club de l'Horloge eingeführt. Die verschiedenen Strömungen der Neuen Rechten nahmen sie sehr wohlwollend auf, andere hingegen, wie der Wissenschaftshistoriker Pierre Thuillier,[22] bekämpften sie erbittert. In der Tat läuft Wilsons Behauptung, die meisten Verhaltensweisen des Menschen – auch der Wille zur Macht über andere – seien genetisch programmiert, auf eine Rechtfertigung der exzessivsten politischen Ansichten hinaus. Aus seinem Blickwinkel ist extremes kollektives Verhalten wie Krieg, Verteidigung des Territoriums, uneingeschränkte patriarchalische Herrschaft durch die biologischen Gesetze der Evolution bedingt, weshalb es ein sinnloses Unterfangen ist, im Namen humanistischer Werte dagegen anzukämpfen.

Tatsächlich geht Wilson von der – unbewiesenen – Annahme aus, es gebe eine menschliche Natur, die zwangsläufig reflexhaften Impulsen gehorcht und in keiner direkten Verbindung mit einer vermeintlichen Willensfreiheit, in keinem Bezug zu irgendeiner Moral steht. Nach seiner Auffassung ist *der einzige vorstellbare ethische Imperativ das Überleben des menschlichen Erbguts.* Aber, so einer seiner Gegner, »mit dem Anspruch, das

Überleben des kollektiven Erbguts der Menschheit zu sichern, lassen sich auch NS-Verbrechen wie Völkermord und Vergewaltigung rechtfertigen«[23]. Richard Dawkins, ein Anhänger der Soziobiologie, verschob das Prinzip des »Überlebenskampfs« auf die Gene selbst, die »egoistischen Gene«[24], und gelangte damit zur selben Legitimation der bestehenden Ordnung. »Die menschliche Soziobiologie«, schreibt Jean-Paul Thomas, »unterlegt den politischen Konservativismus mit einer biologischen Basis. Sie stellt die Verteidigung der traditionellen Institutionen, den Antikommunismus und den Neokapitalismus auf ein wissenschaftliches Fundament. [...] Sie sorgt dafür, daß der Individualismus und der wettbewerborientierte Liberalismus unüberwindlich werden, denn schließlich ist die kapitalistische Ethik des freien Marktes, der Kapitalanhäufung und des persönlichen Interesses in unseren Genen festgeschrieben.«[25]

Allerdings sind nicht alle Soziobiologen so streng konservativ wie Wilson. Nicht wenige sehen den Anteil der Gene am Zustandekommen menschlichen Verhaltens nicht als Vorbestimmung im absoluten Sinn, sondern lediglich als eine *Prädisposition*, die durch kulturelle Einflüsse durchaus wettgemacht, jedenfalls zivilisiert werden kann. Diese gemäßigten Vertreter fügen gern hinzu – wie im übrigen auch Wilson selbst –, daß jede Instrumentalisierung der Soziobiologie von rechtsextremer Seite eine mißbräuchliche Interpretation sei.[26] Ihre Einschränkungen und ihre Versöhnungsbereitschaft sind nicht ganz überzeugend. Wie die späteren Werke von Edward Wilson zeigen, sieht er durchaus Parallelen zwischen dem menschlichen Verhalten und dem der Insekten.[27]

Heute, siebzehn Jahre nach ihrer Entstehung, erfreut sich die Soziobiologie eines wiedererwachten Interesses, das vielleicht ihre Revanche ist. Der Zeitgeist, der Siegeszug der Marktwirtschaft und des Neoliberalismus, die paralysierende Wirkung der verbreiteten Mystifizierung der Gene – dies alles hat dazu beigetragen, den Widerstand der Politiker und Intellektuellen zu schwächen. Es ist, als wäre der Skandal vergessen, und der heute über siebzigjährige Wilson genießt ein gewisses Wohlwollen auch von seiten einer verwaisten Linken, die ihrerseits den Verlockungen der positivistischen Zauberwelt anheimfällt.[28]

Es sei dahingestellt, ob wir uns darüber freuen sollen.

Die lachende Neue Rechte

Angesichts des fatalen Erfolgs der genetischen Ideologie wird bei den zahllosen bioethischen Debatten, die einen eher zögerlichen Widerhall in den Medien finden, ein Detail häufig vernachlässigt: *der begeisterte Beifall, mit dem die extreme Rechte diese Revolution begrüßt.* Ganz sicher gilt dies für die USA, wo die Thesen von Dawkins und Wilson bei extremistischen Gruppierungen auf großen Anklang stoßen. Phyllis Schlafy, eine der Wortführerinnen der amerikanischen Neuen Rechten, bezieht daraus ihre Argumente, um sich vehement gegen die Gleichberechtigungsgesetze zur Wehr zu setzen: Die Ungleichheit der Geschlechter, so Schlafy, sei biologisch begründet. Noch ein Stück weiter rechts berufen sich einige Splittergruppen mit leicht folkloristischen Namen wie »Widerstand der weißen Arier« oder »Arische Nationen« immer wieder auf die Genetik oder unterwerfen die Prinzipien der Evolutionslehre ihrer Ideologie. »Die Natur mag brutal sein, wenn sie das Schwache, Friedliche, Unangepaßte und Entartete ausschließt«, ist in einer Broschüre zu lesen, »doch das bedeutet nicht, daß sie grausam ist. Im Gegenteil: Indem sie für das Überleben des Stärkeren, Gesünderen, Kompetenteren und Besseren sorgt [...], erfüllt sie ihre wohltätige Mission, nämlich die Evolution einer verbesserten Spezies und einer geordneteren Welt.«[29]

Ähnliche Ansichten vertritt der Pioneer Fund, eine 1937 von dem Nazisympathisanten Wickliffe Draper gegründete Stiftung, die allerlei Forschungen unterstützt, zum Beispiel auch die Arbeiten von Arthur J. Jensen und William Shockley (letzterer ist Träger des Physik-Nobelpreises im Jahr 1956 und Befürworter der Sterilisation von Menschen mit geringem IQ). Dieselbe Stiftung finanzierte in den achtziger Jahren die berühmte »Minnesota-Studie« von Thomas Bouchard über eineiige Zwillinge und Intelligenz, die wiederum Richard J. Herrnstein und Charles Murray als Vorlage für ihr Buch *The Bell Curve* diente.[30] Der mittlerweile verstorbene Richard Herrnstein war Psychologe in Harvard, Charles Murray arbeitet als Soziologe und Politologe am American Enterprise Institute. Ihr mehr als achthundert Seiten dickes Werk war ein Bestseller und löste sehr heftige Polemiken aus. Die Autoren wollten unter anderem die geistige Unterlegenheit der Schwarzen und die völlige Nutzlosigkeit von Sozialprogrammen beweisen und forderten auf dieser Grundlage die Einstellung von Sozialhilfeleistungen an ledige Mütter und die Abschaffung von Gleichstellungsbemühungen wie der *Affirmative Action* (einer Quotenregelung, die vor allem den bislang unterrepräsentierten Schwarzen den Zugang zu Universitäten erleichtern und ihnen zu Jobs verhelfen sollte). Ihre Behauptungen ließen bei den Ultraliberalen unter den Republikanern natürlich keine Wünsche mehr offen. Im übrigen veröffentlichte das New Yorker *Wall Street Journal* unter dem Titel *Mainstream Science on Intelligence* ein Manifest zugunsten der Thesen von Herrnstein und Murray, das rund fünfzig amerikanische Wissenschaftler unterzeichnet hatten. Punkt acht des Manifests weist darauf hin, daß der durchschnittliche Intelligenzquotient der Schwarzen fünfzehn Punkte unter dem der Weißen liege, was weithin genetisch bedingt sei.

In Frankreich freuen sich die neoheidnischen Strömungen, daß die Wissenschaft nun, wie Pierre Vial schreibt, »die von fünfzehn Jahrhunderten Christentum offengehaltene Kluft zwischen Körper und Geist« schließen werde. Vial fügt hinzu: »Der Gesang der Welt ist heidnisch: So lautet die Botschaft der Revolution des nächsten Jahrhunderts.«[31] Interessanter, weil besser ausgearbeitet, sind die Analysen der französischen Neuen Rechten, wie sie insbesondere in ihren Zeitschriften *Éléments* und *Krisis* erscheinen. Die Intellektuellen und Verfechter der Demokratie, die man bisweilen vor den positivistischen oder genetischen Befehlen ins Wanken geraten spürt, sollten sich diese Argumentation einmal genauer ansehen, um ihre eigenen Überzeugungen in dieser Hinsicht zu klären und zu festigen. Wer seinen Gegner unterschätzt, hat nichts zu gewinnen.

Um ein Beispiel zu nennen: Die Vierteljahresschrift *Éléments* (mit dem Untertitel »Für die europäische Zivilisation«) hat im Januar 2000 ein Sonderheft über »Die biotechnologische Revolution« herausgebracht, ein mit gründlich recherchierten Artikeln und zwar fragwürdigen, aber kohärenten Analysen gut aufgemachtes Dossier. Abgesehen davon legen die Autoren der einzelnen Artikel einen ungebrochenen Enthusiasmus für »die kognitive und molekulare Revolution«[32] an den Tag. Der Leitartikel, verfaßt von Robert de Herte, äußert ein paar Vorbehalte im Zusammenhang mit der Patentierbarkeit und den Gefahren der Verdinglichung von Leben, doch davon abgesehen spottet er über die »Armseligkeit des Humanismus« und fügt hinzu: »Das Menschliche ist heute nicht mehr die Lösung, sondern das Problem.«[33] Paradoxerweise scheinen die Autoren dieses Dossiers besser als etliche gedankenlose Schwärmer aus dem entgegengesetzten Lager begriffen zu haben, in welchem Ausmaß die »genetische Revolution« den Humanismus und seine Werte in Frage stellt. Die Rechte allerdings beglückwünscht sich dazu.

Ein langer Beitrag, der von Charles Champetier signiert ist, zeigt durchaus intelligent die »Zerschlagung der wichtigsten Sockel des modernen Humanismus«[34] auf. Dazu zählt er das Dogma der Gleichheit, das »zertrümmert worden« sei, denn, so der Autor, »es kann kein Zweifel mehr bestehen, daß die Intelligenz (oder die kognitiven Fähigkeiten im allgemeinen) weitgehend von den Genen bestimmt ist«. Die Überlegung ist kohärent bis auf ein Detail: Mit merkwürdigem Eifer und ohne die geringste kritische Distanz unterschreibt auch er die Behauptung »Es liegt alles an den Genen«, verurteilt aber im selben Atemzug »das vorsichtige Schweigen, das die innovativsten Arbeiten über die Verhaltensgenetik in Frankreich immer noch umgibt«.

Auch mit dem Scheitern der anthropozentrischen Weltsicht, die den Menschen in den Mittelpunkt des Universums stellt, befaßt sich Champetier. Nach den drei großen historischen »Demütigungen«, die erst Kopernikus, dann Darwin und schließlich Freud dem stolzen Selbstverständnis des Menschen zugefügt hätten, sei die kognitive und molekulare Revolution der Gegenwart in gewisser Weise angetreten, um das Werk zu vollenden. Durch sie würde der Mensch zu einer simplen »manipulierbaren Variante des Lebens«, sein Bewußtsein »eine von vielen Lebensformen«. Was das Subjekt oder die Person betrifft, so hält es der Autor für nötig, die Arbeiten des Neurobiologen Daniel Dennet und des Wirtschaftswissenschaftlers Jean-Pierre Dupuy anzuführen, um zu versichern, dieser Begriff sei inzwischen weitgehend überholt. Weit davon entfernt, deshalb die Fassung zu verlieren, begrüßt er sein Verschwinden und macht sich nachdrücklich über den alten Humanismus lustig, der »zurückweicht und sich zwischen den vier rissigen Wänden der Mindestmoral verkriecht: der Anrufung der menschlichen Würde vor den Todeslagern«.

Nach Ansicht des Autors steht fest, daß wir uns auf dem Weg in einen »Posthumanismus« befinden – eine erhebende Entwicklung, mit der die Entstehung einer besseren und leistungsfähigeren »neuen menschlichen Spezies« möglich (und wünschenswert) würde. »In dem Maß, wie der Mensch Bewußtsein von seiner Art erlangt«, schreibt er, »wächst in ihm der Wunsch, sie hinter sich zu lassen.« Daraus folgt für ihn die Notwendigkeit, die Eugenik nicht länger zu verteufeln, sondern endlich zu rehabilitieren.[35] »Im postmodernen Zeitalter«, so Champetier weiter, »ist es nicht mehr nur der Staat, der die Verbesserung seiner Bevölkerung durch Bildung und öffentliche Gesundheit betreibt, sondern das Individuum selbst verlangt das Recht zur Selektion.«

Die weiteren in dem Heft zitierten Wissenschaftler gehören in der Mehrzahl jener Gruppe an, die man bei allem Respekt als positivistisch bezeichnen kann, ob es sich um den Genetiker und Psychologen Hans Jürgen Eysenck handelt, um den Neodarwinisten Ernst Mayr oder den Kognitivisten Lee Silver. Insgesamt ist das Dossier um so bezeichnender, als es geschickt aufgemacht und sachkundig ist. Unfreiwillig liefert es den Beweis, daß hinter den unüberlegten Metaphern und den übereilten Vereinfachungen des den Zeitgeist prägenden populären genetischen Diskurses, den sich zu viele aufrichtige Demokraten oder unvorsichtige Sozialisten zu eigen machen, immer wieder eine einigermaßen erschreckende Ideologie auftaucht.

Das genetische Mißverständnis

Tatsächlich ist der erstaunlichste Aspekt der *ideologischen Konstruktion* rund um das Genom, daß sie, jedenfalls was den Wissensstand betrifft, zur Unzeit erfolgt. Der genetische Diskurs wird dogmatisch, die Extrapolationen blühen, und die Ideologen geraten in hektischen Aufruhr, *während die Wissenschaft selbst – von einzelnen Ausnahmen abgesehen – zu einem Mindestmaß an Besonnenheit zurückkehrt.* Wir beobachten einen atemlosen, an Verrücktheit grenzenden Zickzackkurs. Die echten Wissenschaftler schätzen den Einfluß der Gene auf die Entwicklung des Individuums als sehr viel geringer ein, als der Laie den Eindruck hat. In Wahrheit sind wir weder »DNA-Automaten« noch »genetische Marionetten«[36]. Mit zunehmendem genetischen Wissen wächst auch die Erkenntnis, daß an der Ausprägung jedes einzelnen Merkmals im Gegenteil eine grenzenlose Komplexität von Interaktionen zwischen Genen und Umwelt beteiligt ist.

Die »Umwelt« ist im weiten Sinn zu verstehen. Sie bezeichnet nicht nur die äußeren Umstände wie Milieu, Klima, Kultur und so weiter, sondern auch die *vorgeburtlichen Bedingungen*, unter denen der Fötus im Mutterleib heranwächst. So wissen wir etwa – dies nur als ein Beispiel, das aber anschaulich genug ist, um erwähnt zu werden –, daß der Fötus lange vor seiner Geburt mit dem Organismus seiner Mutter einen ständigen »Dialog« führt, dessen Auswirkungen nur zu einem geringen Teil bekannt sind. Nicht nur die Aktivitäten, die Ernährung, die seelische Verfassung der Mutter, sondern auch ihr Phänotyp üben einen bemerkenswerten direkten wie indirekten Einfluß auf den Fötus aus. »Wir können davon ausgehen, daß die vorgeburtliche Umgebung die weitere Entwicklung des Individuums beeinflußt: sein Gewicht, seine Größe und bei gesunden Müttern die Möglichkeit angepaßter Verhaltensweisen, eingeschlossen die Vorhersagbarkeit der Intelligenz.«[37]

Ebenso haben zahllose Untersuchungen an eineiigen (genetisch identischen) Zwillingen bewiesen, daß sie, anders als noch vor kurzem angenommen, schon vom Beginn ihres intrauterinen Lebens an unterschiedlichen Einflüssen ausgesetzt sind. »Zwei Hüllen trennen den Fötus vom Organismus der Mutter, das Amnion (Schafshaut) und das Chorion (Zottenhaut); daß die beiden heranwachsenden Zwillingsföten sich ein und dieselbe Hülle teilen, ist extrem selten (5 Prozent der Fälle).«[38] Auf diese erstaunliche Individualisierung schon vor der Geburt folgt natürlich die komplexe nachgeburtliche Umgebung, in der die Zwillinge als zwei getrennte Individuen aufwachsen und selbst innerhalb derselben Familie durch emotionale Bindungen, soziale Kontakte, Bildung, kulturelle Einflüsse aller Art sehr unterschiedlichen äußeren Faktoren ausgesetzt sind. Von einer unerbittlichen genetischen Programmierung oder einer unfehlbaren Vorhersagbarkeit von Merkmalen und Eigenschaften kann also keine Rede sein.

Der nicht zuletzt von den Medien kolportierte genetische

Essentialismus erscheint als eine ziemlich infantile Vereinfachung der Realität. Ein Mitarbeiter des französischen Instituts für Gesundheit und medizinische Forschung hat sicherlich nicht unrecht, wenn er in diesem Zusammenhang von einer »Genetomanie«, von »Faszination« oder gar von der »Lüge der genetischen Allmacht«[39] spricht. Selbstverständlich spielen die Gene eine wichtige Rolle für die Ausprägung des Phänotyps, doch die Behauptung, die Realität einer Person hänge in jeder Hinsicht von ihren Genen ab, ist unhaltbar. Der genetische Determinismus ist keine biologische Tatsache, sondern eine Geisteshaltung.

In einem anderen Zusammenhang, nämlich im Kontext der Forschungsarbeiten über die Entwicklung des Denkens, zeigte sich unter anderem, wie außerordentlich vielfältig die Intelligenz ist. Wie immer die radikalsten Soziobiologen darüber denken, fest steht, daß niemand sagen kann, inwieweit die Gene für die »Qualität« einer Intelligenz verantwortlich sind. Die Anführungszeichen sind unverzichtbar, denn die menschliche Intelligenz ist definitionsgemäß nicht klassifizierbar, plural, schwierig einzugrenzen, und es wäre absurd, eine Hierarchie zwischen den vielen verschiedenen möglichen Formen von Intelligenz – künstlerisch, abstrakt, bildlich, praktisch und so weiter – zu postulieren. Die Annahme eines »Intelligenzquotienten« zur Messung und Kategorisierung von Intelligenz ist kein wissenschaftliches, sondern ein ideologisches Vorgehen: Es stellt willkürliche Normen auf und gibt die Kriterien vor, die seiner *Absicht* entsprechen; damit ist es sinnlos. »Wie jedes Lebewesen«, schrieb François Jacob Anfang der achtziger Jahre, »ist der Mensch genetisch programmiert: Er ist *daraufhin programmiert zu lernen.*«[40] Und, fügt er hinzu, »während bei den einfachen Organismen das Verhalten streng von den Genen bestimmt wird, ist das genetische Programm bei den komplexeren Organismen nicht so zwingend, sondern, wie Ernst Mayr sagt, ›offen‹ […]«[41].

Dasselbe ließe sich im Zusammenhang mit Erbkrankheiten und den so oft beschworenen Verheißungen der Gentherapie

sagen. Die Einseitigkeit, mit der diese Themen meist zur Sprache gebracht und Hoffnungen geweckt werden, grenzt an Ver-
trauensmißbrauch. In Wahrheit steckt unser genetisches Wissen
noch in den Kinderschuhen, und da Erbkrankheiten meist nicht
auf eine Dysfunktion eines einzigen Gens zurückgehen und die
Gene des Menschen heute zwar sequenziert sind, ihre jeweilige
Funktion aber noch lange nicht entschlüsselt ist, sind wir von
einer gezielten und effizienten Gentherapie noch weit entfernt.
Der amerikanische Biologe Christopher Wills bietet dazu einen
anschaulichen Vergleich: »Auch wenn wir seine gesamte DNA
sequenziert haben, können wir nicht behaupten, wir wüßten
alles über den Menschen – ebensowenig wie uns die Analyse der
Notensequenz in einer Sonate von Beethoven in die Lage versetzt, sie zu spielen.«[42]

Eine falsche Revolution?

Manche Wissenschaftler und Wissenschaftsphilosophen gehen
noch viel weiter in ihrer Kritik am genetischen Fetischismus.
Ihrer Ansicht nach wäre es übertrieben, im Zusammenhang mit
den jüngsten Fortschritten in der Molekularbiologie von einer
begrifflichen Revolution zu sprechen. In Wahrheit hat die Entschlüsselung des menschlichen Genoms den rein instrumentalen
Charakter des Unterfangens offenbart, und die Genomforschung
ist »belangloser« geworden: Der Ausdruck stammt von dem französischen Forscher und Wissenschaftshistoriker Jean-Paul Gaudillière, der seine These in einem langen Artikel in *La Recherche*
publiziert hat, in dem er die wahre Natur dieser »Revolution«
hinterfragt. Die Biologie, meint er, sei heute weit davon entfernt,
Beweise für irgendeinen genetischen Determinismus zu liefern,
sondern im Begriff, zu einer »Wissenschaft der komplexen
Systeme« zu werden. Das bedeutet nichts anderes als eine heim-

liche Rückkehr zum eigentlich Biologischen, nämlich der *Wissenschaft vom Leben*, im Gegensatz zum ursprünglichen Reduktionismus der Molekularbiologie. »Statt einer exakten Entsprechung zwischen einem DNA-Abschnitt, einem Protein und einer biologischen Funktion oder Eigenschaft beobachten wir Gene, die mehrere Funktionen erfüllen und zu molekularen Netzen gehören, deren Dynamik jede Hoffnung auf eine simple Vorhersage illusorisch werden läßt.«[43]

Eines steht für Gaudillière fest: Die Molekularbiologie ist nicht nur eine Wissenschaft, sondern mehr noch eine Informationstechnologie geworden, die in engerer Verbindung zur Informatik steht als je zuvor. Was sich seit den siebziger Jahren wirklich geändert hat, ist vor allem die Fähigkeit, Systemmodelle darzustellen und in einer damals unvorstellbaren Menge Daten zu speichern. Von einer »Revolution«, so Gaudillière, kann man eher »im Zusammenhang mit den Praktiken und Organisationsformen [sprechen] als im Hinblick auf die Paradigmen und Interpretationen des Lebens«. Sie bestehe weniger in einem fundierteren Verständnis von Leben, sondern im wesentlichen in einem ungeheuren Zuwachs an Know-how und – mehr oder weniger gewagten – Manipulationsmöglichkeiten. Mit anderen Worten, das Wissen hinkt der Technik hinterher. Vorläufig, meint Gaudillière, könne von einer »neuen Biologie« noch keine Rede sein.

Ob zutreffend oder nicht, ist seine These ein Affront gegen die vorherrschende Meinung. Sie hilft uns, über den zu Beginn dieses Kapitels erwähnten Illusionseffekt nachzudenken, der durch den häufigen Gebrauch von Metaphern zustande kommt. Das Problem dabei ist, daß der Eindruck eines völlig neuen Denkansatzes entstehen kann, während in Wahrheit nur mit Worten gespielt wird, wie uns ein Blick in die Wissenschaftsgeschichte zeigt. Im achtzehnten Jahrhundert bezeichnete der deutsche Chemiker und Mediziner Georg Ernst Stahl (1660–1734), einer der wichtigsten Vertreter des Animismus, die Seele als die »Bildnerin des Leibes« und oberstes Prinzip der physikalischen Vorgänge im lebenden Organismus; später sprachen die Theoretiker des Vitalismus von einer besonderen Lebenskraft *(vis vitalis)*, von deren Wirken die Lebenserscheinungen abhängig seien; im neunzehnten Jahrhundert wiesen Gelehrte wie der Franzose Claude Bernard dieselbe Rolle einer »metaphysischen morphogenetischen Kraft« zu. Heute sprechen wir von »genetischer Information« und reden uns ein, wir hätten jetzt endlich das Geheimnis des Lebens gelüftet. »Anscheinend«, bemerkt André Pichot maliziös, »findet ein Fortschritt statt; aber den physischen Aspekt der Erklärung darf man nicht zu sehr aus der Nähe betrachten, sonst merkt man ziemlich schnell, daß sie nicht weniger ›magisch‹ ist als alle früheren Erklärungen.«[44]

Was lernen wir daraus? Ganz einfach: Jeder wissenschaftliche Diskurs ist weitgehend von der jeweils maßgeblichen Ideologie beeinflußt, wenn nicht sogar bestimmt. Der offenkundigste Beweis für diese Erkenntnis, die von dem eingangs zitierten französischen Philosophen und Wissenschaftshistoriker Georges Canguilhem stammt (1904–1995),[45] ist zweifellos die absonderliche Rückkehr der Eugenik zu Beginn eines neuen Jahrtausends.

KAPITEL 9

Die Eugenik im neuen Gewand

>»Die Bewegung der positiven Eugenik in den Vereinigten Staaten zu Beginn des Jahrhunderts wurde von liberalen und fortschrittlichen Männern getragen. Es endete mit einer totalen Katastrophe, einem der schlimmsten Irrtümer der menschlichen Kultur.«
>
> MARIE-CLAIRE KING[1]

Vor zwanzig Jahren hätte sich niemand vorstellen können, daß das Wort Eugenik derart spektakulär ins Tagesgeschehen zurückkehren würde. Wir glaubten es im Dunkel der Geschichte verschwunden, zumindest seit dem Untergang des Nationalsozialismus, der bekanntlich schrecklichen Gebrauch davon gemacht hatte. Die Eugenik war nicht mehr als ein Wort, das man spontan – wie den Antisemitismus und den Rassismus – mit einem historischen, überwundenen, schrecklichen Übel in Verbindung brachte. Und auf einmal kehrt sie mit Gewalt in die aktuellen Debatten zurück. In Parlamenten, Zeitungsartikeln, Fernseh- und Rundfunkstudios ist wieder die Rede von Eugenik. Die einen benutzen sie als Schreckgespenst, um jeden waghalsigen biotechnologischen Vorstoß im voraus zu verurteilen, die anderen fordern ihre Rehabilitierung, jedenfalls in ihrer »positiven« und »demokratischen« Form. Eines steht fest: »Seit gut zehn Jahren ist die Eugenik [wieder] zum aktuellen Thema geworden. Von dem seriösen Pariser Kolloquium im Jahr 1985 über ›Genetik, Fortpflanzung und Recht‹ bis hin zu den Aufmachern der Zeitschriften erscheint die Eugenik immer mehr als die Kehrseite des Fortschritts in der Biologie und der Medizin.«[2]

Die ständigen Andeutungen, die Faustkämpfe in den Medien

haben verheerende Folgen, denn unsere kollektive Erinnerung
ist zumindest lückenhaft und läßt sich bereitwillig vernebeln.
Schlimmer noch: Kaum befassen wir uns näher mit den historischen Umständen, stellen wir fest, daß die Eugenik über ihre
hastig hergestellte Verbindung mit dem Nationalsozialismus hinaus *ein echtes Tabuthema ist*. Es ist, als wären die westlichen Gesellschaften in dieser Hinsicht von absichtlichem Gedächtnisverlust befallen. Die Vehemenz der heutigen Polemiken ist zum
Teil durch die mehr als fünfzig Jahre lange Verdrängung zu erklären. Wegen des Entsetzens im Anschluß an den Nürnberger
Prozeß und die Aufdeckung der Massenvernichtungsprogram-
me der Nazis, die mit Eugenik und »Rassenhygiene« begonnen
hatten, gaben die siegreichen Demokratien einer, man kann es
nicht anders nennen: freiwilligen Amnesie nach. Sie vergaßen,
daß die Eugenik in den ersten Jahrzehnten des zwanzigsten Jahrhunderts, vor ihrer kriminellen Instrumentalisierung durch das
Hitler-Regime, von der Wissenschaft begrüßt und von Ländern
mit unzweifelhafter demokratischer Gesinnung wie Skandinavien und den Vereinigten Staaten sehr weitgehend in die Praxis
umgesetzt wurde: Sterilisation »anomaler« Personen, Eheverbo-
te, der öffentlich bekundete Wille, die menschliche Rasse zu
verbessern, und so weiter.

Dieser merkwürdige Konsens, der mehrere Jahrzehnte anhielt,
ist nie so recht hinterfragt worden. Heute erkennen die amerikanischen Wissenschaftler und Forscher die haarsträubende Verschleierung dieser Vergangenheit an, die so umfassend war, daß
der Durchschnittsamerikaner buchstäblich aus den Wolken fällt,
wenn man ihn daran erinnert, daß – wie wir später noch sehen
werden – die weltweit ersten Eugenikgesetze zu Beginn des zwanzigsten Jahrhunderts in amerikanischen Staaten verabschiedet
wurden, zum Beispiel 1907 in Indiana. Vergessen, Unkenntnis,
mangelndes Geschichtsbewußtsein: In diesem Umfeld taucht die
Eugenik heute wieder auf und ist um so furchterregender, als unsere Gesellschaften den Bezugsrahmen verloren und die Argu-

mente vergessen haben, anhand deren sie sich heute in Kenntnis der Sachlage ihres kritischen Urteilsvermögens bedienen könnten. Deshalb ist es unverzichtbar und, offen gestanden, auch ziemlich spannend, diese ungeheure Angelegenheit noch einmal auszubreiten.

Ungehinderte Rückkehr?

Eines vorweg: Es kann kein Zweifel mehr daran bestehen, daß die Eugenik sich mit Gewalt in die gegenwärtige Landschaft zurückdrängt, auch wenn die praktische Anwendung nach dem Gesetz streng verboten ist. Da ist zuerst Jahr für Jahr eine Aufeinanderfolge von Erklärungen, die einigermaßen verblüffend sind. Hinter den Worten mancher angesehener Wissenschaftler tauchen auf einmal wieder Selektionsideen auf, Zweifel am humanen Prinzip, ein positivistischer Enthusiasmus, der direkt an die Eugenik der Vergangenheit anknüpft: Es geht um den Willen, *die Techniken der biologischen Selektion, Elimination und Manipulation, wie sie seit jeher auf die Tiere angewandt werden, nun auch auf die menschliche Spezies anzuwenden.* Als Beispiel sei das unglaubliche Ansinnen des Nobelpreisträgers Francis Crick angeführt, der zusammen mit James Watson das »Watson-Crick-Modell« der Doppelhelixstruktur des DNA-Moleküls entwarf. Im Jahr 1962 meinte er, kein Neugeborenes dürfe als Mensch anerkannt werden, ehe es nicht eine gewisse Anzahl von Tests über seine genetische Ausstattung absolviert habe; wenn es die Tests nicht bestehe, habe es sein Recht auf Leben verwirkt.[3] Derselbe Francis Crick schlug bei anderer Gelegenheit die Einführung einer »Reproduktionserlaubnis« vor, um die Fortpflanzung von Eltern zu beschränken, die »in genetischer Hinsicht nicht sehr geeignet« seien.[4]

Sein Forscherkollege James Watson steht ihm in Sachen Antihumanismus in nichts nach, wenn man seinen Bemerkungen gegenüber dem Genetiker Axel Kahn glaubt. Auf einem wissenschaftlichen Kolloquium sagte Watson im privaten Gespräch: »Ich habe gehört, daß hier von den Rechten des Menschen die Rede sein soll, aber ich sehe nicht ein, weshalb der Mensch besondere Rechte haben sollte. Wenn der Mensch Rechte hat, wieso haben dann nicht auch die kleine Maus, der Fadenwurm, das Huhn Rechte? […] Wenn der Mensch Rechte hat, dann nur solche, die von seiner Macht herrühren.« Bezug nehmend auf diese Thematik und ihren direkten Zusammenhang mit der eugenischen Wissenschaftsgläubigkeit des neunzehnten Jahrhunderts, fügte Watson hinzu, in den USA könnte er so etwas niemals sagen, sonst würde er »in Stücke gerissen«[5]. Wenn die Beispiele Crick und Watson für sich allein bezeichnend sind, so deshalb, weil die beiden Nobelpreisträger – zu Recht – als die Begründer der modernen Genetik gelten.

Aber sie sind natürlich bei weitem nicht die einzigen, die sich zu solchen Äußerungen hinreißen lassen: Mit Aussprüchen dieser Art ließen sich Bücher füllen. Ein konkretes Beispiel: Jacques Testart berichtet von einem Symposium im März 1998, auf dem die Koryphäen der Genetik über die Möglichkeit eines gentherapeutischen Eingriffs in die Keimbahn diskutierten, also die Manipulation des künftigen Embryos zum Zeitpunkt der In-vitro-Befruchtung. Dieser Eingriff, der – wie in der Vergangenheit – mit dem wohlmeinenden Anliegen gerechtfertigt wird, Leiden zu vermeiden, entspricht dem Wunsch nach »Verbesserung der menschlichen Rasse«, der von Anfang an im Zentrum der eugenischen Praxis stand. Wie Jacques Testart passend bemerkt, verkündete die amerikanische Gesellschaft für Fruchtbarkeit in der ersten Nummer der neugegründeten Zeitschrift *Fertility and Sterility* im Jahr 1950 ganz offiziell die »Verbesserung der Qualität des Menschen« als »notwendige Aufgabe«[6]. Fünf Jahre nach dem Ende der Naziherrschaft! Seltsamer Gedächtnisverlust.

Neben den Erklärungen stehen die Fakten; sie sind nicht weniger verwirrend. Manche Staaten haben bereits eindeutig euge-

nische Bestimmungen in ihre Rechtsprechung aufgenommen, so
zum Beispiel China. Nicht nur beziehen sich einschlägige wissenschaftliche Veröffentlichungen in China ständig auf Francis
Galton, den Vetter von Charles Darwin und Begründer der Eugenik, sondern ein Gesetz aus dem Jahr 1995, das sich mit der
»Gesundheit von Mutter und Kind« befaßt, folgt genau der
Logik der Selektion von Menschen: Danach ist Individuen, die
unter (angeblichen) Geisteskrankheiten leiden, die Ehe verboten,
andere werden zur Sterilisation gezwungen. In den chinesischen
Provinzen sind seit 1988 noch restriktivere Gesetze in Kraft. »In
der Provinz Gansu zum Beispiel dürfen ›Schwachsinnige‹, ›Idioten‹ und ›Dummköpfe‹ (nicht mit medizinischen Fachbegriffen
als solche definiert) nur heiraten, wenn sie sterilisiert sind.«[7]

Noch eine andere eugenische Praxis ist in China gang und
gäbe: die Selektion nach dem Geschlecht, also die selektive Abtreibung beziehungsweise der Mord an weiblichen Neugeborenen, in einem Land, in dem die Zahl der Kinder ohnehin von
Staats wegen beschränkt ist. Diese Selektionspraxis kann *zur intrauterinen genetischen Untersuchung und der darauffolgenden
Beseitigung der für weniger tauglich befundenen Föten* führen,
jener nämlich, die nicht das »Intelligenzgen« besitzen, wie es die
chinesische Presse (wie auch andere) lächerlicherweise nennt.
»Wer wird verhindern, daß Wesen beseitigt werden, die nicht
über diese Gene verfügen oder die ganz einfach als minderwertig beurteilt werden? [...] Unsere Verantwortung als Wissenschaftler verlangt, daß wir uns vor solchen Fehlentwicklungen
hüten.«[8]

China ist nicht das einzige Land, das zur Eugenik zurückkehrt.
In Japan zählt das Gesetz eine lange Liste von Krankheiten auf,
die eine Zwangssterilisation der Betroffenen rechtfertigen. In
Indien ist es eine gängige Praxis, mittels Ultraschall oder Amniozentese das Geschlecht des Fötus zu ermitteln und gegebenenfalls eine Abtreibung vorzunehmen: Die selektive Tötung weib-
licher Föten ist bereits so weit verbreitet, daß der demographische

Effekt unverkennbar ist: In Indien ist das durchschnittliche Ge-
schlechterverhältnis auf 929 Mädchen zu 1000 Jungen gesunken; im indischen Staat Uttar Pradesh sind es sogar nur noch
882 zu 1000.[9]

Auf Zypern, in den Vereinigten Arabischen Emiraten und in
Saudiarabien, versichert ein Genetiker, seien in den letzten Jahren *Family Balancing Centers* gegründet worden, die sich auf
Präimplantationsdiagnostik (PID) an *in vitro* gezeugten Embryonen spezialisiert haben; implantiert werden vorzugsweise männliche Embryonen. »Im Islam ist die Abtreibung nicht erlaubt;
diese Technik ist also willkommen, um den Familien zuverläs-
sig männliche Nachkommen zu verschaffen.«[10]

Mühelos ließen sich zahlreiche weitere Beispiele aus anderen
Ländern finden.

Gestaltung und
Umgestaltung des Menschen

Doch auch bei uns nimmt die Rückkehr der Eugenik immer raf-
finiertere Formen an. So ist seit rund zehn Jahren eine regelrechte
ideologische Debatte um das »Projekt« entbrannt, die noch kein
– oder wenig – Echo in der öffentlichen Meinung und den Medien findet, sondern sich meist auf Diskussionen im kleinen Kreis,
Zeitschriften, einige Bücher beschränkt. Abgesehen von der sich
gelegentlich einschleichenden verbalen Vehemenz haben diese
Auseinandersetzungen den Vorzug, daß sie nach und nach zum
Kern der Sache vordringen.[11] Diesmal geht es um die Gründungs-
prinzipien der Eugenik. Der bezeichnendste, längste und ergie-
bigste Streit wird seit 1989 in Frankreich zwischen dem Essayisten Pierre-André Taguieff und dem Biologen Jacques Testart
sowie einigen anderen ausgetragen und sei hier wiedergegeben,
weil seine Positionen symptomatisch sind.

Natürlich ist es unmöglich, die ausgedehnte Debatte hier in

sämtlichen Entwicklungsstadien, Argumenten und Polemiken nachzuvollziehen, aber wir können wenigstens die groben Züge zusammenfassen. Nach Ansicht von Pierre-André Taguieff ist die Eugenik heute Gegenstand einer exzessiven »ideologischen Phobie«, die mit der jüngsten Geschichte erklärbar sei, aber überwunden werden müsse, wenn wir die Verkrampfungen »religiöser Natur« hinter uns lassen wollen. Taguieff, der versichert, er stehe auf seiten der Wissenschaft, des Fortschritts und des historischen Optimismus, setzt sich für die Abschaffung jeglicher Sakralisierung einer vermeintlichen menschlichen Besonderheit ein. Er weigert sich, das menschliche Genom als unveränderlich und unantastbar zu betrachten. Mehr noch, er sieht im Verbot jeglicher genetischer Intervention den harten Kern einer archaischen Religiosität. »Die Behauptung der Unantastbarkeit des menschlichen Genoms«, schreibt er, »ist nicht nur eine moralische Position, sondern verweist auf eine Heilsmethode, wie man sie im mystischen Naturalismus jener findet, die um jeden Preis ›das Geheimnis um das Ei erhalten‹ wollen.«[12]

Er meint, daß wir ohne Komplexe (aber nicht ohne Vorsicht) das Projekt der genetischen Verbesserung des Menschen wiederaufgreifen müßten, weist dabei aber jeden Bezug auf Normen oder Werte ontologischer, moralischer oder transzendentaler Natur zurück. »Die Frage der freiwilligen Selbstverwandlung des Menschen«, versichert er, »stellt sich in dem Raum, den die Technowissenschaft uns heute eröffnet.« Das Projekt der »Dekonstruktion und Rekonstruktion« der menschlichen Spezies unterscheide sich nicht grundlegend vom medizinischen Ansatz als solchem und sei im weiteren Sinn Teil des allgemeinen Strebens nach Fortschritt. »Das medizinische Ideal«, fügt er hinzu, »beinhaltet das Ideal einer grenzenlosen Umgestaltung der menschlichen Natur, wobei der Eingriff ins Genom in keiner Weise auszuschließen ist.«[13] Unter Verweis auf das Beispiel des mißgebildeten Kindes meint er, wir dürften uns nicht in das »schmerzhafte Dilemma: entweder keine Kinder oder ein beziehungsweise meh-

rere schwerbehinderte Kinder zu haben«, einsperren lassen, weshalb es absolut legitim sei, die neuen Möglichkeiten der Biotechnologie zu nutzen und den gentechnischen Eingriff in die
Keimbahn im Prinzip zu akzeptieren. Damit ließe sich nicht nur
künftiges Leiden verhindern, sondern solche Eingriffe »erlauben
uns darüber hinaus, unseren Nachkommen ein soweit wie möglich von fehlerhaften Genen bereinigtes Erbgut weiterzugeben«[14].

Nur obskurantistische oder fundamentalistische Scheuklappen, so Taguieff, brächten manche dazu, systematisch die sol-
cherart vorgenommene Neugestaltung des Menschen abzulehnen. Auf lange Sicht sei diese Weigerung katastrophal und sogar
inhuman, denn: »Wer jeglichen Eingriff ins menschliche Genom
ablehnt, ›respektiert‹ also die fatale Weitergabe von Erbkrankheiten und macht sich damit der Wiederholung von menschlichem Leiden auf unabsehbare Zeit schuldig, während es technisch möglich wäre, zumindest teilweise Abhilfe zu schaffen.«[15]
Im Namen einer agnostischen und im Sinne der Aufklärung anti-
metaphysischen Treue zum Erbgut plädiert Taguieff für eine
maßvolle Rückkehr zur Eugenik, solange sie »positiv« und »demokratisch« ist. Mit anderen Worten, sie darf weder zur Vernichtung von Lebewesen führen noch von einer autoritären Macht
verordnet werden.

In Frankreich schließen sich etliche Wissenschaftler dieser
»transgressiven« Vision an, so etwa der Genetiker Daniel Cohen,
der Arzt Bernard Debré, der sich jüngst zur uneingeschränkten
Manipulation bekehrt hat,[16] oder der Philosoph François Dagognet. Manchmal geht sie, wie schon in der Vergangenheit, mit
fröhlichem Getöse und einer Huldigung an den Fortschritt einher. Wobei sich von selbst versteht, daß der Fortschrittsgedanke
vor dem Hintergrund politischer oder philosophischer Ernüchterung heute ganz auf die Technowissenschaft projiziert wird,
die letzte »Grenze«, die zu überwinden wir aufgefordert sind.

Die Glücksideologie

Auf diese Argumentation reagiert der Biologe Jacques Testart mit heftigstem Widerspruch und wütender Empörung, denn er sieht darin eine neue Allmachtsphantasie, den Traum von der totalen wissenschaftlichen Machbarkeit. »Welche Menschheit«, fragt er, »streben jene, die sich weigern, das Menschsein zu definieren, denn an?«[17] Alarmierend findet er die Vorstellung, man könnte beispielsweise mit einem »genetischen Fingerschnipsen« die Menschen weniger aggressiv machen,[18] ebenso wie das von einem Embryologen geäußerte Projekt, jedem befruchteten Ei oder Embryo ein Gen einzuschleusen, das im Organismus eine AIDS-Resistenz bewirkt. Überhaupt lehnt er vehement das Vorhaben ab, nicht nur »mangelhafte Individuen zu korrigieren«, sondern die Spezies als solche zu verändern, »indem ihr neue Eigenschaften verliehen werden, die kein Mensch je besessen hat«[19].

Testart, der für sich einen entschiedenen Agnostizismus in Anspruch nimmt, empört sich andererseits über Taguieffs obsessiven Gebrauch antireligiöser Metaphern mit dem Ziel, die Gegner der Eugenik lächerlich zu machen. Diese höhnische Ausdrucksweise, meint er, laufe darauf hinaus, schon die geringste Sensibilität für die Menschlichkeit des Menschen, schon die geringste Sorge angesichts des »kalten Schicksals, das uns der Fortschrittskult verheißt«, mit religiöser Verblendung gleichzusetzen – was ihm um so absurder erscheint, als die Kritik am glühenden Glauben an die Technowissenschaft ja gerade den quasi-religiösen Eifer aufs Korn nimmt, mit dem ihre Anhänger sie verteidigen. »Warum«, schreibt er, »muß sich jeder, der die Alarmglocken läuten hört, ›Obskurantist‹, ›Chiliast‹, ›Fortschrittsfeind‹ und so weiter nennen lassen, und das ausgerechnet von jenen, die so tun, als hätte das, was heute geschieht, nicht die Bezeichnung ungeheuerlich verdient?«[20]

Was den vermeintlich demokratischen Charakter der neuen
Eugenik betrifft, dessentwegen sie sich von den staatlich verord-
neten Zwangsmaßnahmen der Vergangenheit unterscheide, können sich Testart und viele andere leicht auf die Überzeugungskraft der in jeder beliebigen modernen Gesellschaft geltenden
sozialen Normen berufen: Die Behauptung, daß die Entscheidung
über diese oder jene genetische Intervention ganz demokratisch
den Betroffenen oder ihren Familienangehörigen obliege, ist reine
Theorie. Oder eine Lüge. Denn sie ignoriert das enorme Gewicht
des Konformismus, des sozialen Drucks, der jeden bedrängt, sich
nach den aktuellen Maßgaben zu richten. Dieser Druck ist in
den westlichen Gesellschaften heute bekanntlich größer denn je:
Unter der übermächtigen Herrschaft der Medien und der öffentlichen Meinung, unter dem Zwang zur sozialen Anpassung sind
wir heute viel weniger frei, als wir uns einreden. Wenn sich nun
die genetischen Maßstäbe oder irgendein sozialer Druck zur
»Verbesserung der Spezies« durchsetzen, wird die neue Eugenik
automatisch zum Zwang werden.

Es ist kaum vorstellbar, wie die normierende Kraft der gesellschaftlichen Modelle, die auf vielen Gebieten wie der Mode, den
Schönheitsidealen, der Sprache unverkennbar ist, nicht auch im
Hinblick auf die Eugenik maßgeblich sein sollte, womit die angebliche Entscheidungsfreiheit gegenstandslos würde. Der Zwang
würde einfach nur auf hinterhältigere Weise wirksam. »Die Staaten haben auf autoritäre und generelle Maßnahmen verzichtet,
doch sie überlassen die Entscheidung über die Zukunft eines
entstehenden Kindes immer mehr den Individuen und den beratenden Ärzten, die je nach dessen ermittelter genetischer ›Normalität‹ urteilen. Wir möchten gern glauben, daß dieser neuen
Eugenik jeder Rassismus fremd ist [...]. Günstigstenfalls haben
wir die alten nationalistischen Ideologien durch eine Ideologie
des Glücks ersetzt.«[21]

Die Kontroverse Taguieff-Testart ist doppelt interessant: zum
einen, weil sie die Argumente und Theorien zusammenträgt, die

ansonsten eher konfus anläßlich konkreter Fragen der Biotechnologie zur Sprache kommen; zum anderen, weil sie fast Wort für Wort die Streitfragen des neunzehnten Jahrhunderts wiederholt.[22] Die Debatte fordert uns also zu einem dringend nötigen Rückblick auf. Wenn wir uns mit den Dilemmata und Fragen der heutigen Eugenik befassen wollen, können wir uns eine Zeitreise nicht ersparen.

Von der Sterilisation zur Vernichtung

Die erste Etappe ist natürlich die jüngste Vergangenheit, der Nationalsozialismus. Ohne im einzelnen auf die Vielzahl der Menschenexperimente und Greueltaten einzugehen, können wir versuchen, auf drei Fragen im Zusammenhang mit dem Beginn der Vernichtung, der nationalsozialistischen »Rassenhygiene«, zu antworten: Was waren die Verbrechen? Womit wurden sie gerechtfertigt? Worauf gingen sie zurück?

Was die erste Frage betrifft, so ist natürlich eine entsetzliche Steigerung im Lauf der Zeit zu beobachten. Das erste Eugenikgesetz des NS-Regimes, das »Gesetz zur Verhütung erbkranken Nachwuchses«[23], stammt vom 14. Juli 1933 und trat am 1. Januar 1934 in Kraft. In der Präambel stand: »Wer erbkrank ist, kann durch chirurgischen Eingriff unfruchtbar gemacht (sterilisiert) werden, wenn nach den Erfahrungen der ärztlichen Wissenschaft mit großer Wahrscheinlichkeit zu erwarten ist, daß seine Nachkommen an schweren körperlichen oder geistigen Erbschäden leiden werden.«[24] Die internationale wissenschaftliche Gemeinschaft war von diesem ersten Gesetz übrigens kaum schockiert, denn es unterschied sich ja nicht besonders von den Gesetzen, die in den USA, in der Schweiz, in Skandinavien bereits in Kraft waren. (Die Weimarer Republik hatte ein ähnliches Gesetz geplant.)

Ein zweites Gesetz »zum Schutze der Erbgesundheit des deutschen Volkes«, das sogenannte Ehegesundheitsgesetz, folgte am 18. Oktober 1935. Danach waren Eheschließungen verboten, »wenn einer der beiden Partner unter einer geistigen Störung litt, die seine Heirat für die Volksgemeinschaft unerwünscht erscheinen ließ, wenn eine der im Sterilisationsgesetz genannten Erbkrankheiten bei ihm diagnostiziert worden war oder wenn er unter Vormundschaft stand«. Verboten war die Eheschließung außerdem, »wenn einer der Partner unter einer ansteckenden Krankheit litt; als solche wurden ausdrücklich Tuberkulose und Geschlechtskrankheiten genannt«[25].

Von einem Gesetz zum anderen verschärften sich die Bestimmungen. Schon die Erwähnung einer »für die Volksgemeinschaft unerwünschten« Ehe zeugt von einer Priorität des Kollektivs – das Interesse der Gruppe, der Nation wird über den Respekt vor der individuellen Freiheit gestellt. Doch erst 1939, nach Ausbruch des Krieges, begann mit dem »Euthanasie-Programm für unheilbare Kranke« der Massenmord, zuerst an behinderten Kindern, dann an behinderten Erwachsenen, dann an Juden und Zigeunern. Im Oktober 1939 unterzeichnete Hitler die Ermächtigung für das Mordprogramm, das nach der Zentraldienststelle, die mit der Planung beauftragt war und sich in der Berliner Tiergartenstraße 4 befand, bald den Namen Aktion T4 oder einfach T4 bekam.

Grafeneck, eine kleine württembergische Stadt, und Brandenburg an der Havel waren die beiden ersten Mordzentren, die eingerichtet wurden; sie nahmen etwa gleichzeitig, im Januar 1940, den Betrieb auf.[26] Grafeneck war auf die Aufnahme von täglich rund sechzig Personen ausgelegt (zwischen sechs und 93 Jahren), die als unheilbar geisteskrank diagnostiziert worden waren. Nach einer ärztlichen Untersuchung war ihr Schicksal besiegelt, sie waren zur »Euthanasie« beziehungsweise zum »Gnadentod« bestimmt, wie es euphemistisch hieß. In der Regel wurden die Kranken innerhalb von vierundzwanzig Stunden nach ihrem Eintref-

fen in einer Gaskammer mit Kohlenmonoxid umgebracht, weil
auf diese Weise eine größere Anzahl von Personen beseitigt werden konnte. (Zuvor waren einzelne Kranke mit Morphium-Sco-
polamin-Injektionen getötet worden.)

Es folgten weitere Mordzentren, im hessischen Hadamar zum
Beispiel oder in Hartheim bei Linz. Dort wurden die Kranken
durch Verabreichung von Luminal, Veronal und Morphium getötet. Nach den Zahlenangaben, die beim Nürnberger Ärztepro-
zeß ans Licht kamen, starben schätzungsweise 60 000 Personen
auf diese Weise. Im Lauf der Monate wurde die »Euthanasie«
auch auf senile Greise, körperlich Behinderte und sogenannte
»asoziale« Individuen ausgeweitet. Ab 1942 wurde das Programm eingestellt, allerdings nur in dieser sozusagen »aktiven«
Form, denn danach, »mitten im totalen Krieg, ließ man 120 000
weitere Geisteskranke gezielt verhungern, was übrigens auch in
Frankreich unter der Vichy-Regierung praktiziert wurde«[27].

Doch die Beseitigung von Geisteskranken war nur eine Facette
der Erbgesundheitspolitik des NS-Regimes. Zu den Maßnahmen der »positiven« Eugenik, die der Verbesserung der menschlichen Spezies dienten, zählt die Einrichtung »Lebensborn« der
SS, die, von Himmler im Dezember 1935 ins Leben gerufen,
durch Auswahl der Eltern nach bestimmten körperlichen und
geistigen Merkmalen arischen Nachwuchs förderte. So entstanden Zentren der Menschenzüchtung, in denen der perfekte Arche-
typ des künftigen Ariers entstehen sollte. Gleich von Geburt an
erhielten die Kinder eine besondere Erziehung unter strenger
Kontrolle der NS-Verwaltung. Der »Lebensborn« zählte bis zu
acht Entbindungsstationen und sechs Heime für »perfekte« Kinder. Laut André Pichot sollen 92 000 Kinder diese Einrichtungen durchlaufen haben, von denen 80 000 ihren Familien weg-
genommen worden waren, während 12 000 »geplante« Kinder
dort zur Welt kamen.[28]

Die Experimente in den KZs hingegen stehen natürlich in keinem direkten Zusammenhang mit den Eugenikprogrammen.

Allerdings führten sie Denkkategorien ein und tarnten sich mit
einem wissenschaftlichen Diskurs, die der eugenischen Propa-
ganda in manchen modernen Demokratien ziemlich nahestehen.
So hatte man nicht nur den »Versuchspersonen«, die für die medizinischen Experimente von Mengele und Kollegen herhalten
mußten, sondern allen KZ-Häftlingen einen symbolischen Status verordnet, der sie zu unvollständigen Menschen, zu »Unter-
menschen« machte, man hatte also eine Hierarchie innerhalb
des Menschseins eingeführt.

Fügen wir hinzu, daß die medizinischen Experimente der KZ-
Ärzte nicht nur im Namen wissenschaftlichen Fortschritts durchgeführt wurden, sondern mit dem erklärten Ziel, anderen, »höher-
wertigen« Menschen bestimmte Leiden oder den vorzeitigen Tod
zu ersparen – sie verschanzen sich also ebenfalls hinter einem
»humanistischen« Alibi. Zu erwähnen sind etwa die Versuche zur
Rettung aus großen Höhen und Unterdruck-Experimente – bei
denen »Versuchspersonen« im KZ Dachau in Kabinen unterschiedlichem Druck entsprechend verschiedenen Flughöhen ausgesetzt wurden –, durchgeführt von Dr. Sigmund Rascher, einem
ehemaligen Stabsarzt der Luftwaffe. Andere wurden für Unter-
kühlungsexperimente benutzt und mußten in Wannen mit eis-
kaltem Wasser sitzen: Dies diente dem Zweck, die Überlebens-
chancen eines im Meer abgestürzten Piloten zu testen. Wieder
andere Experimente, die im Hinblick auf die Aufbereitung von
Meerwasser zu Trinkwasser angestellt und unter Leitung der Pro-
fessoren Schröder, Becker-Freyseng und Beiglböck durchgeführt
wurden, zwangen Häftlinge – Zigeuner – dazu, Salzwasser zu
trinken. Professor Rose hingegen, ein anderer der in Nürnberg
verurteilten Ärzte, testete Impfstoffe gegen Fleckfieber und He-
patitis und brachte damit an die hundert Versuchspersonen um.[29]

Eine »angewandte Biologie«

Im Rückblick besonders verstörend sind die Argumente, mit denen die NS-Theoretiker die Menschenmanipulation rechtfertigten. Schon in Hitlers *Mein Kampf* (1924) ist die Rede vom Selbsterhaltungstrieb der Art als erster Ursache für die Bildung menschlicher Gemeinschaften, von der Opferung der individuellen Existenz als Voraussetzung für den Erhalt der Rasse: Hier finden sich die Spuren eines Ultrasozialdarwinismus, der in den westlichen Ländern schon seit dem Ende des neunzehnten Jahrhunderts in wissenschaftlichen Kreisen verbreitet war und in der Rudolf Heß zugeschriebenen Aussage gipfelt, der Nationalsozialismus sei nichts anderes als »angewandte Biologie«: In der Tat war die wichtigste Rechtfertigung des NS-Euthanasieprogramms die Verhinderung von »lebensunwertem Leben«.

Gehen wir einen Schritt weiter im Kapitel der Rechtfertigungen. Im Jahr 1942 gab das Institut Allemand in Paris eine Publikation mit dem Titel *État et santé* (»Staat und Gesundheit«) heraus: eine Verteidigungsschrift der Eugenik- und Rassenpolitik Deutschlands. Darin finden sich Überlegungen und Argumente, bei denen sich uns die Haare sträuben: Denn es sind Konzepte und Postulate, die wir heute, manchmal beinahe wortwörtlich, in den Äußerungen der entschiedensten Verfechter der biotechnologischen Manipulation wiederfinden. So sprechen die Autoren der Broschüre beispielsweise von der Notwendigkeit einer rationalen »ökonomischen« Verwaltung des »Lebendkapitals« und des »biologischen Körpers der Nation«. »Wir nähern uns immer mehr einer logischen Synthese der Biologie und der Ökonomie an. [...] die Politik wird imstande sein müssen, diese Synthese immer enger zu führen; sie steht heute noch am Anfang, erlaubt jedoch bereits, die gegenseitige Abhängigkeit dieser beiden Kräfte als unabwendbare Tatsache zu erkennen. [...] So wie der Ökonom und der Kaufmann für die Ökonomie der materiellen Werte verantwortlich sind, so ist der Arzt für die Ökonomie der menschlichen Werte verantwortlich. [...] Es ist unerläßlich, daß der Arzt an der rationalisierten menschlichen Ökonomie mitarbeitet und im Standard der Volksgesundheit die Bedingung des ökonomischen Ertrags erblickt. [...] Die Oszillationen der biologischen Substanz und der materiellen Bilanz eines Staates verlaufen im allgemeinen parallel.«[30]

Man darf sich nun nicht einbilden, die Unterzeichner dieser Beobachtungen seien allesamt Nazi-Ideologen gewesen. Zu ihnen zählten angesehene deutsche Wissenschaftler wie Eugen Fischer und Otmar von Verschuer. Im übrigen hielten sich die in den Jahren 1910 bis 1920 gelegten theoretischen Grundlagen der deutschen Eugenik durchaus im normalen Rahmen der neuen Humangenetik des Westens. »Die meisten großen deutschen Genetiker – und Deutschland stand damals neben den angelsächsischen Ländern an der Spitze der Forschung – waren zugleich Eugeniker: Erwin Baur, Carl Correns, Richard Goldschmidt, Heinrich Poll und so weiter. (Die beiden letztgenannten waren Juden und mußten nach 1933 emigrieren, der eine in die USA, der andere nach Schweden.)«[31] Schon im ersten Weltkrieg waren die meisten Eugeniker (Biologen und Mediziner) in einem einzigen Verband zusammengeschlossen, der Deutschen Gesellschaft für Rassenhygiene.

Auch die Euthanasie war schon lange vor Hitlers Machtergreifung eine bedenkenswerte Theorie: Bereits 1920 veröffentlichten zwei namhafte Gelehrte – Karl Binding, ein Rechtsgelehrter, und Alfred Hoche, Psychiater und Facharzt für Neuropathologie – eine polemische Schrift mit dem Titel *Die Freigabe der Vernichtung lebensunwerten Lebens*, in der sie vorschlugen, das wirtschaftliche Problem behinderter Anstaltspatienten, deren Unterhalt die Volksgemeinschaft teuer zu stehen komme, auf radikalste Weise zu lösen. »Das Argument, daß unheilbar Kranke das Recht auf einen schmerzfreien Tod hätten, diente dazu, den Mord an den als minderwertig geltenden Menschen zu rechtfertigen [...]. Mit seiner [Bindings] Behauptung, die Entscheidung über den Wert eines Lebens sei nicht allein aus der Sicht des betroffenen Individuums zu fällen, sondern hänge auch von dessen Wert für die Gesellschaft ab, brachte er ein neues Kriterium ins Spiel.«[32] »Ballastexistenzen« und »leere Menschenhülsen«, nannten die beiden Autoren jene Individuen, deren Dasein sie als »lebensunwert« qualifizierten, und gerade nach den großen Wirtschaftskrisen der Jahre 1923 und 1929 gewann ihr Vorschlag besondere Bedeutung. Manche Vertreter ultraliberaler Ideologien denken heute in eine ähnliche Richtung, auch wenn sie ihre Thesen anders formulieren.

Adolf Hitler hingegen soll bereits im Jahr 1923, als er nach seinem mißglückten Putsch in Landsberg in Haft saß, die von Erwin Baur, Eugen Fischer und Fritz Lenz herausgegebene Schrift *Grundriß der menschlichen Erblehre und Rassenhygiene* gelesen haben, deren Gedankengut er dann in *Mein Kampf* verarbeitete. Das 1921 erschienene Buch hatte zu dem Zeitpunkt bereits internationalen Ruhm erlangt und war ins Englische übersetzt worden. Nicht nur in Deutschland, sondern auch in den USA und in England wurde es zum Standardwerk in Rassenfragen, »und die Autoren der Kommentare zu den NS-Rassengesetzen zitierten dieses Werk als ihre wissenschaftliche Grundlage«[33].

Das Nürnberger Tabu

Was sollen wir daraus schließen? Daß die NS-Eugenik im eigentlichen Sinn nicht gegen die Überzeugungen der damaligen Zeit verstieß; ein Verstoß waren, wenn wir so zu sagen wagen, ihre Erweiterungen: die Vernichtungsideologie und deren praktische Umsetzung, die Ende der dreißiger Jahre begann. Bis dahin hatte die deutsche Rassenpolitik in der internationalen wissenschaftlichen Gemeinde keine besondere Aufregung hervorgerufen. 1934, als die ersten Sterilisationsgesetze in Kraft traten, war man allgemein der Ansicht, daß die gesetzlichen Bestimmungen mehr oder minder der herrschenden Praxis in Nordamerika, in der Schweiz und anderswo entsprachen. Sogar in Deutschland, wie André Pichot betont, »äußerte allenfalls die katholische Kirche einen förmlichen Protest, insbesondere aber der Bischof von Münster, Clemens August Kardinal Graf von Galen, der die Zwangssterilisationen in einem Hirtenbrief vom 29. Januar 1934 verurteilte«[34]. Derselbe Bischof – der heute gern als Person des Widerstands hervorgehoben wird – wagte im August 1941, gegen die Euthanasie zu predigen: »Du sollst nicht töten! Gott hat dieses Gebot in das Gewissen der Menschen geschrieben, längst ehe Staatsanwaltschaft und Gericht den Mord verfolgten und ahndeten. Kain, der seinen Bruder Abel erschlug, war ein Mörder, lange bevor es Staaten und Gerichte gab. Und er bekannte, gedrängt von der Anklage seines Gewissens: Größer ist meine Missetat, als daß ich Verzeihung finden könnte! Jeder, der mich findet, wird mich, den Mörder, töten. Du sollst nicht töten!«[35] Seine Aktion hatte erheblichen Erfolg: Er erstattete Anzeige wegen Mordes und erreichte die Schließung der Euthanasie-Mordzentren.

Zu erwähnen ist auch der Protest des französischen Philosophen Emmanuel Lévinas, der sich schon 1934, in seiner Publikation *Quelques réflexions sur la philosophie de l'hitlérisme*, als einer der wenigen Intellektuellen erwies, die begriffen, daß hier eine ganz neue ontologische Konzeption des Menschen ins Spiel getreten war. Für die übrigen schien sich die deutsche Rassenpolitik bis zum Ende der dreißiger Jahre im Rahmen einer im Westen ziemlich verbreiteten positivistischen Logik zu bewegen. Weder aus wissenschaftlichen Kreisen noch von seiten medizinischer Organisationen wurden Proteste laut. Schlimmer noch: Der amerikanische Professor für Erblehre und spätere Nobelpreisträger Hermann J. Muller veröffentlichte 1939 als überzeugter Eugeniker und »Mann der Linken« in der Zeitschrift *Nature* ein »Manifest der Genetiker«, das zweiundzwanzig hochrangige Wissenschaftler unterschrieben. Darin war die Rede von der Pflicht aller Frauen, sich mit dem Sperma »überlegener« Männer künstlich befruchten zu lassen. Muller hielt auch nach dem Krieg an seinem Credo fest, während die meisten seiner Kollegen sich, entsetzt über die Greueltaten der Nationalsozialisten, von jeglichen Erb- und Rassenlehren abwandten. Er war der erste, der sich 1950 für die Schaffung einer »Samenbank« einsetzte; zwanzig Jahre später verwirklichte der amerikanische Milliardär Robert Graham seine Idee.[36]

Unmittelbar nach dem Zusammenbruch des NS-Reichs, als die Nürnberger Prozesse begannen, waren die Sieger also von einem merkwürdigen Unbehagen, einer unaussprechlichen Verlegenheit befallen, was vielleicht die relative Milde des internationalen Gerichts gegenüber den NS-Ärzten erklärt. Einige der für das Euthanasieprogramm verantwortlichen Ärzte wurden verurteilt: Leonardo Conti, Reichsgesundheitsführer und Staatssekretär für das Gesundheitswesen im Reichsinnenministerium, der Selbstmord beging. Andere, wie Karl Brandt, Reichskommissar für das Sanitäts- und Gesundheitswesen, Viktor Brack, Oberdienstleiter in der Führer-Kanzlei, und Wolfram Sievers, Generalsekretär der Gesellschaft Ahnenerbe und Direktor des Instituts für wehrwissenschaftliche Zweckforschung, wurden des Kriegsverbrechens und des Verbrechens gegen die Menschlichkeit schuldig gesprochen, zum Tod durch den Strang verurteilt und 1946 gehängt.[37] Eine kleine Anzahl Ärzte stand ebenfalls vor dem Tribunal, wurde zu mehreren Jahren bis lebenslänglicher Haft verurteilt. Zahlreiche weitere beteiligte Ärzte wurden hingegen niemals zur Verantwortung gezogen, nachdem die Archive der Heil- und Pflegeanstalten, in denen Euthanasiemorde stattgefunden hatten, im Krieg zerstört worden waren. Das war allerdings nicht der einzige Grund. Wie André Pichot betont, »scheint das Thema die Massen nicht unbedingt bewegt zu haben, jedenfalls war die Neugier gering. Die meisten Opfer waren Deutsche, sie

waren krank, behindert, anomal und so weiter gewesen. Man
maß ihnen keinen besonders großen Wert bei und hatte im übrigen Wichtigeres zu tun.«[38]

Hinsichtlich der NS-Rassenpolitik scheint die Nürnberger Verhandlungen also ein gewisses Stillschweigeabkommen begleitet zu haben, das auch in der Folgezeit galt. Mehrere ange-
klagte deutsche Ärzte versäumten nicht, auf vergleichbare Experimente hinzuweisen, die andere demokratische Länder schon
vor ihnen durchgeführt hatten. Einige erinnerten beispielsweise daran, daß 1928 in den USA bei einem Sumpffieberversuch
im Rahmen einer Forschungsstudie achthundert Häftlinge mit
Malaria infiziert worden waren, und in Manila hatte der amerikanische Arzt Strong vor dem Krieg an Häftlingen, die zum
Tod verurteilt waren, Versuche mit dem Beriberi-Erreger durchgeführt.

Diese große Verlegenheit erklärt, weshalb in den Nachkriegs-
jahren eine echte Auseinandersetzung mit der Eugenik im allgemeinen ausblieb. Man zog es vor, die NS-Eugenik entweder zu
bagatellisieren oder darin lediglich eine Erscheinungsform von
Hitlers Rassenpolitik ohne wissenschaftliche Implikationen zu
sehen, man bemühte sich also, die Eugenik zu »retten«, indem
man sie von ihrer verbrecherischen Instrumentalisierung durch
die Nazis trennte. Wie eine Historikerin und Expertin auf diesem Gebiet bemerkt, rührte die bequeme Trennung zwischen der
Eugenik als »Wissenschaft voller großzügiger Hoffnungen« und
ihrer kriminellen Umsetzung durch das NS-Regime von dem
Wunsch her, die Rassenpolitik der Nazis und ihre Experimente
aus dem medizinischen und wissenschaftlichen Kontext auszu-
klammern.[39] Noch erstaunlicher: Die universale Erklärung der
Menschenrechte von 1948 enthält keinerlei Erwähnung oder
Verurteilung aller Ansätze »zur Verbesserung der menschlichen
Rasse«. Mit gutem Grund: Hermann Muller, einer ihrer Theoretiker, hatte 1946 den Nobelpreis für Medizin erhalten, und im
selben Jahr war der Genetiker Julian Huxley, der einer der lei-

denschaftlichsten Verteidiger der Eugenik gewesen war, an die Spitze der UNESCO ernannt worden.

Mit anderen Worten, die Mediziner und Wissenschaftler im Nachkriegsamerika und -europa lehnten es ab, die Eugenik grundsätzlich in Frage zu stellen. »Sie beschränkten sich darauf, das Thema entweder zu vermeiden – die eugenische Literatur nach dem Krieg ist viel ärmer als die aus den Jahren 1920 bis 1930 – oder aber, falls es doch zur Sprache kam, auf das Gebiet der reinen Theorie und der Vorhersage zu verlagern, als gäbe es nicht schon lange eine Praxis und eine Geschichte der Eugenik.«[40] So kam es, daß sich in der öffentlichen Meinung nach dem Ende des Kriegs Verwirrung breitmachte: Der Begriff Eugenik wurde stets mit der NS-Ideologie, also mit dem Bösen, in Verbindung gebracht und von allen anderen Zusammenhängen losgelöst, während sich über die hinter dem *Projekt* Eugenik stehenden Absichten und Überlegungen, über seine Ursprünge in einer ferneren Vergangenheit und seine Verbindungen mit einer gewissen Interpretation der Lehre Darwins und so weiter jahrzehntelang Schweigen breitete.

Dieses kollektiv gewahrte Tabu hatte schwerwiegende Folgen: Zuerst geriet die außerordentliche Macht der Eugenikbewegung in den angelsächsischen Ländern zu Beginn des zwanzigsten Jahrhunderts in Vergessenheit, und später, als sie Ende der sechziger Jahre wieder zurückkehrte, standen ihr alle ziemlich hilflos gegenüber.

Eine amerikanische Zivilreligion

Eine außergewöhnliche Macht? Aus dem Abstand verschlägt uns die Lektüre mancher historischer Forderungen und Aufrufe buchstäblich den Atem. In den zwanziger Jahren war die amerikanische Eugenik nicht nur ein Programm, hinter dem die wissenschaftliche Gemeinde mit Überzeugung stand – sie wurde vielmehr zur regelrechten Zivilreligion, die ihre eigenen Volksfeste und fanatischen Konvertiten hatte. Im US-Bundesstaat Kansas zum Beispiel wurde 1920 auf einem harmlosen Jahrmarkt das Publikum vor den Ständen der Aussteller beschworen, vor der Eheschließung die Regeln der Eugenik einzuhalten. Eine Tafel präsentierte eine Liste der »unerwünschten Eigenschaften des Menschen«, die mittels selektiver Fortpflanzung ausgemerzt werden müßten; dazu zählten Geistesschwäche, Epilepsie, Alkoholismus und so weiter, aber auch die »Neigung zur Armut«. Auf einem anderen Jahrmarkt forderte ein Plakat in patriotischem Tonfall: »Wie lange werden wir Amerikaner auf den Stammbaum unserer Schweine, Hühner und Rinder achten, aber die Weitergabe des Erbguts an unsere Kinder dem Zufall oder blinden Gefühlen überlassen?«[41]

Um die »guten« Amerikaner zur selektiven Fortpflanzung zu ermuntern, fanden sogar Wettbewerbe statt, die uns im Rückblick haarsträubend erscheinen. »Auf dem im Januar 1914 in Battle Creek, Michigan, organisierten ersten nationalen Kongreß zur Verbesserung der Rasse fanden mehrere ›Wettbewerbe zur körperlichen und geistigen Vervollkommnung‹ statt, die überall im Land Aufmerksamkeit erregten. Ihr Ziel war, anhand von Körpervermessungen und Intelligenztests die ›besten Babys‹ und die ›perfekten Schüler‹ zu ermitteln.«[42] Schamlos suchten sich die Leiter der zahllosen Eugenikveranstaltungen mittellose Frauen im gebärfähigen Alter aus und beschworen sie, auf eine Fortpflanzung zu verzichten. Berühmte Zeitgenossen wie der Pflanzenzüchter Luther Burbank, Alexander Graham Bell, der Erfinder des Telefons, David Starr Jordan, Präsident der Stanford University, und der Unternehmer John Kellogg unterstützten die Kampagnen.

Die Eugenik war nicht nur profane Religion, sondern auch eine offizielle Wissenschaft, deren Übermacht erdrückend war. 1924 führte eine Bibliographie zum Thema Eugenik nicht weni-

ger als 7 500 Buch- und Polemiktitel auf, von denen manche unverhohlen rassistisch waren.[43] Eine mächtige wissenschaftliche
Einrichtung vertrat die eugenische Ideologie in den Vereinigten
Staaten, die Station for Experimental Evolution auf Long Island
(die noch heute, allerdings unter dem Namen Cold Spring Laboratory existiert und eine Zeitlang von James Watson geleitet wurde). Ihre Kampagnen wurden von zwei großen Stiftungen, der
Carnegie Institution of Washington und der Rockefeller Foundation, finanziell unterstützt. Die zeitgenössische Literatur trug das
Ihre dazu bei, verbreitete sich in düsterem Ton über gefährliche
Erbeigenschaften und Degeneration und präsentierte die Eugenik als Rettung vor dem drohenden Untergang der Menschheit
durch Krankheit und Entartung. »Kurz und gut«, bemerkt André
Pichot, »zur Lösung der sozialen Probleme der dreißiger Jahre
bedurfte es der Wissenschaft und speziell der Biologie, um die
Menschheit zu rationalisieren und die menschlichen Ressourcen
nach dem Modell, das Frederick Winslow Taylor für die Rationalisierung der industriellen Produktion vorgelegt hatte, zu verwalten.«[44]

Zwischen 1907 und 1935 führten rund dreißig amerikanische
Bundesstaaten per Gesetz die Zwangssterilisierung für Epileptiker, Geisteskranke in öffentlichen Anstalten, Sexualstraftäter und
andere ein. Indiana und später Kalifornien waren auf diesem
Gebiet offensichtlich besonders aktiv. »1935«, schreibt Pierre
Thuillier, »stieg die Gesamtzahl der Sterilisationen auf 21 539,
von denen mehr als die Hälfte in Kalifornien durchgeführt wurden.«[45] Natürlich machte die amerikanische Eugenikbegeisterung
in der restlichen Welt Schule. Etliche kanadische Provinzen verabschiedeten ähnliche, gegen Geisteskranke gerichtete Gesetze,
und bald darauf (1928) folgten der Schweizer Kanton Waadt,
später Dänemark, Schweden und Norwegen. In Skandinavien
wurden sogar noch in den siebziger Jahren Sterilisationen durchgeführt.

Bemerkenswert ist, daß die Eugenik vor allem in den angelsächsischen Ländern mit protestantischer Tradition sehr verbreitet war und sehr positiv aufgenommen wurde, während die vorwiegend katholischen Länder weniger begeistert waren. Nach protestantischer Sicht, so die meisten Kommentatoren, lasse der Begriff der Vorsehung eine – fatale – Akzeptanz der eugenischen Selektion zu. Die katholische Auffassung hingegen entbinde den Menschen nicht von der Verantwortung für sein Wohl und die Art und Weise, wie er von seiner Freiheit Gebrauch mache, weshalb die Vorstellung einer genetischen Über- oder Unterlegenheit aus katholischer Sicht absurd sei. »Tatsächlich hat es«, schreibt Axel Kahn, »in den katholischen Ländern Europas selbst unter dem Faschismus praktisch keine Eugenik gegeben.«[46] Eine der wenigen formellen Verurteilungen der Eugenik in allen Erscheinungsformen war 1930 die von Pius XI. verfaßte römische Enzyklika *Casti connubi* – die allerdings über das Ziel hinausschoß und nebenbei noch Empfängnisverhütung und Abtreibung verdammte.

Im wenig empfänglichen Frankreich, wo die Eugeniker bis auf ein paar vereinzelte Theoretiker wie Alexis Carrel und Charles Richet einen schwereren Stand hatten, spielte ein anderer Faktor eine Rolle, auf den wir noch zurückkommen werden: eine wissenschaftliche Tradition, die sehr viel mehr von Jean-Baptiste Lamarck (1744–1829) und seiner Lehre von der *Umwandlung der Arten* geprägt war als von Charles Darwin, dem Begründer der Evolutionstheorie. Allerdings brachte auch Frankreich »wissenschaftliche« Wahnideen hervor wie das Gedankengebäude von Charles Binet-Sanglé, der in seinem 1918 veröffentlichten Werk *Le Haras humain* (»Das Menschengestüt«) den Vorschlag äußerte, man möge »schlechte Erzeuger zum Selbstmord ermutigen und zu diesem Zweck eine Euthanasieanstalt einrichten, in der die lebensmüden degenerierten Individuen mittels Stickstoffoxid (Lachgas) eingeschläfert werden«[47].

In den USA jedenfalls war die Eugenik bis Ende der dreißiger Jahre eine beherrschende Ideologie. Erst die Aufdeckung der

NS-Verbrechen brachte die Eugenik in Mißkredit, und die meisten amerikanischen Wissenschaftler (aber nicht alle) distanzierten sich hastig davon, stellten sogar ihre theoretischen Grundlagen in Frage. Während der ersten zwei Nachkriegsjahrzehnte erfolgte eine mächtige humanistische, sozialdemokratische, »linksorientierte« Reaktion: In den fünfziger und sechziger Jahren hatte die Eugenik kein Bürgerrecht mehr. Die Entwicklungsgeschichte des Menschen und die Unterschiede zwischen Individuen galten nun nicht mehr als *angeboren*, sondern als *erlernt*. »An die Stelle des biologischen Determinismus, der die eugenische Literatur bestimmt hatte, trat der kulturelle Determinismus.«[48]

In wissenschaftlichen Kreisen jedoch kursierten weiterhin eugenische Thesen, die erstaunlicherweise in einem für die Molekularbiologie günstigen Klima viel Anklang fanden. Die dauerhafte Verschleierung der eugenischen Vergangenheit aufgrund der NS-Verbrechen kehrte sich sogar zu ihren Gunsten um, und Genetiker wie Victor McKusik behaupteten bereits Mitte der sechziger Jahre, daß »nur der Rassismus des NS-Regimes die Eugenik pervertiert« habe. Von jeglichem »Rassismus« befreit, habe sie also ihre Rehabilitierung verdient.[49] Zahlreiche Wissenschaftler begannen zu behaupten, dank dem fortschreitenden Wissen um die menschliche Vererbung müsse die Anwendung einer »angemessenen«[50] eugenischen Politik möglich sein.

Sollte nun alles wieder von vorn anfangen?

Eine »neue Eugenik«?

Den Ausdruck »neue Eugenik« wollte bereits 1969 der angesehene amerikanische Biologe Robert Sinsheimer einführen. Seiner Ansicht nach habe die neue Eugenik nichts mehr mit der »alten« zu tun, die nur die fähigeren zum Nachteil der weniger fähigen Individuen fördere. Dank den Möglichkeiten der Genetik könnten wir jetzt noch viel weiter gehen. Tatsächlich können wir mit Hilfe der neuen Präimplantationsdiagnostik einen mißlungenen, etwa mit einem Gendefekt oder einer Chromosomenanomalie behafteten Embryo erkennen und aussortieren. Es wird sogar möglich, neue Gene und damit auch neue biologische Funktionen zu erzeugen, ja wir können ernsthaft eine »Änderung der Natur der menschlichen Spezies« ins Auge fassen, wie der Soziobiologe Edward Wilson meinte.

Um ihn zu verbessern? Das ist die Frage.

Im aktuellen Diskurs, wie er in den Medien verbreitet wird, sind die Genetiker noch nicht soweit. Sie sprechen von der Notwendigkeit, genetische Krankheiten schon im Embryonalstadium aufzuspüren, beispielsweise das Down-Syndrom, Hämophilie, Tay-Sachs oder bestimmte schwere körperliche Mißbildungen. Die »Musterung«, nach der man – auf Verlangen der Eltern – problematische Embryonen aussortieren könnte, läßt sich natürlich nicht mit der traditionellen Eugenik gleichsetzen – es sei denn, wir gleiten in reine Polemik ab, was bei jenen, die bei jeder Gelegenheit Vergleiche mit dem Nationalsozialismus ziehen, leider ziemlich oft der Fall ist. Im übrigen ist der Ausschluß beziehungsweise die Diagnostizierung eines Down-Syndroms anhand von Serummarkern bei der Mutter, eventuell gefolgt von einer Amniozentese und der Erstellung des embryonalen Karyogramms, heute eine gängige Praxis bei Müttern über fünfunddreißig und wird sogar von den Krankenkassen bezahlt. Die zuvor konsultierten Juristen waren zu der Erkenntnis gelangt, daß die absehbare Erweiterung der pränatalen Diagnose und der etwaige Schwangerschaftsabbruch »keine eugenische Praxis« seien, sofern die Entscheidung »den betroffenen Personen überlassen« bleibe.[51]

Wir wollen hier aber nicht auf die vermeintliche Entscheidungsfreiheit zurückkommen, die bekanntlich weniger selbstverständlich ist, als wir in der Regel annehmen. (Im gegebenen Fall hängt die Entscheidung nicht nur vom Gewicht der obengenannten sozialen Normen ab, sondern auch von etwaigen finanziellen Erwägungen oder dem »psychologischen Umfeld«, wie wir es nennen könnten.) Dennoch ist an dieser Selektionspraxis problematisch, *daß sie zwangsläufig einen furchtbaren Begriff wiedereinführt: die »Norm« beziehungsweise die »Normalität«*. Was immer wir tun, wie vorsichtig wir uns auch ausdrücken – die »Norm« klingt schon wieder wie ein Mißton im Hintergrund an. Alle bioethischen Debatten der Gegenwart lassen die ebenso fragwürdige wie brisante Annahme einer vermeintlichen menschlichen Normalität wiederaufleben.

Eine in der Tat diskutable Frage. Wo ist die Grenze zwischen normal und krankhaft? Ist es überhaupt zulässig, für die menschliche Spezies eine *Norm* aufzustellen? Und wer dürfte sich gegebenenfalls das Recht anmaßen, sie zu definieren? Lassen wir nicht im Geist der künftigen Eltern – auf dem Umweg über die selektive PID – die Phantasievorstellung vom »perfekten Baby« entstehen, auch wenn wir uns dagegen explizit verwahren? Eine Vorstellung, die um so mächtiger ist, als heute weniger Kinder geboren werden als früher und Eltern deshalb um so eher versucht sein könnten, ein »Kind ohne Mängel«[52] zu erzeugen, wie René Frydman sagt. Aber kann man denn, auch noch so widerstrebend, die Vorstellung von Normalität akzeptieren, *ohne die Würde der Behinderten anzutasten, die ebensosehr unter den Blicken der Gesellschaft leiden wie unter ihrer eigentlichen Behinderung?* Können wir ein Leben für »lebensunwert« erklären, ohne uns der Leugnung seiner Menschlichkeit schuldig zu machen?[53] Vor diesen Fragen stehen wir heute erneut. Es sind schwerwiegende, entscheidende Fragen.

Ein Kinderarzt formulierte dazu Gefühle des Zorns und der Furcht, die einer längeren Erwähnung wert sind. »Wollen wir tatsächlich«, schreibt er, »eine Gesellschaft, die offen ist für die Kleinen, die ›Ranglosen‹ und die ›Entwürdigten‹? Ist uns die doppelte Moral unserer Entscheidungen bewußt? Wir bekunden Mitgefühl mit Menschen, die unter Behinderungen und Erbkrankheiten leiden, und wir unterstützen sie, auch materiell im Rahmen spektakulärer Medienereignisse [...], und gleichzeitig fordern wir von den Ärzten selbstlosen Einsatz, um ebenjene Menschen schon vor der Geburt auszusortieren; wir erwarten von der Medizin, daß sie uns hilft, solche Menschen gar nicht erst zur Welt kommen zu lassen. [...] Aber wo verläuft die noch erträgliche Grenze der ›Selektion‹? Wen sind wir bereit in unsere Gesellschaft aufzunehmen, ohne ihm das Recht auf sein Anderssein abzusprechen? Wen erlauben wir uns zurückzuweisen, und wer gibt uns das Recht dazu? Auf welchen Gebieten erteilen wir ›dem anderen‹ das Recht, über unsere eigenen Schwächen und die Entscheidungen, die sie rechtfertigen könnten, zu urteilen?«[54]

Normalität, ein totalitärer Begriff

Es ist in der Tat dringend erforderlich, mit diesem totalitären Begriff »Normalität« aufzuräumen, den die Genetik heute wieder fast verstohlen in unsere demokratischen Gesellschaften eingeführt hat. Manche verkehren das Problem recht wirkungsvoll ins Humoristische und Absurde, wie Julien Teppe, der fragt: »Waren nicht die berühmtesten Köpfe erblich belastet oder krank? Da sind zuerst die Epileptiker: Petrarca, Flaubert, Dostojewski; die Tuberkulösen: eine endlose Liste mit Molière an der Spitze; jene, die wahnsinnig genannt wurden: Comte, Swift, Poe; dann die zahlreichen Opfer des heimtückischen Treponema, das sich ›pallidum pallidum‹ nennt: Maupassant, Baudelaire, Nietzsche und ungezählte andere; nicht zu vergessen den ebenfalls syphilitischen und zudem leprösen Gauguin, den mißgebildeten Toulouse-Lautrec, den tauben Beethoven, den vom Typhus befallenen Schubert, den lungenkranken Chopin ...«[55]

Der Genetiker Bertrand Jordan wiederum erinnert uns zu Recht daran, daß die »genetische Anomalie« manchmal der

Sockel ist, auf dem eine Person, ein Künstler, ein Talent errichtet werden. Er fragt sich, ob die Kultur und die Kunst nicht gerade als Sieg der Humanität des Menschen über die leidende Kreatur, die der Mensch ebenfalls ist, interpretiert werden könnten. Der Genotyp sei nichts anderes als die Ausgangslage, das Fundament, von dem aus das Individuum sich entwickelt. Er erwähnt den kürzlich verstorbenen Jazzpianisten Michel Petrucciani oder den genialen Physiker Stephen Hawking, die beide unter schweren körperlichen Behinderungen zu leiden haben beziehungsweise hatten, die konsequente Eugeniker deshalb mit Sicherheit nicht hätten zur Welt kommen lassen.[56]

Der israelische Genetiker Gideon Bach, Leiter der Abteilung Humangenetik am Jerusalemer Krankenhaus Hadassah, berichtet von einem Erlebnis, das einen nachhaltigen Eindruck bei ihm hinterließ: Als er in einer seiner Vorlesungen mit gedankenloser Begeisterung von den neuen diagnostischen Möglichkeiten schwärmte, mit denen man das Hämophilie-Gen schon beim Embryo entdecken könne, sagte einer seiner Studenten darauf mit finsterer Miene: »Ich *bin* Bluter. Ein Glück, daß es zu der Zeit, als meine Mutter schwanger war, diese Tests noch nicht gab, sonst wäre ich heute vielleicht nicht am Leben.«[57]

Im Fall der Trisomie 21 (Down-Syndrom) ist der Wunsch, sie zu vermeiden, zweifellos legitim, doch ebenso richtig ist auch die Bemerkung eines Facharztes: »Unsere Dreistigkeit – das Wort ist nicht übertrieben – gegenüber Menschen mit Down-Syndrom und anderen hat nicht mit deren vorhandener oder nicht vorhandener Lebensqualität zu tun, denn sie selbst sind ja oft ganz zufrieden, sondern mit dem Unbehagen, das ihre Anwesenheit bei uns auslöst.«[58] Eben: Ein Problem ist die Krankheit vor allem für uns und unseren Mangel an Mitgefühl, unseren Egoismus, der so weit geht, daß wir das Wesentliche aus dem Blick verlieren. Eine Spezialistin wie Anne Fagot-Largeault hat recht, wenn sie bemerkt, »heilig« sei gewiß nicht das Genom als solches, sondern die mit unserer Vorstellung von Menschlichkeit ver-

bundenen Werte von Freiheit und Gleichheit.[59] Und diese Werte verbieten den Imperialismus, das moralische Diktat einer
»Norm«.

Ebenso können wir den Begriff Anomalität in Frage stellen:
eben aufgrund der Genetik selbst. Wir wissen heute, daß bestimmte genetische Anomalien zwar eine Prädisposition für bestimmte Krankheiten, *zugleich aber einen potentiellen Schutz
vor anderen Krankheiten* darstellen. Das gilt für das Allel, das
bei Homozygotie (das heißt, wenn an einem bestimmten Genort auf den beiden homologen Chromosomen identische Allele
vorliegen) das vor allem bei Juden aschekansischer Abstammung
vorkommende Tay-Sachs-Syndrom verursacht, bei Heterozygotie aber (wenn am selben Genort auf den homologen Chromosomen zwei verschiedene Allele vorliegen) eine gewisse Widerstandsfähigkeit gegen Tuberkulose mit sich bringt. Es gilt auch
für Sichelzellenanämie, eine in Afrika relativ verbreitete genetisch bedingte Blutkrankheit, die bei Homozygotie eines mutierten Allels ausbricht – in diesem Fall enthalten die roten
Blutkörperchen abnormes Hämoglobin, so daß sie bei sinkender Sauerstoffspannung sichelförmig werden und die Viskosität
des Blutes erhöhen, was zu einem frühen Tod führen kann. Der
heterozygote Zustand jedoch, das heißt, wenn ein mutiertes Allel
einem normalen Allel gegenübersteht, geht mit einer erhöhten
Widerstandskraft gegen Sumpffieber einher.[60] Das bedeutet, daß
nur eine fragwürdige technowissenschaftliche Voreiligkeit erlaubt, mit Überzeugung von einer konkreten Anomalie zu sprechen. Denn es ist nicht auszuschließen, daß ein Wissenszuwachs
in der Zukunft uns neue, unvorhergesehene Erkenntnisse verschafft.

Sofern wir uns nicht rassistischen oder diskriminierenden
Theorien anschließen, müssen wir zugeben, daß der Begriff
»Norm« keinerlei wissenschaftliche Bedeutung hat, sondern
sich auf den jeweiligen Zustand einer Kultur, auf das Gewicht
einer Ideologie bezieht. Wie Georges Canguilhem schrieb, ist

die Norm kein wissenschaftliches, sondern ein »polemisches« Konzept.[61] Dem schließt sich auch der Jurist und Bibelexeget Raphaël Drai an, der erklärt, eine körperliche oder genetische Anomalie »wird zur Anomalie im eigentlichen Sinn erst durch ihre affektive und soziale Projektion, erst wenn sie mit einer globalen, medizinisch-sozialen Auffassung von Norm in Bezug gesetzt wird«[62].

Das ist ein verstörendes Paradox: Während unsere demokratischen Gesellschaften voller Stolz ihre Toleranz betonen, ihren Respekt sämtlichen Unterschieden gegenüber, während sie – mühsam, aber zu Recht – immer mehr die gebotene sprachliche Behutsamkeit walten lassen, um den »anderen« nicht zu kränken (so sprechen wir nicht mehr von Zwergen, sondern von kleinwüchsigen Personen, nicht mehr von Tauben, sondern von Gehörlosen und so weiter), lassen wir zu, daß sich in der Biologie von neuem die schreckliche Vorstellung von »Normalität« breitmacht. Es ist, als wäre das Feuer, am einen Ort gerade erst gelöscht, an einem anderen wieder ausgebrochen. Es ist, als erwarteten wir von der Genetik, daß sie uns von der Mühsal befreit, den anderen zu akzeptieren. Und zu lieben.

Eine unermüdliche »Eselei«

Über das noch drastischere Projekt »Verwandlung der menschlichen Spezies« wird mit bestürzender Verantwortungslosigkeit diskutiert. Erwähnen wir unter tausend Beispielen den – natürlich rein theoretischen – Vorschlag der beiden Essayisten Frank Magnard und Nicolas Tenzer, die sich vorstellen können, das Genom einer gesamten Population so zu verändern, daß eine Resistenz gegen ungehinderte UV-Strahlung infolge einer vollständig verschwundenen Ozonschicht eintrete.[63] Andere phantasieren von genetischen Modifizierungen, die den Menschen gegen atomare Strahlung immun werden lassen. Und wieder andere träumen davon, durch Eingriff in die Keimbahn die Muskelkapazität des Menschen zu verbessern, und so weiter. Kurz, die Science-fiction-Eugenik wird zur Medienmode, reichlich verworren, reißerisch und im Grunde ziemlich dumm.

Warum das? Weil sie auf einer wissenschaftlich weitgehend falschen Argumentation beruht. Die Wissenschaft hat selbst die meisten Behauptungen, auf die sich die Eugenik stützt, mittlerweile hinfällig werden lassen. Heute weiß jeder Abiturient, daß die Vererbung von Eigenschaften von einer Generation auf die nächste komplexen Gesetzen folgt, denen Gregor Mendel (1822 bis 1884) als erster auf die Spur kam. Er weiß auch zwischen Genotyp und Phänotyp zu unterscheiden, also die Bedeutung der Gene gegenüber den Einflüssen aus der Umgebung zu relativieren. »Kurz gesagt«, meint dazu Jean-Paul Thomas, »die Eugenik, die einst eine wissenschaftliche Ideologie war, ist heute nur noch eine Eselei.«[64]

Das Auftreten genetischer Krankheiten wiederum gehorcht dem Hardy-Weinberg-Gesetz, das die anmaßende Hoffnung, das Erbgut der Menschheit zu verbessern, utopisch werden läßt. In jeder Generation tritt eine bestimmte Anzahl spontaner Mutationen auf, und jeder Mensch ist Träger »defekter« Gene, während der Anspruch, die menschliche Spezies durch ein Selektions- und Sterilisationssystem zu verbessern, ohnehin eine Schimäre ist, wie wir seit langem wissen. Im Zusammenhang mit den Forschungsarbeiten, die seit den dreißiger Jahren auf diesem Gebiet durchgeführt werden, erinnert uns René Frydman daran, daß wir, um die Häufigkeit »schlechter« Gene von einem Prozent auf ein Promille zu drücken, zweiundzwanzig Generationen lang strengste Sterilisationsmaßnahmen durchführen müßten.

Das bedeutet, daß die Eugenik vom Konzept der Humanität aus gesehen nichts anderes ist als eine Ideologie. Sie ist in einer subjektiven und manipulierten Interpretation der Darwinschen Lehre begründet. Um so sonderbarer ist, daß sie auf der Schwelle des dritten Jahrtausends plötzlich wieder in Erscheinung tritt. Warum heute? Wie ist dieses ideologische Symptom zu verstehen? Diese Fragen fordern uns auf, ein Stück weiter in die Geschichte zurückzugehen. Was war der historische und politische Ursprung eines Phantasiegebildes, das wir heute als potentiell zerstörerisch erkannt haben, das sich aber hartnäckig hält? Aus welcher außergewöhnlichen Alchemie zwischen Wissenschaft und Ideologie, aus welcher »Verflechtung von ideologischen und wissenschaftlichen Prinzipien«[65] ist sie mitten im neunzehnten Jahrhundert hervorgegangen?

Um eine Antwort auf diese Fragen zu finden, müssen wir uns Charles Darwin persönlich zuwenden.

KAPITEL 10

Eine Mißdeutung Darwins

> »Wir zivilisierten Menschen dagegen tun alles mög-
> liche, um diese Ausscheidung zu verhindern. Wir
> erbauen Heime für Idioten, Krüppel und Kranke.
> Wir erlassen Armengesetze, und unsere Ärzte bieten
> alle Geschicklichkeit auf, um das Leben der Kranken
> so lange als möglich zu erhalten.«
>
> CHARLES DARWIN[1]

Es ist geradezu ein Paradebeispiel, wie aus dem Lehrbuch: Wer nach einem geeigneten Fall sucht, um die subtile Verflechtung von Wissenschaft und Ideologie zu veranschaulichen und zu demonstrieren, wie die ursprüngliche Aussage einer wissenschaftlichen Hypothese konfisziert, mit den Hirngespinsten einer Epoche vermengt und – eineinhalb Jahrhunderte lang – in eine sinnentstellend vereinfachende Verhaltensmaßregel umgedeutet werden kann, der sei auf den »Fall« Darwin verwiesen. Kaum ein Mißverständnis ist so eindrucksvoll wie dieses, und es läßt sich in der Wissenschafts- und Ideengeschichte wohl schwerlich eine zweite, derart offensichtlich *ideologische* Instrumentalisierung finden, wie sie mit Darwin betrieben wurde – und immer noch betrieben wird.

Die Instrumentalisierung wird um so deutlicher, wenn wir uns klarmachen, daß ein großer Teil der aktuellen Mißverständnisse und Debatten mehr oder weniger daran anknüpft. Der Mißbrauch von Darwins Erkenntnissen, die Verdrehung seiner Thesen von Anfang an, hält bis heute an. Tatsächlich stehen den anachronistischen Exegeten der Evolutionstheorie noch immer die Verteidiger Darwins gegenüber, die sich Buch für Buch bemühen, die wissenschaftliche und historische Wahrheit wiederherzustellen.[2] Aus der Nähe betrachtet, nimmt die Revolution, die Darwin in der Wissenschaftsgeschichte ausgelöst hat, die Züge eines Politkrimis an, der hundertfünfzig Jahre später noch immer nicht abgeschlossen ist.

Das große Mißverständnis

Am 24. November 1859 erschien in England *On the Origin of Species by Means of Natural Selection, or the Preservation of Favoured Races in the Struggle for Life* (zu deutsch: *Über die Entstehung der Arten durch natürliche Zuchtwahl oder die Erhaltung der begünstigten Rassen im Kampf ums Dasein*), das berühmte Werk des Naturforschers und Biologen Charles Darwin, das von Anfang an ein enormer Erfolg war. Darwin war nicht der verfolgte, weil bilderstürmerische Wissenschaftler, als den man ihn heute bisweilen präsentiert. Die erste Auflage von 1250 Exemplaren war innerhalb eines Tages vergriffen, was für die damalige Zeit beachtlich ist. Bald danach wurde das Werk in mehrere Sprachen übersetzt.

Was hat Darwin aber denn nun eigentlich geschrieben? Daß der Mensch vom Affen abstamme? Durchaus nicht. In diesem ersten Werk geht es nur um die verschiedenen Tierspezies, mit der Frage nach dem Menschen befaßt sich Darwin erst zwölf Jahre später in einem anderen, 1871 erschienenen Buch mit dem Titel: *The Descent of Man, and Selection in relation to Sex* (zu deutsch: *Die Abstammung des Menschen und die geschlechtliche Zuchtwahl*). Nachdem er lange Zeit fossile Spezies untersucht und mehrere Forschungsreisen unternommen hatte, darunter die berühmte Fahrt zu den Galapagosinseln, gelangte Darwin zu der Erkenntnis, daß die Vielfalt der Spezies keineswegs auf göttlichen Willen zurückgeht, sondern auf einen Selektionsprozeß, der die bestangepaßten Individuen bevorzugt.

Die Hypothese war neu, aber aus einem bestimmten Blickwinkel erschien sie gar nicht so außergewöhnlich. Schon ein halbes Jahrhundert vor Darwin hatte Jean-Baptiste Lamarck in seiner *Philosophie zoologique* die zum Dogma gewordene Lehre von der Unveränderlichkeit der Arten bestritten, deren herausragendster Vertreter der Paläontologe Georges Cuvier (1769–1832) war. Lamarck entwickelte ebenfalls eine Evolutionstheorie mit der zentralen Idee von der »Umwandlung der Arten« unter dem Einfluß der Umwelt, wodurch die Entwicklung von den einfachsten Lebensformen zu den komplexesten Organismen zu erklären sei. Derselben Theorie hing übrigens Erasmus Darwin, der Großvater von Charles, an. Lamarck stellte vor allem die – später von der Genetik widerlegte – Behauptung auf, daß *erworbene Eigenschaften weitervererbt würden.* Nach seiner Auffassung gebe jedes Tier die winzigsten Umwandlungen, zu denen es durch den Druck der Umweltbedingungen gezwungen worden sei, an seinen Nachwuchs weiter und trage damit zur allmählichen Entwicklung der Art bei. Das meistzitierte Beispiel ist wohl die Giraffe, deren langer Hals zweifellos die Antwort auf das Bedürfnis sei, die höchsten Zweige abweiden zu können.

Doch auch Lamarcks Theorie war nicht ganz neu: Es finden sich Formulierungen, die viel älter als seine Evolutionslehre sind. Nennen wir als Beispiel Benoît de Maillet (1656–1738), der schon damals in einem unter Pseudonym veröffentlichten Werk versicherte, alle Tiere auf Erden seien aus den Fischen hervorgegangen – zur großen Belustigung Voltaires, der dazu ausgerufen haben soll: »Das ist ja sehr schön, aber ich kann nicht glauben, daß ich von einem Kabeljau abstamme!«

War es also ein Skandal, als Darwin 1859 die göttliche Intervention und den biblischen Schöpfungsbericht in Abrede stellte? In gewissem Sinn ist das unbestreitbar. Darwin selbst nannte mit leisem Trotz die natürliche Auslese »meine Gottheit«. Von der pittoresken Seite her deckte sich der Streit um seine Evolutionstheorie ziemlich weitgehend mit der Auseinandersetzung zwischen Klerikalismus und Antiklerikalismus, der im neunzehnten Jahrhundert einen Höhepunkt erreichte. Allerdings wurde auch Lamarck, der sich vage als »Deist« bezeichnete, zuerst von der Kirche bekämpft, dann unterstützt, weil der Klerus offenbar zu dem Urteil gelangt war, man könne sich durchaus vorstellen, daß das Prinzip der Evolution gottgewollt sei. Nach dieser Auffassung war der biblische Schöpfungsbericht ganz einfach unvollständig, und im Hinblick auf Darwin eine gewisse Anpassung vorzunehmen war nicht ungebührlich.

Im übrigen verzerrte der militante Atheismus auch Darwins persönliche Meinung zu diesem Thema. Im Unterschied zu seinem Vetter Francis Galton »berief sich Charles Darwin«, wie Stephen Jay Gould nicht müde wurde zu betonen, »niemals auf die Evolution, um zum Atheismus aufzufordern, er behauptete nicht, keine einzige Gottesauffassung könne mit der Struktur der Natur in Einklang stehen, […] nie versicherte er, die Evolution bedeute zwangsläufig die Nichtexistenz Gottes«[3]. Zum Beweis der sehr eindeutige Brief, den er seinem Freund Huxley zum Tod von dessen Tochter schrieb: »Ich leugne weder, noch behaupte ich die Unsterblichkeit des Menschen. Ich sehe keinerlei Grund, daran zu glauben, habe jedoch auch keinerlei Möglichkeit, sie zu widerlegen.«[4]

Ist also die ungeheure Heftigkeit des Streits durch die Erwähnung des »Affen« als Vorfahren des Menschen zu erklären? Anscheinend nicht – abgesehen von einigen Polemiken des streitbaren anglikanischen Bischofs von Oxford, Samuel Wilberforce –, es ist vielmehr das, was die Legende und die Volksmeinung (zu Unrecht) aus Darwins Evolutionstheorie herausgelesen und behalten haben. In Wahrheit war Darwin nicht der erste, der die menschliche Spezies in den Bereich der Tierwelt integrierte. Der schwedische Naturforscher Carl von Linné (1707 bis 1778) war schon vor ihm zu derselben Erkenntnis gelangt, trotz der Vorbehalte von seiten der Kirche und ohne deshalb seinem Glauben abzuschwören. Dasselbe gilt für den Naturforscher Georges Louis Leclerc, Comte de Buffon, Autor einer monumentalen *Naturgeschichte* in vierundvierzig Bänden (1774), der ebenfalls, ein Jahrhundert vor Darwin, der Meinung war, Mensch und Menschenaffen entstammten derselben Familie. Er fügte sogar hinzu, der Mensch sei zweifellos ein »degenerierter Affe«.

Worum drehte sich also dieser »Streit« um den großen Darwin, der, wie erwähnt, bis heute anhält? Die Antwort ist klar: Die wirklich explosive These in Darwins Schriften war die des *survival of the fittest*, »das Überleben des Bestangepaßten«, das, je nach Geisteshaltung, als »Fortleben des Passendsten« oder auch fälschlich als »Überleben des Stärksten« oder »Tüchtigsten« übersetzt wurde. So entstand die Ideologie des »Sozialdarwinismus«, eine Verfälschung von Darwins Überlegungen zu politischen Zwecken, die wiederum die Matrix für die späteren Auswüchse der Eugenik bildete. Demnach folge die Entwicklung von Gesellschaften dem von Darwin für die Evolution der Arten beschriebenen Schema, und die Menschen führten ebenso wie Pflanzen und Tiere einen gnadenlosen Kampf um das Überleben, in dem die stärksten Individuen – zu Recht – den Sieg über alle Schwächeren davontrügen. Der Sozialdarwinismus ist auch für die Erfindung einer *logischen Entwicklung zum »Besseren«* verantwortlich, was Darwin selbst nie auch nur angedeutet hat. Übrigens stammt die Formulierung *survival of the fittest* sonderbarerweise gar nicht von Darwin, sondern von dem ausgesprochen rechtsorientierten Philosophen, Soziologen und großen Verfechter des beginnenden Kapitalismus Herbert Spencer (1820 bis 1903); Darwin übernahm diese Formulierung für die fünfte Auflage seiner *Entstehung der Arten*. Francis Galton hingegen, einer der ersten Theoretiker der Eugenik, eignete sich die extrem ideologische und tendenziöse Fehlinterpretation Spencers an: Von ihm stammt sogar der Begriff *eugenics*, zusammengesetzt aus dem griechischen *eu*, »gut«, und *genos*, »Geburt«, mit dem Galton den Willen bezeichnete, durch Förderung der »guten Geburten« und Einschränkung beziehungsweise Verhinderung der »schlechten« die Menschheit zu verbessern.

Schon zu Anfang fand also ein theoretischer Taschenspielertrick statt. Der Historiker Jean-Paul Thomas spricht von einer »ideologischen Phagozytose«, einer Einverleibung Darwins durch Spencer, Galton und ihre Epigonen. Um die Art und das Ausmaß dieses Raubs zu ermessen, müssen wir uns kurz mit dem damaligen Zeitgeist befassen. Was waren die herrschenden Vorurteile, Überzeugungen, Hirngespinste, die um die Mitte des neunzehnten Jahrhunderts in Europa zirkulierten?

Die Wahnideen des bürgerlichen Geistes

Die Übermacht und die Überzeugungskraft der Vorurteile zu begreifen, die den bürgerlichen Geist der Epoche ausmachten, fällt uns heute schwer. In dieser Periode der Geschichte entstand aus der industriellen Revolution ein mitleidloser Kapitalismus, der rasch um sich griff. Das Bürgertum, Kaufleute und Unternehmer, die an die Stelle des Adels traten, war sittenstreng und puritanisch.[5] Es war außerdem fasziniert von der Wissenschaft, mit der es sich als gebildete Klasse legitimierte. In Frankreich war man ein Dreivierteljahrhundert nach der Revolution, nach zweifacher Restauration der Monarchie und zwei napoleonischen Kaiserreichen von der Aufklärung und dem historischen Optimismus allgemein mehr als enttäuscht – man denke nur an das ernüchterte Bild, das Alfred de Musset in den *Bekenntnissen eines Kindes seiner Zeit* (1836) von der Epoche zeichnet.

Die Verheißungen der Wissenschaft waren mehr oder minder alles, was von der großen Begeisterung der Aufklärung blieb. Fortan verließ man sich auf die Wissenschaft. Das erklärt beispielsweise die unmerkliche »Biologisierung« der Gesellschaft im Gefolge der Entdeckungen Louis Pasteurs (1822–1895). Pasteur fand nicht nur einen Impfstoff gegen die Tollwut und deckte die krankheitsverursachende Wirkung von Mikroben und Keimen auf, sondern begründete mit Impfzwang, Gesundheitsgesetzen, Meldepflicht für ansteckende Krankheiten und so weiter auch eine medizinische Seite des gesellschaftlichen Voluntarismus. »Der Pasteurismus«, schreibt André Pichot, »war nicht nur eine biomedizinische, sondern auch eine ›soziale‹ Technik. Er öffnete die Möglichkeit, auf andere Weise auf die Gesellschaft einzuwirken als durch Politik, Rechtsprechung und Wirtschaft im strengen Sinn. Und dies verlief über die ›Biologisierung‹ der Gesellschaft.«[6] Mitten im neunzehnten Jahrhundert bestand die vage Hoffnung, daß Medizin und Biologie die sozialen Probleme lösen könnten, an denen die Politik offensichtlich scheiterte. Das war der erste Bestandteil des bürgerlichen Geistes.

Die zweite Wahnidee war eine zwanghafte Furcht vor den »gefährlichen Klassen«. Ob in der Literatur, im Strafrecht, in der Medizin oder in der Politik – sämtliche Diskurse und Reformprojekte der damaligen Zeit trugen das Kennzeichen der sozialen Furcht. Das bürgerliche Europa der industriellen Revolution fühlte sich überschwemmt von den Tausenden Entwurzelter, diesen neuen Armen, die in die Städte drängten und im Verdacht standen, Alkoholismus, Kriminalität, Unsicherheit zu verbreiten. Vor allen Dingen fürchtete die herrschende Klasse die Zunahme der »gefährlichen Klassen«, denen sie eine aberwitzige Fortpflanzungsfähigkeit unterstellte. (»Sie vermehren sich wie die Karnickel …«) Hinsichtlich ihres eigenen Nachwuchses fühlte sie sich von einem unaufhaltsamen demographischen Niedergang bedroht und betrieb deshalb, vor allem nach der Niederlage von Sedan 1870, eine militante Geburtenförderung (wie Zolas Roman *Die Fortpflanzung* sehr anschaulich vorführt). Die verbreitetste Furcht war, daß »mit der Vermehrung der Kinder aus den unteren Klassen ein ›Überhandnehmen der Mittelmäßigkeit‹ und die Verschlechterung der erblichen Qualitäten der Bevölkerung drohten«[7].

Die demographische Obsession erklärt die wohlwollende Aufnahme beispielsweise eines Werks wie *An Essay on the Principle of Population* von Thomas Robert Malthus, eines Klassikers der Nationalökonomie. Seine Streitschrift richtete sich gegen die Sozialisten und deren Vorstellung, daß eine Änderung der Eigentumsverhältnisse die völlige Harmonie herbeiführe. Ihnen setzte Malthus sein Bevölkerungsgesetz entgegen, wonach sich die natürliche Vermehrung des Menschen schneller vollziehe (geometrische Progression) als die der Nahrungsmittel (arithmetische Progression). Diese »naturgesetzliche« Entwicklung führe, wenn der Mensch nicht Enthaltsamkeit übe, zu Elend, Hunger und Seuchen mit der Folge steigender Sterblichkeit. Seine Sicht der Welt ist illusionslos: »Ein Mensch«, schreibt er, »der in eine bereits in Besitz genommene Welt geboren wird und keinen Unterhalt erhält von seinen Eltern, an die er berechtigte Forderungen hat, und dessen Arbeit die Gesellschaft nicht will, hat kein Recht, die kleinste Menge Nahrung zu beanspruchen, und in der Tat keine Veranlassung, da zu sein, wo er ist. An der ungeheuren Festtafel der Natur ist für ihn nicht gedeckt.«[8] Fügen wir hinzu, daß das damalige Bürgertum – das keine adeligen Vorfahren, überhaupt keine angesehene Abstammung vorzuweisen hatte – *das persönliche Verdienst des Individuums zum höchsten Rang erhoben hat.* Im Licht dieser Meritokratie erscheint es vollkommen logisch, daß der Bessere (Stärkere) belohnt, der Untüchtige (Schwächere) bestraft oder beseitigt wird.

Im Zusammenhang mit der ungenierten Lehre von der Ungleichheit der Menschen dürfen wir auch nicht vergessen, daß das neunzehnte Jahrhundert des viktorianischen Englands und des bürgerlich-puritanischen Frankreichs außerdem das Jahrhundert der imperialistischen Eroberung war. Der Kolonialismus förderte und stärkte einen stillschweigenden Rassismus, der zahlreiche Befürworter fand – Arthur de Gobineau und Georges Vacher de Lapouge waren beileibe nicht die einzigen: Das Denken jener Zeit war durchdrungen vom Bewußtsein der eigenen

Überlegenheit und der Gewißheit, daß nicht alle Menschen dieselbe Rücksicht verdienten. Auch Darwin war davon geprägt.
Als *Die Abstammung des Menschen* erschien, bemerkte er dazu,
er stamme lieber von einem netten Affen ab als von den »schrecklichen Wilden«, denen er auf seiner Reise nach Südamerika
begegnet war.[9]

Die dritte Wahnidee der Zeit war noch ausgeprägter als die
ersten beiden. Der bürgerliche Geist, der Darwins Theorien so
stürmisch bejubelte, war von einer nicht auszurottenden Vorstellung besessen: der *Entartung* oder *Degeneration*. Die rasante
Vermehrung der »gefährlichen« Klassen, die Ausbreitung von
Alkoholismus und Syphilis, die zwanghafte – soziale und positivistische – Beschäftigung mit der Erblichkeit, die von dem Kri-
minologen Lombroso verbreitete Überzeugung von der angebo-
renen Neigung zum Verbrechertum – dies alles sorgte dafür, daß
der Begriff Entartung zu einer der fixen Ideen der Zeit wurde.
Wissenschaftliche Publikationen verbreiteten Bemerkungen wie:
»Die edle französische Rasse, einst mächtig, männlich erblüht
und lebensfroh, will sich anscheinend selbst dazu verurteilen,
ihre Geburten zu senken, ihre Körpergröße zur verringern, ihre
Brust zu verengen, die Kraft ihrer Arme zu lähmen, ihren Blick
abzustumpfen und alle Energien, die eine Nation stark und wohl-
habend machen, zu Boden zu drücken.«[10]

Der unausweichliche körperliche Verfall einer ganzen Nation hatte selbstverständlich genau definierbare Ursachen: die
Ausbreitung der Syphilis, der Alkoholismus der Bettler, die fehlende Hygiene des Proletariats, die scharfe Sanitärmaßnahmen
rechtfertigte, und so weiter. Eine sachkundige Analyse der Problematik legte neben anderen der Irrenarzt Auguste Bénédict
Morel mit seinem *Traité des dégénérescences physiques, intel-
lectuelles et morales de l'espèce humaine, etc.* (»Traktat über die
körperlichen, geistigen und sittlichen Degenerationszustände
der menschlichen Spezies«) vor. Seine Thesen belegte er mit
den Erkenntnissen aus seiner psychopathologischen Praxis als

Direktor einer Irrenanstalt, die einen dauerhaften und katastrophalen Einfluß auf die Psychiatrie in ganz Europa ausübten. Sein Traktat erschien 1857, zwei Jahre vor Darwins *Abstammung des Menschen*. Dieses chronologische Detail ist nicht unwichtig.

Morels Hirngespinste fanden jahrzehntelang zahlreiche Nachahmer. Eine ganze »wissenschaftliche« Literatur beschäftigte sich unermüdlich mit der Furcht vor der Degeneration und der »Verkleinerung« (während die damaligen Statistiken belegen, daß die Körpergröße der Franzosen zunahm). 1888 schob ein gewisser Charles Féré, Autor von *Dégénérescence et Criminalité* (»Entartung und Verbrechen«), den Verfall der menschlichen Spezies und die Kriminalität in den Städten auf den allseits verbreiteten Müßiggang. »Die Krüppel, Irren, Verbrecher und Degenerierten jeglicher Sorte«, schrieb er, »sind als Abfall der Anpassung, als Ausschuß der Zivilisation anzusehen. [...] Die Gesellschaft muß sich, will sie nicht in Dekadenz abstürzen, unterschiedslos gegen sie alle wappnen und sie unschädlich machen.«[11] Der in Ungarn geborene Schriftsteller und Kulturkritiker (und Zionist) Max Nordau verfaßte 1892/93 ein zweibändiges Werk mit dem Titel *Entartung* (mit dem das fatale Schlagwort im deutschen Sprachraum Einzug hielt), das alsbald in etliche Sprachen übersetzt wurde. Das Werk ist Cesare Lombroso gewidmet. Nordau führt die »Entartung« auf die Verstädterung zurück, die den Menschen immer mehr nötige, im »Sumpf« der Großstädte zu leben: »Er atmet eine mit den Ergebnissen des Stoffwechsels geschwängerte Luft, er ißt welke, verunreinigte, gefälschte Speisen, er befindet sich in einem Zustand ständiger Nervenerregung, und man kann ihn ohne Zwang dem Bewohner einer Sumpfgegend gleichstellen.« Mit dem Wachstum der Großstädte gehe die Vermehrung der Entarteten aller Art einher. Neben Verbrechern und Wahnsinnigen vermehrten sich die kulturell-geistig Degenerierten. Daher komme es, »daß diese letzteren im Geistesleben eine immer auffälligere Rolle spielen, in Kunst und Schrifttum immer

mehr Wahnsinns-Elemente einzuführen streben«.[12] Von Roman-
ciers und Schriftstellern in ganz Europa vielfach aufgegriffen
und weiterentwickelt, veranschaulicht der Begriff als solcher die
weitverbreitete Überzeugung: Eine Gesellschaft ist in ihrer Existenz bedroht, wenn sie – und sei es nur aus Altruismus – zuläßt,
daß sich ihre schwächsten oder untüchtigsten Mitglieder in ihr
ausbreiten. So lieferte beispielsweise diese These Émile Zola das
Hauptthema zu einem weiteren Roman, seinem *Doktor Pascal*
(1892).

Fassen wir zusammen: Kritikloser Positivismus, schulmeister-
liche Meritokratie, soziale Kälte, panische Furcht vor den gefährlichen Klassen, Zwangsvorstellungen vom biologischen Verfall: In diesem Kontext erschienen Darwins Werke. Sie fielen auf
fruchtbaren Boden.

Soll Grausamkeit akzeptiert oder bekämpft werden?

Als Darwin den Begriff *survival of the fittest* erstmals benutzte
– und damit ein soziologisches Konzept in die Biologie einführte –, bezog er ihn nicht unbedingt auf die weniger Begabten oder
weniger Verdienstvollen: In der *Entstehung der Arten* ist, wie
erwähnt, ohnehin nur von den Tieren und Pflanzen die Rede –
die nicht Gegenstand der Soziologie sind. Außerdem ist mit der
fitness, der Angepaßtheit, die mehr oder minder ausgeprägte
Fähigkeit gemeint, auf eine gegebene Umgebung zu reagieren,
die mit einer Hierarchie oder Überlegenheit nichts zu tun hat.
Auch der »Kampf ums Dasein« müsse, so Darwin, keineswegs
immer einen konkreten Kampf der Individuen untereinander
einschließen. Vielmehr beschränkt sich die Natur darauf, die
weniger gut angepaßten Individuen bei der Fortpflanzung und
Ernährung zu benachteiligen, womit Platz für die besser ange-

paßten entsteht, die sich vermehrt fortpflanzen und die Evolution der Spezies vorantreiben.

Hier wurzelt das erste – immense – Mißverständnis. Herbert Spencer und Francis Galton, Miterfinder des »Sozialdarwinismus«, deuteten das von Darwin formulierte Evolutionsprinzip nach Kampf- und Überlegenheitskategorien um und eröffneten ihm damit einen neuen Geltungsbereich. Außerdem unterzogen sie sein Werk einer streng anthropozentrischen Auslegung. Sie meinten, in Darwins Evolutionstheorie eine wissenschaftliche Garantie für ihre eigene Weltanschauung zu finden, mit der sie zunächst soziale Grausamkeit und den »organisierenden« Egoismus des entstehenden Kapitalismus rechtfertigten. Später ging der amerikanische Historiker Richard Hofstadter daran, im Sozialdarwinismus »die angemessenen Argumente [zu suchen], um die kapitalistische Anhäufung von Reichtum zu rechtfertigen und die Einrichtung von Sozialprogrammen für Bedürftige als völlig nutzlos abzulehnen«[13].

Das zweite Mißverständnis betrifft, könnten wir sagen, das der »Zuchtwahl« oder Auslese beigesellte Adjektiv »natürlich«. Vielleicht liegt hier überhaupt der Kernpunkt des Streits. Denn es stellt sich die Frage, ob damit ausgesagt werden soll, daß die Auslese, wenn sie als »natürlich« bezeichnet wird, einer biologischen Notwendigkeit gehorcht, die man nicht ohne Gefahr durchkreuzt. Hat die Natur also »recht«, die Geeignetsten zu bevorzugen, womit die Spezies der Tiere und des Menschen automatisch vor Degeneration geschützt sind? Wenn dem so ist, müßte man folgerichtig zugeben, daß der Humanismus und das Juden-Christentum gefährliche Irrwege sind. Wer die Schwachen schützen, die Bedürftigen unterstützen, die Kranken heilen, die Hungrigen ernähren will, verstößt gegen die zwar grausamen, aber notwendigen Gesetze der natürlichen Auslese. Natürlich wird gleich auch Nietzsche zur Verstärkung herbeigerufen ...

Aus ideologischer Sicht ist die sich daraus ergebende Frage leicht zu formulieren: Wenn bewiesen ist, daß die Natur die

Tüchtigsten auswählt, um die Entwicklung der Arten zu gewährleisten, müssen dann die Menschen diese Grausamkeit hinnehmen, oder müssen sie versuchen, sie zu bekämpfen? Und
wenn sie sich im Namen des Altruismus gegen die Grausamkeit
der Natur zur Wehr setzen, gefährden sie damit letztlich nicht
die *Qualität* der menschlichen Spezies? Alle Debatten um Darwinismus und Eugenik drehen und drehten sich um diese beiden
Fragen. Der tiefsitzende Haß gegen das Juden-Christentum, den
die Verfechter des Sozialdarwinismus und der Eugenik häufig
äußern, rührt vor allem daher: Sie entdecken darin den ihrer Ansicht nach unverantwortlichen Willen, die Schwachen zu schützen – auch um den Preis, damit die gesamte Spezies in Gefahr
zu bringen.

Einen Gipfel der Raserei erreichte die feindselige Haltung gegenüber dem Juden-Christentum mit den ersten französischen
»Sozialdarwinisten«, beispielsweise mit Georges Vacher de Lapouge, einem begabten und rassistischen Bibliothekar aus Montpellier – der nebenbei den Begriff »Eugenik« in die französische
Sprache einführte –, und seinem Buch *Les Sélections sociales*
(1896). In anderen Schriften zieht er mit beispielloser Vehemenz
gegen das Christentum zu Felde, dessen mächtiger Einfluß sehr
viel dazu beigetragen habe, die Völker in die Minderwertigkeit
zu stürzen; dies nicht wegen der Dogmen, sondern vor allem
wegen der gefährlichen Moral dieser Religion.[14] In einem anderen Text wirft er, ein überzeugter Konterrevolutionär, der Französischen Revolution und dem Humanismus der Aufklärung
vor, sie hätten in dieser Hinsicht das Christentum fortgesetzt,
und fordert seine Leser auf, deren Botschaft zurückzuweisen:
»Der berühmten Formel ›Freiheit, Gleichheit, Brüderlichkeit‹, die
das laizisierte Christentum der Revolution zusammenfaßt, antworten wir: Determinismus, Ungleichheit, Auslese!«[15]

Dieser gefühllose Sozialdarwinismus entspricht durchaus nicht
der Position Darwins: In der *Abstammung des Menschen* versichert er im Gegenteil, der Altruismus, der uns dazu treibe, der

natürlichen Auslese entgegenzuarbeiten, sei legitim. In der Höherentwicklung der moralischen Qualitäten erblickt er sogar den
erhabensten Teil der menschlichen Natur. Dieser erhabene Teil
aber, so Darwin, sei ein direktes Ergebnis der Evolution. Mit
anderen Worten, die Evolution des Menschen mündete (vorläufig) in seine Fähigkeit und seinen Wunsch, sich den Gesetzen der natürlichen Auslese zu widersetzen – was nichts anderes
ist als das, was wir in diesem Buch das *Prinzip Menschlichkeit*
nennen.

Manche Formulierungen Darwins sind unmißverständlich.
»Unter den Wilden werden die an Körper und Geist Schwachen
bald eliminiert; die Überlebenden sind gewöhnlich von kräftigster Gesundheit. Wir zivilisierten Menschen dagegen tun alles
mögliche, um diese Ausscheidung zu verhindern. Wir erbauen
Heime für Idioten, Krüppel und Kranke. Wir erlassen Armengesetze, und unsere Ärzte bieten alle Geschicklichkeit auf, um das
Leben der Kranken so lange als möglich zu erhalten. Wir können
wohl annehmen, daß durch die Impfung Tausende geschützt werden, die sonst wegen ihrer schwachen Widerstandskraft den Blattern zum Opfer fallen würden.«[16]

Genauso deutlich äußert er sich an anderer Stelle, wo er einer
sozusagen dreistufigen Überlegung folgt: 1. Wir Menschen neigten von Natur aus zum Mitgefühl, das uns dazu treibe, den
Elenden zu helfen; unser Interesse an Sympathie sei eines der
Nebenprodukte jenes Instinkts, den wir im Prinzip ebenso wie
die anderen sozialen Instinkte, deren Teil er ist, erworben hätten. 2. Wir müßten dem Mitgefühl gehorchen, unabhängig von
den Konsequenzen, und könnten unsere Sympathie, selbst wenn
uns die unbeugsame Vernunft dazu zwinge, nicht einschränken,
ohne dem edelsten Teil unserer Natur zu schaden. 3. Wenn der
Altruismus negative Auswirkungen für die Evolution der menschlichen Spezies habe, hätten wir dies zu akzeptieren. »Wir müssen uns daher mit den ohne Zweifel nachteiligen Folgen der Erhaltung und Vermehrung der Schwachen abfinden.«[17]

Anders ausgedrückt: Darwin scheint die Ansicht zu vertreten, *der zivilisierte Mensch müsse die antieugenischen Konsequenzen seines Verhaltens akzeptieren und sogar stolz darauf sein.* Das Erscheinen des *solidarischen* Menschen sei eigentlich die Definition von Zivilisation. Leider verstanden die »Darwinianer« seiner Zeit seine Bücher anders.

Von Darwin zum Darwinismus

Damit stehen wir vor einer Merkwürdigkeit der Geschichte. Wenn der Darwinismus im neunzehnten Jahrhundert und noch später die Gemüter erhitzte, so geschah dies zum Teil aus den falschen Gründen. Sein Erfolg war nicht das Ergebnis wissenschaftlicher Stichhaltigkeit, die weitgehend entkräftet wurde, als Ende des Jahrhunderts Gregor Mendels Erkenntnisse über die Erbgesetze wiederentdeckt wurden. Der Skandalerfolg des Darwinismus geht vielmehr zu einem großen Teil auf die Fehlinterpretation der Darwinschen Lehren durch die »Sozialdarwinisten« zurück, aber auch auf das Zusammenwirken von Ideologie und historischem Klima. »Der Erfolg und die Verbreitung der sozialdarwinistischen Theorien sind dadurch zu erklären, daß sie perfekt mit dem herrschenden Zeitgeist übereinstimmten. Und erst der Erfolg des Sozialdarwinismus hat, trotz all seiner Fehler, den Erfolg des biologischen Darwinismus ermöglicht.«[18]

In Frankreich wurde die Fehlinterpretation der Darwinschen Thesen von Anfang an durch eine verlegerische Entscheidung begünstigt. Clémence Royer, die französische Übersetzerin von *On the Origin of Species*, versah ihren Text mit einer in überaus ungestümem, subjektivem Ton verfaßten Einleitung, die den Blick der ersten Leser auf das Werk selbst unwiderruflich verfälschte. Wie Darwin eine so flammende Schmähschrift gegen das Christentum im besonderen, die Demokratie und den Humanismus im allgemeinen als Vorrede zu seinem Werk akzeptieren konnte, erscheint mir unverständlich. Es wurde behauptet, sie sei ihm sehr peinlich gewesen.

Urteilen wir selbst. »Auf die Menschheit angewandt«, schreibt Clémence Royer, »zeigt das Gesetz der natürlichen Auslese zu unserer Verwunderung und unserem Schmerz, wie falsch unsere politischen Gesetze und sogar unsere religiösen Sitten bisher waren. [...] Ich meine jene unbesonnene und blinde Wohltätigkeit gegenüber schlecht gerüsteten Wesen, in der unser christliches Zeitalter stets das Ideal sozialer Tugend gesucht hat und die Demokratie eine Quelle verpflichtender Solidarität zu sehen wünscht, obwohl ihre unmittelbarste Folge darin besteht, daß sie in der menschlichen Rasse genau jene Übel verschlimmert und vermehrt, die abzuschaffen sie angetreten ist.«[19]

Es bleibt zu fragen, auf welche Weise Darwins Werk im weiteren Verlauf seiner Rezeption in den Dienst erst der brutalsten Eugenik, dann eines haßerfüllten Rassismus gestellt wurde. Was den ersten Punkt betrifft, so ist, wie erwähnt, die aktive Rolle von Francis Galton entscheidend. Darwins Vetter, ein »Großbürger der Wissenschaft«[20], begeisterte sich für die Mechanik, die Meteorologie und das Reisen. An die Gleichheit der Menschen glaubte er nicht, sondern hielt die prinzipielle Ungleichheit für so tief und unabänderlich, daß sie seiner Ansicht nach beinahe schon unterschiedliche »Rassen« definierte. Bei Karl Pearson, einem zeitgenössischen Mathematiker und leidenschaftlichen Anhänger der »Biometrie« und der Vererbungsgesetze, fand er das nötige wissenschaftliche Werkzeug, *um seine Ansicht von der Ungleichheit der Menschen auf theoretische Grundlagen zu stellen.* Pearson war überzeugt, daß die Ungleichheit zwischen den Menschen erblich sei, weshalb ihm soziale oder erzieherische Maßnahmen gegen sie ungeeignet, ja absurd erschienen.

Wenn politische und soziale Ansätze zur Verbesserung der menschlichen Spezies wirkungslos sind, bleibt nur der biologische Weg. Sehr schematisch zusammengefaßt, verläuft Galtons Überlegung ungefähr so: Nach der Lektüre der *Entstehung der Arten* gelangte er zu der Überzeugung, daß die körperlichen und geistigen Fähigkeiten der Menschen ebenfalls durch das Erbgut bestimmt seien, nicht durch die Einflüsse der Umwelt und der Erziehung. Um sie zu verbessern, müsse man also *auf die Vererbung selbst einwirken.* Damit war die Grundlage geschaffen, auf der, mehr als ein Jahrhundert lang, das Projekt Eugenik ruhte. Unüberhörbar war bei Galton wie bei den anderen »Sozialdarwinisten« der antichristliche Beiklang. »Galton schlägt vor, die Natur zu imitieren und die menschliche Spezies aus der christlichen Ära herauszuführen, um sie ins postdarwinsche Zeitalter der ›guten Geburt‹ und der gesteuerten Verbesserung eintreten zu lassen: ins Zeitalter der Eugenik.«[21]

In diesem Sinne gründete er im Jahr 1907 die Gesellschaft für eugenische Erziehung, deren Organ die *Eugenic Review* war. Wie Jean-Paul Thomas sagt, war die Eugenik im Anfangsstadium »eine dem Darwinismus aufgepflanzte wissenschaftliche Ideologie« oder, genauer, »eine tendenziöse Auslegung Darwins«[22].

Die ideologische Weiterentwicklung

Aus dem zeitlichen Abstand können wir heute ermessen, in welchem Ausmaß die meisten Verstiegenheiten, die mit der Entstehung des Sozialdarwinismus und der Eugenik einhergingen, im Lauf der Jahrzehnte gewissen eugenischen und rassistischen Wahnvorstellungen des zwanzigsten Jahrhunderts neue Nahrung gaben. Furcht vor Degeneration, Haß auf das Juden-Christentum,[23] verächtliches Elitedenken, Festschreibung der Ungleichheit zwischen den Menschen, bedrückende Wissenschaftsgläubigkeit, obsessiver Glaube an die Erblichkeit und die »Abstammungshygiene« und so weiter. Von einem Autor zum anderen finden wir die Spuren derselben *ideologischen Substanz* wieder, so wie Höhlenforscher anhand fluoreszierender Substanzen einen unterirdischen Wasserlauf verfolgen können. In der Ideengeschichte der damaligen Zeit sind – wie auch heute noch – die Bestandteile der ursprünglichen Eugenik und des rassistischen Denkens auf Anhieb auch bei Autoren erkennbar, bei denen man es aufgrund ihrer Geltung nicht vermuten würde.

Das gilt zum Beispiel für Ernst Haeckel (1834–1919), einen namhaften Biologen und zugleich erklärten Feind des Christentums, dessen Werke in zahlreiche Sprachen übersetzt wurden und gewiß Hunderttausende Leser erreichten. Eines seiner berühmtesten Werke, *Die Welträtsel* (1899), war ein internationaler Bestseller. Haeckel schloß sich als einer der ersten Fachgelehrten rückhaltlos der Darwinschen Lehre an und setzte sie bereits 1866 konsequent in seiner *Generellen Morphologie* um. Allerdings berief er sich auch auf Darwins Theorien, um eine Rangordnung der menschlichen Rassen aufzustellen, wobei die Schwarzen in der Kette der Evolution natürlich als die nächsten Verwandten des Affen dargestellt wurden.

Dasselbe gilt für den Juristen und Volkswirt Ludwig Gumplowicz (1838–1939), der lange vor den Nationalsozialisten eine auf den Kampf der Rassen gestützte Geschichtsinterpretation vorlegte. Im Anschluß an ein entschieden positivistisches Vorgehen und im Namen einer notwendigen »Naturalisierung« oder gar »Biologisierung« der Gesellschaft legitimierte er den gnadenlosen Zusammenstoß der verschiedenen menschlichen Rassen. So trug sein 1883 veröffentlichtes Buch den unmißverständlichen Titel *Der Rassenkampf. Soziologische Untersuchungen.*

In Frankreich wird am häufigsten das Beispiel des großen Chirurgen Alexis Carrel zitiert, der eine neue Gefäßnahtmethode erfand und ein Verfahren, um Blutgefäße und Organe außerhalb des Körpers in geeigneter Flüssigkeit lebendig zu erhalten; 1912 erhielt er den Nobelpreis für Medizin. Carrel war aber nicht nur

Experte für Transplantationen, sondern auch Autor mehrerer Bücher und wurde als solcher in der Presse gefeiert, in den Salons empfangen, von den Verlegern hofiert. Von seinem wichtigsten Werk, *L'Homme, cet inconnu* verkaufte er zwischen 1935 und 1942 333 000 Exemplare, und es gab eine Zeit, in der es sich jede halbwegs gebildete französische Familie schuldig war, »den« Carrel in ihrer Bibliothek stehen zu haben.[24]

Was seine eugenischen und rassistischen Ausführungen betrifft, erscheinen uns Carrels Bücher im Rückblick unerträglich. Tatsächlich aber griff er nur alle obenerwähnten pseudodarwinistischen Themen und Hirngespinste, noch dazu in predigendem Tonfall, auf. Als Plädoyer für die Eugenik schreibt Carrel etwa: »Man sieht: Die Eugenik fordert von vielen Menschen ein Opfer. Die Notwendigkeit [...] scheint der Ausdruck eines Naturgesetzes zu sein. Jeden Augenblick werden ja in der Natur zahlreiche Lebewesen zugunsten anderer Lebewesen geopfert. [...] Diese Auffassung vom Opfer, von seiner unbedingten sozialen Notwendigkeit muß den modernen Menschen ins Bewußtsein gerufen werden.«[25]

An anderer Stelle empfiehlt Carrel die Einrichtung »einer Euthanasieanstalt mit geeigneter Gaskammer«, um sich der Irren, der Kindermörder und sogar der bewaffneten Räuber zu entledigen.[26] Wie man sich denken kann, war Carrel ein ausdrücklicher Befürworter der Euthanasiemaßnahmen des NS-Regimes. Als sein Buch erstmals in deutscher Übersetzung erschien, ließ er dem Text folgenden Absatz hinzufügen: »Die deutsche Regierung hat energische Maßnahmen gegen die Vermehrung von erbkranken Individuen, Geisteskranken und Verbrechern ergriffen. Die ideale Lösung wäre die Beseitigung jedes solchen Individuums, sobald es sich als gefährlich erwiesen hat.«[27]

»Man wird mich ein Ungeheuer nennen«

Carrel war nicht der einzige Eugeniker in Frankreich. Erwähnenswert ist neben etlichen anderen der Arzt Charles Richet, der sich zu Beginn des zwanzigsten Jahrhunderts einer ähnlichen Bekanntheit erfreute. Herausragender Experte auf dem Gebiet der Anaphylaxie, erhielt auch er den Nobelpreis für Medizin (1913) und führte ein mondänes Leben als eifriger Besucher des Salons der Comtesse de Noailles. In seinem 1912 verfaßten, aber erst nach dem Weltkrieg, 1919, veröffentlichten »Hauptwerk«, *La Sélection humaine*, fordert er nachdrücklich die »Beseitigung des Anomalen« und fügt hinzu: »Mit diesem Vorschlag werde ich zweifellos gegen die Gefühlsseligkeit unserer Zeit verstoßen. Man wird mich ein Ungeheuer nennen, weil mir gesunde Kinder lieber sind als erblich belastete und weil ich keinerlei gesellschaftliche Notwendigkeit erkenne, die erblich belasteten Kinder zu erhalten.«[28]

Erwähnt sei schließlich noch ein anderer Arzt und überzeugter Darwinist, dem wir schon begegnet sind: Charles Binet-Sanglé, Experte für Nervenkrankheiten mit leidenschaftlich antiklerikaler Gesinnung, der sich zudem als »Nietzscheaner« und Feind des Christentums zu erkennen gab, denn er veröffentlichte ein angeblich wissenschaftliches Buch, mit dem er beweisen wollte, daß Jesus wahnsinnig war. Mitten im ersten Weltkrieg erschien sein Werk *Das Menschengestüt*, in dem er, wie erwähnt, den Vorschlag äußerte, »schlechte Erzeuger zum Selbstmord zu ermutigen«[29].

Diese pittoreske Rückschau wäre lediglich von historischem Interesse, wenn sie nicht ein sonderbares Unbehagen bei uns auslöste. Weshalb? Weil heute, von den Übertreibungen einmal abgesehen, wieder ganz ähnliche Überlegungen angestellt werden, wie wir im vorhergehenden Kapitel gesehen haben. Sie sind zurückhaltender formuliert, in weniger blumige Worte gekleidet und weniger »naiv« als vor dem Krieg, gleichwohl aber ruht der neue biotechnologische Diskurs, verklärt vom Glanz wissenschaftlicher Rationalität, zum Teil auf demselben Fundament. Oder auf denselben Illusionen: dem Willen, die Lösung politischer Probleme der Wissenschaft zu überlassen; der grundsätzlichen Geringschätzung aller anderen Versuche der Annäherung an den Menschen, gleich, ob auf religiösem, philosophischem oder moralischem Weg; der Zustimmung zur neuen Logik der Ungleichheit, diesmal im Namen des Neoliberalismus; dem einstimmigen Loblied auf die technowissenschaftliche »Überschreitung«; der verstohlenen Rehabilitierung des Sozialdarwinismus, der bisweilen, wie im neunzehnten Jahrhundert, als Normalzustand einer Gesellschaft präsentiert wird.

Im Zusammenhang mit der so verstandenen Darwinschen Selektion und der daraus abgeleiteten Verlockung der Eugenik können wir heute bei jenen, die sich für die genetische Verbesserung des Menschen, also eine neue Form von Eugenik einsetzen, Argumente wiederfinden, die im neunzehnten Jahrhundert überaus beliebt waren: beispielsweise die Behauptung, das Projekt sei im Prinzip wesentlich älter, als wir uns vorstellten, denn bereits die griechischen und römischen Philosophen der Antike hätten es in Betracht gezogen. François Dagognet zum Beispiel pflegt zu betonen: »Schon Platon hatte in *Der Staat* das Familiensystem sowie die ehelichen Verbindungen im Hinblick auf den Erhalt des Staates (der Biopolitik) organisiert. Mißgestaltete, zu weiche oder zu stürmische Kinder wurden ausgeschlossen.«[30] Tatsächlich spricht sich Platon im fünften Buch seiner *Politeia* für Verbindungen zwischen überragenden Männern und Frauen aus und empfiehlt, die mißlungenen Kinder zu beseitigen, wenn der Staat als Ganzes zur höchsten Vollendung gelangen solle.

Auch der sanfte und weise Seneca schreckte nicht davor zurück, die »Aussetzung« mißgebildeter oder einfach unerwünschter Kinder zu rechtfertigen.[31] Fügen wir hinzu, daß auch zahlreiche andere Autoren, insbesondere in der Renaissance, die freiwillige Selektion befürworteten. Als Beispiel sei die berühmte *Utopia* (1516) von Thomas Moore genannt, die zur Vervollkommnung der menschlichen Spezies die Fortpflanzungskontrolle durch die Gesellschaft empfiehlt.

Sich auf die Barbarei der Vergangenheit zu berufen, um die Barbarei der Zukunft zu rechtfertigen, ist allerdings ein merkwürdiges Vorgehen. Ebensogut könnten wir uns auf Platon und Seneca beziehen, um die (von ihnen gebilligten) Zirkusspiele wiedereinzuführen, oder wir könnten mit Aristoteles behaupten, die von außen eindringenden »Barbaren« (sprich die Zuwanderer) seien eindeutig keine vollwertigen Menschen. Die eifrigsten Fortschrittsapostel scheinen bisweilen zu bezweifeln, daß es – auch – einen *zivilisatorischen Prozeß* geben könnte, das heißt einen moralischen Fortschritt innerhalb der Geschichte.

Eines steht fest: Alle diese Vorschläge und Meinungen, ob aus früherer Zeit oder aktuell, berufen sich auf Darwin. Leider ist der Charles Darwin, den der Zeitgeist nun wieder bemüht, nicht der »echte«, sozusagen, sondern immer noch der (imaginäre) des »Sozialdarwinismus«, konfisziert und umgeschrieben von Herbert Spencer und Francis Galton.

Neo- und Ultradarwinismus

An diesem Punkt ist allerdings eine Klarstellung erforderlich: Den Darwinismus im eigentlich Sinn gibt es schon lange nicht mehr. Aus wissenschaftlicher Sicht wird er seit Anfang des zwanzigsten Jahrhunderts durch eine immer bessere Kenntnis der Vererbungsmechanismen – von denen Charles Darwin, als er seine Evolutionstheorie aufstellte, nichts wußte – korrigiert. Im Jahr 1900 entdeckten der holländische Botaniker Hugo de Vries (1848 bis 1935) und Kollegen die berühmten *Mendelschen Gesetze* für die Vererbung einfacher Merkmale wieder, die der mährische

Mönch Gregor Mendel fünfunddreißig Jahre früher aus seinen Kreuzungsversuchen abgeleitet hatte und die sonderbarerweise bei der wissenschaftlichen Gemeinde des neunzehnten Jahrhunderts völlig in Vergessenheit geraten waren. Mendel hatte erkannt, was heute jeder Gymnasiast in der Unterstufe lernt: Die erblichen Merkmale werden nicht geradlinig weitergegeben, sondern umgruppiert, und diese Umgruppierung ist Grundlage der Variabilität der Organismen. Ausschlaggebend für die Ausprägung des einen oder anderen Merkmals ist dabei, ob eine Anlage rezessiv oder dominant oder intermediär übertragen wird. Mendel war »der erste, der die erblichen Merkmale als Einheiten begriff, die unabhängig voneinander weitergegeben werden und weder durch Hybridisierung noch durch die Umwelt beeinflußt werden«[32].

Darwins Selektionslehre war noch weitgehend auf Spekulationen angewiesen. Seine Theorie steht jedoch zu keinem Ergebnis der Biologie im Widerspruch und hat *gerade durch die moderne Genetik* eine endgültige Grundlage erhalten – weshalb heute oft auch vom Neodarwinismus die Rede ist, der sich als wissenschaftliche Lehre nach und nach durchgesetzt hat. Im Verlauf des zwanzigsten Jahrhunderts bekam er Verstärkung von anderen Fachbereichen wie der Biologie und der Paläontologie, die ebenfalls die Theorie von der Entstehung der Arten bestätigten. Zu Recht können wir heute sagen, daß der Neodarwinismus, Kreuzungspunkt mehrerer Wissenschaftsgebiete, zu einer »synthetischen Evolutionstheorie« geworden ist. Außer von einigen amerikanische Sekten, die sich durch nichts abschrecken lassen und entgegen allen Erkenntnissen den »Kreationismus« predigen, ist sie heute universal anerkannt – sogar der Vatikan hat sich ihr mit seiner Enzyklika *Humani generis* aus dem Jahr 1950 angeschlossen.

Das bedeutet zwar nicht, daß die wissenschaftlichen Debatten um die Evolutionstheorie verstummt wären, aber sie drehen sich heute um technische Details, die das breite Publikum wenig interessieren. So ist beispielsweise noch nicht entschieden, ob *alle* oder nur *bestimmte* Merkmale eines Menschen durch Anpassung und Auslese entstanden sind. Als Ultradarwinisten gelten jene, die sich wie der amerikanische Biologe George C. William oder der Brite William Hamilton für die erste Hypothese aussprechen. Vielleicht noch wichtiger ist die Frage nach der Rolle des *Zufalls* in der Evolution, die von Darwin gar nicht berücksichtigt wurde; damit beschäftigt sich beispielsweise der japanische Genetiker Motoo Kimura.

Doch die öffentliche Debatte um Darwin ist heute im wesentlichen *politisch und ideologisch*. In diesem Licht müssen wir die Bemühungen der »Linksdarwinisten« betrachten – und schätzen –, die Evolutionstheorie ihren manipulativen Exegeten zu entreißen. Es sei auf zwei Spezialisten verwiesen, den Philosophen Patrick Tort, Autor zahlreicher Texte zur Rehabilitierung Darwins, und den amerikanischen Paläontologen Stephen Jay Gould. Patrick Tort, ein eloquenter Verteidiger Darwins, erklärt, Darwin sei sein »halbherziges« – allerdings auch fatales – Einvernehmen mit Herbert Spencer nur eingegangen, »um gemeinsam gegen das konservative, veränderungsfeindliche wissenschaftliche Establishment anzutreten«[33].

Die minutiöse Argumentation von Patrick Tort, der sich so passioniert und schon so lange Darwins Andenken widmet, daß er manche Vorträge mit dem vielleicht ein bißchen narzißtischen Spruch einleitet: »Ich verdanke Darwin viel, und Darwin verdankt mir viel«[34], wollen wir hier nicht nachvollziehen, sondern uns mit zwei Bemerkungen von unterschiedlicher Relevanz begnügen. Zunächst folgender: Trotz der sympathischen Eloquenz der »Linksdarwinisten« sind nicht alle Experten von der ideologischen »Unschuld« Darwins überzeugt. Albert Jacquard zum Beispiel zweifelt sehr daran und hält es für eine ausgemachte Sache, daß »Darwin sehr wohl ein Sozialdarwinist«[35] war. Tatsächlich finden sich aus Darwins Feder auch Bemerkungen, die von dem wissenschaftlichen Humanismus, den ihm seine unermüdlichen Verteidiger unterstellen, ziemlich weit entfernt sind. Zum Beispiel schrieb er über die »Welteroberung«, daß die größere Fähigkeit die schwächere Fähigkeit verdränge, und dies sei ein Element des Fortschritts in der Evolution. Oder: Die Zivilisation neige zur unreflektierten und sentimentalen Hilfe für Schwache, was schädlich für den Fortschritt, ja »töricht« sei. Oder: Für geistige Fähigkeiten gelte dasselbe wie für die körperliche Zuchtauswahl, es gelte, die Fähigen zu fördern und die Unfähigen zu vernachlässigen. Und schließlich werde die Welt immer besser, weil sich die Fähigeren gegen die Unfähigeren durchsetzten – freilich nur, »sofern kein Hindernis eintritt«[36].

André Pichot scheint die Skepsis von Jacquard in bezug auf Darwins »Humanismus« zu teilen. Außerdem erinnert er an die Zeit, als Marx und Engels dem Darwinismus sehr kritisch gegenüberstanden, in dem sie die schlichte Übertragung der viktorianischen Vorurteile auf die Natur erblickten. Nach folgender Aussage zu urteilen, war Engels zweifellos der kompromißlosere der beiden: »Die ganze darwinistische Lehre vom Kampf ums Dasein ist einfach die Übertragung der Hobbesschen Lehre vom *Krieg aller gegen alle* und der bürgerlich-ökonomischen von der Konkurrenz, nebst der Malthusschen Bevölkerungstheorie, aus der Gesellschaft in die belebte Natur.«[37]

Schließlich können wir davon ausgehen, daß sich der ideologische Prozeß nach Darwins Tod unmöglich beenden läßt. Er erinnert sehr an die endlose Debatte um Nietzsche: Wie bei ihm finden sich auch in Darwins umfangreichen Schriften, die in diesem Punkt weniger kohärent sind, als die meisten sich vorstellen, Munition für beide Standpunkte. Die Bewertung ist Ansichtssache.

Die zweite Bemerkung zum Kampf der »Linksdarwinisten« bezieht sich auf etwas Grundsätzlicheres: Es scheint ihnen selbstverständlich, daß der Humanismus, der Altruismus, die »antieugenische« Entschlossenheit, gegen die Härten der Evolution Widerstand zu leisten, *ebenfalls Ergebnisse der Evolution sind.*

Die natürliche Auslese und die Entstehung der Arten hätten zu diesem letzten Resultat geführt: einem humanen und moralisch gesinnten Menschen. Das Prinzip Menschlichkeit wäre demnach die letzte Folge eines im wesentlichen biologischen Entwicklungsprozesses.

Was wir »Moral«, »Altruismus«, »Zivilisation« nennen, wäre also nichts anderes als ein Bestandteil der Selektion, und die Ethik hätte somit ihre Ursache nicht in einer transzendenten Philosophie, Ontologie oder einem religiösen Erbe, sondern *in der Biologie selbst*. Mit dieser Überlegung bekennen sich die »Linksdarwinisten« paradoxerweise zur *wissenschaftsgläubigsten Darwin-Interpretation, die man sich vorstellen kann*. Sie übernehmen die Thesen vom rein biologischen Ursprung der Moral, die, wie André Pichot gezeigt hat, bereits im neunzehnten Jahrhundert von Autoren wie Thomas Henry Huxley und Alfred R. Wallace vertreten wurden. »Der evolutionistische Altruismus«, schreibt er ohne Nachsicht, »stand am Ursprung einer pseudonaturalistischen Moral, die dazu dienen sollte, das Gesetz des Dschungels und die Ideologie des Guten Wilden unter einen Hut zu bringen. Auf die menschliche Gesellschaft angewandt, animalisierte er sie, indem er sie biologisierte.«[38]

Diese Thesen aber werden heute in anderer Form von manchen Soziobiologen wie Richard Dawkins wiederaufgegriffen. Auch von Schriftstellern wie Jean-Pierre Changeux – ungestüm – verteidigt, steigen sie derzeit wieder in der Gunst der Öffentlichkeit. Es sieht so aus, als verwiese uns die »progressive« Verteidigung Darwins unausbleiblich auf die Debatte über die Grenzen des Positivismus. Wieder einmal kommt Darwin zum richtigen Zeitpunkt.

DRITTER TEIL

Wenn das Leben Widerstand ist ...

»Erwarten Sie nichts vom einundzwanzigsten Jahrhundert. Es ist das einundzwanzigste Jahrhundert,
das alles von Ihnen erwartet.«

GABRIEL GARCÍA MÁRQUEZ [1]

KAPITEL 11

Können wir auf das Denken verzichten?

»Können wir uns damit beruhigen, können wir in dieser Welt leben, deren geschichtliches Geschehen nichts anderes ist als eine unaufhörliche Verkettung von illusionären Aufschwüngen und bitteren Enttäuschungen?«

EDMUND HUSSERL[1]

Belagerte Menschheit, rückschrittliche Moderne, Spielarten der Barbarei, die sich verstohlen unter das Getöse der Neuzeit mischen: Inzwischen erkennen wir vielleicht besser, wie schwerwiegend die Erschütterungen sind, die uns bevorstehen. Und wie tiefgreifend die Verwerfungen. Denn im schwer zugänglichen Untergrund lauert heute eine »stille Katastrophe«. Das fortschreitende Zerbröckeln, die heimtückische Aushöhlung des Prinzips Mensch – wir würden die Gefahr gern bannen. Etwas in uns erschaudert und bäumt sich auf. Eine Furcht packt uns, und wir wissen nicht, wie damit umgehen. Uns wehren? Sicher, aber wie?

Ein sonderbarer Moment der Geschichte. In unseren Gesellschaften rumort es von vielfältigen Ängsten, von Zorn, Groll und Verweigerung, die aber meist unartikuliert bleiben. Oder zum Schweigen gebracht werden. (Das neue Elend der Politik, die auf das alles nicht mehr eingehen kann!) Unsere stummen Ängste erinnern an das geheimnisvolle Vorausahnen irgendeiner unbekannten Gefahr, das ganze Herden manchmal mit erhobenen Köpfen erstarren läßt. Hinter dem oberflächlichen Geplapper und dem hektischen Aktionismus lauert ein und dieselbe dumpfe Furcht, in jedem von uns. Mangels besserer Vorbilder

folgt jeder mechanisch seinem Vordermann, Tag für Tag, ohne
zu wissen, wohin es geht. Wir werden zur Menschenmasse ...
Die sich blind vorwärtsbewegt und schließlich den Globus um-
spannt, denn »die ganze Welt folgt dem Westen, und der Westen
ist nirgendwohin unterwegs«[2].

Eine »Menschheitsdämmerung«

Ich habe diesem Kapitel ein Zitat von Edmund Husserl (1859 bis
1938) vorangestellt, das, wie mir scheint, eine ähnliche Beklemmung und Unentschlossenheit ausdrückt – allerdings schon älteren Datums: Das Zitat stammt aus dem Jahr 1935. Am Ende
seines Lebens beobachtet der alte Philosoph beunruhigt zwei
barbarische Staatsformen, die sich aufeinander zubewegen, den
Stalinismus und den Nationalsozialismus, und »stellt sich die
bange Frage, ob die *Unphilosophien*, wie er sie nennt, den Sieg
über die Philosophien davontragen werden, die darum kämpfen,
den eigentlichen Sinn der Philosophie zu erfüllen: die Verwirklichung der Humanität des Menschen«[3]. Er kann nicht vorhersagen, was geschehen wird, spürt aber, daß erst Europa, dann der
Rest der Welt durchaus im Relativismus und Nihilismus unter-
gehen könnten. Aus derselben Stimmung heraus gab der Dichter Kurt Pinthus einer Sammlung expressionistischer Dichtung,
die 1919 erschien, den Titel *Menschheitsdämmerung*.[4] Menschheitsdämmerung? Im wörtlichen Sinn ja: Vor dieser Frage stehen
wir wieder. »Heute«, bekennen Francisco Varela und seine Kollegen, ehe sie uns an die buddhistische Weltentsagung verweisen, »bildet der Nihilismus ein handgreifliches Problem, nicht
nur für unsere westliche Kultur, sondern für den ganzen Planeten.«[5]
Die mögliche Katastrophe hat ihr Wesen verändert, wovon
sämtliche vorhergehenden Kapitel zeugen. Die Humanität des

Menschen droht nicht mehr durch kriegerische Gewalt zerschmettert zu werden; die Gefahr ist vielmehr, daß sie sich in der stillen Abgeschiedenheit der Forschungslabors und Universitäten kurzerhand auflöst. Die Welt der Wissenschaft ist vom gewöhnlichen Leben Lichtjahre entfernt, die Konklaven der Forscher sind gleichgültig gegen – und taub für – die Alltagssorgen, mit denen sich unsere Zeitgenossen nach wie vor herumplagen. (Zu schweigen von der Lähmung, die der Demokratie droht, seitdem sie mehr und mehr darauf beschränkt ist, die »Banalität zu verwalten«, wie Cornélius Castoriadis sagte.) Schon die tiefe Kluft zwischen dem fortschrittlichsten wissenschaftlichen Denken und der normalen Alltagserfahrung läßt jede Sorge begründet erscheinen. Wir wissen nicht, wie dieser Trennung von Leben und Denken beizukommen oder wie sie zu deuten ist.

Was die Gleichgültigkeit betrifft, so denken wir an die Universitäten und Hochschulen in Amerika, wo die Fakultäten des Kognitivismus und die Hochburgen der »Dekonstruktion« auf demselben Campus friedlich nebeneinanderher leben, alle eifrig damit beschäftigt, »die menschliche Person an sich« wissenschaftlich abzuschaffen, während sie jeden Gedanken an ontologische Grundlagen, jede metaphysische Hinterfragung mit einem Achselzucken abtun. Fieberhaft arbeitender Verstand und tödliche Ambivalenz einer vom Leben abgetrennten Forschung: Was genau bescheren uns denn diese theoretischen Labors? Haben die Forscher, die an den Konzepten arbeiten, überhaupt eine Ahnung davon, kümmert es sie? Der Abgrund zwischen den abgeschiedenen Orten der Forschung und der alltäglichen Realität in unserer Gesellschaft wird immer tiefer und legt den Verdacht nahe, daß womöglich eine sanfte Barbarei auf dem Vormarsch ist. Aber wehrt sich jemand gegen die Labors? Natürlich nicht. Kommt jemand auf die Idee, den »Fortschritt« des Wissens zu behindern? Gewiß nicht. Oder kann sich jemand vorstellen, dauerhaft der »Technophobie« anheimzufallen oder die Wissenschaft zu verteufeln? Ebensowenig. Die krampfhaft wissenschaftsfeindliche Haltung erscheint uns weder begreiflich noch vernünftig.

Also fühlen wir uns ratlos, sogar hilflos. Der Philosoph Jacques Derrida bekennt sich selbst zu einer Unschlüssigkeit des Willens und gesteht seine Ratlosigkeit ein. »Alle Elemente dieses stattfindenden Wandels machen mir angst, und gleichzeitig scheint mir, sie müßten begrüßt und gebilligt werden. [...] Ich hänge an den existierenden oder ererbten Formen des menschlichen Daseins, des menschlichen Körpers, dessen, was ihm nahe ist, seines Verhältnisses zur Politik, zu den Zeichen, zum Buch, zum Leben, und gleichzeitig will ich nicht zu allem, was die Zukunft bringt, nein sagen.«[6]

Die Vermutung, daß sich eine »sanfte Katastrophe« anbahnt, ist freilich nicht einfach nur Ansichtssache, auch keine unbegründete Furcht.

Mit der neuen Krise der Grundlagen, mit der Infragestellung der menschlichen Person wird nach und nach *die Fähigkeit zu denken* dekonstruiert, jedenfalls *die Existenz eines Denkens, das sich nicht auf das Kalkül reduzieren läßt*. Aber was heißt das? Müssen wir morgen darauf verzichten, unser Leben zu denken? Müssen wir aufhören, politische Projekte zu entwickeln, zu philosophieren, zu hoffen, zu glauben, in vollem Bewußtsein zu handeln? Gestern noch wären uns solche Fragen lächerlich vorgekommen. Heute sind sie es nicht mehr. Die Leere, die das Fundament aushöhlt, *ist nichts anderes als die unbesonnene Verabschiedung des menschlichen Bewußtseins*. »Sind die kognitiven Wissenschaften«, fragt sich beispielsweise Jean-Pierre Dupuy, »nicht im Begriff, das Projekt der Desillusionierung und Entmystifizierung zu vollenden, indem sie uns beweisen, daß dort, wo wir den Hauch des Geistes zu spüren glaubten, nichts als neuronale Netze sind, die wie ein ordinärer elektrischer Schaltkreis Impulse weiterleiten?«[7]

Der Kognitivismus ist übrigens nur eines der Eisen dieser sonderbaren Falle, in der heute die Humanität des Menschen gefangen ist. Die anderen sind bekannt: die verheerende Unersättlichkeit des Marktes, die furcht- und bedenkenlose Manipulationsbereitschaft der Biowissenschaften, die kannibalische Unwirklichkeit des virtuellen Raums. Die Umwälzungen auf allen Gebieten vereinigen sich, rekombinieren sich, vermischen sich, um das menschliche Projekt durch *eine Aufeinanderfolge mechanischer Kausalitäten* zu ersetzen, die mit dem alten Menschen, vielleicht dem Menschen überhaupt, nichts mehr zu tun hat. Dieser »subjektlose Prozeß« ist bereits voll im Gang und reproduziert sich von selbst in der Anonymität der Technik und der Tyrannei der Ware. »Eine solche ›Vision‹«, bemerkt Stanislas Breton, »führt uns zwangsläufig zu der völlig selbstverständlichen Vorstellung eines von einer Gesellschaft hervorgebrachten Systems, wie der fremde Körper, der jede persönliche und staatsbürgerliche Freiheit aufhebt. Die enorme Substanz hätte alles verschlungen, was auf das Menschliche verweist: Lebenssinn, Angst, Symbolisierung und so weiter.«[8]

Das Denken ist dem Anreiz der Selbstzerstörung selbst zum Opfer gefallen. Es triumphiert ein lauwarmer Nihilismus, dem wir ins Gesicht sehen müssen. Aber dieser Nihilismus unterscheidet sich radikal von allen früheren Strömungen. Neu ist er, weil er unmittelbar »einsatzfähig« ist. Eineinhalb Jahrhunderte nach Nietzsche und Schopenhauer *hat er sich die Mittel seines Diskurses selbst geschaffen.* Zurückweisung des Humanismus? Dekonstruktion des Menschen? Das sind Unternehmungen, die schon in der Vergangenheit mehrfach versucht wurden, aber erst heute konkrete Form angenommen haben. Abschied von der Menschlichkeit? Gut, bekommen wir heute zu hören, gehen wir also ins Labor. Vorbei die subversiven Schriften des neunzehnten Jahrhunderts, vorbei die bloß literarischen Stellungnahmen und Provokationen, vorbei die Weltuntergangsstimmung, die zu nichts verpflichtete! *Das Geschütz, mit dem das moderne Denken heute auf die Humanität des Menschen zielt, schießt mit echter Munition.*

Die Postmoderne beim Wort genommen

Im gegenwärtigen Denken sind zwei »terrorisierende« Entwicklungen festzustellen, die wir hier, wenn wir sie schon nicht bis ins Detail analysieren können, wenigstens so genau wie möglich umreißen wollen: 1. Die Postmoderne der siebziger Jahre wird heute *wörtlich genommen*. 2. Der Humanismus, wie ihn Heidegger kritisierte, ist im Begriff, sich selbst zu verschlingen. Wenn die beiden Widersprüche eine gewisse Konsistenz aufweisen – was ich sehr wohl glaube –, so ist der Riß, auf den wir uns zubewegen, noch tiefer als erwartet.

Daß die Postmoderne beim Wort genommen würde, belegt Jean-Pierre Dupuy mit triftigen Gründen, ohne jedoch alle Konsequenzen aus seiner Ahnung zu ziehen. Unter Verweis auf schon ältere Werke von Gilles Deleuze, Jacques Derrida, Michel Foucault und Jean-François Lyotard (den französischen »Dekonstruktivisten«) erinnert er uns daran, daß es ihnen damals schon darum zu tun war, das Verschwinden des Menschen zugunsten des »Strukturellen« oder »Mechanischen« zu prophezeien. Oder, wie der Dekonstruktivist Gianni Vattimo schreibt: »Die Krisis des Humanismus [...] läßt sich wahrscheinlich mit einer ›Abmagerungskur des Subjekts‹ lösen«.[9] Eines der Werke von Jean-François Lyotard, 1984 veröffentlicht, setzte sich explizit die Aufgabe, »die Philosophie inhuman [zu] machen«[10]. Damit verkehrt er den berühmten Satz von Jean-Paul Sartre, dessen gesamtes Werk noch in der Tradition des Humanismus stand, ins Gegenteil: »Das Inhumane ist das Mechanische«, hatte Sartre geschrieben, und diese Bemerkung, diesen grundsätzlichen Protest wollte die Postmoderne umkehren. »Um Heidegger noch zu übertreffen«, bemerkt Dupuy zu den postmodernen Denkern, »begann man nun lautstark, das Nichtmenschliche zu fordern: das Inhumane, ergo das Mechanische.«[11]

Doch das dekonstruktivistische Denken, das abstrakt (leichtsinnigerweise?) das Verschwinden des Menschen zur Kenntnis nahm, fand sich von der aufkommenden Kybernetik, dann von allen Biowissenschaften, die ihr bis heute folgen, sogar über seine Hypothesen hinaus bestätigt. Mechanik? Strukturen? Automatismen? Wäre es nur das! Die Gleichsetzung des Menschen mit dem Computer, dann die Reduzierung des Lebens auf simple molekulare Kombinationen hoben gewissermaßen den theoretischen Antihumanismus dieses Denkens aus der Taufe. Und setzten ihn endgültig in die Tat um. *Als hätte die Technowissenschaft auf alle Prophezeiungen vom Tod des Menschen schließlich geantwortet: Na klar!*

Es ist etwas Verwirrendes an dieser unbewußten Vollendung des Nihilismus. Man kann auf zweierlei Weise darauf reagieren, zwei entgegengesetzte Schlußfolgerungen ziehen: Man kann ihn entweder als experimentelle Verifikation betrachten und ihm um jeden Preis zustimmen – und wird daraufhin zu dem Schluß gelangen, daß der Mensch tatsächlich überflüssig ist, daß seine *Humanität* nichts als eine unnötige Hypothese war, und so weiter. Umgekehrt aber kann man auch der Meinung sein, daß ein menschliches Denken, das sein eigenes Verschwinden derart gründlich vorbereitet und anschließend durchführt, ganz einfach nicht mehr in die Kategorie des Vernünftigen gehört, sich also *im nachhinein durch die eigenen Schlußfolgerungen für ungültig erklärt hat.* Vielleicht wird es sogar durch den Lauf der Geschichte ins Lächerliche gezogen ...

Inzwischen ist klar, daß wir uns hier in Kenntnis der Sachlage der zweiten, »idealistischen« Interpretation anschließen. Wenn ein technowissenschaftliches Denken so reduktionistisch wird, daß es die Humanität des Menschen als Illusion »entlarvt«, wenn ihm die Definition des Konzepts Leben mißlingt, wenn es auf die Nichtexistenz der »Person« schließt, wenn es die Grenze zwischen Mensch und Tier und die zwischen Mensch und Maschine abschafft: Ist das nicht der Beweis für sein Scheitern? Unter Wahrung der Proportionen könnten wir dieselbe Überlegung im Hinblick auf die neue Hegemonie des Marktes anstellen, also die ökonomische Seite der »globalen Revolution«, wie wir sie am Anfang des Buches definiert haben. Die entschiedensten Verteidiger der freien Marktwirtschaft, die extremen Vertreter des Liberalismus, die seit Mandeville oder Adam Smith die Regulierungskraft von Angebot und Nachfrage predigen, stehen heute vor einem unvorhergesehenen Dilemma. Wie wir in den vorhergehenden Kapiteln gesehen haben, wird der Mensch selbst (seine Organe, seine Gene, seine Gewebe, sein Status, sein Denken) heute vom Markt erfaßt, wird von ihm instrumentalisiert und verdinglicht.

Mit anderen Worten, die reine *Mechanik* des Marktes (die »unsichtbare Hand« bei Adam Smith) ist jetzt in der Lage, sogar die Menschlichkeit des Menschen zu verschlingen; wir haben es im Zusammenhang mit den Biotechnologien erlebt. Sie richtet ihre Kräfte gewissermaßen gegen ihren Urheber, um ihn zu vernichten. Endpunkt und Bestätigung des Wahnsinns! Läßt aber die letztliche Verdinglichung des Menschen durch den »subjektlosen Prozeß« dessen globale Gültigkeit nicht unhaltbar werden? Liefert sie nicht die Demonstration *a contrario*, daß die Vorherrschaft des Marktes nicht grenzenlos sein kann? Daß es ein Jenseits und ein Diesseits der merkantilen Rationalität gibt? Ein Diesseits und ein Jenseits, das wir aufrichtiger und loyaler denken und definieren müßten, als es normalerweise der Fall ist. Es ist dringend. Im übrigen besteht Grund zu der Annahme, daß schon bald ebenjene furchterregenden Auswüchse der Biotechnologie unsere Gesellschaften dazu bringen werden, sich vom neoliberalen Kredo wieder zu verabschieden. Dann wird seine schreckliche Naivität *per absurdum* demonstriert und disqualifiziert sein.

Die Wette gilt. Sie ist schon halb gewonnen.

Der menschenfressende Humanismus

Das zweite Paradox aber ist noch bezeichnender, geradezu atemberaubend. Es betrifft das, was wir als den »neuen Humanismusstreit« definieren könnten. Um ihn zu beschreiben, müssen wir ein bißchen ausholen und zuerst – und sehr summarisch – den berühmten Text von Martin Heidegger *Über den Humanismus* zur Sprache bringen.[12] Nach Heideggers Auffassung sind die Ernüchterung der Welt, ihre Unterjochung durch die Technik, die Unterwerfung der *humanitas* durch das merkantile Denken keine Beeinträchtigung des Humanismus, sondern im Gegenteil sein Erfolg und seine Krönung: die Bestätigung, daß das Projekt der vollständigen Verkünstlichung der Natur durch die menschliche Kultur, die Kontrolle des Natürlichen durch das Kulturelle, der Wunsch nach absoluter Beherrschung der Realität durch die menschliche Rationalität gelungen sind. Dieser Wille, die große Neuerung der Aufklärung, war im achtzehnten Jahrhundert der vielversprechende Ausgangspunkt, und die kommunistische Utopie im zwanzigsten Jahrhundert war deren verbrecherische Radikalisierung.

Laut Heidegger bedeuten die Wissenschaft, die Technik, die Technowissenschaft also durchaus nicht den Schiffbruch des traditionellen Humanismus, sondern im Gegenteil seinen merkwürdigen Triumph. »Eben dadurch«, bemerkt Bernard Edelman unter Bezug auf Heidegger, »offenbart der Humanismus seine wahre Natur: eine schuldhafte Allianz zwischen Philosophie und Wissenschaft, die die Philosophie auf ein technisches Denken reduziert hat.«[13] Der Humanismus habe demnach keinen anderen Zweck gehabt, als die Natur der Rationalität zu unterwerfen und diese der Technik. Das gesamte Werk Heideggers könne als formelle Kritik an diesem der »Faktizität« ergebenen Humanismus gelesen werden, der ostentativ der Natur den Rücken kehrt, die Welt entzaubert und schließlich den Menschen nach und nach jeglichen Identitätsprinzips, jeder *humanitas* beraubt.

Bis heute lief der von Heidegger ausgelöste Humanismusstreit mehr oder weniger auf diesen Gegensatz hinaus, war also eine Anklage gegen die Aufklärung. Die Verteidiger des Humanismus hielten die von Heidegger beeinflußte Kritik für gefährlich und unbegründet zugleich: gefährlich, weil sie in eine Postromantik münden konnte, die auf Gefühl und »vitalistischer« Schwärmerei für eine von neuem verzauberte Welt ruhte. (War die nationalsozialistische Ideologie, der Heidegger selbst verfiel, nicht eine der möglichen Erscheinungsformen dieses Antihumanismus?) Vor allem aber schien ihnen die Kritik an der Aufklärung unbegründet: Ihrer Ansicht nach war der Humanismus absolut in der Lage, *in sich selbst das nötige Rüstzeug zu finden*, um den Angriffen gegen die Menschlichkeit des Menschen Widerstand zu leisten. Das Problem der Aufklärung war nicht, daß es sie gegeben hatte, sondern daß sie verraten worden war.[14] Das war neben anderen die Position der Frankfurter Schule und insbesondere Theodor W. Adornos, eine Denkrichtung, die hier nicht zufällig zitiert wird, wie wir bald sehen werden.

Aber auf einmal verändert der klassische Humanismusstreit rund um Heidegger und das Erbe der Aufklärung *radikal seinen Inhalt und sein Wesen*. Warum? Weil nun Ziel und Ergebnis der humanistischen Rationalität nichts anderes ist als die Genetik, die Biotechnologien, der Kognitivismus und so weiter. Anders gesagt, der Humanismus der Aufklärung mündet letztlich in einen verrückten Sieg über sich selbst. Nicht mehr nur die Natur kann er sich durch Entzauberung untertan machen, sondern das Subjekt selbst. Der Erbe des Humanismus ist also nicht mehr der rationale Mensch, der Eroberer, der es eilig hat, die Welt der Herrschaft seiner *Vernunft* zu unterwerfen, sondern ein ungewisses kleines Ding, das nicht mehr im Mittelpunkt der Welt steht, eine anfällige »Fiktion«, die fortan von ihrem eigenen Produkt, ihrer Wissenschaft, dekonstruiert werden kann.

Wir sind uns einig, daß hier ein »Rätsel in Form eines Paradoxons« vorliegt, wie Dupuy sagt. Der Mensch, der seine totale
Herrschaft über die Realität vollendet, wird Eigentümer und
Manipulator seiner selbst. *Sein Sieg ist die Abschaffung seiner
selbst als Person.* Er verfügt heute über hochwirksame Mittel
der Beherrschung und beseitigt damit gleichzeitig sein eigenes
»Bewußtsein«. Daher die Erstarrung des Denkens, die wir heute
wahrnehmen, und ein Widerspruch, der sich kaum überwinden
läßt. Es ist, als flöge das schöne Flugzeug der Aufklärung zwar
weiter, aber ohne Pilot, der den Kurs festlegt, und ohne menschliche Passagiere, die sich über eine Richtung einigen. Dupuy hat
diesen bitter gewordenen Widerspruch anschaulich definiert:
    »Die Technologien des Geistes«, schreibt er, »erschließen ei-
nen derart ungeheuren Kontinent, daß der Mensch gezwungen
sein wird, sie zu normieren, wenn er ihnen einen Sinn und einen
Zweck geben will. Das menschliche Subjekt muß also ein Übermaß an Willen und Bewußtsein aufbringen, um zu bestimmen,
nicht was es tun kann, sondern was es tun *muß*. Dazu braucht
es eine nicht minder strenge Ethik als diejenige, die heute nach
und nach als notwendig erkannt wird, um das Tempo und die
Fehlentwicklungen der Biotechnologien im Zaum zu halten.
Meint derjenige, der von ›Ethik‹, ›Bewußtsein‹, ›Willen‹ spricht,
nicht den Sieg des Subjekts?«[15] Doch die modernen Wissenschaften fordern immer wieder lautstark das Verschwinden eben
des »Bewußtseins«, des »Subjekts«, und das Denken, das subjektive Denken, scheint dringender geboten denn je, und dies genau in dem Augenblick, in dem sich, sagt man uns, das Subjekt
auflöst und das »Fundament«, das sein Denken strukturiert hat,
zerfällt. So triumphiert der Humanismus mit seiner eigenen Abschaffung, vollbracht mit den Waffen, die er selbst geschmiedet
hat.
    Wir können hier die bittersüße Feststellung einer amerikani-
schen Forscherin zitieren: »Die Wissenschaft versteht es bestens,
metaphysische Antworten zu zerstören, sie bietet aber keinen

Ersatz. Sie nimmt uns die Grundlagen, ohne neue zu schaffen. Ob wir es wollen oder nicht, die Wissenschaft hat uns gezwungen, ohne Grundlagen zu leben.«[16]

Kann man unter solchen Umständen noch denken, überhaupt leben?

»Möge das Wissen voranschreiten, das Leben vergehen!«

Das müssen wir im Sinn behalten, wenn wir uns nun der berühmten »Sloterdijk-Debatte« zuwenden, die im September 1999 begann. Abgesehen von den Medienereignissen und Hintergedanken der Protagonisten war die scharfe Polemik der exemplarische Ausdruck dessen, was ich hier den »neuen Humanismusstreit« nennen will. Worum geht es? Den Anfang machte die Rede, die Peter Sloterdijk, Professor für Philosophie und Medientheorie an der Hochschule für Gestaltung in Karlsruhe und bis 2001 Leiter des Instituts für Kulturphilosophie an der Wiener Akademie der bildenden Künste, im Juli 1999 auf einem internationalen Symposium auf Schloß Elmau hielt. Sie trug den Titel »Regeln für den Menschenpark. Ein Antwortschreiben zum Brief über den Humanismus«[17].

Sloterdijk, der sich selbst als »einfachen Nietzscheaner« definiert, stellt sich außerdem in die Tradition der französischen Dekonstruktivisten (Foucault, Deleuze etc.). In seiner Rede geht er auf das Scheitern des Humanismus ein. Mit der Forderung, eine neue wissenschaftliche Wahrheit zuzugeben, die den »Menschen als Züchter des Menschen« einsetzt und die »Verhaustierung des Menschen durch den Menschen«[18] zuläßt, schneidet er die Frage der modernen Genetik an: »Ob die langfristige Entwicklung auch zu einer genetischen Reform der Gattungseigenschaften führen wird – ob eine künftige Anthropotechnologie bis zu einer expliziten Merkmalsplanung vordringt; ob die Menschheit gattungsweit eine Umstellung vom Geburtenfatalismus zur optionalen Geburt und zur pränatalen Selektion wird vollziehen können – dies sind Fragen, in denen sich, wie auch immer verschwommen und nicht geheuer, der evolutionäre Horizont vor uns zu lichten beginnt.«[19] Auf jeden Fall weist er den Gedanken zurück, daß der Mensch sich angesichts dieser seiner neuen Macht auf eine höhere Instanz berufen könnte, ob auf Gott, den Zufall oder irgend etwas sonst.

Dem Inhalt nach ist diese Überlegung absichtlich paradox. Als Humanismuskritik steht sie in der Tradition Heideggers – dem das Verdienst zugebilligt wird, daß er die wahre Frage nach dem Wesen des Menschen gestellt hat –, will aber zugleich eine Kritik oder Überwindung sein. Der Gebrauch bestimmter Worte wie »Menschenpark« oder »Züchtung« löste einen Sturm der Empörung aus, dessen Heftigkeit im Ausland manchmal nur schwer verstanden wurde. Immer wenn es um Fragen geht, die direkt oder auch nur entfernt an das Thema Eugenik rühren, bricht in Deutschland unabhängig vom jeweils vertretenen Standpunkt eine durchaus legitime »Nervosität« aus.[20] Die Rede Sloterdijks kam in der Öffentlichkeit nicht besonders gut an.

Sie kam um so weniger an, als der Philosoph Jürgen Habermas, eine kaum angezweifelte moralische Autorität und ein großer Verfechter des Humanismus, derjenige war, der den Streit überhaupt erst auslöste. Mit seinem Einfluß bei den Medien gelang es ihm, eine der heftigsten ideologischen Debatten der letzten zehn Jahre zu entfesseln, sogar von »faschistischer Rhetorik« war die Rede.

Zu seiner Verteidigung bezichtigte Sloterdijk Habermas des »in Latenz gehaltenen Jakobinismus, einer sozialliberalen Version der Tugenddiktatur«, und prangerte den in Deutschland herrschenden Medienkonformismus an (»In jedem Jakobinismus heißt anklagen auch schon liquidieren. Nie war diese Diagnose aktueller als jetzt, da hocheffiziente Massenmedien Aufputschungen in Realzeit bewirken können.«[21]) und das »Aufkommen einer Neoscholastik, die beinahe die gesamte akademische Produktion gleichschaltet«[22]. Im Grunde berief er sich auf seine unmittelbare Herkunft vom »harten« Nietzsche der metaphysischen Kritik, der, so Sloterdijk, mit zwei Sätzen das Schlachtfeld für die »unmenschlichen« Wahrheiten abgesteckt habe: »Wir haben die Kunst, um nicht an der Wahrheit zu verrecken; und: Möge das Wissen voranschreiten, das Leben vergehen.«[23]

Abgesehen von allen Skandalen, Provokationen und Gegenprovokationen betrifft die Frage, die Sloterdijk stellt, den Status der philosophischen Reflexion. Soll sie die Formulierung »unmenschlicher« Gedanken zulassen, oder müssen wir in Erwägung ziehen, daß sie damit ihr eigenes Scheitern eingesteht? Als guter Nietzscheaner entscheidet sich Sloterdijk für die erste Antwort: »Müssen wir, obwohl wir wissen, daß wir Dinge denken können, die wirklich unerträglich sind, auf das Abenteuer des Denkens verzichten, weil die Mehrheit der ›harten Wahrheiten‹ nicht von den Menschen assimilierbar ist, von allen Menschen, so wie sie sind? Und müssen wir daraus den Schluß ziehen, daß das Leben sich um jeden Preis bemühen müßte, die ihm ›fremden‹ Wahrheiten zu vermeiden?«[24] Die Frage ist rhetorisch; seiner Ansicht nach versteht sich die Antwort von selbst: Angesichts der neuen Infragestellung des Menschen durch die Technowissenschaften müßten wir bereit sein, »unerträgliche Fragen« zu formulieren, solange wir dabei »kühl denken«.

Die Aufforderung zu »kühlem Denken« ist nur eine andere Sloterdijksche Formulierung von Nietzsches Konzept des »Übermenschen«, mit dem keineswegs ein alles beherrschender Riese gemeint ist, sondern ein *Individuum, das imstande sei, die Fundamentlosigkeit auf sich zu nehmen*, stark genug, um sich in einer Welt der Unsicherheit und kulturellen Vielfalt »seine Maske selbst zu wählen«, wie Nietzsche in den *Unzeitgemäßen Betrachtungen* schreibt.

Ergänzend erwähnt Sloterdijk seinen intellektuellen Weg zu Nietzsche. Zunächst »aufgewachsen im hegelianischen Glauben, im ›Prinzip Hoffnung‹, in der Behaglichkeit des teleologischen Denkens und der Notwendigkeit des kategorischen Imperativs, der Geschichtsphilosophie mit ihrem Glauben an ein Happy-End der Menschheitsgeschichte, im Messianismus«, habe er schließlich, so Sloterdijk im Gespräch mit Éric Alliez, mit dem Humanismus, wie ihn die Frankfurter Schule vertrat, gebrochen. »Ich habe mich weit entfernt vom Archipel der Dialektik, der Phänomenologie, dem politisch-neumessianischen Frankfurter Denken«, fügt er hinzu, »um in einen ganz anderen Raum einzudringen, von dem ich jetzt erkenne, daß er sich mit dem von Nietzsche eröffneten Feld der begrifflichen Schöpfung deckt.«[25] Allmählich wird die Sache klarer. Vielleicht zu klar.

Eine neue Menschengattung?

Warum zu klar? Weil die Berufung auf Nietzsche, auf die Antimetaphysik, auf das »kühle Denken« als ästhetisierende Leichtfertigkeit aufgefaßt werden kann, sobald man sie auf die *realen* Fragen bezieht, vor die uns heute die Technowissenschaft und vor allem die Biotechnologien stellen. Man könnte Sloterdijk sogar vorwerfen, er sei *nicht ausreichend informiert* über den operationellen Charakter der neuen Herausforderungen der Technowissenschaft an die Philosophie. Nietzsche, 1844 geboren, schrieb vor dem Ende des neunzehnten Jahrhunderts, zu einer Zeit, in der, wie erwähnt,[26] das eugenische Projekt, die angestrebte Verbesserung der menschlichen Spezies, die ontologische Loslösung der Menschheit weithin akzeptiert waren. Im übrigen war Nietzsche durchaus nicht unempfänglich für den Darwinismus und das biologisierende Denken seiner Zeit. In seiner *Genealogie der Moral* zum Beispiel finden wir die »darwinistische« Vermutung, die menschliche Moral sei vielleicht zumindest teilweise durch biologische Weiterentwicklungen zustande gekommen.

Doch seit Nietzsche wurden nicht nur alle diese Hypothesen und Unternehmungen von der Geschichte auf die Probe gestellt (und die Deutschen haben allen Grund, sich daran zu erinnern!). Zudem hat auch die demiurgische Macht des Menschen ein beispielloses Ausmaß angenommen. Darin liegt das Problem. Wenn Peter Sloterdijk heute »nietzscheanische« Überlegungen anstellt, greift er in Wahrheit noch einmal auf die geistigen Kategorien, Bezugsrahmen und wissenschaftlichen Erkenntnisse des neunzehnten Jahrhunderts zurück. Heute lautet die Frage nicht mehr, ob die Philosophie das Recht hat, unerträgliche oder unmenschliche Wahrheiten auszusprechen, sondern viel unmittelbarer: Ist das philosophische Denken überhaupt noch relevant? Anders ausgedrückt: Ist die Philosophie *noch imstande, die Wissenschaft zu denken?*

Gehen wir sie noch einmal ganz besonnen an; sie ist existentiell.

Auf der ersten Ebene der Analyse stehen, wie erwähnt, die kühnen Fürsprecher der biolithischen Revolution, die behaupten, *die menschliche Spezies sei ein veränderbares, um nicht zu sagen: hinfälliges Konzept geworden.* Das meint beispielsweise Tristram H. Engelhardt, wenn er allen Ernstes schreibt: »Auf lange Sicht [...] gibt es keinen Grund zu glauben, daß nur eine einzige Spezies aus uns hervorgehen wird. Es könnte ebenso viele Spezies geben wie Gelegenheiten, die menschliche Natur substantiell umzugestalten, beziehungsweise Gründe, die Umgestaltung abzulehnen.«[27]

Denselben Gedanken verbreitet weniger zurückhaltend und großspuriger der amerikanische Essayist und Politikwissenschaftler Francis Fukuyama, der schon früher mit seiner fragwürdigen (sogar einigermaßen lächerlichen) Hypothese vom »Ende der Geschichte« von sich reden machte. Auch wenn er in akademischen Kreisen nicht ernst genommen wird, gehört Fukuyama in die Kategorie der Manipulatoren von Symbolen, deren Texte den Zeitgeist ziemlich genau wiedergeben. Auch in seinen schlimmsten Erscheinungsformen. Im Sommer 1999 verkündete Fukuyama, der unverkennbar und zum selben Zeitpunkt die Sensibilität Sloterdijks teilte, in der Zeitschrift *National Interest* nichts Geringeres als das *absehbare Auftreten einer neuen menschlichen Spezies*. »In der Zukunft«, schrieb er, »wird die Biotechnologie imstande sein zu leisten, was die alten Ideologen unbeholfen zu verwirklichen versuchten: die Zeugung eines neuen Menschengeschlechts.«[28]

Als Antwort auf diese sonderbare Übereinstimmung zweier Provokateure, eines deutschen und eines amerikanischen, rief der französische Philosoph Dominique Lecourt mit mehr Bitterkeit als Ironie aus: »Geben wir zu, daß wir, wenn wir diese Zeilen lesen, die einander quer über den Atlantik ein merkwürdiges Echo zuwerfen, wenig geneigt sind, das hypothetische Ende der Geschichte zu begrüßen. Beunruhigender ist die Aussicht, daß wir damit wohl die ewige Wiederkehr der mörderischen Fiktionen erleben, die ihren Teil zur Brutalität des neunzehnten Jahrhunderts beigetragen haben. Könnten die Wissenschaftler und Philosophen nur ihr so dringend nötiges Bündnis wieder schließen, das allein uns helfen wird, diese Fiktionen in die Dunkelheit zurückzutreiben!«[29]

Dennoch: Die Hypothese von einer endlos veränderbaren Menschengattung wird noch erschreckender, wenn wir uns ansehen, wohin sie führt. Logischerweise müssen wir die potentielle Revidierbarkeit der menschlichen Natur auch auf den *Status des Denkens* erweitern. Und nicht nur auf den Status, sondern auch auf seine Legitimität und die Stichhaltigkeit der eventuellen Einwände gegen die Technik. Daraus ergibt sich eine neue Formulierung derselben Frage: Können wir auf das Denken verzichten? Es ist klar, daß die Frage ganz und gar nicht mehr die Bedeutung (im Sinn eines »Rechts auf das Denken«) hat, die Sloterdijk ihr gibt, sondern folgendermaßen interpretiert werden muß: Hat das menschliche Denken noch einen Sinn?

Das Elend des Spiegelmenschen

Die Frage ist weniger merkwürdig, als sie auf den ersten Blick aussieht, wenn wir sie in den Rahmen gewisser zeitgenössischer Überlegungen stellen, insbesondere jener, die sich zum »Relativismus« bekennen. Ein gutes Beispiel ist der 1931 geborene amerikanische Philosoph Richard Rorty, der Professor in Princeton, dann in Virginia war. Rorty, der sich, neben anderen, in die Nachfolge Ludwig Wittgensteins stellt, verwendet eine Gründungsmetapher, die den Menschen zum simplen »Spiegel« der Natur erklärt. Das Abbild der Natur im Menschen bringe »spiegelbildliche Pseudogewißheiten« hervor, die er für Realitäten nimmt. Unser Glaube an »ein Ding wie den Geist« oder unsere Auffassung von Philosophie als »Erkenntnistheorie« gehören zu diesen Pseudogewißheiten.

Diese traditionelle Auffassung der Philosophie ist seit dem siebzehnten Jahrhundert, seit Locke und Descartes gültig. In diese idealistische Perspektive stellten sich auch Kant und die Neukantianer des neunzehnten Jahrhunderts. So gesehen, schreibt Rorty, »war die ›Philosophie‹ für die Intellektuellen zum Religionsersatz geworden. Sie war der Geltungsbereich der Kultur, wo man den Dingen auf den Grund ging, wo man die Sprache und die Überzeugungen prägen konnte, die dem Intellektuellen ermöglichten, sich zu erklären und sein Tun in seiner Eigenschaft als Intellektueller zu rechtfertigen und dem eigenen Dasein damit einen Sinn zu geben.«[30]

Seiner Ansicht nach ist diese Art des Denkens heute weder relevant noch legitim. Wie Friedrich Nietzsche oder William James bereits geahnt hätten, müßten wir heute darauf verzichten, die menschliche Kultur »zu begründen« oder die vermeintlichen Wahrheiten in der Ontologie, der Metaphysik oder überhaupt in der Religion »zu verwurzeln«. Der moderne Mensch müsse sogar noch weiter gehen und sich von der Hoffnung »auf objektiv wahre oder falsche Antworten auf die Fragen, die wir uns stellen«[31], verabschieden. Natürlich lehnt Rorty die »alte und trügerische metaphysische Vorstellung« von einem Wesensunterschied zwischen Menschen und »nichtmenschlichen Wesen« ab. Dieser akzeptierte Relativismus führt offensichtlich zu einer neuen, grundlegenden Bescheidenheit des philosophischen Denkens, zu einem besonnenen Pragmatismus, insbesondere im Verhältnis zur Wissenschaft. In der Tat, versichert Rorty, »kann es durchaus sein, daß die menschliche Kreativität bald versiegt und daß sich in Zukunft die nichtmenschliche Welt unserer begriffsbildenden Absicht entzieht«[32].

Auffällig an dieser Überlegung ist eines: Auch wenn diese Texte auf die »globale Revolution« (auf ökonomischem, digitalem, genetischem Gebiet), mit der wir uns in diesem Buch beschäftigen, kaum einen Verweis enthalten – anscheinend interessiert sich der Philosoph wenig für die Wirtschaft –, erweist sich, daß der Relativismus mit den neuen Formen der Hegemonie der Technowissenschaft und des Marktes vollkommen kompatibel ist. Wir könnten sogar ohne übermäßige Polemik sagen, daß er ihnen arglos den Weg bereitet. Ob freiwillig oder nicht, sein Standpunkt trägt dazu bei, *das Denken zu entwaffnen*, indem er jede Form von Widerstand für illegitim oder unbegründet erklärt. Widerstand im Namen wovon? Wenn wir die Idee eines Fundaments zurückweisen, müssen wir eine wesensgleiche *Unentschlossenheit* des menschlichen Verstands akzeptieren, der damit definitionsgemäß lenkbar, revidierbar, problematisch wird. Er ist von vornherein mit den Überschreitungen einverstanden, deren Überbringerin fortan die Technowissenschaft ist. Er hat ihr nichts entgegenzusetzen als die eigene Anpassungsfähigkeit und im äußersten Fall ein »Gespräch« – die im höchsten Grade wohlwollende Form des zwischenmenschlichen Austausches –, in dem er eine andere Meinung bekundet.

Wir würden uns diesem sympathischen Gleichmut gern anschließen, gäbe es nicht technowissenschaftliche Projekte, die bekämpft, und Hegemonien, die eingedämmt werden müssen. Im übrigen ist es bezeichnend, daß Rorty den kämpferischen Zweifel am Positivismus nur schwer akzeptieren kann. Sofern er eine gewisse Form von Widerstand überhaupt begreiflich findet, verläßt er sich auf die Vorliebe des Menschen für den Müßiggang und das »Schmökern in Bibliotheken«. Die natürliche Phantasie des Menschen, seine Sehnsucht nach Glück und seine Neigung zum Schuleschwänzen müßten ausreichend sein, um ihn vor einem allzu bedrohlichen technowissenschaftlichen Imperialismus zu schützen. Das heißt Widerstand auf das absolute Mindestmaß reduzieren!

Vom Widerstand zur Willfährigkeit

Um besser zu ermessen, wie ambivalent diese Ruhigstellung des kritischen Denkens ist, sobald es sich von der Notwendigkeit eines Fundaments verabschiedet hat, können wir uns anderen Autoren zuwenden, deren Analysen letztlich eine Bestätigung für Rorty sind. Ohne unbedingt auf demselben Fachgebiet zu arbeiten, ohne dieselben Ziele anzusteuern, gelangen sie dennoch häufig zu objektiv ähnlichen Erkenntnissen, und ihr Resultat ist ein und dasselbe: die mehr oder minder unverhohlene Kapitulation vor der Technik und der Wirtschaft. So entsteht ein von Mal zu Mal verträglicherer Pragmatismus.

Nennen wir zuerst einen französischen Philosophen, dessen Werk aus den fünfziger und sechziger Jahren sich heute wieder besonderer Aktualität erfreut. Die Rede ist von Gilbert Simondon, einem scharfsichtigen Analytiker der Beziehungen zwischen Individuum und Technik. In dem bedeutenden Buch *Du mode d'existence des objets techniques* aus dem Jahr 1958 entwickelt Simondon die Grundzüge einer Analyse, die heute häufig wiederaufgegriffen wird. Interessanterweise ist seine Reflexion über

die Technik ungefähr zur selben Zeit entstanden wie die Überlegungen des Soziologen und protestantischen Theologen Jacques
Ellul, *La Technique ou l'enjeu du siècle*, 1954. Allerdings trennt
ein nicht zu überbrückender Graben die beiden Sichtweisen:
Ellul beschreibt das Phänomen Technik als eine neue Form der
Beherrschung, für ihn ist sie das Eintrittstor zu einem Universum, in dem eine auf dem Primat des merkantilen Denkens
begründete spezifische Logik herrscht. Er sieht darin einen Nihilismus im Vormarsch, dem wir unsere menschliche Freiheit ent-
gegensetzen müßten. Wegen dieses ausdrücklichen Willens zum
Widerstand hat man gelegentlich – und manchmal zu Unrecht –
Parallelen zwischen dem Werk von Ellul und dem Heideggers
gezogen.[33]

Ganz anders argumentiert Simondon. Er hält es für sinnlos,
»Widerstand« zu leisten und der Technik ein Prinzip Menschlichkeit, Glaube oder Hoffnung entgegenzuhalten. Vielmehr will
er *die Unangemessenheit* des »traditionellen« Denkens aufzeigen. Seiner Ansicht nach ist die in den fünfziger Jahren gelehrte
philosophische und literarische Kultur einfach nicht mehr imstande, die Technowissenschaft korrekt zu erfassen und zu analysieren. Daher, so Simondon, gehe es nicht darum, die Technik
zu bekämpfen oder zu kontrollieren, vordringlich sei vielmehr,
eine neue Kultur zu erarbeiten und die Grundlagen für ein neues
Denken mit einer *anderen* Symbolisationskraft zu schaffen. Andernfalls müsse man sich mit der verhängnisvollen und schizo-
phrenen Trennung zwischen klassischer Kultur und technisch-
wissenschaftlicher Wirklichkeit abfinden: der Koexistenz einer
traditionellen Kultur, die stolz auf ihre historischen Wurzeln sei
und sich nach wie vor der »Symbolisierung« für fähig halte, auf
der einen Seite und einem von seiner neuen Macht berauschten,
aber vom »Denken« befreiten technowissenschaftlichen Prozeß
auf der anderen Seite. Diesen Graben müßte die neue technowissenschaftliche, universale und rationale Kultur, die Simondon sich wünscht, überbrücken können: Sie sollte als Schalt-

stelle, als Bindeglied, als versöhnendes Prinzip zwischen Techno-wissenschaft und Philosophie dienen.

Anregend und originell in mehrerlei Hinsicht, ruht Simon-dons Überlegung jedoch auf einem angreifbaren Postulat: der grundsätzlichen Zustimmung zur technowissenschaftlichen Lo-gik. Die Technik, meint Simondon, sei zweifellos »gut« an sich, denn sie sei immer nur eine Kristallisierung menschlichen Den-kens. Außerdem sei sie ihrem Wesen nach universalistisch und befreiend. Sie hebe die Partikularinteressen, Vorurteile, Identi-täten und Unduldsamkeiten der Vergangenheit auf und stelle die einstigen normativen Symbolisierungen oder kollektiven Zuwei-sungen in Frage. Statt die Technik zu bekämpfen, müsse die Phi-losophie bei ihr in die Schule gehen oder sich überhaupt ganz nach ihr ausrichten. Natürlich gehe es nicht darum, einfach »nachzuahmen« oder die Universalität der Technik auf die Phi-losophie zu »übertragen«, was sinnlos wäre: Eher müsse man von einer *Transplantation* sprechen. Simondon schlägt dazu eine Neuschöpfung vor, *transduite*, was eine »Hinübersetzung« wäre: Die emanzipatorische Universalität der Technik, die ökumeni-sche Absicht der Technowissenschaft müßten »hinübergesetzt« werden, damit man eine neue technowissenschaftliche Kultur erarbeiten könne, die den Namen verdiene.

Sein Vorgehen ist somit Elluls Ansatz genau entgegengesetzt: Wo Ellul den kritischen Widerstand fordert, schlägt Simondon letztlich Aussöhnung, ja Synkretismus vor. Wo Ellul dem von der Technowissenschaft verkörperten »subjektlosen Prozeß« miß-traut, singt Simondon ein Loblied auf den technowissenschaft-lichen Universalismus und stellt ihn sogar dem Archaismus und territorialabhängigen Partikularismus der traditionellen Kultur entgegen. Wo Ellul am Prinzip der Transzendenz festhält, be-kennt sich Simondon zu einem uneingeschränkten Relativismus. Infolgedessen weist er der Philosophie die *Aufgabe der Anpas-sung* zu, die ihm vernünftiger erscheint als jede Kritik und jeder trotzige Widerstand.

Dieser vor einem halben Jahrhundert erarbeitete Ansatz war schon zu seiner Zeit anfechtbar. Heute, in einem radikal anderen technowissenschaftlichen Kontext, ist er potentiell katastrophal.

Platz den Technowissenschaftlern!

Aus diesem Grund ist es interessant, uns die aktuellen Schriften mancher Schüler von Gilbert Simondon anzusehen, und sei es nur, um zu begreifen, zu welchen hemmungslosen Visionen eine allzu große Willfährigkeit gegenüber der Technowissenschaft führen kann. Als ein Beispiel unter vielen mag der Fall des Belgiers Gilbert Hottois dienen, der aus mehrerlei Gründen interessant ist. Hottois, Professor für zeitgenössische Philosophie an der Universität Brüssel, hat ein Dutzend Bücher über Sprache, Technowissenschaft und Ethik veröffentlicht. Bezeichnender (oder fragwürdiger) ist, daß er nebenbei dem bioethischen Beratungskomitee Belgiens und dem Beratungsausschuß für die Ethik der Wissenschaften und der neuen Technologien bei der Europäischen Union angehört. Während er in seiner Technikkritik zunächst Jacques Ellul nahestand, zumindest seinen frühen Büchern nach zu urteilen,[34] hat er sich mittlerweile zu einem militanten technowissenschaftlichen Optimismus bekehrt, der ganz auf der Linie Simondons steht, als dessen Erbe er sich im übrigen bezeichnet.

Die Analyse, die Hottois nun vorlegt, die Terminologie, die er benutzt, die Quellen, auf die er sich beruft, verdienen sehr viel Aufmerksamkeit – nicht nur an und für sich, sondern auch weil sie sehr anschaulich einen philosophischen Relativismus zusammenfassen, der im Umfeld der Biotechnologien immer mehr Verbreitung findet. Zunächst stimmt Hottois bereitwillig dem zeitgenössischen Nihilismus zu, bei dem er mehr Vor- als Nachteile sieht. Die Suche nach einem Fundament oder einer Ontologie hält er für überflüssig. »Wir leben in einer Welt«, schreibt er, »in der die Ontologie, die Metaphysik, der Fundamentalismus und alle dazugehörigen Schlüsselbegriffe wie Gott, Wahrheit, Sein, Natur, Wesen, Wert an sich und so weiter, in die Krise geraten sind, und wir sind der Meinung, daß diese Krise nicht das Übel schlechthin ist. Der damit verbundene Nihilismus weist viele positive, emanzipatorische, diversifizierende Aspekte auf: Kreativität voller Möglichkeiten und Hoffnungen.«[35]

Wie viele Fürsprecher der Biotechnologie spricht Gilbert Hottois nicht mehr von »Technik« oder »technischem Phänomen«, wie Ellul oder Simondon, sondern hat sich eine viel zeitgemäßere Abkürzung zurechtgelegt: RDTS (*recherche et développement techno-scientifique*: »technowissenschaftliche Forschung und Entwicklung«) und macht daraus die eigentliche Triebkraft der Menschheitsgeschichte. Die menschlichen Kulturleistungen im allgemeinen (Geschichte, Kunst, Philosophie etc.) seien nichts anderes, erklärt er, als Symbolisierungen oder »Kodierungen« einer sich ständig ändernden Realität. Alle begleitenden Konzepte seien daher relativ und folglich veränderbar, entwicklungsfähig und so weiter, auch die Begriffe Humanität oder Individuum. Der Versuch, eines dieser Konzepte zu fixieren und folglich für heilig und unantastbar zu erklären, zeuge von einer konservativen, gar technikfeindlichen Haltung. Es sei dasselbe, als wollte man der ganzen Welt eine spezielle (westliche) Symbolisierung aufzwingen – also nichts anderes als eine heimtückische Form von Neokolonialismus.

Das Herzstück des fortwährenden symbolischen Wandels sei die technowissenschaftliche Forschung und Entwicklung. Wir dürften den Wandel nicht behindern oder einschränken, sondern müßten ihn begleiten, indem wir versuchten, nach und nach eine ihm angemessene neue Symbolisierung zu »erzeugen«. Hottois empfiehlt uns also nicht eine kritische, sondern eine »begleitende« Haltung gegenüber der Technowissenschaft. Er geht sogar noch weiter und versichert, jede Begleitung sei sinnlos, wenn ihr nicht ein *anfängliches Einverständnis* vorausgehe. »Damit uns die Begleitung gelingt«, schreibt er, »müssen wir zuerst an die Positivität der RDTS glauben und dürfen sie nicht aufgrund der schwerwiegenden Probleme, mit der sie in Verbindung gebracht wird, oder aufgrund der konservativen oder reaktionären Vorurteile zugunsten der ›echten‹, ein für allemal fixierten ontotheologischen Werte der Vergangenheit verurteilen.«[36]

In Wahrheit erkennt Hottois die Ohnmacht der Philosophie an, die nicht mehr imstande sei, das technowissenschaftliche Universum zu »symbolisieren«, das heißt, zu codieren. Die Philosophie sei somit dazu verurteilt, endlos dieselben Schriften der Vergangenheit wiederzukäuen, also sich auf die rein akademische, wirklichkeitsfremde Textexegese zu beschränken, oder den puren semantischen Luxus zu pflegen. Nebenbei macht sich Hottois über das Scheitern des zeitgenössischen Denkens lustig (insbesondere der Dekonstruktion), das sich auf bloße Sprachspiele im Sinn Wittgensteins beschränke. »Das Übel«, schreibt er, »ist die akute Krise des *logos* oder Wortes; seine Unfähigkeit, das technowissenschaftliche In-der-Welt-Sein heute noch auf befriedigende Weise zu artikulieren.«[37]

Besser ließe sich die neue Ohnmacht des Denkens nicht definieren. Aber die Schlußfolgerung, die er daraus zieht, ist alarmierend.

Für Hottois ist alles klar: Anstelle der kraftlosen Philosophie müsse die berühmte »RDTS«, die mit dem Markt verbündete Technowissenschaft, eingesetzt werden. Das hat nichts mehr mit einer Versöhnung im Sinn von Simondon zu tun: Hier geht es um nichts anderes als um die *Ausschaltung des Denkens zugunsten der Logik des Marktes.* Hottois macht kein Hehl aus seiner Absicht: Die moderne Welt, meint er, werde von zwei übermächtigen Triebkräften beherrscht, dem Geld und der Technik, unter deren Druck die Ontologie nach und nach zugrunde gehe, während die Werte und Überzeugungen »entsymbolisiert« würden. Der Markt und die Technik, meinte schon Gilles Deleuze, seien zu Instrumenten der symbolischen, ontologischen und axiologischen Ent-Bindung geworden, die alles Gegebene oder Erzeugte zur freien Verfügung stellten. Das ist die »dekodierende-rekodierende« Funktion des Marktes, zu der Hottois sich beglückwünschen zu müssen glaubt, denn sie ist die Garantie für Universalität und Wandel. In Wahrheit verbirgt sich hinter dem sprachlichen Dickicht die dienstbeflissene *Abtretung des eigenen Denkens* an den Markt und die Technik.

Nach dieser Auffassung – und im Rahmen einer »modernen Zivilisation auf dem Weg zur Globalisierung«, wie Hottois schreibt – haben die Philosophen, Moralisten, Politiker ausgespielt: Den Ton geben jetzt die »Technowissenschaftler« an, deren Unternehmungen wir »begleiten« müßten, statt ihnen entgegenzuarbeiten. Sie sind es, die »nun zukunftsbeherrschend erfinden und produzieren«. Uns bleibt nur noch der Kotau.

Nach Hottois' revidierter Version ist die Geschichte nur noch ein Mahlstrom, in dem die Realität unter dem ausschließlichen Antrieb der Technik und des Marktes unbegrenzt dekonstruiert und rekonstruiert wird. Es gibt nur vergängliche Wahrheiten, revidierbare Werte, vorübergehende Standpunkte. »Die symbolischen Ordnungen und Hierarchien«, schreibt er, »entstehen im chaotischen Raum der universellen Mobilisierung des Marktes, beeinflussen ihn eine Zeitlang und lokal begrenzt, vermögen ihn aber nicht dauerhaft zu strukturieren und global zu stabilisieren. Die Macht, die Freiheit, der Wunsch nach Austausch und Wandel kennen keine Grenze.«[38]

Bei den letzten beiden Wörtern müssen wir einen Moment innehalten, denn sie sind keine Bagatelle: »keine Grenze«. Davon abgesehen, daß der Freudentaumel eines Philosophen angesichts der technowissenschaftlichen Forschung und Entwicklung, des faszinierenden neuen Idols, einigermaßen befremdlich ist, müssen wir zugeben, daß die *Ablehnung von Grenzen* der eigentliche Haken an einer solchen Analyse ist, denn sie betrifft ja alle Gebiete: Sie läßt zu, daß das Prinzip Mensch Kapitel für Kapitel, wie ich es nennen möchte, zerlegt wird. Die Begriffe menschliche Person, Bewußtsein, Subjekt, bekennt Hottois freimütig, seien »offene« und wandelbare Definitionen. »Die Technowissenschaften«, schreibt er, »eröffnen eine *bedarfsgerechte* Transzendenz der Spezies: Sie erlauben, die natürlichen Grenzen der *conditio humana* definitiv zu überwinden.«[39]

Damit sind wir am Ziel. »In einer vom instrumentellen Denken beherrschten Sphäre findet eine Art Zirkelschluß statt: Nachdem der Erfolg der alleinige Zweck ist, rechtfertigt dieser Zweck alle Mittel, die zum Erfolg führen. Die Mittel werden zur Begründung der Zwecke. Nachdem die Wissenschaft die Aufgabe erfüllt hat, die Ideologie zu befreien, hat sie sich selbst als Ideologie eingesetzt. Sie ist die Ideologie geworden, die auf eine Ideologie verzichtet.«[40]

Und die sogar auf das Denken verzichtet ... Dies ist, ungeschönt und rückhaltlos von Hottois und vielen anderen präsentiert und vertreten, das neue Dogma, das heute der biotechnologischen Revolution vorangeht. Wir können allen, die so bereitwillig die Maske fallen lassen und die Realität so schonungslos in Worte fassen, dankbar sein, haben dabei aber jedes Recht, die überstürzte Kapitulation der kritischen Intelligenz haarsträubend zu finden. Und sie entschlossen abzulehnen.

KAPITEL 12

Das positivistische Gebot

»Die Wissenschaft sucht das Perpetuum mobile. Sie
hat es gefunden: Sie selbst ist es.«

VICTOR HUGO

Wenn wir uns ansehen, wie die Philosophie beschämt den Rückzug antritt, wie vorbehaltlos der Siegeszug und die Vormachtstellung der Technowissenschaft begrüßt werden, drängt sich einem manchmal der Eindruck auf, daß hier eine sonderbare Einschüchterungstaktik am Werk ist. Man fordert uns auf, uns den offenbarten Wahrheiten anzuschließen; man beschwört uns, von den »Illusionen« der Vergangenheit Abschied zu nehmen; man bedrängt uns, den Triumphmarsch des Wissens und des dadurch ermöglichten medizinischen und technischen Fortschritts nicht zu behindern, auch nicht im Namen des gesunden Menschenverstands oder der Moral. Wird eine Kritik, ein Einwand, eine Frage geäußert, hagelt es augenblicklich Proteste: Technophobie, heißt es sofort, Rückschrittlichkeit, Fortschrittsfeindlichkeit und, wie von einem Verteidiger des Kognitivismus[1] verächtlich geäußert: Idealismus, der immer auf der ängstlichen Suche nach sicheren Fundamenten ist.

Andere drücken sich zurückhaltender aus, denken aber nicht anders über die »Ignoranz« der Fortschrittsfeinde. Der technowissenschaftliche Diskurs ist endgültig zur vorherrschenden Meinung geworden, der einzige und letzte zulässige Katechismus. Seine symbolische Macht ist beispiellos. Die Medien erliegen ihr reihenweise. Die Politiker ebenfalls, aus Furcht, sie könnten den Anschluß verlieren und einen Durchbruch, eine Innovation verpassen. Wer sich nicht rückhaltlos dazu bekennt, schließt sich, so die Annahme, aus dem Kreis der aufgeklärten Geister aus. Das ist eine klassische Erpressung, die heute zu ihrer alten Wirkung zurückgefunden hat, nachdem sie im Anschluß an die Phase positivistischer Hysterie im neunzehnten Jahrhundert ihre Kraft verloren hatte. »Wir erleben heute ein neues Auflodern des Szientismus, wie wir es Ende des vorletzten Jahrhunderts schon einmal hatten«, sagt ein Informatiker. »Da kommen ein paar Leute mit ihren wissenschaftlichen Arbeiten unter dem Arm und treten als Apologeten auf; sie wollen auf einem Gebiet, das eine Domäne des Glaubens ist, um jeden Preis etwas beweisen.«[2]

Die »neue Grenze«

Was ist denn aus der Wissenschaft geworden? Zu welchen dogmatischen Extremen ist eine heute so offensichtlich irregeleitete Vernunft gelangt? Warum und auf welche Weise ist sie so weit abgewichen von ihren Prinzipien Vorsicht und Offenheit? Diesen Fragen wollen wir nun nachgehen. Wir wollen versuchen, die verheerende Verflechtung von Technowissenschaft und Ideologie, die Degradierung der Erkenntnis auf den Rang einer vorherrschenden Vulgata zu entwirren. Es genügt nicht zu behaupten – auch wenn es auf der Hand liegt –, daß die Wissenschaft zur *Ideologie* geworden ist. Wir müssen herausfinden, weshalb und wie es so weit gekommen ist. Wir können uns auch nicht mehr mit der Bemerkung begnügen, daß die Technowissenschaft, die heute von der Logik des Marktes beherrscht und vom Profitstreben instrumentalisiert wird, sich teilweise von der Vernunft verabschiedet hat. Die Kontrolle durch den Markt ist offensichtlich, erklärt aber nicht allein die seltsame Faszinationskraft, die heute das technowissenschaftliche Dogma auf die hellsten Köpfe ausübt. Es müssen noch andere Faktoren beteiligt sein. Welche? Kommen wir noch einmal auf einen in diesem Buch schon mehrfach erwähnten Gedanken zurück: die Technowissenschaft als *Refugium des Denkens*. Tatsache ist, daß allein das wissenschaftliche Vorgehen überlebt hat, nachdem die Ideologien des zwanzigsten Jahrhunderts mit Pauken und Trompeten untergegangen waren. Nach dem mörderischen Irrweg des Nationalsozialismus, dem Schiffbruch des Kommunismus, der Niederlage des »zivilisatorischen« Imperialismus, dem Verfall der historischen Eschatologie war nur noch die Technowissenschaft im Rennen. Sie siegte mangels Konkurrenz. Sie verkörpert die letzte denkbare Hoffnung. Anders als manchmal behauptet wird, haben die Ideologien nicht vor der »Aufklärung« durch die Wissenschaft kapituliert, im Gegenteil: Der Bankrott der Ideologien hat die Technowissenschaft erst über sich selbst erhoben. Sie wird nun als Ersatzheilslehre empfunden und ist in Ermangelung von Mitbewerbern selbst zur Ideologie geworden. Aus der Verzweiflung heraus projizieren wir auf sie alle Erwartungen und Utopien, zu denen der Mensch sich von Natur aus hingezogen fühlt: die vollkommene Erkenntnis, die Hellseherei (die genetische »Vorhersehbarkeit«), die magische Verwandlung (Manipulation verschiedener Art), die prometheische Verwandlung der Welt und so weiter.

Dem »ernüchterten« Menschen erscheint die Technowissenschaft also als die *neue Grenze*, der letzte Horizont, die einzige Projektionsfläche für die Hoffnung. Auf sie richten sich alle Erwartungen. »Von Unbehagen ergriffen, von Enttäuschungen bedrängt, wenden wir uns der Wissenschaft zu. [...] Bei ihr suchen wir alle möglichen Sicherheiten, Lösungen, Bestätigungen, Segnungen, Hoffnungen. Wir wollen nichts denken, wozu sie uns nicht die Genehmigung erteilt hat; wir wollen nichts entscheiden, das sie nicht mit ihrem breiten, schützenden Schirm abdeckt, und wir verlassen uns auf ihre Fortschritte, um die Herrschaft über die Dinge zu erlangen, die sie uns zugesteht.«[3]

Die Vorstellung von der Wissenschaft als Grenze, die es immer ein Stück weiter hinauszuschieben gilt, wurde übrigens schon unmittelbar nach dem zweiten Weltkrieg explizit formuliert. »Alle industrialisierten Länder bauten daraufhin ihre wissenschaftlichen und technischen Ressourcen aus – die Anzahl und die Qualität der Forschungseinrichtungen, Labors und Hochschulen – und ließen sich dabei in mehr oder minder großem Ausmaß von den Erkenntnissen des Berichts *Science: the Endless Frontier* leiten, der 1945 von Vannevar Bush, Berater des amerikanischen Präsidenten, herausgegeben worden war.«[4]

Als Ersatzmessianismus und letzte Utopie wurde die Technowissenschaft mit allen Erwartungen befrachtet, die vor kurzem noch der Politik, der Religion, der Geschichte galten. Sie eignete sich die beiden Primärkomponenten jedes Heilsglaubens an: den Optimismus und die Verheißung. Daß der Optimismus in praktisch jedem wissenschaftlichen Diskurs auftaucht, brauchen wir nicht eigens zu erwähnen: Er ist ein unverzichtbarer Bestandteil geworden. Der Optimismus ist die unermüdliche Ankündigung einer »besseren« Zukunft, eines gelinderten Leidens, eines besseren Lebens. »Das Bedürfnis nach Zuversicht wohnt noch immer dem progressiven Ideal inne: Die Wissenschaft soll eine Rationalisierung der Wahlmöglichkeiten und eine automatische Auswahl der besten Entscheidung in sich einschließen.«[5] Der utopischen Verheißung einer besseren Welt zieht sie die Aussicht auf einen »besseren Körper« oder eine »bessere Gesundheit« vor, doch die dahinterstehende Mythologie ist von derselben Art.[6]

Die spontan positivistische Haltung der europäischen und amerikanischen Linken verstehen wir jetzt besser. Die Linke trauert noch um den Verlust ihres alten historischen Optimismus, der das Leben verändern, die Ausbeutung abschaffen wollte und so weiter, und neigt jetzt dazu, ihre Erwartungen und ihre »Progressivität« auf die Technowissenschaft zu verlagern. Sie ist versucht, das Feuer der wissenschaftlichen Forschung zu schüren, auch auf die Gefahr hin, sich über ethische Einwände hinwegzusetzen. Davon zeugen die Entscheidungen der sozialdemokratischen Regierungen in Europa und Amerika zu Beginn unseres

Jahrhunderts. Bill Clinton in den USA, Lionel Jospin in Frankreich, Tony Blair in Großbritannien vermittelten alle drei den Eindruck, daß sie wohlwollender denn je – und oft übereilt – den Anfragen aus wissenschaftlichen Kreisen und von seiten der Akteure der Biotechnologie nachkamen, ob es um das sogenannte therapeutische Klonen ging oder um die Forschung mit Embryonen. Man überbot sich gegenseitig an Optimismus und Progressivität, diesmal allerdings auf einem anderen Gebiet, der Technowissenschaft.

»Glänzende Zukunft«
und »Leuchtendes Morgenrot«

Deren *Verheißung* hat sich alle politischen Enttäuschungen aus der Vergangenheit einverleibt, als verlangten wir von der Wissenschaft Ersatz für das Verlorene. Ihr allein obliegt nun das Projekt Weltverbesserung, sie ist für die Idee des Fortschritts verantwortlich. In diesem Sinn müssen wir beispielsweise die Anwandlungen von Begeisterung interpretieren, die der Technowissenschaft – ihr allein! – die Aufgabe zuweisen, den Hunger auf der Südhalbkugel zu besiegen, die dort verbreiteten Krankheiten zu beseitigen, einen Zuwachs an Glück zu erzeugen. Ob es um Gentherapien geht, um GVOs oder neue Medikamente: Man überbietet sich gegenseitig an Altruismus, um sämtliche Experimente zu rechtfertigen. Unterwegs wird ein Teil der Realität ausgeblendet, um Platz zu schaffen für eine weitgehend übertriebene Verheißung.[7] So kommt es, daß sich ein wissenschaftlicher Diskurs ideologisch verfärbt.

In Wahrheit rührt das Elend auf der Südhalbkugel nicht von einem Mangel an Reichtümern her, sondern vor allem von deren ungerechter Verteilung. Zu lösen ist das Problem zuallererst von der Politik, nicht von der Technowissenschaft. Darüber hinaus ist schwer vorstellbar, wie dieses philanthropische Anliegen (im Fall der Saatguterzeuger zum Beispiel) mit dem weltweiten Profitstreben in Einklang zu bringen wäre. Wie könnten die Auswirkungen der Genetik oder der leistungsstarken Informatik je den zahlungsunfähigen Armen des Südens zugute kommen? Dasselbe gilt für die Medizin. Die meisten Krankheiten, die in diesen Ländern endemisch – und tödlich – sind, wären ohne weiteres heilbar (wie Masern und Mumps und viele andere). Was fehlt, ist ein Minimum an Gerechtigkeit in der Verteilung der Mittel und Medikamente. Damit sind wir wieder bei der wohlbekannten semantischen Konfiguration: Das vorgebliche philanthropische Anliegen dient vor allem dazu, eine Ideologie zu bestärken, in diesem Fall die technowissenschaftliche. Die, nebenbei bemerkt, sehr gut mit dem Egoismus der Länder des Nordens übereinstimmt, die gleichzeitig ihre Entwicklungshilfe Jahr für Jahr weiter kürzen.

Noch alarmierender ist: Nachdem die »Verheißung« im Zentrum dieses neuen Katechismus steht, wird sie heillos überschätzt. Wie bei jedem ideologischen Ansatz wird unendlich viel mehr versprochen, als man je halten kann. Das ist beinahe eine Lüge, auf jeden Fall ist es manipulativ. Und das gilt vor allem für die Gentherapie. Davon sind nicht nur die Länder des Südens betroffen, sondern auch unsere entwickelten Gesellschaften, die willigen Opfer dieser wiederkehrenden Fabel.

Gewiß, die Genetik eröffnet der Medizin neue Horizonte, die zu ignorieren absurd wäre. Von den viertausend Krankheiten, die durch ein oder mehrere fehlende oder funktionsgestörte Gene verursacht werden, können manche vielleicht eines Tages mittels Gentherapie geheilt werden: die Duchenne-Form der Muskelatrophie, Mukoviszidose, Sichelzellenanämie, SCID (schwere kombinierte Immundefizienz), Chorea Huntington und andere. Einige sehr begrenzte Ergebnisse wurden schon erzielt. Das ändert nichts daran, daß die Diskrepanz zwischen der lautstarken, aufdringlichen, leichtfertigen Ankündigung künftiger »Siege« und

dem wahren Zustand der Forschung groß ist. In nächster Zukunft sind mit Sicherheit keine revolutionären Ergebnisse zu erwarten. »Heilende Gene? Der Hintergrund dieser Formel ist richtig«, erkennt ein Forscher an, »die Identifikation von Genen wird
irgendwann zu neuen Behandlungsformen, insbesondere gentherapeutischen führen, allerdings auf lange Sicht, die in Jahren,
wenn nicht Jahrzehnten gemessen wird. Die Öffentlichkeit hat
das häufig anders verstanden.«[8]

Sonderbarerweise ergriff Mitte der neunziger Jahre, während
die wunderbaren Prophezeiungen an Intensität zunahmen, die
Forscher in den Labors eine »relative Niedergeschlagenheit«[9],
die in den Medien kaum Widerhall fand. Ursache war die Erkenntnis, daß der Weg bis zu einer effizienten Gentherapie länger und ungewisser, von Zufällen abhängiger sein würde, als
irgend jemand vorhergesehen hatte. Ein offizieller Bericht, der
am 7. Dezember 1995 in den USA veröffentlicht wurde, traf den
Nagel auf den Kopf. Erstellt hatte ihn ein Komitee unabhängi-
ger Experten unter Leitung von Harold Varnus, Direktor der
US-Bundesgesundheitsbehörde National Institutes of Health. Der
sogenannte »Varnus-Bericht« zeichnete ein sehr kritisches Bild
der laufenden Forschungen, die häufig überstürzt und chaotisch
durchgeführt würden; vor allem aber warf er den Forschern und
privaten Labors vor, sie hätten die Ergebnisse ihrer Arbeit bei
ihren Aktionären oder Sponsoren »hochgejubelt« *(oversold)*.

Die Autoren des Berichts wiesen auf die überschwengliche
Begeisterung im technowissenschaftlichen Diskurs hin, die zum
großen Teil durch den erbitterten Wettbewerb um Markt- und
Börsenanteile zu erklären sei. Natürlich sind alle Unternehmens-
gründer, alle Forscher, die es eilig haben, mit der Hilfe von Investoren Gewinn aus ihren Entdeckungen zu schlagen, geneigt, die
Resultate ihrer Arbeit zu schönen. Alle versuchen, sich zu behaupten und Terrain zu gewinnen, und so kommt es zu einem
wilden Gerangel, das mit der Vorstellung, die man sich bisher
von der wissenschaftlichen Forschung gemacht hatte, nichts

gemein hat. Manche Genetiker sind weitsichtig genug, von dieser
Entwicklung beunruhigt zu sein. So etwa der britische Forscher,
der sagt, die hastig aus dem Boden gestampften Biotechnologieunternehmen begriffen allmählich, daß die Phase der Investitionen viel länger dauern werde und der berühmte Investitions-
ertrag sehr viel ungewisser sei. »Darin«, fügt er hinzu, »liegt die
nicht von der Hand zu weisende Gefahr, daß ›Cowboyfirmen‹
entstehen, die unter enormem Marketing- und Werbeaufwand
Produkte auf den Markt bringen, die für die Gesundheit der
Menschen gar nichts bringen. Man muß die öffentliche Meinung
generell vor den Fallstricken der Werbung warnen, wenn sie
Wundertests verspricht, die in Wirklichkeit sinnlos sind.«[10]

Im Zusammenhang mit den Biotechnologien ist ein »Start-
up-Effekt« eingetreten, der mit dem Börsenrausch zu Beginn der
New Economy vergleichbar ist. Auf den Höhenflug folgte bekanntlich ein brutaler Absturz: das Ende eines Wachtraums. Mit
dem Ansturm auf die Biotechnologien und der »Jagd auf die
Gene« könnte dasselbe geschehen – zumal die anfängliche Begeisterung über die Gentherapie Labors und Ärzte in den USA schon
zu schwerwiegenden Unbesonnenheiten verleitet hat: Nach dem
Tod eines jungen Patienten namens Jesse Gelsinger im September 1999 (wovon die Öffentlichkeit erst sechs Monate später
erfuhr) wurde die Gentherapie unter scharfe Kontrolle gestellt.
Erst jetzt wurde deutlich, daß ein dichter Nebel den Beginn dieser »wilden Jagd« auf Experimente verschleiert hatte. In den
Monaten nach der Inkraftsetzung strengerer Regeln in den USA
wurden 652 »Vorfälle« gemeldet.

Zahlreiche Forscher brandmarken heute solche in aller Hast
ausprobierten Gentherapien, die häufig negative Resultate er-
bringen. Sie fordern ein Moratorium. In Frankreich ist es nicht
anders: Professor Marc Peschanski, Neurobiologe und Leiter der
Abteilung 421 am französischen Institut für Gesundheit und medizinische Forschung (INSERM), nannte die Bilanz der gentherapeutischen Versuche im Dezember 1999 sehr düster. Zu dem

Zeitpunkt waren vierhundert Versuchsreihen an mehr als dreitausend Kranken durchgeführt worden, die bis auf eine oder zwei Ausnahmen keine positiven Ergebnisse erbracht hatten. Er verurteilte die unvernünftige Kommerzialisierung der Forschung durch Biotechnologiefirmen, die es darauf anlegten, »Patente zu machen, um den eigenen Preis in die Höhe zu treiben und von großen Pharmakonzernen aufgekauft zu werden«[11].

Das Beispiel der Gentherapie veranschaulicht ein allgemeines Faktum: die systematische Aufblähung der »Verheißung« durch die neuen Akteure und Ideologen der Technowissenschaft. In diesem Stadium sind die Vorhersagen, die der leichtgläubigen Öffentlichkeit und den einfältigen Medien angeboten werden, nicht sehr weit entfernt von der politischen Rhetorik, die uns eine *glänzende Zukunft* ankündigte und ein *leuchtendes Morgenrot* verhieß, wenn erst die *ideale kommunistische Gesellschaft* verwirklicht wäre. Ein einziges Detail hat sich verändert: Es wird nicht mehr die perfekte Gesellschaft, sondern die perfekte Gesundheit verkündet.[12] Der Irrweg ist jedoch derselbe, die Mystifizierung vergleichbar. Die geforderten Opfer sind es ebenfalls. Unter Berufung auf die glänzende Zukunft sollen Humanisten, Philosophen, Skeptiker ihre moralischen Einwände für sich behalten, sollen die Juristen alles stehen- und liegenlassen und die Gesetzeslage anpassen, die Politiker ihre Skrupel verschweigen, die Psychoanalytiker ihre Sorgen vergessen, die Gläubigen die Überschreitungen akzeptieren, und die Öffentlichkeit soll die »Gelehrten« verehren.

Auch deshalb werden jene, die der suggestiven Intensität der Predigt wenigstens halbwegs Widerstand leisten wollen, als wissenschaftsfeindlich oder als unverbesserliche Hinterwäldler abqualifiziert.

Ein neuer Klerus?

Predigt – dieses Wort sollten wir im Gedächtnis behalten. Das technowissenschaftliche Gebot unserer Zeit, das an den Positivismus von vorgestern anknüpft, ist in Wahrheit durchsetzt von Überzeugungen, Voreingenommenheiten, unsichtbaren Vorurteilen und Dogmen, von Klerikalismus. Diese neue Gnosis gibt sich entschieden rational, ja rationalistisch, was eine Irreführung ist; zu Unrecht beansprucht sie für ihre Argumentation das Etikett »Wahrheit«. So handeln alle Ideologien, alle gnostischen Religionen. Sie treten mit der Maske der Erkenntnis auf, kanzeln alle Ungläubigen, die sie als »unwissend« bezeichnen, scharf ab und mobilisieren die Massen, indem sie sich auf ein und dieselbe vermeintliche Gewißheit berufen. Auch die totalitären Ideologien gingen so vor: Dissens wurde nicht toleriert. Also nichts Neues unter der Sonne …

Trotzdem drängt sich eine Schlußfolgerung auf: Wenn die Wissenschaft sich auf diese Weise in eine Orthodoxie verwandelt, wenn die Vernunft zugunsten des Positivismus abdankt, dann muß Wissenschaftsglaube einer *auf Vernunft gegründeten Kritik unterzogen werden.* Anders ausgedrückt: Es ist sinnlos, in sentimentale Weltuntergangsstimmung zu verfallen, sich auf mystische Gründe zu berufen oder auf das Irrationale zurückzugreifen. Angesichts einer zur Religion gewordenen Technowissenschaft müssen wir ganz einfach die Messer der kritischen Vernunft wetzen. Dissidenz bedeutet nicht, auf vernünftiges Denken zu verzichten, sondern im Gegenteil, die Verbiegung der Vernunft abzulehnen. Widerstand gegen die Wissenschaftsgläubigkeit leisten wir im Namen der wiedergefundenen Vernunft, die sich ihrer Grenzen bewußt ist und darin an ihrer ursprünglichen Bescheidenheit festhält. Der Physiker Jean-Marc Lévy-Leblond hat diese Forderung in einer vor kurzem erschienenen Aufsatzsammlung sehr treffend formuliert: »Um dem wahren

Geist der Wissenschaft treu zu bleiben, ist es also notwendig, die eigenen Äußerungen der kritischen Prüfung zu unterziehen und das Schwert des Paradoxons in der Brust zu tragen.«[13]

Fügen wir hinzu, daß die jederzeit mögliche Fehlentwicklung der Wissenschaft ein klassisches, schon lange bekanntes und bekämpftes Phänomen ist. Die Urheberschaft an der Formulierung »wissenschaftlicher Aberglaube« wird dem italienischen Philosophen und Politiker Antonio Gramsci (1891–1937) zugeschrieben. So unterschiedliche Denker wie Jürgen Habermas, Georges Canguilhem oder Karl Popper stigmatisierten, jeder zu seiner Zeit, die »tyrannische und verderbliche Illusion«, um einen Ausdruck Friedrich von Hayeks aufzugreifen. In jüngerer Zeit hat der Essayist Pierre Thuillier die unverkennbar religiöse Ausprägung zahlreicher Strukturen, Mentalitäten und wissenschaftlicher Einrichtungen unserer Zeit sehr anschaulich dargestellt.[14]

Auch George Steiner erklärte einst, daß manche Philosophien mit wissenschaftlichem Anspruch (der Marxismus, die strukturalistische Anthropologie etc.) in Wahrheit *Ersatztheologien* waren: »rationelle Mythologien, die sich einen normativen und wissenschaftlichen Status zulegen«. Sie hatten ihre Gesetzestafeln, verschanzten sich hinter einer hermetischen Sprache, wehrten konkurrierende Gedankengebäude als Häresien ab und förderten die Schaffung regelrechter »wissenschaftlicher Kirchen«, denen ein unnachgiebiger Klerus diente.[15]

Die religiöse Versteifung des wissenschaftlichen Vorgehens zieht Konsequenzen nach sich, die zu selten hervorgehoben werden. Sie betreffen den sozialen Stand des Forschers oder Wissenschaftlers. Dieser symbolische Status hat in jüngerer Zeit eine beträchtliche Verwandlung durchgemacht: Ob es sich um den Arzt, den Biologen, den Informatiker, den Physiker handelt – dem »Gelehrten« ist heute eine ungeheure Mission aufgebürdet (manchmal gegen seinen Willen). An ihn wendet sich die öffentliche Meinung, wenn sie Wahrheiten oder Hoffnung braucht. Er wird zum Laienpriester, Wundertäter, Moralisten und Hellseher erhoben. Er soll Konflikte schlichten, Regeln festlegen, Sinn stiften, obwohl das weder seine Aufgabe ist noch in seine Zuständigkeit fällt. »Das Problem ist kaum, daß Naturwissenschaftler und Techniker heute zuwenig Macht haben. Eher umgekehrt, daß sie in unserer Gesellschaft zuviel Macht haben.«[16]

Gerne werden Nobelpreisträger – egal, aus welchem Fachbereich – eingeladen, um sich über die öffentliche Moral oder den Sinn des Lebens zu verbreiten. Ängstlich schieben die Mediengesellschaft und die Politik eine Verantwortung, die sie selbst nicht zu übernehmen wagen, dem Gelehrten (ebenso wie dem Richter) zu. Daraus ergibt sich eine Überrepräsentation des wissenschaftlichen (oder technischen) Standpunkts zu Lasten dessen, was wir den *demokratischen Entscheidungsprozeß* nennen könnten. Manche Wissenschaftler mit hohem Berufsethos lehnen diese Rolle ab. Andere nehmen die Einladung an und erliegen den Verlockungen der Macht oder des Ruhms. In jedem Fall wird dadurch das Verhältnis einer Gesellschaft zum Wissen und zur Vernunft radikal verändert und verfälscht. Wenn die Wissenschaft zur Religion wird, braucht sie Priester, und so finden sich die Wissenschaftler zu einem regelrechten Klerus zusammen.

Der Fall der Ärzte gehört zu den interessantesten. In den zahllosen exemplarischen Fällen, die mit der Fortpflanzungsmedizin zu tun haben (Präimplantationsdiagnostik, medizinisch indizierter Schwangerschaftsabbruch etc.), muß der Arzt in äußerst heiklen Fragen entscheiden, die nicht nur therapeutischer Natur sind, sondern moralische und sogar ontologische Erwägungen mit einschließen. Damit nähert sich der Status des Arztes dem des Priesters, im Notfall ersetzt er ihn sogar. »Der Fortschritt in der Pränataldiagnostik«, schreibt eine Juristin, »stellt die Ärzte immer häufiger vor Entscheidungsprobleme, vor allem solche mit ethischem Beiklang, die mit den Regeln des Berufsethos nicht unbedingt lösbar sind: Ohne den Ärzten irgendwelche Motivationen unterstellen zu wollen, ist es nicht selbstverständlich, daß solche Entscheidungen ausschließlich ihnen überlassen bleiben sollen.«[17] Die meisten Ärzte erfüllen diese schwierige Aufgabe redlich und gewissenhaft. Gleichwohl gehen sie damit über die Grenzen, die ihren Kompetenzen theoretisch gesetzt sind, weit hinaus.

Wundern können wir uns auch über den hegemonialen Einfluß, den die Wissenschaftler im allgemeinen und die Mediziner im besonderen innerhalb der diversen Beratungskomitees ausüben. Damit sei nicht angedeutet, daß sie verdächtig oder nicht vertrauenswürdig seien. Aber ihre – spezifischen, spezialisierten, fragmentarischen – Analysen bekommen dadurch ungebührlich viel Gewicht, zu Lasten der anderen möglichen Sichtweisen ein und desselben Problems. Als in Frankreich die Abstimmung über die sogenannten bioethischen Gesetze und deren Änderungen (1994 sowie 2000 und 2001) vorbereitet wurden, waren es die Ärzte und die Biologen, die im wesentlichen ihre Präferenzen geltend machten und ihr Berufsethos durchsetzten. Die übrigen Instanzen (gebildet aus Theologen, Philosophen, Psychoanalytikern und so weiter) waren angesichts der absoluten Neuheit der Probleme vergleichsweise wehrlos. Folglich wurde die medizinisch geprägte, wissenschaftliche Sichtweise im Gesetz festgeschrieben.

Dieses Ungleichgewicht ist nicht ungefährlich. Die extreme Parzellierung des Wissens, die zunehmende Spezialisierung der Wissenschaftler sind sicher nicht die beste Voraussetzung, um politische und soziale Fragen zu entscheiden. »Kernkraft, Biotechnologien, Umwelt – die heutigen Probleme sind von einer Komplexität, die über die Sachkenntnis des Spezialisten weit hinausgeht: Wir müssen in (relativer) Unkenntnis der Sachlage definitive Entscheidungen treffen. Ist nicht der beste Dienst, den die Forscher der Demokratie heute erweisen können, daß sie die Grenzen ihrer Kompetenzen anerkennen und benennen, um die

Debatte in den Bereich der Politik zurückzuverlagern und den Bürgern die Verantwortung wiederzugeben?«[18]

So spricht ein Wissenschaftler, man könnte es nicht besser sagen.

Die Rückkehr des wahnsinnigen Wissenschaftlers

Außerdem, warum ein Hehl daraus machen – das Tagesgeschehen fordert uns manchmal heraus, schärfere Töne anzuschlagen. So wie es besonnene, zurückhaltende und redliche Forscher gibt, so gibt es auch verrückt gewordene Wissenschaftler. Sie sind inzwischen sogar zahlreicher, als man glaubt. Wir sind so fasziniert von der Hegemonie der Technowissenschaft, daß wir verlernt haben, sie zu erkennen und zu kontrollieren. Wir lassen ihren Diskurs weitgehend unwidersprochen und ihre Unternehmen ohne echte Kontrolle. Unsere Gesellschaften stehen ihrem Wahnsinn noch viel wehrloser gegenüber als die traditionellen Gesellschaften dem Wahnsinn exzentrischer Religionsführer oder selbsterleuchteter Propheten. Hier ist ohne Zweifel eine bedenkliche Entwicklung im Gang.

Wie können wir von dieser Gefahr sprechen, ohne in Polemik abzugleiten oder die Katastrophenstimmung zu schüren? Wir wollen versuchen, unsere Worte abzuwägen. Schließlich hatte jede Epoche ihre wahnsinnigen Wissenschaftler, das ist nichts Neues und hat im übrigen auch nicht den Fortschritt des Wissens und der Erkenntnis behindert. In der Wissenschaftsgeschichte wimmelt es von pittoresken Erfindern, von besessenen Forschern, wirrhaarigen Pseudogenies und großsprecherischen Schöpfergeistern. Leider verzeichnet sie aber auch Hirngespinste viel weniger harmloser Natur, die verhängnisvollen politischen Entscheidungen als Alibi dienten. Das Beispiel der Eugenik – bestätigt und empfohlen von einem großen Teil der wissenschaftlichen Gemeinschaft, wie wir gesehen haben – erinnert uns daran; nicht weniger anschaulich ist der Rassismus des neunzehnten Jahrhunderts, unsinnig »bewiesen« von Gelehrten, die sich ihrer Wissenschaft sicher waren. Wir könnten auch den erdrückenden Puritanismus des achtzehnten und des neunzehnten Jahrhunderts anführen (insbesondere die absurde Verteufelung der Masturbation), der, was wir häufig vergessen, in einem weithin akzeptierten medizinischen Positivismus seine Wurzeln hatte.[19] Die Liste der von Wissenschaftlern in die Welt gesetzten, geförderten oder bestätigten Wahnideen ist lang.

Warum kommt dann dem traditionellen Thema des wahnsinnigen Wissenschaftlers heute eine ganz neue Bedeutung zu? Weil der Wahnsinn sich von einer dienstbeflissenen Hingabe an die Technowissenschaft nährt, die alle anderen Formen des Denkens und der Entscheidungsfindung disqualifiziert. Er profitiert von einer positivistischen Hegemonie, die noch unangefochtener ist, als sie am Ende des neunzehnten Jahrhunderts war. Damit nicht genug: Mit der immer rascheren Aufeinanderfolge der Entdeckungen und wegen des Drucks von seiten der Industrie, des Marktes und der Medien haben sich unsere Gesellschaften auf eine wilde Jagd eingelassen, die heute niemand mehr kontrollieren kann. Der Markt regiert, die Technowissenschaft triumphiert, während die Welt der Forschung in eine sonderbare Trunkenheit verfallen ist. »Ist es der Taumel des Erfolgs«, fragt Axel Kahn, »dessentwegen die Biologen, die in den letzten Jahren so viele unsichere und am Ende doch erfolgreiche Ansätze durchgeführt haben, sich verleiten lassen, unerbittlich vorwärts zu marschieren, nach jedem überwundenen Hindernis die nächste Herausforderung zu suchen: immer weiter, immer mehr ... immer verrückter?«[20]

Manche Genetiker verurteilen schon selbst den »wahnsinnigen Wettlauf«, auf den die Forschung sich eingelassen hat. Monique Castillo stigmatisiert (zu Recht) »die fast schon nietzscheanische Behauptung einer unerhörten, noch nie erlebten Schöpfermacht;

die glückliche Bekundung einer Freiheit, die die Macht oder die Hoffnung verleiht, alles zu überwinden, was die Menschheit je als Angst oder Verlassenheit empfinden konnte«[21]. Weil sich das technowissenschaftliche Vorgehen heute ungehindert und ohne Gegengewicht ausleben kann, weil es durch die Vereinigung von Markt und hegemonialem Positivismus gewissermaßen angetrieben wird, nimmt der »Wahnsinn« mancher Forscher heute eine beunruhigende Wendung. Der anthropologische Typus des »wahnsinnigen Wissenschaftlers« breitet sich in einem Klima bewundernden Staunens aus, das ihn in seinem Wahn noch bestärkt.

Die Medien, mehr oder minder getreues Abbild der öffentlichen Meinung, geraten oft schon auf die bloße Andeutung hin in Ekstase über die phantastischen – und oft erschreckenden – Ankündigungen, deren Chronisten sie sind: Ein italienischer Arzt Soundso bekundet seine feste Absicht, Menschen zu klonen, koste es, was es wolle. Ein Forscher Soundso sagt die allgemeine Verbreitung von »Jungfernzeugungen« voraus (ohne Mitwirkung von Keimzellen des anderen Geschlechts). Shulamith Firestone, eine britische Essayistin, versichert, die Entwicklung eines künstlichen Uterus sei ein Beitrag zur Befreiung der Frau. Die Hypothese wird augenblicklich von einem französischen Positivisten aufgegriffen, der sich ohne einen Gedanken an die extrem wichtige Beziehung zwischen dem Fötus und seiner Mutter für die Idee begeistert, daß es »eines Tages möglich sein wird, die Schwangerschaft *in vitro* auszutragen und somit im Freien zu bewerkstelligen, was sich nur im Inneren vollziehen kann«[22]. Andere Biologen fassen ungerührt ein System multipler Elternschaft ins Auge: »Neu daran ist, daß sich die Leihmutterschaft mit den modernen Reproduktionstechniken kombinieren läßt. Durch diese Kombination kann heutzutage ein Kind bis zu fünf Elternteile haben [...]: 1. die Produzentin des Eis (die Spenderin); 2. der Samenproduzent (der Spender); 3. die schwangere Frau; 4. die soziale Mutter; 5. der soziale Vater.«[23]

Auch der Genetiker Daniel Cohen schlägt in seinen öffentlichen Äußerungen einen jubelnden Ton an, der alarmierend
klingt. »Das wird ein Spaß«, meint er im Hinblick auf die möglichen Eingriffe im Genom und fordert laut und deutlich das
Recht, die Spezies zu verändern. Andere Forscher stehen ihm
nicht nach und bekunden (wahrscheinlich unüberlegt) ihren
Willen, sämtliche bioethischen »Tabus«, die sie als Reste einer
überholten Moral bezeichnen, zu »überschreiten«. Widersinni-
gerweise bestraft das Gesetz jede Aufforderung zur Rassendiskriminierung und verschont jene, die »nur« die Menschlichkeit
des Menschen in Frage stellen.

Die Liste könnte natürlich endlos verlängert werden. Das
Verstörendste daran ist weniger die Art dieser Wahnideen als
vielmehr die Reaktionen in der Öffentlichkeit. Selten war die
öffentliche Meinung so gespalten. Sie schwankt zwischen blau-
äugigem Staunen und sinnloser Panik. Man hat manchmal den
Eindruck, daß die Ergebenheit gegenüber der Technowissenschaft
und ihre radikale Ablehnung zwei Seiten ein und derselben Medaille sind, zwei verschiedene Ausdrucksformen derselben Orientierungslosigkeit, und daß der Zeitgeist hin- und hergerissen ist. In
den letzten dreißig Jahren erschütterten immer wieder technowissenschaftliche Katastrophen das Vertrauen: Von der Dioxin-
Vergiftung im italienischen Seveso 1976 bis zum Störfall im
Kernreaktor Three Mile Island nahe Harrisburg am 28. März
1979, vom Desaster im indischen Bhopal (1984) bis zur Reak-
torkatastrophe von Tschernobyl in der Ukraine (1986) ist die
Liste lang. In jüngerer Zeit nährten eher die bioindustriellen Stör-
fälle wie die Maul- und Klauenseuche und der Rinderwahn (BSE,
bovine spongiforme Enzephalopathie) die kollektiven Ängste,
und das alte Bild vom Wissenschaftler als Zauberlehrling kam
wieder auf.

Diese wiederkehrende Sorge geht so weit, daß sogar die Über-
schwenglichkeit der wissenschaftlichen Zeitschriften in Frage
gestellt wird, die sich den Vorwurf gefallen lassen müssen, sie

hätten sich schamlos der »Verheißung« unterworfen und sich kritiklos manipulieren lassen. Das betonte beispielsweise ein Artikel, der Ende 1999 in der *Washington Post* erschien, gezeichnet von Daniel S. Greenberg. »Wenn man die wissenschaftlichen Zeitschriften durchblättert«, schrieb er, »kann man den Eindruck gewinnen, daß in einer Ökonomie, die in kurzer Zeit die Wissenschaft in eine Quelle des Profits verwandelt, die ehrwürdigen Werte Wahrhaftigkeit und Offenheit nach und nach in Verruf geraten.«[24]

Seltsamerweise jedoch geht das sporadische Erschrecken – weil es eher aus dem Bauch kommt als vom Verstand her – immer mit einer Erwartung, einer dumpfen Hoffnung auf die grenzenlosen Fähigkeiten der Technowissenschaften einher. Von einem extremen Gefühl ins andere zu verfallen ist aber kein *Nachdenken* im eigentlichen Sinn. Eine historische wie auch politische Diskussion der Technowissenschaft muß sich also auch um deren erkenntnistheoretischen Status sowie um die Verfälschungen eines verkürzten Diskurses kümmern.

Die Expertenideologie

Historisch? Wir sollten uns daran erinnern, daß die Chronik der Wissenschaft immer voller Irrtümer und anschließender Berichtigungen ist. Deshalb sollte nichts uns das Recht geben, den subjektiven »Meinungen« und »Überzeugungen« vermeintliche Sicherheiten entgegenzusetzen. Was früher galt, gilt heute vielleicht um so mehr, denn die Naturwissenschaften werden ihrerseits vom Begriff *Wahrscheinlichkeit* erobert, so definiert von Ilya Prigogine, einem belgischen Forscher russischer Herkunft, der 1977 den Nobelpreis für Chemie erhielt. »Wir bewegen uns von einer Welt der Sicherheiten«, schrieb er, »hin zu einer Welt der Wahrscheinlichkeiten. Wir müßten den schmalen Grat zwischen einem entfremdenden Determinismus und einem vom Zufall regierten und deshalb unserem Verstand unzugänglichen Universum finden. [...] Heute gelangen wir zu einer anderen Auffassung von der Realität: Wir sehen sie als eine Welt im Entstehen.«[25]

Theoretisch müßten die Lektionen der Geschichte die Wissenschaftler vor der Falle der Dogmatik oder des Reduktionismus schützen. Auch die Wissenschaft hat sich häufig geirrt und mußte Hypothesen, die sie als definitive Tatsachen vorgestellt hatte, wieder aufgeben und Theorien überarbeiten, nachdem neue Erkenntnisse aufgetaucht waren. Müssen wir das Beispiel der berühmten These von der »Urzeugung« zitieren, wonach Leben spontan aus dem Nichts auftritt? Die Idee erscheint uns heute als Frucht des Aberglaubens oder magischen Denkens, war aber jahrhundertelang eine wissenschaftliche Überzeugung gewesen – und galt darüber hinaus als gottlos, weil sie die Hand Gottes überflüssig machte. Noch Mitte des neunzehnten Jahrhunderts – bis zu den Entdeckungen von Louis Pasteur über das Leben von Mikroben im Jahr 1862 – wurde sie von der wissenschaftlichen Gemeinde vertreten. Es fanden sich Forscher, die anhand von Experimenten die Urzeugung demonstrierten. »1859 veröffentlicht der französische Gelehrte Felix Pouchet ein siebenhundert Seiten starkes Werk, mit dem er den Beweis für die Richtigkeit seiner Theorie über die Urzeugung antritt. Er begnügt sich nicht mit einem Überblick über die fortschrittlichsten Ideen, sondern führt zur Bestätigung eine beträchtliche Menge von Versuchsergebnissen an.«[26]

Nichts verbietet uns zu denken, daß es den wissenschaftlichen Behauptungen, die heute als unumstößliche Gewißheiten präsentiert werden, nicht ähnlich ergehen könnte. Es ließe sich ein amüsantes Bild der tausend verschiedenen wissenschaftlichen Theorien zeichnen, die im zwanzigsten Jahrhundert auftauchten und allesamt nach und gegen Darwin die Entstehung der Arten erklärten. Gouyon, Henry und Arnould, selbst Genetiker von

Beruf, zählen mit einer Spur von Ironie einige auf: den Psycho-
lamarckismus von August Pauly (1905), die Entelechie von Hans
Driesch, die Hologenese von Daniele Rosa (1909), den Holis-
mus von Smuts (1916), die Aristogenese von Henry Fairfield
Osborn, die Nomogenese von Lev Semënovič Berg (1922), die
Allogenese von Labbé (1924), das organismische System von
Ludwig von Bertalanffy (1928) und die Apogenese von Ptsibram
(1929). Und das pittoreske Inventar ist sicher noch längst nicht
vollständig ...

Was sollen wir daraus schließen? Daß jeder positivistische
Stolz stets unbegründet ist. Daß die Expertenideologie, wonach
die vermeintliche wissenschaftliche Kenntnis eines Dossiers ausreichen kann, um eine Entscheidung zu begründen, eine gefährliche Illusion ist – der die politische Macht allzu häufig erliegt.
Manche der obengenannten Katastrophen waren eine direkte
Folge davon. Die Expertenideologie ist aber nichts anderes als
die Umsetzung eines seiner selbst sehr sicheren Positivismus in
die Praxis. »Die Expertenideologie ist falsch, insofern sie ein
Glaube ist, die technische Entwicklung sei nur eine Frage von
Wissen und Einsicht, das heißt nur eine Frage, Wirtschaft, Industrie und Gesellschaft insgesamt nach Maßgabe derer zu organisieren, die das meiste Wissen und den größten Einblick in technische Angelegenheiten haben. [...] Sie ist kurz gesagt falscher
Glaube, die wissenschaftlichen und technischen ›facts‹ der Experten würden als Beschlußgrundlage ausreichen.«[27]

Vom Nobelpreis zur Unterstützung Hitlers

Doch das notwendige Nachdenken über den Status der Wissenschaftler und der Technowissenschaft schließt einen unmittelbar politischen Aspekt mit ein. Wir verfälschen die Geschichte,
wenn wir die Wissenschaften als Garantie gegen den Obsku-

rantismus, als Triumph der Vernunft, als Gegengift zur ideologischen oder religiösen Dummheit präsentieren. In der Realität hat sich die Wissenschaft, vertreten durch die Gemeinschaft der Gelehrten und Forscher, in politischen Dingen selten als weitsichtiger erwiesen als andere Formen des Denkens. Sie hat sich nicht nur auf die großen totalitären Ideologien des Jahrhunderts eingelassen, sondern ihnen sogar häufig mit besonderem Eifer und Begeisterung gedient. Das soll nicht heißen, daß das wissenschaftliche Vorgehen seinem Wesen nach totalitär oder die Wissenschaftler weniger klug und vorausblickend als andere Menschen seien. Vielmehr stellt sich die Frage nach den *Fundamenten* einer moralischen Haltung, der Ablehnung der Barbarei, des Willens zum Widerstand. Die Beispiele aus der jüngeren Geschichte zeigen uns, daß der wissenschaftliche Geist *in sich* nicht die nötigen Grundlagen findet, um ein Minimum an Weitsicht darauf aufzubauen.

Wenn ein Wissenschaftler, Mitglied eines Ethikausschusses, sich gegen das Klonen von Menschen ausspricht, so erfolgt seine Entscheidung nicht im Namen der Wissenschaft, sondern auf einer anderen, außerhalb der Wissenschaft liegenden Ebene. Als sich einige – allerdings wenige – Wissenschaftler in den dreißiger Jahren gegen die Eugenik, in den vierziger Jahren gegen den Einsatz von Atombomben gegen Japan, in den Sechzigern gegen die Verwendung chemischer Entlaubungsmittel im Vietnamkrieg aussprachen, fanden sie die Argumente zur Rechtfertigung ihres Standpunktes *nicht in ihren jeweiligen Fachgebieten*. Eine Überlegung von Robert Oppenheimer im Zusammenhang mit Hiroshima und Nagasaki zeigt deutlich, wie ohnmächtig die Wissenschaft ist, moralische Standpunkte einzunehmen. »Damals schockierte das Eingeständnis des schlechten Gewissens die große Mehrheit der Wissenschaftler, die der Meinung waren, daß die Entscheidung über den Abwurf der Bomben nicht ihnen zustand, daß sie nicht die geringste Verantwortung dafür zu tragen hatten: Skrupel zu äußern war einfach nicht ›professionell‹.«[28]

Wir müssen begreifen, daß es ganz einfach unverantwortlich ist, wenn wir es der Wissenschaft überlassen, einen Kurs festzulegen, ein gesellschaftliches Projekt zu definieren, ein menschliches Dilemma zu entscheiden, das Los der Menschheit zu verbessern, die sozialen Probleme zu regeln oder den Hunger in der Welt zu bekämpfen. Noch unverantwortlicher ist es, dieser obskuren Einheit, die Gilbert Hottois RDTS (technowissenschaftliche Forschung und Entwicklung) nennt, im Namen irgendeiner »bedarfsgerechten Transzendenz«[29] an unserer Stelle das Denken zu überlassen. Es sei denn, wir führen zum Nutzen der Technowissenschaft die historische Gestalt des Intellektuellen wieder ein: als »Weggefährten« oder »nützlichen Idioten« eines Systems, das früher oder später auf ihn verzichten wird. Wenn wir so denken, uns diesem Dogma fügen, haben wir nicht nur den Verstand verloren, sondern auch die Erinnerung. So sind viele unserer Intellektuellen heute, ohne sich dessen bewußt zu sein, die neuen »Weggefährten« geworden. So zu handeln, heißt zu vergessen, daß es vor nicht allzu langer Zeit eine stalinistische Wissenschaft, eine NS-Wissenschaft und so weiter gegeben hat. Zu vergessen, daß beide totalitären Regime sich auf die Wissenschaft beriefen und sich damit fortschrittlich gaben. Nehmen wir den Fall des Nationalsozialismus.

In den dreißiger Jahren zählte Deutschland knapp vierzig Nobelpreisträger, von denen insgesamt zwanzig freiwillig auswanderten. Von denen, die blieben, boten viele dem Regime ihre Unterstützung an, manche sogar mit Begeisterung. So etwa der Chemiker Carl Bosch, der für die IG Farben arbeitete (den vor 1945 größten deutschen Chemiekonzern, der nach dem Krieg teilweise enteignet und in Nachfolgegesellschaften zerschlagen wurde) und einen Treibstoffersatz erfand. Oder auch der Physiker Werner Heisenberg, der an der Entwicklung der Atombombe mitarbeitete, und der Biochemiker Adolf Butenandt, der seinen Nobelpreis für die Isolierung der Geschlechtshormone erhielt; er war zumindest indirekt in das NS-Eugenikprogramm involviert. Diesen drei Namen lassen sich weitere Nobelpreisträger hinzufügen, alle im Fach Chemie: Heinrich Wieland (1927), Hans Fischer (1930), Friedrich Bergius (1931, zusammen mit Carl Bosch), Richard Kuhn (1938) und Otto Hahn (1944) – allesamt herausragende Wissenschaftler, die eifrige Diener des NS-Regimes wurden.

Es waren aber nicht nur Nobelpreisträger und nicht nur Chemiker, die sich zum Nationalsozialismus bekannten: Die Gesamtheit der deutschen Wissenschaftler, sofern sie sich nicht für das Exil entschieden hatten, stand hinter der NS-Ideologie, insbesondere hinter der Eugenik in ihrer Vernichtungsversion. »Die meisten Anthropologen, Biologen und Genetiker boten dem neuen Regime spontan ihre Unterstützung an. Die wenigen Fälle von Widerstand oder Abweichung waren rasch geregelt. In Sachen Eugenik mußte Muckermann, der zu katholisch war, seinen Platz an Fritz Lenz vom Berliner Kaiser-Wilhelm-Institut abtreten. Noch verstörender: 45 Prozent der Ärzte, der höchste Anteil in allen Berufsgruppen, waren Mitglieder der NSDAP, der SA oder der SS.«[30]

Das Regime war fest entschlossen, die Wissenschaft und die Technik mit allen nötigen Mitteln auszustatten. Obwohl der NS-Staat das Erbe der Aufklärung ausdrücklich ablehnte, legte er größten Wert auf den wissenschaftlichen, technischen und industriellen Aufschwung des Landes: Die Nationalsozialisten traten als die großen Fürsprecher der Wissenschaft auf. Die von Goebbels geprägte Formel *Eine stählerne Romantik* drückt die paradoxe Allianz zwischen antihumanistischer Romantik und fanatischem Positivismus anschaulich aus.[31]

Was wir aus diesen wenigen Bemerkungen lernen, ist klar (oder sollte klar sein): Weder die Wissenschaftler noch die Technowissenschaft stellen eine automatische Garantie gegen die Barbarei dar. Die Verehrung, die ihnen heute entgegengebracht wird, ist nur durch Gedächtnisverlust zu erklären. Weshalb sollten die heutigen Forscher und Wissenschaftler von anderer Wesensart sein?

Weshalb wären sie automatisch die Inhaber der demokratischen Wahrheit und die ausschließlichen Vertreter des Fortschritts? Weshalb stünde ihnen von Natur aus eine Legitimität zu, die wir dem Priester, dem Moralisten, dem Philosophen und letztlich auch dem Politiker entzogen haben?

Glanz und Elend der Bioethik

Um die »wilde Jagd« der Technowissenschaft wenigstens halbwegs zu kontrollieren, haben die meisten demokratischen Regierungen Beratungsausschüsse eingerichtet, die sich mit den ethischen (also moralischen) Fragen des Fortschritts in der Medizin, der Genetik, der Biotechnologie und so weiter befassen sollen. Es galt, anhand vorausgehender gründlicher Überlegungen ein vernünftiges Gleichgewicht zwischen übertriebener Hast und Stillstand zu finden. Es galt auch, gegebenenfalls Gesetzesänderungen vorzunehmen, allerdings in aller Besonnenheit und nach kritischer Gegenüberstellung der rein wissenschaftlichen Erwägungen und der Stellungnahmen der »Weisen« als Vertreter der vielfältigen Sensibilitäten und Traditionen eines Landes. Insgesamt wollte man damit sowohl der *Tyrannei der Inkompetenz* als auch der *Technokratie der Experten*[32] entrinnen. In Frankreich trat der aus neununddreißig Mitgliedern gebildete Nationale Ethikrat am 23. Februar 1983 zusammen, zwei Jahre nach der Geburt des ersten Retortenbabys. Mehrere Länder des Alten Kontinents sowie die Europäische Gemeinschaft als solche folgten dem Beispiel und schufen ähnliche Einrichtungen.

Aber nach zwanzigjährigem Bestehen müssen wir leider feststellen, daß die Wirksamkeit der Beratungsverfahren fragwürdig ist. Das soll nicht heißen, daß die Mitglieder der verschiedenen Ausschüsse ihre (schwierige) Aufgabe nicht gewissenhaft und aufrichtig erfüllten, im Gegenteil: In der Regel gehen sie mit Eifer und Unnachsichtigkeit vor, legen manchmal auch eine Selbstlosigkeit und Sorgfalt an den Tag, die unseren Respekt fordern.[33] Dennoch werden heute kritische Stimmen laut und stellen die Effizienz dieser Komitees in Frage, deren wahre Aufgabe, so der Vorwurf, darin bestehe, *die öffentliche Meinung an Überschreitungen zu gewöhnen, die früher oder später gebilligt würden*, nachdem man sie zuvor verurteilt hat. Nadine Fresco greift einen mittlerweile stehenden Begriff auf, wenn sie die Nationalen Ethikräte als »Akklimatisierungsgärten« für alles, was an wissenschaftlichen Innovationen »noch inakzeptabel« sei, bezeichnet.[34] Sie dienten nur dazu, den Boden für moralische Kapitulationen zu bereiten und gleichzeitig die politische Macht zu rehabilitieren.

Der Genetiker Axel Kahn hält diese Kritik für »hervorragend« und meint, genau diese »Akklimatisierung« müsse unbedingt vermieden werden.[35] Ebenso streng ist die Juristin Marie-Angèle Hermitte. Sie kritisiert den überproportionalen Anteil der Wissenschaftler innerhalb der Beratungskomitees, nicht zuletzt weil »sie nicht besonders geeignet [sind], die Öffentlichkeit oder das allgemeine Interesse zu vertreten. Wenn sie dazu berufen sind, die wissenschaftliche Entwicklung zu erklären, ist nicht einzusehen, wie daraus das Recht abzuleiten wäre, maßgebliche ›ethische‹ Empfehlungen auszusprechen.«[36] Im übrigen verlangen manche Forscher, die sich um die Ethik im eigentlichen Sinn nicht weiter kümmern, von den Ethikausschüssen genau diese zweideutige Aufgabe: nicht die Kontrolle der Flucht nach vorn, wie sie die Technowissenschaft praktiziert, sondern lediglich die »Akklimatisierung des Denkens«. So schrieb ein Genetiker in der Ausgabe vom März 1997 der Zeitschrift *Nature*: »Die Öffentlichkeit hat keine Angst vor dem Fortschritt, sondern vor der Geschwindigkeit des Fortschritts [...]. Die Arbeit der Ethikkomitees besteht darin, als Bremse zu wirken, um die Anwendung der Technologie auf ein für die Öffentlichkeit akzeptables Tempo abzubremsen.«[37]

Andere Kritiker gehen noch weiter und stellen den Begriff Bioethik selbst in Frage, dessen Aufgabe sie in der symbolischen – und mißbräuchlichen – Aussöhnung zweier gegensätzlicher Denkweisen sehen: der Logik der Biowissenschaften und der Logik des »vorgegebenen Verhaltens«, so daß die beiden »sich gegenseitig das Wort reden, voneinander schmarotzen und ihre imaginären Kräfte und ihre jeweilige Legitimität vereinen«. Demnach wendeten die Bioethik im allgemeinen und ihre gleichnamigen Ausschüsse im besonderen eine objektive und irreführend versöhnliche »List« an und brächten »zwei einander widersprechende Universen in Kommunikation: das *mythische*, das die Humanität für unantastbar hält, und das *programmierte* der Biotechnologien. [...] Sie bringt den Abenteuern der Forschung und der biotechnologischen Anwendungen eine beträchtliche Unterstützung entgegen und liefert eine ambivalente, aber brauchbare Bestätigung, damit das Programm, die Beherrschung des Lebens, fortgesetzt werden kann.«[38]

Der »kleinste gemeinsame ethische Nenner«

Tatsache ist, daß die Beratungskomitees von ihrer Schaffung an vor allem dazu herangezogen wurden, Überschreitungen und Aufweichungen von Prinzipien oder Verboten, die kurz zuvor feierlich verkündet worden waren, zu billigen oder wenigstens zur Kenntnis zu nehmen. Das gilt für die Nutzung des Embryos zu experimentellen Zwecken, für die Patentierbarkeit von Leben, für das sogenannte therapeutische Klonen[39] und so weiter. Überhaupt waren die verschiedenen Moratorien oder Forschungspausen, die vorgeschlagen oder verfügt wurden, nur von kurzer Dauer. Zu erwähnen sind beispielsweise das von einigen Wissenschaftlern im Jahr 1977 geforderte Moratorium für biologische Manipulationen oder die Einstellung der Forschung an tiefgefrorenen, sogenannten überzähligen Embryonen, die der französische Ethikrat 1986, ohne viel Gehör zu finden, empfohlen hatte. Schon zuvor waren mit der Einbürgerung von Praktiken, die rasch bagatellisiert wurden – »Reduzierung« und Einfrieren von Embryonen, die anonyme Samen- und Eispende, die Präimplantationsdiagnostik[40] und so weiter –, etliche ethische »Schwellen« überschritten worden, ohne daß eine wirkliche öffentliche Auseinandersetzung stattfand.

Wegen des systematischen Abbaus ethischer Vorbehalte in Frankreich verliehen etliche Experten, die 1994 an der Ausarbeitung der ersten bioethischen Gesetze beteiligt gewesen waren, ihrer Sorge und ihrer Entrüstung Ausdruck. Zum Beispiel Professor Jean-François Mattei: Er protestiert heute gegen die faktische Aufweichung, wenn nicht überhaupt Abschaffung der strengen Auflagen, denen die Anwendung der Präimplantationsdiagnostik ursprünglich unterworfen war (Diagnostizierung ausschließlich schwerer und unheilbarer Krankheiten, Sicherheit des diagnostizierten Risikos etc.). »Jetzt genügt für einen Schwangerschaftsabbruch bereits ein Erkrankungsrisiko von 10 oder 20 Prozent. Der Verzicht auf diese Kriterien ging mit zwei Fehlentwicklungen einher: einer eugenischen und einer normativen.«[41]

Die unaufhaltsame Aufweichung der Verbote, die fortwährende Anpassung der Gesetze, die manche als eine Reihe von Kapitulationen empfinden, rührt von mehreren Faktoren her. Da ist zunächst unbestreitbar die Furcht, einen technowissenschaftlichen Fortschritt zu behindern, der das Leiden von Menschen lindern oder Krankheiten heilen könnte. Das könnten wir die Überzeugungskraft der »Verheißung« nennen. Sehr schwer wiegt auch der industrielle Imperativ, auch wenn er weniger häufig zur Sprache kommt. Kein Land ist heute bereit, sich im Wettlauf der Biotechnologien freiwillig abhängen zu lassen, auch wenn es gute Gründe dafür gäbe. Mit der Öffnung der Grenzen und der internationalen Konkurrenz profitiert das Land mit den

geringsten ethischen Skrupeln von einer »industriellen Prämie«
und einem Wettbewerbsvorteil.

Im übrigen ist zu beobachten, daß man sich stets auf freizügi-
gere Gesetze in anderen Ländern beruft, wann immer es darum
geht, der öffentlichen Meinung eine weitere Lockerung der gesetzlichen Vorschriften nahezubringen. So läuft die Innovation
de facto auf einen »kleinsten gemeinsamen ethischen Nenner«
hinaus. Es sieht so aus, als würde das Fehlen von Regeln letztlich für alle zur Regel ... Die Logik ist anfechtbar, aber sich ihr
zu entziehen ist sehr schwierig. Im nachhinein wird dann immer
die Rechthaberrhetorik bemüht: Man zählt einige Innovationen
auf, die vor kurzem noch skandalös waren und heute allgemein
akzeptiert sind, und fügt mit Genugtuung hinzu, es sei völlig richtig gewesen, am Ball zu bleiben. So rechtfertigt sich die »wilde
Jagd« schließlich mit den eigenen Imperativen!

Wie Jean-Jacques Salomon unerbittlich bemerkt: »Das Nationale Komitee für Bioethik, dessen Mitglieder in der Mehrzahl
Biologen und Mediziner sind, ähnelt jenen mittelalterlichen Kom-
missionen von Geistlichen, die festlegten, unter welchen Bedingungen der eheliche Verkehr stattfinden sollte – oder nicht. [...]
Theologisch hier, wissenschaftlich dort, die Debatte ist die Gelegenheit, um Meinungen zu formulieren, die immer nur so legitim
sind, wie die Überzeugungen von Gutachtern, die als Richter
und Partei gleichzeitig auftreten, eben sein können.«[42]

Der Gedanke drängt sich auf, daß sich in technowissenschaft-
licher Hinsicht eine geschichtliche Tendenz abzeichnet: Anscheinend versteht sich jetzt endlich von selbst, daß die Fortschritte
in der Forschung zwangsläufig mit einer Revision der ethischen
oder moralischen Prinzipien einhergehen: und zwar mit einer
Korrektur nach unten. Man ist der Ansicht, daß der Fortschritt
einer »ethischen Ernüchterung (erzielt durch die Entwertung
der Sinnfrage) bedarf, um einen neuen Optimismus durchzusetzen«[43]. So oder so, der Zeitgeist gehorcht, ohne es auch nur zu
ahnen, dem schrecklichsten aller Gebote.

Die neue Quadratur des Kreises

Zur Entlastung der Ethikausschüsse sei gesagt, daß man von ihnen nichts Geringeres verlangt als immer wieder aufs neue die Quadratur des Kreises. In individualistischen und fragmentierten Gemeinschaften, wie es unsere modernen Gesellschaften heute sind, gibt es keinen übergeordneten Standpunkt mehr. Wir müssen uns mit dem Pluralismus der Ideen, Überzeugungen, Kulturen und Werte abfinden. (Das ist jedenfalls die Vorstellung, die man sich gegenwärtig von der Moderne macht.[44]) Die Komitees müssen also die vielfältigsten Meinungen unter einen Hut bringen. Ihre Aufgabe ist es, unter den Vertretern von Disziplinen, Überzeugungen, Religionen, deren Meinungen einander widersprechen, einen Minimalkonsens zu erzielen. Aus diesem Grund wirken die Texte und Empfehlungen der Ethikkommissionen häufig wie die reinste Haarspalterei, verwässert von einer semantischen Spitzfindigkeit, deretwegen sie kaum brauchbar sind. Ihre Formulierungen sind manchmal noch viel obskurer als früher die römischen Enzykliken: Schließlich will man es sich mit niemandem verderben. So verkünden die Autoren ihre Prinzipien mit großer Feierlichkeit und stellen gleich darauf eine ganze Liste von Ausnahmen vor – kurz, sie versuchen mit Hingabe und Sorgfalt, Feuer und Wasser miteinander zu vereinen, die Überschreitung und die »Grenze« zu verbinden, die Forschungsfreiheit und das Prinzip Menschlichkeit (dem stets ebenso andächtig wie rhetorisch gehuldigt wird) in Einklang zu bringen.

Ein gutes Beispiel lieferte die berühmte Stellungnahme Nr. 8 des französischen Ethikkomitees über den Status des Embryos, gegen die damals zwei Ausschußmitglieder protestierten. Zum einen die Theologin France Quéré: Sie empörte sich gegen einen Diskurs, »der in eine völlig fehlgeleitete Materialität abgleitet«. Die Stellungnahme bestätigt zunächst die herausragende Würde des Embryos, der »von der Zeugung an in die Kategorie des Seins und nicht des Habens, der Person und nicht der Sache oder des Tiers gehört« und der »ethisch als ein potentielles Subjekt, als ein Anderssein betrachtet werden müßte«. Im weiteren Verlauf des Textes heißt es jedoch: »Das Komitee hat aufgrund der unterschiedlichen Einstellungen ein Berufsethos ausgearbeitet; [...] damit kann die Vernichtung überzähliger Embryonen toleriert werden [...]. Dasselbe gilt für das Einfrieren von Embryonen. Die sich daraus ergebende Instrumentalisierung des Embryos ist das geringere Übel.«[45] Es wäre allerdings ungerecht, sich über eine derart eklatante Verlegenheitslösung lustig zu machen. Es ist kaum vorstellbar, wie sich diese pluralistisch zusammengesetzten Komitees anders äußern könnten als in Form von mühseligen Kompromissen und pragmatischer Moderation, ähnlich wie die Parlamentsanträge, die vor lauter Rücksichten gar nichts mehr zum Ausdruck bringen.

»In dem Maß, wie das wissenschaftsgläubige Denken unserer Zeit von reduktionistischen und uneingeschränkt materialistischen Sichtweisen beherrscht wird, kann es über Fragen wie Leben, Bewußtsein, Subjektivität, Freiheit nichts aussagen. Es bleibt ihm nichts anderes übrig, als deren totale Reduzierbarkeit auf materielle Prozesse zu verkünden.«[46] Unter diesen Umständen ist schwer vorstellbar, wie die Biologen oder Genetiker, von denen eine ethische Stellungnahme erwartet wird, *in ethischer Hinsicht irgend etwas Besonderes zu sagen hätten.* Giorgio Israel, der Wissenschaftsphilosoph, von dem diese Bemerkung stammt, fügt zu Recht hinzu, die neue positivistische Entwicklung, der schleichende Verrat an der Aufklärung, den manche Wissenschaftler begehen, auch solche, die selbst in Ethikkommissionen sitzen, führe nur dazu, daß die Fähigkeit zum Widerstand gegen das »Gebot« allein den Religionen überlassen bleibe – mit der Gefahr einer fundamentalistischen Versteifung. Aber können wir uns damit abfinden, daß die unlösbare Konfrontation zwischen traditionellen Religionen in der Defensive und einer vorwärtsdrängenden neuen technowissenschaftlichen Gnosis sich wieder aus ihrer Asche erhebt? Damit würden wir die sonderbare Rückkehr zu den großen Kontroversen des neunzehnten Jahrhunderts, insbesondere dem theatralischen Streit zwischen Wissenschaft und Religion, nur noch begünstigen.

Manche Wissenschaftler, die dem Positivismus mehr zugeneigt sind als andere, tendieren genau dorthin und erwecken eine alte Kampfrhetorik wieder zum Leben, die sich gegen die Ontologie im allgemeinen und die Religion im besonderen richtet. Doch diese Auseinandersetzungen sind zu alt und zu manichäistisch, als daß wir sie noch ernst nehmen dürften. Sie dienen in erster Linie dazu, den wesentlichen Fragen auszuweichen. Welchen? Dominique Bourg formuliert sie sehr treffend, wenn er mit wohltuender Schlichtheit schreibt: »Müssen wir die wissenschaftliche Erkenntnis in den Rang des höchsten Wertes erheben? Die Wissenschaften zu Hilfe nehmen, um unsere moralischen Urteile zu begründen und unsere Gesetze auszuarbeiten? [...] Die Antwort lautet nein. Im Gegenteil: Die Notwendigkeit, der technowissenschaftlichen Praxis rechtliche und moralische Grenzen zu setzen, war nie größer als heute.«[47]

Es bleibt die Frage, auf welche andere Weltanschauung sich Recht und Moral wohl stützen könnten.

KAPITEL 13

Die wiedergefundene Allianz

»Der Mensch ist das einzige Tier, das schlichtes
Wasser von Weihwasser unterscheidet.«

L. A. WHITE[1]

Den richtigen Weg finden, die Scheuklappen des Positivismus
abwerfen, zur Humanität des Menschen zurückfinden ... Die
Herausforderungen, denen wir uns stellen müssen, sind so gewaltig, daß die traditionellen politischen Streitereien (»Ich habe
recht, du hast unrecht ...«), die festgefahrenen Positionen, die
schulmeisterlichen, kleinlichen Einwände daneben nur lächerlich erscheinen. Wir wissen jetzt, daß die Probleme, vor denen
wir heute stehen, *über einen gewöhnlichen Streit weit hinausgehen.* Sie fordern von uns einen Aufwand an Gewissenhaftig-
keit und Aufrichtigkeit des Denkens, wie er gewöhnlich dem
Notfall vorbehalten ist. Es *ist* allerdings auch ein Notfall.

Kommen wir auf die beiden Fragen zurück, mit denen das letzte Kapitel aufgehört hat. Können wir die Wissenschaften zu Hilfe
nehmen, um unsere moralischen Urteile zu begründen und unsere
Gesetze auszuarbeiten? Wenn dem nicht so ist, aus welcher »anderen« Instanz heraus können wir unsere Prinzipien aufstellen?
Worauf können wir das Prinzip Menschlichkeit errichten? Die
Klarheit der (von Dominique Bourg stammenden) Formulierung
hat den Vorteil, daß sie jeden Versuch, auf irgendein mystisches
oder esoterisches Raunen zurückzugreifen, von vornherein disqualifiziert. Es wäre in der Tat sinnlos, dem positivistischen Aberglauben sein spiegelverkehrtes Ebenbild entgegenzuhalten. Und
es wäre dumm, aus einer übertriebenen Gegenreaktion heraus
zuzulassen, daß unser Verständnis sich in einer schwammigen

Irrationalität nach New-Age-Muster oder sonstigen vagen Gespinsten auflöst. Vor der Moderne in erschöpfte Ekstase oder nebelhafte Träumerei zu flüchten kommt nicht in Frage!

Was die ewige »Rückkehr des Religiösen« betrifft, die alle Medien penibel registrieren, so mögen uns Gott und alle Heiligen davor bewahren. Wir sparen uns alle Jenseitsbeschwörungen samt der obligatorischen (André Malraux unterstellten) Behauptung von der Spiritualität des einundzwanzigsten Jahrhunderts: Diese Form von Religiosität mit ihren selbstgefälligen Propheten und spitzen Zauberhüten ist in der Regel viel schlimmer als der Nihilismus, gegen den sie zu Felde ziehen will, denn sie verläßt sich auf die Ignoranz, verabschiedet sich ängstlich von der Aufklärung, knebelt die freie Rede, psalmodiert aufs Geratewohl und bereitet im schlimmsten Fall mörderischen Fundamentalismen den Boden. Vor allem erinnert sie an die furchtsame Götzenverehrung, die der Apostel Paulus den Athenern vorhielt, deren Stadt er voll von Götzenbildern sah: »Nach allem, was ich sehe, seid ihr besonders fromme Menschen.« (Apg 17,22)

Ist die Moral biologischen Ursprungs?

Wenn es also darum geht, unsere Prinzipien und Gesetze ein für allemal zu verankern, ohne der positivistischen Bigotterie Raum zu geben, müssen wir zunächst den in ihr verborgenen Hintergedanken ans Licht holen und beseitigen. Hören wir genau hin, was er uns zuraunt: Unsere Überzeugungen, unsere Weltanschauungen, unsere »Werte« seien vielleicht nichts anderes als die Produkte des biologischen Apparats. Was wir für Spiritualität, Ethik oder Willensfreiheit hielten, sei letztlich nichts anderes als das Ergebnis spezifischer Neuronenverbindungen im Gehirn. Der Altruismus, das Bedürfnis nach Gerechtigkeit, der Schutz der Schwächsten, das zukunftsorientierte Denken, dies alles sei das rein physiologische Resultat der aus der natürlichen Selektion hervorgegangenen Evolution neodarwinistischer Prägung. Nicht mehr und nicht weniger. Ohne Ontologie oder Metaphysik zu leben bedeute ganz einfach, sich den Regeln der Biologie unterzuordnen und jede idealistische, spiritualistische oder religiöse »Fabel« abzulehnen. Diese Auffassung steht hinter den tausend technowissenschaftlichen Vorannahmen, mit denen wir uns in den vorhergehenden Kapiteln beschäftigt haben.

Sehen wir uns die Sache genauer an.

Diese verkürzende Perspektive ist, wie erwähnt, die Position der »Linksdarwinisten«, die sich für eine streng materialistische Moral einsetzen,[2] womit sie in die Fußstapfen von Autoren des neunzehnten Jahrhunderts treten, wie Herbert Spencer, Thomas Henry Huxley (1862) oder Alfred R. Wallace (1864). Letzterer beeinflußte wiederum Darwin, der 1871 im fünften Kapitel der *Abstammung des Menschen* den Text von Wallace ausdrücklich zitiert. Ende des neunzehnten und Anfang des zwanzigsten Jahrhunderts erhielt der Wille, den Altruismus und die gegenseitige soziale Hilfe auf biologische Grundlagen zu stellen – um sie allen religiösen Wurzeln zu entreißen –, eine neue Aktualität durch den russischen Anarchisten Peter Kropotkin, Autor der Schriften *Anarchistische Moral* und *Gegenseitige Hilfe in der Tier- und Menschenwelt*,[3] oder den Franzosen Jean-Louis de Lanessan, der *La Lutte pour l'existence et l'association pour la lutte*[4] veröffentlichte. In jedem Fall wird eine rein utilitaristische Moralauffassung vertreten: Nur weil sie der Spezies nützlich sei, habe sich Moral überhaupt entwickeln können. In der Folge wurde »dieser märchenhafte Darwinsche Altruismus zur Schablone der Soziobiologie und in regelmäßigen Abständen im Rahmen angenommener evolutionsbiologischer Ethiken wiederaufgegriffen (oder neu erfunden)«[5].

Ob Schablone oder nicht, mit dem Erfolg der Neurowissenschaften gewinnt die »biologisierende« Interpretation des Ursprungs der Moral wieder an Kraft. Der Soziobiologe Edward

O. Wilson zum Beispiel vertrat diese These, als er ohne ersichtliche Gemütsbewegung schrieb: »Wenn wir den Altruismus als den Mechanismus begreifen, mit dem die DNA sich über ein Netz von Eltern vermehrt, wird die Spiritualität zu einem weiteren evolutionären Kriterium, das die Selektion begünstigt.«[6] Robert G. Edwards, der »Vater« des weltweit ersten Retortenbabys (1978), vertritt dieselbe Idee, allerdings mit größerer Brutalität. Auf einem Kolloquium über die soziale Verantwortung der Wissenschaftler, das 1970 in London stattfand, meinte er, was die Ethik der Fortpflanzung betreffe, sei es »besser, sich auf die Theorie von der Entstehung der Arten zu verlassen, als auf die alten moralischen Begriffe der Religionen«[7].

In jüngerer Zeit vertraten Forscher wie Richard Dawkins und Jean-Pierre Changeux dieselbe Hypothese vom rein biologischen beziehungsweise neuronalen Ursprung der moralischen Werte. Die »biologisierende« Interpretation der Ethik war sogar Thema eines sehr ernsthaften internationalen Kolloquiums, das 1991 unter dem Vorsitz von Jean-Pierre Changeux in Paris stattfand; die Vorträge der Teilnehmer erschienen zwei Jahre später als Buch.[8] 1998 gingen die Amerikaner Martin A. Nowak und Karl Sigmund noch einen Schritt weiter und stellten in der Zeitschrift *Nature* ein mathematisches Computermodell zur Berechnung der biologischen Grundlagen des Altruismus vor. Die Autoren wollten damit »zeigen, daß altruistisches Verhalten als Selektionsmerkmal dem egoistischen Verhalten überlegen sein und folglich einen durch die Evolution bewahrten, erblichen Vorteil darstellen kann«[9].

In einem originellen und provozierenden Buch unternimmt der Franzose Dan Sperber seinerseits den Versuch, die Ethik auf eine natürliche Grundlage zu stellen, indem er sie auf die Mechanismen des Denkens erweitert. Er nimmt den »militanten« Standpunkt eines »minimalistischen Materialisten« ein und schlägt vor, die sozialen Vorstellungen nicht mehr als »kollektive Vorstellungen« mit unklarem ontologischen Status (im Sinn von

Émile Durkheim), sondern als einfache »geistige Vorstellungen«
zu betrachten, das heißt als besondere neuronale Verbindungen,
die epidemiologisch von einem Lebewesen zum anderen weitergegeben würden. Unsere Gedanken und Überzeugungen wären
demnach eine Art zerebrale Vernetzung – lebende Software –,
die sich durch Imitation und Ansteckung ausbreitete. »Die geistigen Vorstellungen«, schreibt er, »sind in funktionalen Begriffen beschriebene zerebrale Zustände, und die Ausbreitung dieser
Vorstellungen erklärt sich durch die materiellen Wechselwirkungen zwischen Gehirnen und Umwelt.«[10]

Das »Gedächtnis jedes Menschen«

Dieser extreme Versuch, eine streng materialistische und neurobiologische Ethik aufzustellen, hat zu einer umfangreichen
Polemik zwischen Dan Sperber und Lucien Scubla geführt.[11]
Dieser, ein Forscher im nationalen Forschungszentrum Frankreichs (CNRS) und Professor an der École polytechnique, äußerte höflichen Spott über den »militanten« Reduktionismus dieses Versuchs. (Nebenbei bezweifelte er, daß es ein »militantes«
wissenschaftliches Vorgehen überhaupt geben könne, da ja die
Wissenschaft jeden apriorischen Ansatz definitionsgemäß aus-
schließe.) »Die Annahme, man könne ganze Institutionen und
Kulturen durch geistige Vorstellungen oder vielmehr die ihnen entsprechenden zerebralen Mikromechanismen erklären«, schreibt
Scubla weiter, »erscheint mir ebenso verwegen, als wollte man
mit Hilfe des Elektronenmikroskops oder gar eines optischen
Mikroskops die Struktur des Sonnensystems oder die Anatomie
eines Wirbeltiers darstellen. Niemals wird man damit Verwandt-
schaftssysteme, Bestattungsriten, Techniken und Sprache wiederfinden.«
Ohne in die Polemik mit einzustimmen, können wir mit Fug

und Recht behaupten, daß die verschiedenen Versuche, die moralischen Werte (also das Prinzip Menschlichkeit) auf biologische Grundlagen zu stellen, die von Zeit zu Zeit in unterschiedlichem Gewand wiederauftauchen, alle nicht stichhaltig sind. Die Wissenschaftler, die wenigstens eine minimale Distanz zum Positivismus wahren, sind die ersten, die dieser Einschätzung beipflichten. Zu ihnen gehört Henri Atlan. Für ihn besteht überhaupt kein Zweifel daran, daß unser Sozialleben und unser inneres Leben das Ergebnis unserer Erfahrung als »bewußte Subjekte« sind, das Produkt aus Traditionen, Mythen, Erzählungen und Überzeugungen, die sich nicht auf die Biologie zurückführen lassen. »Die Wissenschaft und die Technik«, so Atlan weiter, »verweigern uns nicht nur jede Grundlage für die möglicherweise universalen Normen von Gut und Böse, sondern erzeugen selbst wieder ganz neue ethische, soziale und rechtliche Probleme, ohne uns die Mittel zu deren Lösung an die Hand zu geben. Es bleibt uns also nichts anderes übrig, als anhand dessen, was wir von diesen alten und neuen Mythen verstehen, durch anthropologische und philosophische Reflexion im Licht der heutigen Erkenntnisse und Unsicherheiten neue Bedeutungssysteme zu errichten.«[12]

Ganz nebenbei fordert uns Atlan, der selbst ein Kenner des Talmud und der Kabbala ist, wie Scholem auf, unser spirituelles und religiöses Gedächtnis zu hinterfragen und eine Neuinterpretation dessen vorzunehmen, was Marie Balmary wunderbar »das in den Mythen und den Schriften bewahrte Urwort der Menschheit und das im Gedächtnis jedes Menschen vergrabene unbewußte Wort«[13] genannt hat. Aber gehen wir der Reihe nach vor.

Abgesehen von seiner sehr zweifelhaften erkenntnistheoretischen Stichhaltigkeit bringt das Bestreben, die menschliche Moral in der Biologie zu verankern, einen erheblichen Nachteil mit sich: Die »Biologisierung« des Menschen schafft *de facto* seinen freien Willen ab, hebt den fundamentalen Zwischenraum auf – dieses »Spiel«, das die menschliche Kultur von der Unaus-

weichlichkeit des Instinkts befreit, – und zerstört das befreiende
Paradox, wonach die begründenden Werte, von der Gleich-
heit bis zur Universalität, Artefakte sind, allgemein akzeptierte
Fiktionen, willkürliche Konstruktionen, die von der Geschichte
und der Autonomie des Menschen nicht zu trennen sind. Das
Prinzip Menschlichkeit mit irgendeinem biologischen »Mensch-
sein« gleichzusetzen heißt nichts anderes, als den Menschen der
Tyrannei der Materialität zu unterwerfen.

Wer heute solche Postulate aufstellt, vermittelt im übrigen
den Eindruck, als wüßte er nicht, daß dieselben Thesen schon
in der Vergangenheit ideologischen Zwecken gedient haben –
in allerübelster Form. Ich denke an Georges Vacher de Lapouge,
den schon genannten Theoretiker des Rassismus, der einer der
Gründerväter des französischen Faschismus war.[14] Vacher de
Lapouge war ein leidenschaftlicher, maßloser Verteidiger der
Hypothese von den biologischen, rein materiellen Grundlagen
der Moral. »Wir sind auf dem Weg«, schrieb er, »über den Monismus jeden Begriff von Religion vollständig zu beseitigen«,
schrieb er. »Wir sind auf dem Weg, über die neuen Formeln auf
der Grundlage der Sozialhygiene jeden Begriff von Moral zu beseitigen. [...] Es ist die Wissenschaft, die uns – wie anders als
alle früheren! – die neue Religion, die neue Moral und die neue
Politik geben wird.«[15]

Diese Hypothese können wir als überholt ansehen.

Die Entmaterialisierung des Materialismus ...

Es ist noch ein Wort zu einem anderen, weniger häufig ange-
schnittenen, aber ebenso wesentlichen Thema zu sagen: der sonderbaren, sogar faszinierenden Krise, in die der Materialismus
heute selbst geraten ist. Lucien Scubla streift sie kurz in seiner
Antwort an Sperber, indem er daran erinnert, daß die Physik

heute der bislang als leblos betrachteten Materie Eigenschaften zuschreibt, die einst dem Leben vorbehalten waren. »Weit davon entfernt, den alten Materialismus zu bekräftigen«, schreibt er, »neigt die moderne Physik eher dazu, die materielle Substanz als Begriff an sich aufzulösen.«[16]

Tatsache ist, daß mit wachsender Erkenntnis sowohl auf dem Gebiet der Physik als auch in der Biogenetik die alte Auffassung von Materie offensichtlich nach und nach verschwindet. Die Physik gewinnt immer mehr Einsichten in die ständigen Wechselwirkungen auf der Ebene der Teilchen, des unendlich Kleinen, wo sich die Materie in der Komplexität der atomaren Vorgänge aufzulösen scheint. Ein französischer Physiker vom Zentrum für Atomenergie (CEA) findet anschauliche Bilder zur Beschreibung dieser neuen Verwirrung, in die jeder konsequente Materialist eigentlich geraten müßte: »Offensichtlich hat die alte Idee von Materie, nachdem sie unzähligen Analysen unterzogen wurde, heute viel von ihrem Gefüge verloren, wie ein Apfel, der geschält und geschält wird, so daß ein guter Materialist die Überzeugung, es sei ›alles aus einer nichtspirituellen Realität hervorgegangen‹, heute allenfalls noch auf ›metaphysischer‹ Ebene vertreten kann.«[17]

Auf dem Gebiet der Biogenetik und der Neurowissenschaften ist die paradoxe Krise des Materialismus noch eindrucksvoller. Tatsächlich verwenden die unterschiedlichen Disziplinen heute Metaphern und stellen Postulate auf, die man genauer unter die Lupe nehmen müßte, denn sie bergen ein subversives Potential. Nehmen wir den Begriff *Information*, der allmählich zum dominanten Prinzip wird. Heute scheint allgemein akzeptiert zu sein, daß das, was eine – lebende oder unbelebte – Realität definiert, nicht die Substanz ist, aus der sie besteht, sondern der Code oder die Information, die ihren Aufbau festlegt. In der Genetik liegt dies auf der Hand: Die Spezifität des Gens ist nicht sein substantieller, nuklearer Aspekt, sondern die *Botschaft*, die es weitergeben kann.

»Wie immer wir es nennen wollen, was im Verlauf des Evolutionsprozesses weitergegeben wird: Es handelt sich nicht in erster Linie um eine materielle Einheit, sondern vielmehr um eine *Information* (im weiten Sinn des Wortes, der auch die Struktur mit einschließt). Es gilt, jede Verwechslung von Information und Materie zu vermeiden, auch wenn es den westlichen Forschern häufig schwerfällt, mit anderen als materiellen Objekten umzugehen.«[18] Das ist im Grunde eine tiefgreifende Umwälzung in unserer Betrachtung der Wirklichkeit. Dazu gehören auch metaphorische Konzepte wie die »Codierung« oder das »Programm«. Die genetische Information ist immateriell, sie ist eine *Sprache*. Das Prinzip des Lebens rührt also von einer Art *Wort* her, das kopiert und durch die gesamte Kette der Wesen weitergegeben wird; ein Wort, das wir teilweise selbst kopieren können, ohne es zu begreifen.

Natürlich sollten wir uns vor übereilten spirituellen Schlußfolgerungen hüten, wie es manche tun, die behaupten, dies sei nichts Geringeres als die Bestätigung der biblischen Botschaft der Genesis oder des Johannesevangeliums: »Im Anfang war das Wort [...] Alles ist durch das Wort geworden, und ohne das Wort wurde nichts, was geworden ist.« (Joh 1,1-2) Gleichwohl wirft die Vormacht der Sprache mitten im Herzen der Materie die alten reduktionistischen Kategorien des Materialismus über den Haufen: Wider Erwarten ist die Materie *nicht mehr nur Materie*.[19] Es ist auch *Sprache* in ihr. Die verwandten Begriffe Information, Kode, Sprache führen nicht nur das Immaterielle wieder in die Materie ein, sondern stellen auch die alte Frage nach der *Zweckbestimmtheit* noch einmal neu, ob beabsichtigt oder nicht. Wie ein Psychoanalytiker treffend bemerkt: »Wenn es wahr ist, daß wir eine bestimmte Anzahl elementarer Programme als ›Engramme‹ im Gehirn haben, stellt sich doch die Frage, wer sie ›zusammenstellt‹ und kombiniert und zu welchem Zweck. Das Geistige kann nicht unabhängig von einem zu erreichenden Ziel, also einer Teleologie, entstehen.«[20] Ein anderer Forscher formuliert

dieselbe Überlegung ein wenig anders: »Die Entdeckung der bio-
logisch-chemischen Grundlagen der Vererbung, der DNA, stellt
erneut die Frage nach der Finalität, denn die Begriffe Programm
und genetischer Kode deuten ja die Vorstellung von einem in den
Makromolekülen eingeschlossenen *Entwurf* an.«[21]

Das Leben als Rätsel

Es sieht also so aus, als hätten die neuen Erkenntnisse der Forschung die alte Vorstellung von Materie buchstäblich demontiert,
indem sie deren Analyse mit der *Entschlüsselung* einer Sprache
gleichsetzten. Das mag der Grund sein, weshalb manche materialistischen Genetiker, die den Ausdruck »genetischer Kode«
vielleicht ein wenig vorschnell akzeptierten, heute mit demselben Nachdruck betonen, es handle sich dabei lediglich um eine
Metapher. Anscheinend spüren sie, wie sie den Boden unter den
Füßen verlieren.

Obwohl es sehr interessant wäre, wollen wir die Details der
endlosen Debatten, die aus dieser im wahrsten Sinn umwälzen-
den Neuinterpretation der Realität hervorgehen, hier nicht weiter ausführen. Denn um den Materialismus vor dem Untergang
zu bewahren, müßten wir ausführlich auf die Komplexitätstheo-
rien eingehen, die schwierigen Paradoxe der Linguistik untersuchen, über die Sachdienlichkeit dieser »Teleonomie« (der kau-
salen Interpretation zielgerichteter Prozesse, das mechanische
Äquivalent der Finalität) diskutieren, die bisweilen die »Teleologie« ersetzt (die Annahme und Untersuchung der Finalität).
Begnügen wir uns mit der Beobachtung, daß die überraschende
Rückkehr des Immateriellen ins wissenschaftliche Denken strenggenommen mit den alten positivistischen Intoleranzen aufräumt,
die sie als Weltanschauungen, vielleicht gar abergläubische Naivität entlarvt. Sagen wir, mit aller gebotenen Vorsicht, daß die

Wissenschaft selbst uns *nun die Tür zu einer möglichen Versöhnung von Materialismus und Spiritualismus öffnet.* Sehr schön formuliert dies eine Dozentin am Pariser Centre Sèvres: »Vielleicht könnte man diese neue Sicht der Natur als die ersten Anzeichen eines spirituellen Wandels betrachten, dessen Ausmaß wir heute noch gar nicht erahnen.«[22]

Im übrigen ist es nicht verboten, in anderen Metaphern eine gewisse Verlegenheit (oder gar das eingestandene Scheitern) des wissenschaftsgläubigen Reduktionismus zu erkennen. Zum Beispiel wird heute oft vorschnell und unbedacht das Thema *Zufall* ins Spiel gebracht, weil der »Zufall« eine bequeme Methode ist, um jede Vorstellung von Zielgerichtetheit, Sinn, göttlicher Absicht und so weiter zu entkräften. Aber ist der Begriff in seiner vagen Verallgemeinerung nicht einfach eine moderne, beruhigende Bezeichnung zur Umschreibung des Nichterkennbaren? Was ist der »ordnende Zufall« anderes als ein noch nicht aufgeklärtes Prinzip? Als solches wäre der Zufall nur ein anderer Name für das Göttliche. In gleicher Weise können wir die vielgebrauchten Begriffe *Selbstorganisation* und *Emergenz* hinterfragen, die aus den Neurowissenschaften und dem Kognitivismus nicht mehr wegzudenken sind: Damit soll die spontane Entstehung einer Ordnung aus dem Chaos erklärt werden (und die Entstehung des Lebens selbst als Produkt des Zufalls). Im Grunde unterscheidet sich die Selbstorganisation kaum von der Urzeugung, die, wie schon erwähnt, noch um die Mitte des neunzehnten Jahrhunderts eine weithin vertretene Annahme war, über die wir heute nur noch lächeln. Der moderne Sprachgebrauch verschleiert manchmal sonderbare Redundanzen.[23]

Und erwähnen müssen wir schließlich auch das merkwürdige Phänomen, das sowohl die Molekularbiologie als auch die Neurowissenschaften und den Kognitivismus umtreibt: *Nach dem Leben wird nicht mehr gefragt.* Tatsächlich haben die modernen Wissenschaften zum Thema Leben strenggenommen nichts zu sagen, außer daß es nach wie vor geheimnisvoll sei. Daran erinnert in aller Bescheidenheit René Frydman, wenn er schreibt: »Über das Leben, das greifbar und doch unfaßlich ist, können wir lediglich sagen, daß es nach wie vor ein Rätsel ist.«[24] François Jacob äußerte eine ähnliche Bemerkung Mitte der siebziger Jahre. Die Aktivität der Moleküle in lebenden Organismen, erklärte er, unterscheide sich nicht von den molekularen Vorgängen in leblosen Systemen, wie sie von der Physik und der Chemie untersucht würden. Seit der Begründung der Thermodynamik sei der Begriff Leben praktisch unbrauchbar geworden: »Heute wird in den Laboratorien nicht mehr das Leben befragt.«[25]

Diese »Abwesenheit« ist problematisch, darin sind wir uns einig. Der christliche Essayist Michel Henry bemerkt dazu sehr treffend: »Man muß sich damit abfinden: In der Biologie gibt es kein Leben; es gibt darin nur Algorithmen.« Und einige Zeilen weiter fährt er fort: »Heute ist es so, daß man trotz der wunderbaren Fortschritte der Technik, oder ihretwegen, immer weniger über das Leben weiß. Oder um genau zu sein, daß man nichts mehr von ihm weiß; nicht einmal, daß es existiert. [...] Das Leben ist so in einen geschlossenen Bereich, in den der Animalität, zurückgedrängt, daß es sich wie ein Haufen Rätsel darstellt.«[26] Ein großer jüdischer Denker unserer Zeit, der zu Unrecht verkannte Léon Ashkénazi, fand seinerseits, man könne nicht im Ernst nach dem Begriff Leben und der Humanität des Menschen fragen, ohne dabei auf das Thema Monotheismus zu stoßen. »Wenn es wahr ist«, schrieb er, »daß wir einen einzigen Schöpfergott anerkennen, dann gibt es infolgedessen auch eine einzige Menschheit. Ergo schließt der Monotheismus im Prinzip die Überzeugung von und die Forderung nach einem menschlichen, konkreten, realen, historischen Universalismus mit ein.«[27]

Allmählich beginnen wir zu ermessen, wie unangebracht im Grunde der technowissenschaftliche Triumphalismus und die selbstgefällige Verachtung mancher Wissenschaftler gegenüber jeder anderen Art der Annäherung an die Wahrheit sind.

Die Erde ist rund, und sie dreht sich!

Währenddessen gelangen wir zu einer unangenehmen Feststellung, die in unsere Denkgewohnheiten einbricht und die heute endlos wiedergekäuten Halbwahrheiten erschüttert. Am besten hat diese Idee ein für seine Unabhängigkeit allgemein anerkannter Wissenschaftler formuliert: der im Mai 2002 verstorbene Paläontologe Stephen Jay Gould, der in Harvard Geologie, Zoologie und – vor allem – Wissenschaftsgeschichte lehrte. Eindeutig links orientiert, bezeichnete sich der aus einer jüdischen Familie stammende Gould als Agnostiker und war über jeden Verdacht der Anbiederei gegenüber Religionen im allgemeinen und dem Juden-Christentum im besonderen erhaben. Er engagierte sich persönlich in der Bekämpfung der amerikanischen Sekte der Kreationisten, die an den Schulen den Schöpfungsbericht nach der Genesis als verbindlich durchsetzen wollen.

Gould war nicht nur ein unermüdlicher Verteidiger der kritischen Vernunft gegen jede Form von Obskurantismus, sondern auch ein entschiedener Gegner des positivistischen Aberglaubens. Aber mit allen seinen Büchern bekämpfte er die herrschende These, wonach Wissenschaft und Religion zueinander grundsätzlich im Widerspruch stünden. Diesen prinzipiellen Gegensatz hielt er für eine im nachhinein erfundene Behauptung der Positivisten des neunzehnten Jahrhunderts. Wenn sie heute unüberlegt wiederaufgegriffen würde, meinte Gould, so deshalb, weil sie einer neuen Konjunktur des Wissenschaftsglaubens entspreche. »Ich bin entmutigt«, schrieb er, »wenn manche meiner Kollegen versuchen, ihren persönlichen Atheismus (zu dem sie selbstverständlich jedes Recht haben und der in mehrerlei Hinsicht auch meinen Neigungen entspricht) als Allheilmittel anzupreisen, das den Fortschritt der Menschheit ermögliche, im Gegensatz zu einer absurden Karikatur von ›der Religion‹, die als rein rhetorisches Schreckgespenst vorgeführt wird.«[28]

Natürlich, so Gould weiter, konnten die Religionen unter gewissen Umständen den Obskurantismus fördern und die Irrationalität oder Ignoranz zum Maßstab erheben. Die Hinrichtung des italienischen Philosophen Giordano Bruno (1548–1600) war eines der traurigsten Beispiele dafür. Bruno, ein freier Geist, sehr kritisch gegenüber Platon und Aristoteles und als Anhänger von Kopernikus überzeugt, daß die Erde nicht im Mittelpunkt des Universums stehe, daß das Weltall unendlich sei, daß es andere Planetensysteme gebe und die Sterne andere Sonnen seien, wurde vor das Heilige Offizium zitiert, gefoltert und am 17. Februar 1600 auf dem römischen Campo de' Fiori lebendig verbrannt. Wenige Kapitel in der Geschichte des Christentums sind so düster wie dieses.

Gleichwohl lehrt uns ein unvoreingenommener Blick in die Wissenschaftsgeschichte, daß es nicht immer so war, ganz im Gegenteil. Um ein Beispiel zu nennen: Die Verurteilung Galileis durch Papst Urban VIII. im siebzehnten Jahrhundert (ein von Gould ausführlich behandeltes Kapitel) war zweifellos ein Fehler gegen den Geist und die Wissenschaft, aber dabei haben eher politische als religiöse Faktoren die entscheidende Rolle gespielt. Deshalb, schrieb Gould, »ist es angebracht, das anachronistische Klischee abzulehnen, das behauptet, Galilei habe als moderner Wissenschaftler gegen den dumpfen Dogmatismus einer Kirche angekämpft, die ihr Amt mißbraucht und sich als lächerlich ahnungslos in einer grundlegenden Tatsache der Kosmologie erwiesen habe.«[29]

Und doch wird neben einigen anderen Episoden ähnlicher Art der »Fall Galilei« seit dem neunzehnten Jahrhundert unermüdlich als Beweis dafür angeführt, daß sich ein Teil der abendländischen Geschichte *auf einen Krieg zwischen Wissenschaft und Religion reduziere.* Dasselbe gilt für die angebliche Überzeugung der Kirche, die Erde sei eine Scheibe – bis Christoph Kolumbus endlich beherzt das Gegenteil bewiesen habe. Auch diese Behauptung hält der Prüfung nicht stand. Sie ist ideologisch,

nicht politisch. Der Mythos von Kolumbus, der mit einem religiösen Irrtum aufgeräumt habe, entstand im neunzehnten Jahrhundert (zwischen 1870 und 1880) und brachte es sogar bis in
die Schulbücher, wo die Kirche, zu Unrecht, die Rolle des Bösen
bekam. Fortan galt Kolumbus als Held des Rationalismus, der
gegen das religiöse Dogma angetreten war. In Wahrheit war der
damalige Kenntnisstand in den Naturwissenschaften, insbesondere der Astronomie, dank den Übersetzungen zahlreicher griechischer und arabischer Texte ins Lateinische seit dem zwölften
Jahrhundert unter allen Gebildeten verbreitet: In diesen Kreisen
war bekannt, daß die Erde rund ist. Roger Bacon (1220–1292)
und Thomas von Aquin (1225–1274) verkündeten die Lehre
von der Erde als Kugel und beriefen sich dabei auf Aristoteles
und dessen arabische Kommentatoren, ebenso wie die größten
Gelehrten des Mittelalters, etwa der französische Schriftsteller
Nicole Oresme (1320–1382): Alle diese Männer bekleideten
wichtige kirchliche Ämter.

Diese beiden Beispiele zeigen sehr gut den ausgesprochen po-
lemischen Charakter eines Gegensatzes zwischen Wissenschaft
und Religion, der seit mehr als einem Jahrhundert – zu Unrecht –
als erwiesen gilt, und das um so leichter, als die katholische Kirche ihrerseits gegen Ende des siebzehnten und vor allem im neunzehnten Jahrhundert in eine Festungsmentalität verfiel und sich
von der Vernunft, der Wissenschaft, dem »Modernismus« belagert fühlte. Davon zeugen zwei besonders karikatureske Episoden. Zum einen die im Dezember 1864 von Papst Pius IX. verkündete verhängnisvolle Enzyklika *Quanta cura*, die sich vollständig
gegen die Moderne richtete. Als Anhang war ihr ein Katalog der
»achtzig Zeitirrtümer« beigefügt, der berühmte »Syllabus«: eine
Reihe ziemlich pauschaler Verurteilungen liberaler Tendenzen in
der Kirche. Zum anderen erlebte Rom Anfang des zwanzigsten
Jahrhunderts, nach dem Pontifikat von Leo XIII., der sich wieder dem republikanischen Gedanken und dem Fortschritt zugewandt hatte, einen neuerlichen Rückfall mit dem »Antimoder-

nistenpapst« Pius X., der noch einmal den Modernismus verurteilte, zuerst mit dem Dekret *Lamentabili* vom 3. Juli 1907,
einem neuen Syllabus; den eigentlichen Schlag aber bildete die
Enzyklika *Pascendi* vom 8. September desselben Jahres. In ihr
»wird der Modernismus als ein in sich abgeschlossenes, einheitliches System charakterisiert, eben als Zusammenfassung der
Häresien, dazu geschaffen, nicht bloß die katholische, sondern
jede Religion zu vernichten«[30].

Diese bedauerlichen Episoden stehen im Kontext eines im
neunzehnten Jahrhundert vorherrschenden, erbitterten (aber
überholten) Antagonismus zwischen einer wissenschaftlichen
Gemeinschaft, die sich, wie wir gesehen haben, einem bisweilen
absurden Positivismus verschrieben hatte, und einer noch von
den Verfolgungen im Zeitalter der Revolutionen traumatisier-
ten katholischen Institution, die den Republikanismus mit großem Argwohn beäugte und sich furchtsam hinter dem Bollwerk
des engstirnigsten Dogmatismus verschanzte. Eine unerfreuliche
Zeit. In seiner beeindruckenden Geschichte der Jesuiten zeigte
Jean Lacouture, daß nicht einmal sie, nach der Neuentstehung
ihres Ordens im Jahr 1814, dieser fatalen Verhärtung entgingen,
während sie zuvor jahrhundertelang dezidierte Fürsprecher der
Erkenntnis und die oft kühnen Verteidiger des Fortschritts und
der theologischen Aufgeschlossenheit gewesen waren.[31]

Astronomie und Kathedralen

Als verhängnisvoll können wir diese Vorfälle bezeichnen, weil
sie dazu beigetragen haben, weiter zurückliegende – und sehr viel
längere – Zeiträume in Vergessenheit geraten zu lassen: Zeiten,
in denen die Religion und die Wissenschaft keineswegs im Konflikt waren. Das gilt sowohl für das Christentum als auch für das
Judentum und den Islam. Im siebzehnten Jahrhundert fanden

zahlreiche entscheidende wissenschaftliche, vor allem astronomische Experimente statt – in den Kathedralen. Denn nur sie
boten ausreichend Raum, um (häufig von Jesuiten konstruierte)
Sonnenuhren einzurichten, mit deren Hilfe wichtige Erkenntnisse über die astronomische Zeit und den jährlichen Umlauf der
Erde gewonnen wurden.[32] Dasselbe geschah Anfang des neunzehnten Jahrhunderts mit den Foucaultschen Pendeln, die ganz
konkret die Bewegungen der Erde um ihre Achse darstellten.[33]

So ist die Geschichte voll von Kirchenmännern, die über herausragende wissenschaftliche Kenntnisse verfügten oder sich entschlossen für die Verbreitung von Wissen einsetzten. Ein Beispiel:
Der im zwölften Jahrhundert von Guillaume de Champaux begründete Domherrenorden der Abtei Saint-Victor in Frankreich
zeichnete sich durch sein tatkräftiges Interesse an Techniken und
Maschinen aus. Allgemein läßt sich sagen, daß »die Christenheit
im Mittelalter nicht nur bemerkenswerte Erfindungen hervorgebracht [hat], wie den Pflug, das Joch, die Augengläser oder
das mechanische Uhrwerk, sondern sie fiel vor allem durch die
systematische Nutzbarmachung der natürlichen Energien auf«[34].

Erwähnenswert ist auch der Fall des Franziskanermönchs
und scholastischen Philosophen Wilhelm von Ockham, der in
der ersten Hälfte des vierzehnten Jahrhunderts lebte und sich
sehr für die Unabhängigkeit der Wissenschaft und das Prinzip
der »Nichteinmischung« von seiten der Religion einsetzte. Bemerkenswert waren die Päpste Clemens VII. und Paul III. im sechzehnten Jahrhundert, die sich leidenschaftlich für die Förderung
der Wissenschaften verwendeten. Stephen Jay Gould betont ebenfalls die große Zahl der Gelehrten, die eine entscheidende Rolle
für den wissenschaftlichen Fortschritt spielten und gleichzeitig
untadelige Kirchenmänner und ordinierte Priester waren. Das gilt
etwa für Albertus Magnus, den Lehrer des Thomas von Aquin
und großen wissenschaftlichen Kommentator des Mittelalters,
aber ebenso für Nicholas Steno, der im siebzehnten Jahrhundert
grundlegende geologische Forschungen durchführte und später

Bischof wurde. Gould erinnert auch an Lazzaro Spallanzani, den italienischen Physiologen aus dem achtzehnten Jahrhundert, der sich bemühte, die These von der Urzeugung zu widerlegen. Was für das Christentum zutrifft, gilt um so mehr für das Judentum und den Islam. Die herausragenden Vertreter der jüdischen Tradition, von dem Philosophen Philon von Alexandria bis Maimonides, von Spinoza bis Moses Mendelssohn, als Feinde der Wissenschaft und der Vernunft zu bezeichnen, wäre ebenso lächerlich, wie dem Islam eine wissenschaftsfeindliche Neigung zu unterstellen, nachdem er im Europa des Hochmittelalters der Träger – und Begleiter – der arabischen Wissenschaft war. Man kann nie genug betonen, welche entscheidende Rolle die arabischen Gelehrten für die Entfaltung so unterschiedlicher Disziplinen wie der Algebra, der Arithmetik, der Trigonometrie, der Geometrie, der Physik, der Naturwissenschaften und so weiter spielten. Doch ob im islamischen Andalusien oder im Mittelmeerraum – weder die Imame noch die Koranexegeten, noch die Sufi-Gelehrten kamen je auf die Idee, die wissenschaftliche Entwicklung oder die Wiederentdeckung der großen griechischen und lateinischen Texte zu behindern, ganz im Gegenteil.[35]

Die *Religion* systematisch als die Erbfeindin der *Wissenschaft* zu präsentieren, wie es seit dem neunzehnten Jahrhundert geschieht, ist wahrhaftig absurd. Überraschend ist, daß dieses Hirngespinst heute so wenig in Frage gestellt wird und so weit verbreitet ist. Bezüglich der historischen Wahrheit scheint diese herablassende Kurzsichtigkeit aber ebenso dumm wie das große Transparent, das bis zum Ende der Sowjetunion im Atheismusmuseum von Leningrad hing, darauf der Ausspruch des russischen Kosmonauten Jurij Aleksejewitsch Gagarin, der am 12. April 1961 in der Raumkapsel Wostok 1 als erster Mensch die Erde umkreist hatte: »Ich war im Himmel und habe Gott nicht gesehen.« Na so was.

Der Forscher und Arzt René Frydman gehört zu jenen, die das Fortbestehen der kämpferischen Haltung in Wissenschaftskrei-

sen ganz besonders bedauern. Obwohl er sich selbst als Agnostiker bezeichnet (wie Stephen Jay Gould), leitete er eine begrü-
ßenswerte Initiative ein. Im Januar 1996 richtete er gemeinsam
mit seinem Kollegen Paul Atlan in Clamart bei Paris, im Krankenhaus Antoine-Béclère, eine »ethisch-religiöse« Sprechstunde
ein. Sein Ziel ist die Anwendung einer praktischen Ethik im
individuellen Fall: Patienten, die sich durch diese oder jene Be-
handlungsmethode in ihren religiösen Überzeugungen verunsichert fühlen, sollen die Möglichkeit haben, über Vermittlung
des Arztes mit Priestern, Rabbinern, Imamen darüber zu sprechen.

Diese versöhnende Initiative ist leider ein Einzelfall geblieben,
mehr noch: Frydman berichtet außerdem, er habe, um sie durchzusetzen, eine bei seinen Kollegen immer noch sehr verbreitete
grundsätzliche Feindseligkeit überwinden müssen. »Kaum legt
ein Wissenschaftler eine gewisse Aufgeschlossenheit in Glaubens-
fragen an den Tag«, schreibt er, »schon wird er in eine Schub-
lade gesteckt, im besten Fall zu den Bigotten (was in meinem
Fall eher amüsant ist), im schlimmsten zu den Verfechtern dieser triumphierenden neuen Religiosität.«[36]

Das Nichteinmischungsprinzip

Greifen wir diesen letzten Ausdruck noch einmal auf: trium-
phierende Religiosität. Genau das ist es, was wir heute vermeiden, mehr noch: was wir ebenso energisch bekämpfen müssen,
ebenso wie wir den positivistischen Dogmatismus bekämpfen.
Die Rehabilitierung der »Religion« soll nicht dazu führen, daß
wir der Religiosität wieder zu neuen Ehren verhelfen oder den
Klerikalismus von seinen vergangenen und gegenwärtigen Irr-
tümern freisprechen. Die Wissenschaftsgläubigkeit zu hinterfragen heißt nicht, die Wissenschaft abzulehnen. Ebensowenig

wie die Kritik am Klerikalismus keine Verteufelung der Religion ist – oder sein sollte. Hingegen rührt beides von derselben Notwendigkeit her: Wie wir die Wissenschaft an ihre ureigenen Prinzipien erinnern müssen, so müssen wir auch wieder lernen, die Religion im Namen ihrer Verheißungen – ob in der Bibel, im Taldmud oder im Koran – zu befragen.

Dazu ist es notwendig, Wissenschaft und Religion als unterschiedliche – und streng autonome – Herangehensweisen an die Realität zu betrachten. Die Autonomie, die Getrenntheit und Unabhängigkeit voneinander müssen wir immer wieder einfordern, wenn wir nicht in die Situation geraten wollen, daß wir uns nur zwischen zwei Befangenheiten entscheiden können. Derselbe René Frydman formuliert diese Notwendigkeit sehr treffend: »Wissenschaft und Glauben müssen miteinander einen Dialog führen, ohne sich zu vermischen: Die Wissenschaft kann den Religionen helfen, sich von Aberglauben zu befreien und sich zwischen den wesentlichen Fragen des Lebens zurechtzufinden; und die Religion kann der Wissenschaft helfen, demütig zu bleiben, ihre Methoden zu hinterfragen und nicht zur Überzeugung oder Ideologie zu werden.«[37]

Stephen Jay Gould ging noch weiter bei dem Versuch, das Nichteinmischungsprinzip auf theoretische Grundlagen zu stellen, und dies mit respektgebietender Strenge und Unnachsichtigkeit. Er nannte die Komplementarität von Wissenschaft und Religion, die wiedergefundene Allianz zweier Magisterien* mit unterschiedlichen Geltungsbereichen und Zielen, das »NOMA-Prinzip« *(Non-Overlapping Magisteria)*. »Unser Trieb, den faktischen Charakter der Natur zu begreifen«, schreibt er, »ist das Magisterium der Wissenschaft, und unser Bedürfnis, einen Sinn in unserem Dasein und eine moralische Grundlage für unser Handeln zu finden, ist das Magisterium der Religion.«[38] Goulds

* Ein Magisterium ist für Gould ein Bereich, »in dem eine bestimmte Art der Lehre ein Instrument zur sinnvollen Diskussion und Bewältigung von Problemen bereithält«.

Wunsch ist zum Teil in Erfüllung gegangen: Abseits der abgekarteten Streitereien, die das Entzücken der Medien ausmachen und die Aufmerksamkeit polarisieren (Wissenschaft gegen Religion, Glaube gegen Vernunft, Gott gegen Darwin etc.) ist heute eine tiefere geistige Bewegung auszumachen. Dem atemberaubenden Wissens- und Erkenntnisfortschritt entspricht eine spektakuläre Erneuerung der Bibelexegese, die auch mit einer vielversprechenden Vertiefung des Dialogs zwischen Juden, Christen und Muslimen einhergeht.

Was die Philosophen angeht, die lange Zeit zu Recht oder zu Unrecht als die Theoretiker der Dekonstruktion und folglich des postmodernen Nihilismus galten, so müssen wir zugeben, daß sie ein neues und verstärktes Interesse an der Religion an den Tag legen. Das gilt zum Beispiel für den italienischen Philosophen Gianni Vattimo, der heute, nach eigenem Bekunden, mit aller Vorsicht und Besonnenheit eine Rückkehr zum Christentum vollzieht. Er sei an einem Punkt im Leben angelangt, bekennt er, an dem es vorhersehbar, offensichtlich und vielleicht sogar ein wenig banal erscheine, sich die Frage des Glaubens von neuem zu stellen.[39] Was das Judentum betrifft, so wollen wir nicht so weit gehen, das kritischere Vorgehen von Jacques Derrida als vergleichbare Rückkehr anzusehen. Gleichwohl zeugen einige seiner jüngeren Texte zumindest von dem expliziten – und bescheidenen – Willen, die Religion wieder denken zu lernen, ohne deshalb mit der philosophischen Tradition zu brechen.[40]

Als Vertreter der Postmoderne haben die beiden Philosophen mit Stephen Jay Gould offensichtlich den Willen gemeinsam, die zwei Erkenntniswege streng voneinander zu trennen. Es wäre freilich allzu bequem, sich in diesem Punkt an eine prinzipielle Forderung zu halten. Schon der französische Physiologe Claude Bernard (1813–1878) verlangte, Wissenschaft und Religion nicht miteinander zu vermengen: »Die Wissenschaft und die Religion dürfen sich nicht vermischen, denn die eine behindert die andere.«[41] Der jeweilige Zustand der Wissenschaften und der Religionen zwingt uns heute allerdings zu größerer Präzision. Was bedeutet die Nichteinmischung genau?

Verrückter Konkordismus und ignoranter Kreationismus

Um eine bessere Vorstellung davon zu bekommen, ist es hilfreich, *a contrario* zu argumentieren: Über zwei symmetrische Irrwege können wir zeigen, zu welchen Fehlentwicklungen die Vermischung von Wissenschaft und Religion führen kann, auch wenn sie voll der besten Absichten ist.

Das erste Beispiel ist der sogenannte Konkordismus, das heißt der Wille, die beiden Wissen um jeden Preis *in Einklang, ja zur Deckung zu bringen.* Der vor allem in den USA einflußreiche Konkordismus ist eine mit dem New-Age-Weltbild verwandte Form von Synkretismus. In gewisser Weise ist er mit der in den angelsächsischen Ländern sehr verbreiteten, nach den Arbeiten des Philosophen und Mathematikers Alfred North Whitehead (1861–1947) so benannten *Prozeßtheologie* verschwistert. Es geht darum, die Schöpfung neu zu denken und dabei »sich von jedem Modell zu verabschieden, das über die Vorstellung einer statischen Ewigkeit dominiert, um Gott selbst in das Werden (einen *Prozeß*) zu integrieren, in dem er unmittelbarer am immer zeitlichen oder ›aktuellen‹ Geschehen beteiligt ist«[42].

Der Konkordismusgedanke regte in letzter Zeit sogar zu Kolloquien, Kongressen und Diskussionsrunden an, die oft großen Widerhall in den Medien fanden; so etwa die von der Templeton-Stiftung finanzierte Konferenz in Berkeley im Juni 1998 zum Thema »Die Wissenschaft und die spirituelle Suche«. Sie gab Anlaß zu etlichen eher lächerlichen Artikeln in der amerikanischen Presse, selbst in den seriösesten Blättern, die unter nicht minder lächerlichen Titeln erschienen: »Glaube und Vernunft wieder vereint« *(The Wall Street Journal)*, »Wissenschaft und Religion: eine Brücke über den großen Abgrund« *(The New York Times)* oder »Wissenschaft trifft Gott« *(Newsweek)*.

In Amerika werden Begegnungen dieser Art heute immer häufiger. Zu einem großen Teil stehen sie in der Nachfolge des berühmten Kolloquiums, das in den sechziger Jahren an der Princeton University in New Jersey Wissenschaftler zusammenbrachte, die sich über den Sinn ihrer Forschung Gedanken machten. Daraus ging ein Text hervor, der viel Aufsehen erregte: »Die Gnosis von Princeton«. Alle diese Verlautbarungen und Artikel waren zweifellos von einem Willen zur Versöhnung beseelt, der grundsätzlich besser ist als die offene Konfrontation. Trotzdem: In seinem Bestreben, »Gott zu beweisen« oder »die Wissenschaft zu vergöttlichen«, bereitet der Konkordismus einer Form von nebelhafter Esoterik oder zwingender Gnosis den Weg, die weder der Freiheit noch dem Glauben Platz läßt. Darin ist er ebenso erschreckend wie der Positivismus, gegen den er angetreten ist und dessen Merkmale er paradoxerweise weitgehend übernommen hat. Das erinnert uns an den großen Schweizer Theologen Karl Barth (1886–1968), der jeden Versuch, Transzendenz wissenschaftlich zu begründen, mit der Frage abschmetterte, was das denn für ein Gott wäre, der sich wissenschaftlich beweisen ließe.

Im Gegensatz zum Konkordismus steht der amerikanische Kreationismus, der ebenfalls aus der absichtlichen Vermischung von Wissenschaft und Religion hervorgegangen ist. Entschieden feindselig gegenüber jedem Wissens- und Erkenntnisfortschritt, will er die Wissenschaft dem Magisterium der Religion unterwerfen. Ursprünglich entstand der Kreationismus innerhalb des protestantischen Fundamentalismus als Gegengewicht zur Evolutionstheorie im besonderen und zum Modernismus im allgemeinen. Einer seiner Begründer war William Jennings Bryan (1860–1925), der im Jahr 1920 eine Kampagne gegen die Evolution ins Leben rief. In seiner extremsten Version[43] lehnt der Kreationismus den wissenschaftlichen Diskurs rundheraus ab. Er macht sich nicht einmal die Mühe, die wissenschaftlichen Hypothesen zu analysieren oder zu erörtern, weil sie zwangsläufig im Widerspruch zur Heiligen Schrift stehen. Aus diesem Grund wird die Bewegung manchmal auch *rejectionism* genannt.

Den größten Einfluß hatten die Kreationisten 1925, als die American Civil Liberties Union die in manchen amerikanischen Staaten seit 1920 geltenden Gesetze gegen die Verbreitung der Evolutionslehre aufheben wollte. Der Versuch mündete in einen unglaublichen Gerichtsfall, der – in Anlehnung an Darwin – als »Affenprozeß« in die Geschichte einging. Dabei erhoben die Kreationisten Anklage gegen einen High-School-Lehrer aus Tennessee, Thomas Scopes, weil er entgegen dem Verbot weiterhin Darwins Abstammungslehre unterrichtete. Den Prozeß gewannen letztlich die Verteidiger der Vernunft und der Wissenschaft.[44] Dennoch blieb die Evolutionslehre aus zahlreichen Schulbüchern verbannt, bis 1968 der Oberste Gerichtshof der USA sämtliche Antievolutionsgesetze aufhob.

Aber der Fall war damit nicht erledigt. Im Dezember 1981 fand in Little Rock, Arkansas, ein zweiter »Affenprozeß« statt. Diese neuerliche Offensive entsprach dem Wunsch, der entstehenden wissenschaftsgläubigen Soziobiologie entgegenzutreten, deren herausragendster Vertreter, Edward O. Wilson, 1975 sein berühmtes Buch *Sociobiology: The New Synthesis* herausgebracht hatte. Auch diesen zweiten »Affenprozeß« verloren die Kreationisten, womit wieder die alte Konstante bewiesen war: Der Positivismus, der (in der Version Wilsons) keinen Widerspruch duldet, fordert als Gegengewicht stets einen nicht weniger intoleranten Obskurantismus heraus.

Dieser aggressive Kreationismus, der sich in Nordamerika immer wieder und unermüdlich aus seiner Asche erhebt, ist allerdings auch eine politische Angelegenheit, die eine gewisse Verbindung mit der 1979 von dem Pfarrer Jerry Falwell gegründeten Bewegung Moral Majority aufweist. Nach Falwells Auffassung »beschädigt die Evolutionstheorie die Grundwerte der amerikanischen Gesellschaft, denn mit der Behauptung, der Mensch stamme vom Affen ab, verletzt sie die Würde des Menschen«[45].

Auch das moderne Amerika ist mit dieser pittoresken Angelegenheit noch nicht am Ende: Nach einer Umfrage des Gallup-Instituts sind 47 Prozent aller US-Bürger von der Richtigkeit des kreationistischen Weltbilds voll und ganz überzeugt, weitere 40 Prozent stimmen ihm weitgehend zu, und den Anteil derer, die ausschließlich an eine evolutionäre Entwicklung der Welt glauben, schätzt Gallup auf zehn Prozent. Auch der im Jahr 2000 neugewählte Präsident Bush junior bekundet, wie Ronald Reagan in den achtziger Jahren, bisweilen sein ausdrückliches Wohlwollen gegenüber der Moral Majority. Im November 1999, rechtzeitig vor der Wahl, gab er zu Protokoll, er unterstütze die Kernforderung der Kreationisten: Man müsse auch »andere Theorien über die Erschaffung der Welt« unterrichten dürfen, und wenn im Biologieunterricht schon Darwins Evolutionstheorie gelehrt würde, dann jedenfalls gleichberechtigt mit der Genesis.[46]

Stephen Jay Gould meinte dazu: »Diese regelrechte Tragikomödie, die das ganze zwanzigste Jahrhundert hindurch die Geistesgeschichte in den Vereinigten Staaten vergiftet hat, zeigt, welche einzigartige Verbindung Wissenschaft, Religion und Politik in diesem Land eingegangen sind.«[47]

Ein offengehaltener Weg

Konkordismus auf der einen, Kreationismus auf der anderen Seite – an diesen beiden symmetrischen Beispielen erkennen wir deutlich, welche Irrungen drohen, sobald es zur Verflechtung von Wissenschaft und Religion oder im weiteren Sinn von Rationalismus und Spiritualität kommt. Die friedliche Allianz, die es wiederzufinden gilt, um das Prinzip Menschlichkeit auf ein Fundament zu stellen, hat ganz sicher weder mit dem einen noch mit dem anderen zu tun. Hüten müssen wir uns nicht vor der wissenschaftlichen Erkenntnis, sondern vor der naiven Abgeschlossenheit eines Gedankengebäudes, vor dem Imperialismus eines Vorgehens, vor der verhängnisvollen, zerstörerischen Wirkung einer einzigen, alles beherrschenden Weltsicht. Auch die religiöse Suche dürfen wir nicht leichter Hand verwerfen: Verwerflich sind vielmehr der starre Dogmatismus, die klerikale Verweigerung jeder Hinterfragung, die abergläubische Furcht vor der kritischen Vernunft. »Der biblische Gott«, schreibt Paul Valadier sehr treffend, »ist von Natur aus gegen jede Sakralisierung, also auch gegen jede Verschmelzung; und dadurch bewahrt seine Botschaft eine lebendige Aktualität gegenüber allen mehr oder minder phantastischen, mehr oder minder falschen Wiederverzauberungsbemühungen, die in den Supermärkten der Religiosität als letzter Schrei angeboten werden.«[48] Das Prinzip Menschlichkeit hat seinen Platz genau in dieser beharrlich aufrechterhaltenen *Distanz*, dem offengehaltenen Weg.

Wenn die spirituelle Erfahrung im allgemeinen und die des Monotheismus im besonderen heute eine Lektion beinhalten, die wir hören und vielleicht wieder lernen müssen, so ist es folgende: Es gibt ein *Anderswo* der menschlichen Erfahrung, das zu erfassen die Wissenschaft nicht imstande ist. Es wohnt uns nach wie vor ein Prinzip der Freiheit und Menschlichkeit inne, das sich jeder instrumentalen Rationalität entzieht. Dies drückt ein Agnostiker wie Claude Lefort auf seine Weise aus, wenn er schreibt: »Die Menschlichkeit des Menschen und der Menschheit schlechthin entzieht sich jeglicher Definition. Nur in diesem einen Punkt haben ihre Kritiker recht.«[49] Das meint auch Jean-Michel Besnier, wenn er von einem »zornigen Humanismus« spricht, der sich damit abfindet, daß er »zwischen hellsichtiger Verzweiflung und dem Streben nach dem Unmöglichen hin- und hergerissen« ist.[50]

Aus diesem Blickwinkel ist der Monotheismus, scharfsichtig interpretiert, eine ständige Mahnung zur Öffnung und infolgedessen zur Freiheit. Gegen die positivistische Befangenheit und generell gegen alle Befangenheiten hat die jüdische Tradition ein von der kabbalistischen Schule des sechzehnten Jahrhunderts formuliertes Konzept anzubieten, auf das man sich (durchaus nicht zufällig) heute häufig wieder beruft: *zimzum*, die freiwillige Zusammenziehung Gottes, sein partieller Rückzug, der dem Menschen die Möglichkeit einer verantwortlichen Freiheit erhält, jener Freiheit nämlich, die ihn sowohl zum Ebenbild Gottes als auch mitverantwortlich für die Vollendung der Welt macht. Es ist nicht verboten – im Bewußtsein des sehr »dilettantischen« Schematismus einer solchen Verkürzung –, den wunderbaren Begriff des jüdischen *zimzum* dem christlichen Konzept der göttlichen *Kenosis* anzunähern, das heißt der freiwilligen Erniedrigung Gottes durch die Menschwerdung, die ebenfalls einen Raum für die freie und aktive Menschlichkeit des Menschen eröffnet.

Für die Christen ist der wahre Gott der biblischen Offenbarung »schwach und ohnmächtig«, in den Worten des evangelischen Theologen Dietrich Bonhoeffer, der am 9. April 1945 im Alter von neununddreißig Jahren im KZ Flossenbürg hingerichtet wurde. In den Briefen und Texten, die er während seiner zweijährigen Haft schrieb, vertiefte er seine Reflexion über die Möglichkeit, in einer »mündig gewordenen Welt« »nichtreligiös von Gott zu sprechen«[51]. Er fügte hinzu: »Gott gibt uns zu wissen, daß wir leben müssen als solche, die mit dem Leben ohne Gott fertig werden.« Für ihn stand fest, »daß Christus nicht hilft kraft seiner Allmacht, sondern kraft seiner Schwachheit, seines Leidens«[52]! Gott ist also der Urheber und Garant einer fundamentalen *Freiheit*, die ihrerseits vom Prinzip Menschlichkeit nicht zu trennen ist.

So kommt es, daß »der Mensch, ob im Judentum oder im Christentum, an der göttlichen Natur und damit auch am Schöpfungsprozeß Anteil hat«[53]. In beiden Fällen wird die Abgeschlossenheit, das universale und einengende Dogma, von der Vorsehung verurteilt. Allen Erscheinungsformen von Selbstgefälligkeit, Intoleranz und Ausgrenzung gilt es die unermüdliche und kämpferische *Transaktion* zwischen Überzeugung und Vernunft, Glauben und Wissenschaft, Erkenntnis und beharrlicher Treue (gegenüber Gott oder dem Menschen) entgegenzuhalten. Wie Marie Balmary es so schön formuliert: »Die Suche nach der Herkunft und dem Jenseits ist nach meiner Auffassung nicht die Suche nach einer ›anderen Welt‹ im üblichen Sinn des Wortes, sondern nach einer anderen Dimension unseres Lebens, in der wir jeden Menschen als Menschen erkennen können; einer Dimension, in der und durch die wir nichts Geringeres sind als Geschwister.«[54]

Dieses letzte Wort sei nicht als matte Aufforderung zur Freundlichkeit oder zum Mitgefühl verstanden: Seine Bedeutung ist sehr viel stärker und dringlicher. Es will uns daran erinnern, daß es weder Rangstufen noch Normen, noch genetische Diagnosen, noch Parameter gibt, an denen sich das Menschsein messen und beurteilen läßt. Der geistig Behinderte oder Retardierte ebenso wie das »Monster«, der Zwerg oder Riese, der Demente wie der Sterbende: sie alle sind mir unabänderlich *gleich.*

Das ist nicht wenig, denn *alles andere* leitet sich daraus ab.

Ein Plädoyer
für die Menschlichkeit

Wie ein Lachs ist auch der Mensch um so lebendi-
ger, wenn er gegen die Strömung schwimmt.

NACH MARC-ALAIN OUAKNIN[1]

Das Prinzip Mensch, dem wir dieses ganze Buch hindurch nach-
gespürt haben, erscheint uns wesentlich und unfaßlich zugleich.
Aber wie könnte es auch anders sein? Das Menschliche des Menschen ist weder ein verifizierbarer »Tatbestand« noch ein For-
schungsergebnis, noch ein Erbe: Es ist ein *Projekt*. Und dieses
Projekt steht ununterbrochen vor uns, unsicher und bedroht
wie alle menschlichen Projekte. Die Humanität gehört zu jenen
rätselhaften Prinzipien, die immer wieder hinterfragt und verteidigt werden müssen, damit sie sich nicht im Getöse der *Natur*-
geschichte auflösen und verschwinden. Es wäre ein Irrtum zu
glauben, daß uns die großen Umwälzungen und Verwerfungen,
mit denen wir uns in diesem Buch beschäftigt haben, »technisch«
von dieser Entscheidung entbänden beziehungsweise die Entscheidung außerhalb unserer Reichweite rückten.

Da man sich letztlich immer persönlich engagieren muß, glaube ich nicht, daß menschliches Leben im Verzicht vorstellbar
ist. Ich denke nicht, daß die Menschlichkeit vom Wunsch und
Willen zum Widerstand zu trennen sei. Die große Lüge des Au-
genblicks ist sicherlich der Versuch, sich auf die stattfindenden
Verwerfungen zu berufen, um im selben Atemzug sowohl den
Willen als auch den Widerstand zu verwerfen. Das ist nicht nur
eine Lüge, sondern eine Verrücktheit. Wenn wir sie mittrügen,
wären wir einverstanden, nichts anderes zu sein als, wie Max

Weber fürchtete, »Fachmenschen ohne Geist, Genußmenschen ohne Herz«[2]. Im Geist unserer Zeit ist in der Tat irgendein dumpfes Bedürfnis zu spüren, jede allzu feste Überzeugung, jede allzu dezidiert bekundete Meinung, jedes allzu entschlossene Engagement (ob politisch oder anderweitig) zu disqualifizieren – und damit anzudeuten, daß wir darin die verhängnisvollen Ursachen von Gewalt und Intoleranz sehen. So läßt sich die gegenwärtige Stimmung manchmal folgendermaßen zusammenfassen: Es gäbe weniger Gewalt, wenn wir weniger Überzeugungen und weniger Werte hätten; es gäbe weniger Elend, wenn wir weniger Weltanschauungen hätten. Relativismus, Entzauberung, Gleichgültigkeit seien eben der Preis einer befriedeten Welt. *Wir müssen den tiefen, maßlosen Unsinn dieses Gemeinplatzes erkennen und begreifen.* Das Gegenteil ist der Fall: Gewalt ist das Ergebnis ungehemmter Wünsche, ungezügelter Gier, regelloser Manipulation, das heißt einer Schwächung der gemeinschaftlichen Überzeugungen.

Denken wir hier an den schönen Aphorismus, den der Philosoph und Psychoanalytiker Cornelius Castoriadis formuliert hat: Wie zivilisiert eine Gesellschaft ist, zeigt sich an ihrer Fähigkeit, sich Grenzen zu setzen. Grenzen und Projekte. Das Prinzip Mensch zeichnet sich schließlich dadurch aus, daß es *Zweck an sich* ist. Es ist die Fähigkeit, sich zu machen, und das heißt, sich zu wählen. Was wir hier fordern – die herausragende Würde des Menschen –, ist in der Tat eine Wahl. Ob in der Wirtschaft, der Politik oder der Technowissenschaft, stets gilt: »So wie man einen Menschen sieht, so behandelt man ihn auch – und umgekehrt.«[3] Dieser Zirkelschluß verweist jeden von uns auf eine *Verantwortung*, die uns keine Wissenschaft, keine Technik, keine mechanische oder genetische Schicksalsfügung nehmen kann.

Das Prinzip Mensch existiert, weil wir es so *wollen*.

Diesem Willen, der eigensinnigen und begeisterten Auflehnung, müssen wir uns von nun an widmen.

Anhang

Anmerkungen

Absichtserklärung

1 Michel Foucault, *Schriften in vier Bänden*, Frankfurt/Main 2002, Bd. 2, S. 1016.

1 Was geschieht mit uns?

1 Jacques Hassoun, *Actualités d'un malaise*, Paris 1999.
2 Mireille Delmas-Marty, »Quel avenir pour les droits de l'homme?«, in *Les Clés du XXIe siècle*, Paris 2000.
3 Paul Ricœur, Nachwort zu Frédéric Lenoir, *Le Temps des responsabilités*, Paris 1991.
4 Der Originaltitel dieses Buches, »Le Principe d'Humanité«, spielt mit der Mehrfachbedeutung von *humanité*, was *Menschlichkeit, Menschheit*, aber auch *das Menschliche*, also *zum Menschen gehörende*, bedeuten kann.
5 Michel Foucault, *Sexualität und Wahrheit*, Bd. 1: *Der Wille zum Wissen*, Frankfurt/Main 1977, S. 170f.
6 Maurice Bellet, *Études*, Dezember 2000.
7 Hervé Kempf, *La Révolution biolithique. Humains artificiels et machines animées*, Paris 1998.
8 Paul Virilio, *La Procédure silence*, Paris 2000.
9 Marie Balmary, *Abel ou la traversée de l'Eden*, Paris 1999.
10 Isabelle Marin, »La dignité humaine, un consensus?«, in *Esprit*, Februar 1991.
11 Ursprünglich 1947 in einem ganz kleinen Verlag erschienen, wurde sein Bericht mit dem Titel *Se questo è un uomo* eigentlich erst zur Kenntnis genommen, als ihn der Verlag Einaudi 1958 noch einmal herausbrachte. Er wurde in viele Sprachen übersetzt und seither ständig wiederaufgelegt. Primo Levi, 1919 in Turin geboren, nahm sich 1987 das Leben.
12 Primo Levi, *Ist das ein Mensch?*, München 1992, S. 108.
13 Robert Antelme, *Das Menschengeschlecht*, Frankfurt/Main 2001, S. 10.
14 Primo Levi, *Se questo è un uomo*, Turin 1958, Anhang von 1976, S. 242.

15 Robert Antelme, *Das Menschengeschlecht*, a.a.O., S. 305 ff.

16 Ich beziehe mich hier auf den Beitrag von Claire Ambroselli, »Quarante ans après le code de Nuremberg«, enthalten in dem unter ihrer Leitung veröffentlichten Gemeinschaftswerk *Éthique médicale et Droits de l'homme*, Paris 1988.

17 Alexander Solschenizyn, *Der Archipel Gulag*, Bern 1974, S. 36 und 37.

18 Aussagen von Sylvie Umubyeyi, 34, Sozialarbeiterin in Nyamata Gatare, und Innocent Rwililaza, 38, Lehrer in Nyamata, zitiert in Jean Hatzfeld, *Dans le nu de la vie. Récits des marais rwandais*, Paris 2000.

19 *Courrier international*, 21. Dezember – 3. Januar 2001.

20 Zitiert von Caroline Glorion in *La Course folle. Des généticiens parlent*, Paris 2000.

21 Jean-Yves Nau, *Le Monde*, 15. September 2000.

22 Jean-Paul Thomas, *Les Fondements de l'eugénisme*, Paris 1995.

23 Jacques Testart, *Des hommes probables. De la procréation aléatoire à la reproduction normative*, Paris 1999.

24 Louis-Marie Houdebine in *Euréka*, März 2000.

25 André Pichot, *La Société pure. De Darwin à Hitler*, Paris 2000.

26 Siehe z.B. Philippe Breton, *Histoire de l'informatique*, Paris 1987.

27 Laurent Cohen-Tanugi, *Le Nouvel Ordre numérique*, Paris 1999.

28 Karl Rahner in einem Vortrag im Centre Sèvres am 11. April 1983, veröffentlicht in *Études*, September 1999.

29 Jean-Jacques Salomon, *Survivre à la science. Une certaine idée du futur*, Paris 2000.

30 Zitiert von Jean Cohen und Raymond Lepoutre, *Tous des mutants*, Paris 1987.

31 Die Angaben stammen aus einem Dossier des amerikanischen Magazins *Newsweek*, erschienen am 30. Oktober 2000 unter dem Titel »The Biotech Boom«.

32 Catherine Labrusse-Riou, Nachwort zu Monette Vacquin, *Main basse sur les vivants*, Paris 1999.

33 CCNE, *Recherche biomédicale et respect de la personne humaine*, Paris: La Documentation française, Dezember 1987.

34 Gilbert Vassart, zitiert in Caroline Glorion, *La Course folle*, a.a.O.

35 *Journal du dimanche* vom 19. März 2000.

36 Daniel Cohen, *Die Gene der Hoffnung. Die Entschlüsselung des menschlichen Genoms und der Fortschritt in der Medizin*, München 1995.

37 *L'Expansion* (626), 20. Juli – 31. August 2000. Zu erwähnen ist allerdings, daß aufgrund der gravierenden Verluste von Genset im Jahr 2000 (34 Millionen Euro) die Börsenkapitalisierung des Unternehmens 2001 um ein Drittel reduziert wurde.

38 Zitiert von der Zeitschrift *Euréka*, März 2000.

39 Marie-Claire King, Professorin für Genetik und Medizin an der Universität Seattle, zitiert in Caroline Glorion, *La Course folle*, a.a.O.

40 Frage an Axel Kahn, in *Société et Révolution biologique. Pour une éthique de la responsabilité*, Konferenz mit Podiumsdiskussion, veranstaltet von der Gruppe »Science en question« der INRA, 24. Oktober 1995, Paris 1998.

41 Diese Beispiele zitiert Grégory Benichou in *Le Chiffre de la vie. Essai philosophique sur le code génétique*, Paris 2002.

ERSTER TEIL: Die bedrängte Menschheit

2 Der Mensch nicht mehr als ein Tier?

1 Dominique Lestel, »Faire la paix avec l'animal«, in *Études*, Juli/August 2000.

2 Alle Angaben stammen aus Dominique Quinio, »Très chers amis«, in *Études*, November 1997.

3 Siehe insbesondere die Kritiken von Élisabeth de Fontenay, *Le Silence des bêtes*, Paris 1999.

4 Luc Ferry und Claudine Germé, *Des animaux et des hommes*, Paris 1994.

5 Dominique Lestel, »Faire la paix avec l'animal«, a.a.O.

6 Die Beispiele stammen aus Jacques Vauclaire, *L'Intelligence de l'animal*, Paris 1992.

7 Siehe insbesondere Roger Fouts, *Unsere nächsten Verwandten*, München 1998.

8 Jeremy Bentham, *Prinzipien der Gesetzgebung*, Köln 1833, S. 91.

9 Jacques Monod, *Zufall und Notwendigkeit. Philosophische Fragen der modernen Biologie*, München 1971, S. 42.

10 Michel Tibon-Cornillot, *Les Corps transfigurés. Mécanisation du vivant et imaginaire de la biologie*, Paris 1992.

11 Siehe insbesondere Louis-Marie Houdebine, *Le Génie génétique de l'animal à l'homme*, Paris 1996.

12 Dominique Bourg, »Modernité et appartenance à la nature«, in *Esprit*, Juni 1996.

13 Dominique Lestel, *L'Animalité. Essai sur le statut de l'humain*, Paris 1996.

14 Hervé Kempf, *La Révolution biolithique*, a.a.O.

15 François Euvé, »Une barrière des espèces?«, in *Études*, November 1997.

16 Tom Regan, *The Case of Animal rights*, Berkeley 1983.

17 Das Zitat ist entliehen aus Bernard Edelman, *La Personne en danger*, Paris 1999.

18 Lynn White, jr., »The Historical Roots of Our Ecological Crisis«, in *Science* (155), 10. März 1967, S. 1203–1207, vollständig nachgedruckt im Anhang zu Jean-Yves Goffi, *Le Philosophe et ses animaux*, a.a.O.

19 Ich beziehe mich hier auf die erhellenden Analysen von Philippe Van Parijs, »Impasses et promesses de l'écologie politique«, in *Esprit*, März 1991.

20 Das englische Wort *speciesism* prägte 1970 der Psychologe Richard Ryder, der 1974 eine scharfe Verurteilung der Vivisektion an Tieren unter dem Titel *Speciesism: The Ethics of Vivisection* veröffentlichte, verlegt von der Scottish Society for the Prevention of Vivisection in Edinburgh.

21 Paola Cavalieri und Peter Singer, *Animal Liberation. Die Befreiung der Tiere*, Reinbek ²1996.

22 Dies., *Menschenrechte für die Großen Menschenaffen*, München 1994.

23 Paola Cavalieri und Peter Singer, *Animal Liberation*, a.a.O.

24 Paola Cavalieri, »Humanité et égalité« (Erwiderung an Élisabeth de Fontenay), in *Le Débat* (109), März/April 2000.

25 Élisabeth de Fontenay, »Pourquoi les animaux n'auraient-ils pas droit à un Droit des animaux?«, ebd.

26 Luc Ferry und Claudine Germé, *Des animaux et des hommes*, a.a.O.

27 Élisabeth de Fontenay, »Pourquoi les animaux n'auraient-ils pas droit à un Droit des animaux?«, a.a.O.

28 Berichtet von Patrice Claude in *Le Monde* vom 9. November 1999.

29 Die Beispiele stammen aus Dorothy Nelkin und Susan Lindee, *The DNA Mystique: The Gene as a Cultural Icon*, New York 1995.

30 Peter Singer und Helga Kuhse, Hg., *Muß dieses Kind am Leben bleiben? Das Problem schwerstgeschädigter Neugeborener*, Erlangen 1997.

31 Georges Bataille, *L'Histoire de l'érotisme*, in *Œuvres complètes*, Bd. 8, Paris 1976.

32 Ders., *Critique* (71), nachgedruckt in *Œuvres complètes*, Bd. 10; siehe auch den Abschnitt »Die Animalität« im selben Band.

33 Georges Vacher de Lapouge, *Les Sélections sociales (Cours libre de science politique professé à l'université de Montpellier, 1888–1889)*, Paris 1896.

34 Das Beispiel stammt aus Dominique Lestel, *L'Animalité*, a.a.O.

35 Ich beziehe mich hier auf die Analysen von Luc Ferry in seinem Vorwort zu der von ihm und Claudine Germé herausgegebenen Anthologie *Des animaux et des hommes*, a.a.O.

36 Siehe insbesondere das schon alte Werk von Michel Damien, Alfred Kastler und Jean-Claude Nouet, *Le Grand Massacre*, Paris 1981.

37 Peter Kemp, *Das Unersetzliche. Eine Technologie-Ethik*, Berlin 1992.

38 Der Ausdruck stammt aus der Überschrift eines Artikels in *Le Monde* vom 11. Dezember 2000.
39 Zahlenangaben aus Jean-Yves Goffi, *Le Philosophe et ses animaux*, a.a.O.
40 André Pichot, *La Société pure*, a.a.O.
41 Arnold Munnich, Genetiker am INSERM, in Caroline Glorion, *La Course folle*, a.a.O.
42 Ich gebe hier die Analysen von Jacques Mehler und Emmanuel Dupoux wieder, *Naître humains*, Paris 1990.
43 Élisabeth de Fontenay, »Pourquoi les animaux n'auraient-ils pas droit à un Droit des animaux?«, in *Le Débat*, a.a.O.
44 André Comte-Sponville, »Sur les droits des animaux«, in *Esprit*, Dezember 1995.
45 Martine Rémond-Gouilloud, »Entre ›bêtises‹ et précaution«, in *Esprit*, November 1997.
46 Eugen Drewermann, *Über die Unsterblichkeit der Tiere. Hoffnung für die leidende Kreatur*, Düsseldorf 7 2000.
47 Die Quellenangaben stammen aus Dominique Bourg, *L'Homme artifice. Le sens de la technique*, Paris 1996.
48 Olivier Abel, »Humains et animaux, il les créa«, in *Études*, November 1997.
49 Luc Mathieu, »La vision franciscaine«, in *Christus* (185), Januar 2000.
50 André Beauchamp, »Création et écologie. Redéfinir notre rapport à la terre«, ebd.

3 Der Mensch nicht mehr als eine Maschine?

1 *Der Mensch als Maschine*, Nürnberg 1985, S. 94.
2 Hervé Kempf, *La Révolution biolithique*, a.a.O.
3 Zitiert von Jean-Michel Besnier, »Les sciences cognitives ont-elles raison de l'âme?«, in *Esprit*, Mai 1990.
4 Herbert Simon aus *The Shape of Automation for Man and Management* (1965), zitiert nach Hubert L. Dreyfus, Stuart E. Dreyfus, *Künstliche Intelligenz. Von den Grenzen der Denkmaschine und dem Wert der Intuition*, Reinbek 1987, S. 99.
5 Zitiert von John R. Searle, *Geist, Hirn und Wissenschaft. Die Reith Lectures 1984*, Frankfurt/Main 1986, S. 29.
6 Hans Moravec, *Mind Children. Der Wettlauf zwischen menschlicher und künstlicher Intelligenz*, Hamburg 1990.
7 *Le Monde*, 9. November 2002.

440

8 Giorgio Israel, *Le Jardin au noyer. Pour un nouveau rationalisme*, Paris 2000.

9 Eine der besten (französischsprachigen) Einführungen in das Gebiet des Kognitivismus bieten die Protokolle der Konferenz über »Approches de la cognition« im Juni 1987 in Cerisy-la-Salle, herausgegeben und eingeleitet von Daniel Andler unter dem Titel *Introduction aux sciences cognitives*, Paris 1992.

10 Francisco Varela und seine Kollegen stellen heute die Theorien in Frage, die die Realität eines lebenden Organismus mit dessen Anpassung an eine »gegebene« Umwelt beschreiben. Tatsächlich ist die Beeinflussung gegenseitig. Diese Gegenseitigkeit ist eine der Definitionen des Lebens. Siehe Francisco Varela, Evan Thompson und Eleanor Rosch, *Der mittlere Weg der Erkenntnis. Der Brückenschlag zwischen wissenschaftlicher Theorie und menschlicher Erfahrung*, München 1991.

11 Die Formel und die Erklärungen stammen von Daniel Andler aus seiner Einführung zu der Textsammlung *Introduction aux sciences cognitives*, a.a.O.

12 Henri Atlan, *Tout, non, peut-être*, Paris 1991.

13 Jean-Pierre Dupuy, *Aux origines des sciences cognitives*, Paris 1994. Unter den neueren Werken wäre auch das häufig zitierte Buch des Franzosen Alain Prochiantz zu nennen, *Machine-esprit*, Paris 2001.

14 Jean-Pierre Dupuy, »L'esprit mécanisé par lui-même«, in *Le Débat*, März/April 2000.

15 Zitiert von Marc Jeannerod, »La complexité du vivant«, in Jacques Hochmann und Marc Jeannerod, Hg., *Esprit, où es-tu? Psychanalyse et neurosciences*, Paris 1991.

16 Zu den Büchern, die einem ähnlichen Denken entspringen wie das Werk von Jean-Pierre Changeux, zählen zum Beispiel: Marc Jeannerod, *Le Cerveau-machine*, Paris 1983; Douglas R. Hofstadter, *Gödel, Escher, Bach: Ein endloses geflochtenes Band*, Stuttgart 1985; Geoff Simons, *Are Computers Alive? Evolution and New Life Forms*, Brighton 1986.

17 Hervé Kempf, *La révolution biolithique*, a.a.O.

18 Oliver Sacks, »La neurologie de l'âme«, in *Esprit*, Juli 1992.

19 Ich gebe hier sinngemäß eine Bemerkung von Dominique Bourg in *L'Homme artifice*, a.a.O., wieder.

20 Luc Ferry und Claudine Germé, *Des animaux et des hommes*, a.a.O.

21 Jean-Michel Besnier, »Les sciences cognitives ont-elles raison de l'âme?«, a.a.O.

22 Sigmund Freud, »Das Unheimliche«, in *Gesammelte Werke*, Bd. XII, 1917–1920, S. 233–268.

23 Zitiert von Michel Tibon-Cornillot, *Les Corps transfigurés*, a.a.O.

24 Henri Atlan, Vorwort zu Moshe Idel, *Le Golem*, Paris 1992; die englische Originalausgabe erschien unter dem Titel *Golem. Jewish Ma-*

gical and Mystical *Traditions on the Artificial Anthropoid,* Albany 1990.

25 Die meisten genannten Beispiele stammen aus Hervé Kempf, *La Révolution biolithique,* a. a. O.

26 Daniel Parrochia, »Le statut épistémologique de la ›vie artificielle‹«, in *Ordre biologique, ordre technologique,* hrsg. von Frank Tinland, Champ-Vallon 1994.

27 Mit dem Cyborg habe ich mich in *La Refondation du monde* befaßt, Paris 1999.

28 Die Cochlea, auch Schnecke genannt, ist ein Teil des Innenohrs; von hier aus wird der akustische Reize über den Hörnerv und mehrere Schaltstellen zur Großhirnrinde weitergeleitet.

29 Laurence Plévert, »Cyborg. L'Homme augmenté«, in *Euréka,* März 2000.

30 Hervé Kempf, *La Révolution biolithique,* a. a. O.

31 *Euréka,* März 2000.

32 Dorothy Nelkin und Susan Lindee, *The DNA Mystique,* a. a. O.

33 Sherry Turkle, »Câlins électroniques pour cyberenfants«, in *Courrier de l'UNESCO,* September 2000.

34 *Le Monde,* 10./11. November 1996.

35 Jean-Claude Beaune, *L'Automate et ses mobiles,* Paris 1980.

36 Friedrich von Hayek, *Mißbrauch und Verfall der Vernunft,* Frankfurt/ Main 1959.

37 Karl R. Popper, »Meccanismi contro invenzione creativa: brevi considerazionie su un problem aperto«, in *L'automa spirituale. Menti, cervelli e computer,* hg. von G. Giorello und P. Strada, Rom/Bari 1991; Artikel zitiert von Giorgio Israel, *Le Jardin au noyer,* a. a. O.

38 Siehe sein Hauptwerk *Die Wiederentdeckung des Geistes,* Frankfurt/ Main 1996.

39 Vgl. John R. Searle, »Langage, conscience, rationalité«, Gespräch mit Philippe de Lara in *Le Débat,* März/April 2000.

40 Ebd.

41 Ebd.

42 Hubert L. Dreyfus, *Was Computer nicht können: Die Grenzen Künstlicher Intelligenz,* Frankfurt/Main 1990.

43 Ich stütze mich hier auf die in jeder Hinsicht bemerkenswerten Analysen von Peter Kemp, *Das Unersetzliche,* a. a. O.

44 Joseph Weizenbaum, *Die Macht der Computer und die Ohnmacht der Vernunft,* Frankfurt/Main 1977, S. 295.

45 Antonio R. Damasio, *Descartes' Irrtum. Fühlen, Denken und das menschliche Gehirn.* München 1995.

46 Ebd.

47 Ebd.

48 Jean-Noël Missa, »Le cerveau, l'ordinateur et les modèles de la conscience«, in *Ordre biologique, ordre technologique*, a. a. O.

49 Jacques Hochmann, »La rupture et les analogies neuropsychiques«, in
Jacques Hochmann, Marc Jeannerod, Hg., *Esprit, où es-tu? Psychanalyse et neuroscience*, Paris 1991.

50 Peter Kemp, *Das Unersetzliche*, a. a. O., S. 225.

51 Ebd., S. 226.

4 Der Mensch als Sache?

1 Bernard Edelman, *La Personne en danger*, a. a. O.

2 Der Ausdruck stammt aus Michel Henry, *C'est moi la vérité. Pour une
philosophie du christianisme*, Paris 1996.

3 Der kategorische Imperativ, formuliert in der *Grundlegung zur Metaphysik der Sitten* (1785), lautet: »Handle so, daß die Maxime deines
Willens jederzeit zugleich als Prinzip einer allgemeinen Gesetzgebung
gelten könne.« Drei Jahre später, in der *Kritik der praktischen Vernunft*
(1788), leitet Kant aus dem kategorischen Imperativ den oben zitierten
praktischen Imperativ ab.

4 Shmuel Trigano, *Le monothéisme est un humanisme*, Paris 2000.

5 Danièle Lochak, »Diagnostic prénatal: le difficile passage de l'éthique
au droit«, in *Vers un antidestin. Patrimoine génétique et droits de l'humanité*, hrsg. von François Gros und Gérard Huber, Paris 1992.

6 Zitiert in *Vers un antidestin*, a. a. O.

7 Étienne Perrot, »Les gènes et l'argent«, in *Études*, März 2000.

8 Pioneer wurde kürzlich für zehn Milliarden Dollar von DuPont aufgekauft und ist heute unter dem Namen DuPont-Pioneer einer der Riesen
der Biotechnologieindustrie.

9 Bernard Edelman, *La Personne en danger*, a. a. O.

10 Marie-Angèle Hermitte, »Pouvoirs sur la vie, pouvoirs sur la mort, le
rôle du droit«, in *Qu'est-ce que l'humain?*, a. a. O.

11 Pierre-Benoît Joly, »Le matériel végétal est-il un bien public?«, in *Vers
un antidestin*, a. a. O.

12 Das Argument ist weitgehend irreführend: Um den Hunger in den Ländern der südlichen Hemisphäre wirksam zu bekämpfen, ist vor allem
eine gerechtere Verteilung der Reichtümer notwendig.

13 Jacques Mirenowicz, »Les organismes génétiquement modifiés«, in
Esprit, Februar 1999.

14 Entwickelt wurde die Terminator-Technologie gemeinsam von Delta
und Pine Land (1998 von Monsanto aufgekauft), und im März 1998
wurde Monsanto dafür das Patent erteilt.

15 Jacques Mirenowicz, »Les organismes génétiquement modifiés«, a.a.O.

16 Jean-Pierre Berlan und Richard C. Lewontin, »Racket sur le vivant. Les menaces du complexe génético-industriel«, in *Le Monde diplomatique*, Dezember 1998.

17 Jeremy Rifkin, *Das biotechnische Zeitalter. Die Geschäfte mit der Genetik*, München 1998.

18 Jean-Pierre Berlan und Richard C. Lewontin, »Racket sur le vivant«, a.a.O.

19 Appell des wissenschaftlichen Rats der Bewegung ATTAC, Juni 1999.

20 Henri Thiellement (Professor für Pflanzenbiologie an der Universität Genf), »Variétés transgéniques, biologie et société«, in *La Revue de la CFDT* (27), Januar 2000.

21 Zitiert von Gregory Benichou, »Une réflexion philosophique sur la privatisation du génome humain«, in *Les Cahiers du Comité consultatif national d'éthique*, September 2000.

22 Henri Thiellement, »Variétés transgéniques, biologie et société«, a.a.O.

23 Die Information stammt aus der Zusammenfassung eines von der Vereinigung Génétique et Liberté veranstalteten Round-table-Gesprächs über die wirtschaftlichen Auswirkungen der Humangenetik, im Internet nachzulesen unter dem Titel »Les enjeux industriels de la génétique humaine« auf www.genelib.claranet.fr.

24 In der Zeitschrift *Science Actualité*, April 1999.

25 Vereinigung Génétique et Liberté, »Les enjeux industriels de la génétique humaine«, a.a.O.

26 Marie-Claire King, zitiert von Caroline Glorion in *La Course folle*, a.a.O.

27 Bernard Edelman, *La Personne en danger*, a.a.O.

28 Ich stütze mich hier auf die Analyse von François Ost, »Générations futures et patrimoine«, in *Les Clés du XXIe siècle*, a.a.O.

29 In Frankreich wurden im Jahr 1995 2857 Organtransplantationen durchgeführt, 2907 waren es 1996, 2997 im Jahr darauf, 3116 im Jahr 1998, und 1999 waren es 3018. Die Zahlen stammen von Prof. Didier Roussin, dem Leiter der französischen Transplantationsanstalt (Interview in *Libération* vom 22. November 2000).

30 Siehe nächstes Kapitel.

31 Mit der in Frankreich im Jahr 2001 beschlossenen Reform der bioethischen Gesetze wurde die Zustimmung zu gegenseitigen Organspenden auf den Ehepartner ausgedehnt.

32 Gilbert Hottois, *Essais de philosophie bioéthique et biopolitique*, Paris 1999.

33 Ebd.

34 Harry Wu, *Danse pas avec la Chine*, Montpellier 2000.

35 Martina Keller, »Operation Niere«, in *Die Zeit*, 5.12.2002.

36 Étienne Wolf unter dem Stichwort »Embryologie« in der *Encyclopaedia Universalis*, Ausgabe 1989, zitiert von René Frydman, *Dieu, la médecine et l'embryon*, Paris 1999.

37 Olivier de Dinechin, *L'Homme de la bioéthique*, Paris 1999.

38 Patrick Verspieren, »Énigmatique embryon«, in *Études*, Februar 1996.

39 René Frydman, *Dieu, la médecine et l'embryon*, a.a.O.

40 Zahlenangaben von Olivier Blond, *La Recherche* (329), März 2000.

41 Ebd.

42 Vgl. Tristram H. Engelhardt, »Die Prinzipien der Bioethik«, in Hans Martin Sass, Hg., *Medizin und Ethik*, Stuttgart 1989.

43 Gilbert Hottois, *Essais de philosophie bioéthique et biopolitique*, a.a.O. Es ist darauf hinzuweisen, daß Gilbert Hottois sich in seinen ersten Büchern eher als Schüler von Gilbert Simondon präsentierte und der Technik und den Technowissenschaften entschieden kritisch gegenüberstand. Offensichtlich hat er seine Meinung geändert.

44 »Instruktion über die Achtung vor dem beginnenden menschlichen Leben und die Würde der Fortpflanzung – Donum vitae vom 22. Februar 1987«, nachzulesen auf der vatikanischen Homepage unter der Adresse www.vatican.va/roman_curia/congregations/cfaith/documents/rc_con_cfaith_doc_19870222_respect-for%20human-life_ge.html.

45 François Dagognet, *La Maîtrise du vivant*, Paris 1988.

46 Claude Sureau, »L'embryon: une entité spécifique?«, in *Forum Diderot, L'Embryon humain est-il humain?*, Paris 1996.

47 René Frydman, *Dieu, la médecine et l'embryon*, a.a.O.

48 Mit dieser Thematik habe ich mich in *Die Tyrannei der Lust*, München 1999, ausgiebig befaßt.

49 Zitiert von Michèle Fellous, »Échographie, fœtus, personne«, in Simone Novaes, Hg., *Biomédicine et Devenir de la personne*, Paris 1991.

50 Ebd.

51 Am 28. November 2000 wollte der damalige französische Premierminister Lionel Jospin denselben Trick anwenden und schlug vor, den Ausdruck »therapeutisches Klonen« durch »Transfer von Körperzellen« zu ersetzen, um seine – fragwürdige – Entscheidung, nämlich die Genehmigung des entsprechenden Verfahrens, zu entdramatisieren.

52 Paolo Parisi, »Pré-embryon: concept scientifique ou notion practique«, in *Vers un antidestin*, a.a.O.

53 J. Kelly, The Lancet, 13. Januar 1990, zitiert von Marie-Angèle Hermitte, »L'embryon aléatoire«, in *Le Magasin des enfants*, hrsg. von Jacques Testard, Paris 1990.

54 Marie-Angèle Hermitte, »Pouvoirs sur la vie, pouvoirs sur la mort, le rôle du droit«, in *Qu'est-ce que l'humain*, a.a.O.

55 Patrick Verspieren in »L'Embryon entre chose et personne humaine«, Kolloquium im Centre Rachi, November 1995.

5 Der Mensch als Summe seiner Organe?

1 *Le Monde*, 22. April 1997.

2 Dr. Jean-Christophe Mino, »La biomédecine entre biologie et médecine«, in *Études*, Mai 1998.

3 Martin Winckler, *Dr. Bruno Sachs*, München 2000.

4 Bernard Edelman, *La Personne en danger*, a. a. O.

5 Jacques Hochmann, »La pensée métaphorique«, in Jacques Hochmann, Marc Jeannerod, Hg., *Esprit, où es-tu?*, a. a. O.

6 Zitiert nach Patrick Verspieren, »Les limites du tolérable. À propos des prélèvements de tissus et organes humains«, in *Études*, November 1994.

7 Marie-Angèle Hermitte, »Pouvoirs sur la vie, pouvoirs sur la mort, le rôle du droit«, in *Qu'est-ce que l'humain?*, a. a. O.

8 Michel Tibon-Cornillot, *Les Corps transfigurés*, a. a. O.

9 Das Zitat von Marcel Mauss stammt aus Simone Novaes, »Don de sang, don de sperme: motivations personnelles et sens social des dons biologiques«, in Simone Novaes, Hg., *Biomédicine et Devenir de la personne*, a. a. O.

10 Dominique Bourg, *L'Homme artifice*, a. a. O.

11 Marie-Dominique Perrot, Gilbert Rist, Fabrizio Sabelli, *La Mythologie programmée. L'économie des croyances dans la société moderne*, Paris 1992.

12 Pierre Legendre, *Sur la question dogmatique en Occident*, Paris 1999.

13 Ders., *L'Inestimable Objet de la transmission. Études sur le principe généalogique en Occident. Leçons IV*, Paris 1985.

14 Interview in *Télérama*, 30. Dezember 1998.

15 Ich gebe hier eine exzellente Analyse von Monique Castillo wieder, »De la bioéthique à l'éthique«, in *Esprit*, Juli 1995.

16 Ernst Cassirer, *Was ist der Mensch? Versuch einer Philosophie der menschlichen Kultur*, Stuttgart 1960.

17 Siehe Kapitel 3.

18 Oliver Sacks, »Neurologie und Seele«, in *Lettre International* (54), Herbst 2001.

19 Paul Valadier, *Un christianisme d'avenir. Pour une nouvelle alliance entre raison et foi*, Paris 1999.

20 Bernard Edelman, *La Personne en danger*, a. a. O.

21 Dieses Thema habe ich ausführlich in *Die Tyrannei der Lust*, a. a. O., behandelt.

22 Denis Salas, »L'inceste, un crime généalogique«, in *Esprit*, Dezember 1996.

23 »Die Menschheit«, schreibt sie, »steht anscheinend am Schnittpunkt zweier voneinander untrennbarer Achsen: einerseits die Einzigartigkeit

jedes menschlichen Wesens und andererseits seine Zugehörigkeit zur menschlichen Familie. Und das Verbrechen gegen die Menschheit weicht gegen diese beiden Achsen ab. [...] Wir können uns fragen, ob das systematische Klonen von Menschen nicht mit genau dieser Begründung verboten werden könnte.« Mireille Delmas-Marty, »Quel avenir pour les droits de l'homme?«, in *Les Clés du XXIe siècle*, a.a.O.

24 Zitiert von René Frydman, *Dieu, la médecine et l'embryon*, a.a.O.

25 Patrick Verspieren, »Le clonage humain et ses avatars«, in *Études*, November 1999.

26 Zitiert von Patrick Verspieren, ebd.

27 Monette Vacquin, *Main basse sur les vivants*, a.a.O.

28 Pierre Legendre, *L'Inestimable Objet de la transmission*, a.a.O.

29 Artikel in *Le Monde* vom 15. Oktober 1999, unterzeichnet von Michel Tort.

30 Gilbert Hottois, *Essais de philosophie bioéthique et biopolitique*, a.a.O.

31 Ebd.

32 Ebd.

33 Siehe Kapitel 9.

34 Ich stütze mich hier auf die Ausführungen von Jacques Hochmann und Marc Jeannerod, Hg., *Esprit, où es-tu?*, a.a.O.

35 Jacques Hochmann, »Deux réalités«, in *Esprit, où es-tu?*, a.a.O.

36 Françoise Parot auf der Konferenz vom 1. April 2000 an der Pariser »Universität des Allgemeinwissens«, in Auszügen veröffentlicht in *Le Monde* vom 4. April 2000.

37 Ebd.

38 Christophe Dejours, Évelyne Abdoucheli, »Biologie et psychanalyse: les enjeux«, in *Vers un antidestin*, a.a.O.

39 Ebd.

40 Jean-Jacques Salomon, *Survivre à la science*, a.a.O.

41 Aus einer Vielzahl von Titeln vgl. zum Beispiel Peter W. Nathanielsz, *Leben im Mutterleib*, München 1995; oder Lise Eliot, *Was geht da drinnen vor? Die Gehirnentwicklung in den ersten fünf Lebensjahren*, Berlin 2001.

42 Laurence Gavarini in *Le Magasin des enfants*, a.a.O.

43 Jacques Testart, *Des hommes probables*, a.a.O.

44 Pierre Babin, *La Fabrique du sexe*, Gespräch mit Philippe Petit, Textuel 1999.

45 Zur ideologischen Dimension dieser Debatten siehe Kapitel 12.

6 Der Mensch vor dem Aussterben?

1 »Der Mensch ist eine Erfindung, deren junges Datum die Archäologie unseres Denkens ganz offen zeigt. Vielleicht auch das baldige Ende. Wenn diese Dispositionen verschwänden, so wie sie erschienen sind, wenn durch irgendein Ereignis, dessen Möglichkeit wir höchstens vorausahnen können, aber dessen Form oder Verheißung wir im Augenblick noch nicht kennen, diese Dispositionen ins Wanken gerieten, wie an der Grenze des achtzehnten Jahrhunderts die Grundlage des klassischen Denkens es tat, dann kann man sehr wohl wetten, daß der Mensch verschwindet wie am Meeresufer ein Gesicht im Sand.« Michel Foucault, *Die Ordnung der Dinge*, Frankfurt/Main 1974, S. 462.

2 Dies ist, stark zusammengefaßt, die Überlegung von Jean-Pierre Dupuy in »L'essor de la première cybernétique (1943–1953)«, in *Cahier du CREA*, Nr. 7.

3 Shmuel Trigano, *Le Monothéisme est un humanisme*, a.a.O.

4 Gilbert Hottois, »Éthique et technoscience: entre humanisme et évolutionnisme« in *Science et Éthique*, hrsg. von der Universität Brüssel, 1987.

5 Joël de Rosnay, *Das Makroskop. Systemdenken als Werkzeug der Ökogesellschaft*, Stuttgart 1982; und *Homo symbioticus. Einblicke in das 3. Jahrtausend*, München 1997.

6 *Homo symbioticus*, a.a.O., S. 16.

7 Ebd., S. 16f.

8 Ebd., S. 21.

9 Ebd., S. 20.

10 Ebd., S. 242.

11 André Leroi-Gourhan, *Hand und Wort. Die Evolution von Technik, Sprache und Kunst*, Frankfurt/Main 1984. Die Erwähnung stammt allerdings aus Dominique Bourg, *L'Homme artifice*, a.a.O.

12 Ich denke an die eindrucksvollen Mythen der Insel Tana, im Vanuatu-Archipel, dargestellt und kommentiert von dem Geographen Joël Bonnemaison in *La Dernière Île*, Paris 1987.

13 Derrick de Kerckhove, *Connected Intelligence*, Toronto 1997.

14 Philippe Quéau, *La Planète des esprits*, Paris 2000.

15 Die spezielle Sicht von Dan Sperber findet sich in seinem zusammen mit Roger-Pol Droit verfaßten Werk *Des idées qui viennent*, Paris 2000.

16 Pierre Lévy, *Cyberkultur. Universalität ohne Totalität*, Mannheim 1997.

17 Ders., *World philosophie*, Paris 2000.

18 Ebd.

19 Ders., *Cyberkultur*, a.a.O.

20 Ders., *World philosophie*, a.a.O.

21 Siehe das Gemeinschaftswerk dreier Agronomen und Genetiker, Pierre-Henri Gouyon, Jean-Pierre Henry und Jacques Arnoulds, *Les Avatars du gène. La théorie néodarwinienne de l'évolution*, Paris 1997.

22 Richard Dawkins, *Das egoistische Gen*, Berlin/Heidelberg/New York 1978, S. VIII.

23 Ebd., S. 3.

24 Vgl. ders., *Und es entsprang ein Fluß in Eden. Das Uhrwerk der Evolution*, München 1989, S. 122, 13 und 10.

25 Ebd., S. 13 und 10.

26 Pierre-Henri Gouyon, Jean-Pierre Henry und Jacques Arnoulds, *Les Avatars du gène*, a.a.O.

27 Siehe Kapitel 12.

28 Lynn Margulis und Dorion Sagan, *Leben. Vom Ursprung zur Vielfalt*, Heidelberg 1997.

29 Siehe James Lovelock, *Das Gaia-Prinzip. Die Biographie unseres Planeten*, Frankfurt/Main 1993; und *Earth Dance: Living Systems in Evolution*, iUniverse.com 2000.

30 Siehe Kapitel 2.

31 Francisco Varela, Evan Thompson und Eleanor Rosch, *Der mittlere Weg der Erkenntnis*, a.a.O., S. 120.

32 Ebd., S. 80.

33 Ebd., S. 93.

34 Paul Magnin, »Le bouddhisme et la dépossession du Soi«, in *Études*, April 1997.

35 Frédéric Lenoir, *La Rencontre du bouddhisme et de l'Occident*, Paris 1999.

36 Ebd.

37 Ders., *Le Bouddhisme en France*, Paris 1999.

38 Alain Ehrenberg, *Le Culte de la performance*, Calmann-Lévy 1991.

39 Paul Magnin, »Le bouddhisme et la dépossession du Soi«, a.a.O.

40 Die Bemerkung stammt aus Frédéric Lenoir, *Le Bouddhisme en France*, a.a.O.

41 Frédéric Lenoir, *La Rencontre du bouddhisme et de l'Occident*, a.a.O.

42 Sangha (10), Oktober 1994, zitiert von Frédéric Lenoir, *Le Bouddhisme en France*, a.a.O.

43 Thich Nhat Hanh, *Changer l'avenir. Pour une vie harmonieuse*, Paris 2000.

44 Harvey Cox, *Licht aus Asien*, Stuttgart 1978, S. 172.

45 Paul Valadier, *Un christianisme d'avenir. Pour une nouvelle alliance entre raison et foi*, Paris 1999.

46 Ebd.

47 Denis Gira, »Les bouddhistes français«, in *Esprit*, Juni 1987.

48 Frédéric Lenoir, *Le Bouddhisme en France*, a.a.O.
49 So benannt nach dem gleichnamigen Drama (1776) von Friedrich Maximilian Klinger, wegen der Verherrlichung des »Originalgenies« auch als Geniezeit oder Genieperiode bezeichnet.
50 Darüber habe ich ausführlich in *La Refondation du monde*, a.a.O., geschrieben.

ZWEITER TEIL: Die rückschrittliche Moderne

Wie im neunzehnten Jahrhundert …

1 Dominique Bourg, »Bioéthique: faut-il avoir peur?«, in *Esprit*, Mai 1991.
2 »La Fin du monde« war der Titel eines »wissenschaftlichen« Artikels von Camille Flammarion, der 1905 in der Zeitschrift *Je sais tout* erschien. Darin verkündete der Astronom die mögliche Zerstörung der Erde nach dem Zusammenstoß mit einem Kometen.
3 Giorgio Israel, *Le Jardin au noyer*, a.a.O.
4 Marc Augé in *Vers un antidestin*, a.a.O.

7 Die neuen Archaismen

1 Ebd.
2 Jeremy Rifkin, »Biotechnologies: vers le meilleur des mondes?«, in *Les Clés du XXIᵉ siècle*, a.a.O.
3 Jean-Pierre Berlan und Richard C. Lewontin, »Racket sur le vivant«, in *Le Monde diplomatique*, Dezember 1998.
4 Otta Schäfer-Guigner, »Dignité de l'humain et dignité de la diversité«, in *Vers un antidestin*, a.a.O.
5 Zitiert von Bakary Touré, »L'exploitation des ressources végétales des pays du Sud«, in *Vers un antidestin*, a.a.O.
6 Luis Eugenio Di Marco (Universität von Cordoba, Argentinien), »La globalisation vue du Sud«, in *Projet* (262), Juni 2000.
7 Laut einem Bericht über die menschliche Entwicklung innerhalb des Entwicklungsprogramms der Vereinten Nationen (UNPD) sank in 70 Ländern zwischen den Jahren 1994 und 1999 das Pro-Kopf-Einkommen um 20 Prozent.
8 Angaben von Jean-Paul Maréchal, »La biodiversité assimilée à une mar-

chandise«, in *Manière de voir – Le Monde diplomatique*, März/April 2000.

9 Richard Stallman, »Pirates ou biocorsaires?«, in *Multitudes* (1), März 2000.

10 Alain Supiot, »La contractualisation de la société«, in *Qu'est-ce que l'humain?*, a.a.O.

11 Charles Auffray, *Le Génome humain*, Paris 1996.

12 »Dossier spécial génétique«, in *Sciences et Avenir* (636), Februar 2000.

13 Jean-Paul Gaudillière, »Le vivant à l'heure de la génomique«, in *La Recherche* (329), März 2000.

14 Zitiert von Diane B. Paul, »Tests génétiques: à qui profite le débat?«, in *La Recherche* (329), März 2000.

15 Dieser – vielsagende – Ausdruck stammt von Gregory Benichou in *Le Chiffre de la vie*, a.a.O.

16 Diane B. Paul, »Tests génétiques: à qui profite le débat?«, a.a.O.

17 Das Beispiel wird zitiert von Bertrand Jordan, *Les Imposteurs de la génétique*, Paris 2000.

18 Gilbert Hottois, *Essais de philosophie bioéthique et biopolitique*, a.a.O.

19 Bertrand Jordan, *Les Imposteurs de la génétique*, a.a.O.

20 Angus Clarke, Forscher am Institute of Genetics in Cardiff, Großbritannien, zitiert von Caroline Glorion in *La Course folle*, a.a.O.

21 Siehe Dorothée Benoît Browaeys und Jean-Claude Kaplan, »La tentation de l'apartheid génétique«, in *Le Monde diplomatique*, Mai 2000.

22 Axel Kahn, *Société et Révolution biologique*, a.a.O.

23 Ausführlich habe ich mich mit diesem Thema in der *Tyrannei der Lust*, a.a.O., befaßt.

24 Patricia Osganian, »Ce vent punitif qui vient d'Amérique«, in *Mouvements*, La Découverte, Mai/Juni 2000.

25 Loïc Wacquant, *Les prisons de la misère*, Liber-Raisons d'agir, 1999.

26 Jacques Testart, *Des hommes probables*, a.a.O.

27 Zitiert von Dorothy Nelkin und Susan Lindee, *The DNA Mystique*, a.a.O.

28 Die deutsche Auflage erschien unter dem Titel *Der Verbrecher in anthropologischer, ärztlicher und juristischer Beziehung*, Hamburg 1887–1890.

29 Zitiert von Stephen Jay Gould, *Der falsch vermessene Mensch*, Frankfurt/Main 1986, S. 134.

30 Bernard Edelman, *La Personne en danger*, a.a.O.

31 Siehe Kapitel 13.

32 François Gros in *Patrimoine génétique et droits de l'homme: livre blanc des recommandations*, Protokoll des Kolloquiums vom 25.–28. Oktober 1989, Paris 1990.

33 Marie-Angèle Hermitte, »Pouvoirs sur la vie, pouvoirs sur la mort, le rôle du droit«, in *Qu'est-ce que l'humain*, a.a.O., Bd. 2.

34 Patrick Verspieren, »Le clonage humain et ses avatars«, in *Études*, November 1999.

35 Étienne Perrot, »Les gènes et l'argent«, in *Études*, November 1999.

36 Henri Atlan, »Personne, espèce, humanité«, in *Vers un antidestin*, a.a.O.

37 Zitiert von François Dagognet, *La Maîtrise du vivant*, a.a.O.

38 Gilbert Hottois, *Essais de philosophie bioéthique et biopolitique*, a.a.O.

39 So lautet der Untertitel des Buchs von Christophe Dejours, *Souffrances en France. La banalisation de l'injustice sociale*, Paris 1998.

40 Ich habe dieser Frage ein ganzes Kapitel in dem Buch *La Refondation du monde*, a.a.O., gewidmet.

41 Interview in der Zeitschrift *L'Express*, 20. Januar 2000.

42 Jean-Jacques Salomon, *Survivre à la science*, a.a.O.

43 Alain Supiot, »La contractualisation de la société«, in *Qu'est-ce que l'humain?*, a.a.O.

8 Die Genetik in den Klauen der Ideologie

1 »Qu'est-ce qu'une idéologie?«, in *Idéologie et Rationalité dans l'histoire des sciences de la vie*, Paris, 2. Aufl. 1981.

2 Zitiert von Hervé Ponchelet, *L'Avenir n'est pas héréditaire*, Belin 1996.

3 Ludwig Wittgenstein, *Tractatus logico-philosophicus / Logisch-philosophische Abhandlung*, Frankfurt/Main 1980, S. 109.

4 Henri Atlan, *La Fin du »tout génétique«. Vers de nouveaux paradigmes en biologie*, Paris 1999.

5 André Pichot, *La Société pure*, a.a.O.

6 Dorothy Nelkin und Susan Lindee, *The DNA Mystique*, a.a.O. Die folgenden Seiten beziehen sich weitgehend auf diese sehr bemerkenswerte Untersuchung zweier amerikanischer Soziologinnen über die neue Vorherrschaft der genetischen Bilder in der amerikanischen Massenkultur (Medien, TV-Serien, Filme, populäre Literatur usw.). Darüber hinaus ist ihre Arbeit eine sehr gewissenhafte Entmystifizierung.

7 Richard Lewontin, zitiert von Jacques Testart in *Des hommes probables*, a.a.O.

8 Leon Lederman und Dick Teresi, *Das schöpferische Teilchen. Der Grundbaustein des Universums*, München 1993.

9 Dorothy Nelkin und Susan Lindee, *The DNA Mystique*, a.a.O.

10 Jean-Jacques Salomon, *Survivre à la science*, a.a.O.

11 Dorothy Nelkin und Susan Lindee, *The DNA Mystique*, a.a.O.

12 Olivier de Dinechin, *L'Homme de la bioéthique*, a. a. O.

13 Hervé Ponchelet, *L'Avenir n'est pas héréditaire*, a. a. O.

14 Zitiert von Dorothy Nelkin und Susan Lindee, *The DNA Mystique*, a. a. O.

15 Dean Hamer und Peter Copeland, *The Science of Desire: The Search for the Gay Gene and the Biology of Behavior*, New York 1994. Festzuhalten ist, daß derselbe Dean Hamer inzwischen ein weiteres Buch verfaßt hat, das den Titel trägt: *The God Gene. How Faith is Hardwired Into Our Genes* (New York 2003), in dem er behauptet, er habe eine genetische Grundlage für den Glauben an Gott gefunden.

16 André Orléan, »L'individu, le marché et l'opinion: réflexions sur le capitalisme financier«, in *Esprit*, November 2000.

17 Bertrand Jordan, *Les Imposteurs de la génétique*, a. a. O.

18 Dorothy Nelkin und Susan Lindee, *The DNA Mystique*, a. a. O.

19 Edward O. Wilson, *Darwins Würfel*, München 1996, S. 89.

20 Ders., *Des Lebens ganze Fülle*, München 1994, S. 113.

21 Marshall Sahlins, *The Use and Abuse of Biology. An Anthropological Critique of Sociobiology*, Ann Arbor 1976.

22 Siehe insbesondere Pierre Thuillier, *Les Biologistes vont-ils prendre le Pouvoir?*, Paris 1981.

23 Marcel Blanc, *Les Héritiers de Darwin. L'évolution en mutation*, Paris 1990.

24 Vgl. Kapitel 6.

25 Jean-Paul Thomas, *Les Fondements de l'eugénisme*, a. a. O.

26 Das ist die These eines Verhaltensforschers von der Universität Villetaneuse, der von einem »unrechtmäßigen Prozeß« gegen Wilson spricht. Siehe Pierre Jaisson, *La Fourmi et le Sociobiologiste*, Paris 1993.

27 Siehe insbesondere Edward O. Wilson und Charles Lumsden, *Das Feuer des Prometheus. Wie das menschliche Denken entstand*, München 1984.

28 In ihrer Ausgabe vom 12. Juni 2000 veröffentlichte die französische Tageszeitung *Libération* ein ganzseitiges, eher schmeichelhaftes Porträt von Edward Wilson, der als Bewunderer von Condorcet und der Aufklärung vorgestellt wurde.

29 *Racial Loyalty*, Nr. 66, Dezember 1990, zitiert von Dorothy Nelkin und Susan Lindee in *The DNA Mystique*, a. a. O.

30 Richard J. Herrnstein, Charles Murray, *The Bell Curve: Intelligence and Class Structure in American Life*, New York 1994.

31 Pierre Vial, *Pour une renaissance culturelle*, Paris 1979.

32 Erwähnenswert ist vielleicht, daß sich ein Leser in einer späteren Nummer der Zeitschrift über die übertriebene Wissenschaftsgläubigkeit dieses Dossiers beklagt.

33 Robert de Herte, »Misère de l'humanisme«, in *Éléments*, 97, Januar 2000.

34 Charles Champetier, »Voici l'ère néobiotique«, in ebd.
35 Zur Debatte über die Eugenik siehe Kapitel 9.
36 Die beiden Ausdrücke stammen von Jean Cohen und Raymond Lepoutre aus *Tous des mutants*, a.a.O.
37 Michel Yaèche, »Intelligence, gènes, environnement«, in *Études*, April 1995.
38 Ebd.
39 Y. Ben-Ari, »La génétomanie et les mensonges du tout génétique«, in *INSERM Actualités*, Nr. 146, Dezember 1996, zitiert von Jacques Testart in *Des hommes probables*, a.a.O.
40 François Jacob, *Das Spiel der Möglichkeiten. Von der offenen Geschichte des Lebens*, München 1983, S. 91.
41 Ebd., S. 85.
42 Christopher Wills, *The Wisdom of the Genes. New Pathways in Evolution*, New York 1989.
43 Jean-Paul Gaudillière, »Le vivant à l'heure de la génomique«, in *La Recherche*, 329, März 2000.
44 André Pichot, »Hérédité et évolution (l'inné et l'acquis en biologie)«, in *Esprit*, Juni 1996.
45 »Qu'est-ce qu'une idéologie?«, in *Idéologie et Rationalité dans l'histoire des sciences de la vie*, a.a.O.

9 Die Eugenik im neuen Gewand

1 Professorin für Genetik und Medizin an der Universität des Staates Washington, zitiert von Caroline Glorion, *La Course folle*, a.a.O.
2 Anne Carol, *Histoire de l'eugénisme en France. Les médecins et la procréation. XIXe–XXe siècle*, Paris 1995.
3 Zitiert von Pierre Thuillier, »La tentation de l'eugénisme«, in *La Recherche*, 155, Mai 1984.
4 Zitiert von Daniel J. Kevles, *In the Name of Eugenics: Genetics and the Uses of Human Heredity*, New York 1985.
5 Zitiert von Axel Kahn, *Société et Révolution biologique*, a.a.O.
6 Jacques Testart, *Des hommes probables*, a.a.O.
7 Zitiert von Caroline Glorion, *La Course folle*, a.a.O.
8 Chen Zhu, Genetiker aus Shanghai und Leiter des HUGO-Programms in China, ebd.
9 Zahlenangaben von Hervé Ponchelet, *L'Avenir n'est pas héréditaire*, a.a.O.
10 Arnold Munnich (INSERM), in Caroline Glorion, *La Course folle*, a.a.O.

11 Vgl. Kapitel 1.

12 Pierre-André Taguieff, »Retour sur l'eugénisme. Question de définition«, in *Esprit*, März/April 1994.

13 Ebd.

14 Ebd.

15 Ebd.

16 Bernard Debré, *La Grande Transgression*, Paris 2001.

17 Jacques Testart in *Le Nouvel Observateur*, 16. März 1997.

18 Eine Anspielung auf ein am 13. Oktober 1993 in *Télérama* veröffentlichtes Interview mit Daniel Cohen.

19 Jacques Testart, »Les risques de la purification génique: questions à Pierre-André Taguieff«, in *Esprit*, Februar 1994.

20 Ebd.

21 Jacques Roger, Vorwort zu *L'Histoire de la génétique*, Kongreßvorträge, veröffentlicht 1990 von Éditions ARPEM; zitiert nach François Roussel, »L'eugénisme: analyse terminée, analyse interminable«, in *Esprit*, Juni 1996.

22 Vgl. Kapitel 1.

23 Alexander Mitscherlich und Fred Mielke (Hg.), *Medizin ohne Menschlichkeit. Dokumente des Nürnberger Ärzteprozesses*, Frankfurt 1960, S. 236.

24 Zitiert von Henry Friedlander, *Der Weg zum NS-Genozid. Von der Euthanasie zur Endlösung*, Berlin 1997, S. 66.

25 Ebd., S. 73.

26 Ebd., S. 155 ff.

27 Benoît Massin, »La nazisme et la science«, in *La Recherche*, 227, Dezember 1990.

28 André Pichot, *La Société pure*, a.a.O.

29 Alle Angaben in diesem Absatz aus Alexander Mitscherlich und Fred Mielke, *Medizin ohne Menschlichkeit*, a.a.O., S. 27–165.

30 Zitiert von Giorgio Agamben, *Homo sacer. Die souveräne Macht und das nackte Leben*, Frankfurt/Main 2002, S. 154.

31 Benoît Massin, »Le nazisme et la science«, in *La Recherche*, a.a.O.

32 Henry Friedlander, *Der Weg zum NS-Genozid*, a.a.O., S. 49.

33 Ebd., S. 46.

34 André Pichot, *La Société pure*, a.a.O.

35 Zitiert nach *Geschichte der Katholischen Kirche*, hrsg. von Josef Lenzenweger, Peter Stockmeier, Karl Amon, Rudolf Zinnhobler, Graz/Wien/Köln 1986, S. 435.

36 Zitiert von Marcel Blanc, *Les Héritiers de Darwin*, a.a.O.

37 Zitiert nach Alexander Mitscherlich und Fred Mielke, *Medizin ohne Menschlichkeit*, a.a.O., S. 365.

38 Pichot, *La Société pure*, a.a.O.

39 Anne Carol, *Histoire de l'eugénisme en France*, a.a.O.
40 Ebd.
41 Dorothy Nelkin und Susan Lindee, *The DNA Mystique*, a.a.O.
42 Ebd.
43 S. J. Holmes, »A Bibliography of Eugenics«, in *Zoology*, 25, Berkeley 1924, zitiert von André Pichot, *La Société pure*, a.a.O.
44 Ebd.
45 Pierre Thuillier, »La tentation de l'eugénisme«, a.a.O.
46 Axel Kahn, *Société et Révolution biologique*, a.a.O.
47 Zitiert von Anne Carol, *Histoire de l'eugénisme en France*, a.a.O.
48 Dorothy Nelkin und Susan Lindee, *The DNA Mystique*, a.a.O.
49 In Frankreich vertritt diese Argumentation der obenerwähnte Pierre-André Taguieff.
50 Ebd.
51 Zitiert von Patrick Verspieren, »Eugénisme?«, in *Études*, Juni 1997.
52 René Frydman, *Dieu, la médecine et l'embryon*, a.a.O.
53 Die Formulierung stammt von Olivier de Dinechin, *L'Homme de la bioéthique*, a.a.O.
54 Bruno Jeandidier, »Amniocentèse: pour un débat de société«, in *Études*, Juni 1997.
55 Julien Teppe, *Apologie pour l'anormal ou Manifeste du dolorisme*, Paris 1973, zitiert von Gregory Benichou, *Le Chiffre de la vie*, a.a.O.
56 Bertrand Jordan, *Les Imposteurs de la génétique*, a.a.O.
57 Zitiert von Caroline Glorion, *La Course folle*, a.a.O.
58 Claude Sureau, »L'embryon: une entité spécifique?«, in Forum Diderot, *L'embryon humain est-il humain?*, a.a.O.
59 Anne Fagot-Largeault, »Respect du patrimoine génétique et respect de la personne«, in *Esprit*, Mai 1991.
60 Beispiele zitiert von Marcel Blanc, *Les Héritiers de Darwin*, a.a.O.
61 Georges Canguilhem, *Le Normal et le Pathologique*, Paris 1966.
62 Raphaël Drai, »Réinventer la démocratie?«, in *Vers un antidestin*, a.a.O.
63 Frank Magnard und Nicolas Tenzer, *Le Spermatozoide hors la loi: de la bioéthique à la biopolitique*, Paris 1991.
64 Jean-Paul Thomas, *Les Fondements de l'eugénisme*, a.a.O.
65 Ebd.

10 Eine Mißdeutung Darwins

1 Charles Darwin, *Die Abstammung des Menschen und die geschlecht-liche Zuchtwahl*, Stuttgart 1966, S. 171 f.

2 Dabei denke ich insbesondere an den französischen Philosophen Patrick Tort, der seit zwanzig Jahren einen großen Teil seiner Arbeit und seines Lebens der Aufgabe widmet, die Wahrheit der Darwinschen Evolutions-theorie, wie er sie versteht, zu rehabilitieren.

3 Stephen Jay Gould, *Rocks of Ages. Science and Religion in the Fullness of Life*, New York 1991.

4 Ebd.

5 Mit diesem Aspekt des »bürgerlichen Geistes« habe ich mich ausführlich in der *Tyrannei der Lust*, a. a. O., befaßt.

6 André Pichot, *La Société pure*, a. a. O.

7 Bertrand Jordan, *Les Imposteurs de la génétique*, a. a. O.

8 Zitiert von David Tiger, »Der humanitäre Kapitalismus«, in *Kalaschni-kow – Das Politmagazin*, Ausgabe 13, Heft 2/99, S. 67 ff.

9 Zitiert von André Pichot, »Hérédité et évolution. L'inné et l'acquis en biologie«, in *Esprit*, Juni 1996.

10 Zitiert von Anne Carol, *Histoire de l'eugénisme en France*, a. a. O.

11 Ebd.

12 Max Nordau, *Entartung*, Berlin 1892/93, Band 1, S. 65 und 67.

13 Pierre-Henri Gouyon, Jean-Pierre Henry und Jacques Arnould, *Les Avatars du gène*, a. a. O.

14 Georges Vacher de Lapouge, *L'Aryen, son rôle social*, Montpellier 1898, ins Deutsche übersetzt unter dem Titel *Der Arier und seine Bedeutung für die Gemeinschaft*, Frankfurt/Main 1939.

15 Ders. in seinem Vorwort zur französischen Ausgabe von Ernst Haeckel, *Le Monisme, lien entre la religion et la science*, Paris 1897. Der deutsche Originaltext war ein Vortrag Haeckels und erschien unter dem Titel *Der Monismus. Glaubensbekenntnis eines Naturforschers*, Bonn 1892.

16 Charles Darwin, *Die Abstammung des Menschen und die geschlechtli-che Zuchtwahl*, a. a. O., S. 171 f.

17 Ebd., S. 172.

18 André Pichot, *La Société pure*, a. a. O.

19 Clémence Royer im Vorwort zu Charles Darwin, *De l'Origine des es-pèces par sélection naturelle ou les lois de transformation des êtres or-ganisés*, 2 Bde., Paris 1872.

20 Der Ausdruck stammt von Pierre Thuillier, »Galton, un grand bour-geois de la science«, in *La Recherche*, Mai 1975.

21 Pierre-Henri Gouyon, Jean-Pierre Henry und Jacques Arnould, *Les Avatars du gène*, a. a. O.

22 Jean-Paul Thomas, *Les Fondements de l'eugénisme*, a.a.O.

23 Ein erbitterter Gegner des Juden-Christentums, wollte Galton die Eugenik zum »religiösen Dogma der Zukunft« erheben.

24 Zitiert nach Laurent Mucchielli, »Utopie élitiste et mythe biologique: l'eugénisme d'Alexis Carrel«, in *Esprit*, Dezember 1997.

25 Alexis Carrel, *Der Mensch, das unbekannte Wesen*, München 1955, S. 238.

26 Ebd., S. 261.

27 Zitiert von Laurent Mucchielli, »Utopie élitiste et mythe biologique: l'eugénisme d'Alexis Carrel«, a.a.O. Die deutsche Übersetzung, angefertigt nach der amerikanischen Ausgabe *Man – The Unknown*, erschien zum ersten Mal 1936 in Berlin unter dem Titel *Der Mensch, das unbekannte Wesen*.

28 Zitiert von Anne Carol, *Histoire de l'eugénisme en France*, a.a.O.

29 Ebd.

30 François Dagognet, *La Maîtrise du vivant*, a.a.O.

31 Juden und Christen verabscheuten die Praxis der Kindstötung. Der erste christliche Kaiser Konstantin erließ im Jahr 319 ein Gesetz, mit dem er Kindesmord unter Todesstrafe stellte; 374 wurde die Bestimmung auch auf das Aussetzen Neugeborener erweitert.

32 Pierre-Henri Gouyon, Jean-Pierre Henry und Jacques Arnould, *Les Avatars du gène*, a.a.O.

33 Siehe insbesondere Patrick Tort, *Spencer et l'évolutionnisme philosophique*, Paris 1996. Vgl. auch Patrick Tort, »Sur le matérialisme darwinien en éthique«, in *L'Inactuel*, Frühling 1996. In jüngerer Zeit hat Patrick Tort ein Vorwort zur französischen Neuausgabe von *The Descent of Man* verfaßt (Institut Charles Darwin International, Hg., *La Filiation de l'homme et la séléction liée au sexe*, Paris 2000).

34 Patrick Tort, Vortrag vor der Vereinigung Genetik und Freiheit, 8. April 1995.

35 Zitiert von Marcel Blanc, *Les Héritiers de Darwin*, a.a.O.

36 Charles Darwin, *Die Abstammung des Menschen*, a.a.O., S. 167, 171, 176.

37 Friedrich Engels an P. Lawrow, 1875, in *Marx/Engels Werke*, Berlin 1956–1990, Bd. 34, S. 169–170.

38 André Pichot, *La Société pure*, a.a.O.

DRITTER TEIL: Wenn das Leben Widerstand ist ...

1 Rede auf dem Forum der UNESCO und der Interamerikanischen Entwicklungsbank am 8. März 1999 in Paris.

11 Können wir auf das Denken verzichten?

1 *Die Krisis der europäischen Wissenschaften und die transzendentale Phänomenologie*, Hamburg 1977, S. 5.
2 Maurice Bellet, *L'Europe au-delà d'elle-même*, Paris 1996.
3 Antoine Vergote, *Modernité et Christianisme*, Paris 1999.
4 Kurt Pinthus, *Menschheitsdämmerung. Ein Dokument des Expressionismus*, Hamburg 1959.
5 Francisco Varela, Evan Thompson und Eleanor Rosch, *Der mittlere Weg der Erkenntnis*, a.a.O., S. 325.
6 Jacques Derrida, *Sur parole. Instantanés philosophiques*, France-Culture/L'Aube 1999.
7 Jean-Pierre Dupuy, *Les savants croient-ils en leurs théories? Une lecture philosophique des sciences cognitives*, Paris 2001.
8 Stanislas Breton, »La technique entre nature et culture«, in *Esprit*, November 1997.
9 Gianni Vattimo, *Das Ende der Moderne*, Stuttgart 1990, S. 54.
10 Jean-François Lyotard, *Grabmal des Intellektuellen*, Graz 1985.
11 Jean-Pierre Dupuy, »L'esprit mécanisé par lui-même«, in *Le Débat*, a.a.O.
12 Martin Heidegger, *Über den Humanismus*, Frankfurt/Main 1981.
13 Bernard Edelman, *La Personne en danger*, a.a.O.
14 Dieses Thema versuchte ich in *La Trahison des Lumières*, Paris 1995, darzulegen.
15 Jean-Pierre Dupuy, »L'esprit mécanisé par lui-même«, in *Le Débat*, a.a.O.
16 Hilary Putnam, *The Many Faces of Realism*, La Salle, Ill., 1987, zitiert von Francisco Varela, Evan Thompson und Eleanor Rosch, *Der mittlere Weg der Erkenntnis*, a.a.O., S. 297.
17 Peter Sloterdijk, *Regeln für den Menschenpark*, Frankfurt/Main 1999. (Die gesamte Sloterdijk-Debatte ist nachzulesen in den Ausgaben 36–40 der *Zeit*, September 1999.)
18 Ebd., S. 39.
19 Ebd., S. 46f.
20 In diesem Punkt widerspreche ich Bruno Latour, der im Hinblick auf die

Sloterdijk-Debatte und Henri Atlans Erwiderung die deutsche »Nervosität« für »übertrieben« hält. Siehe Bruno Latour, »Biopouvoir et vie publique«, in *Multitudes*, März 2000.

21 Peter Sloterdijk, »Offener Brief an Jürgen Habermas«, in *Die Zeit*, Nr. 27, 9. September 1999.

22 Ders. in einem Interview mit Éric Alliez, »Vivre chaud et penser froid«, in *Multitudes*, März 2000.

23 Ebd.

24 Ebd.

25 Ebd.

26 Siehe Kapitel 10.

27 Tristram H. Engelhardt, *The Foundation of Bioethics*, Oxford 1997, zitiert von Gilbert Hottois, *Essais de philosophie bioéthique et biopolitique*, a.a.O.

28 *National Interest*, Nr. 56, Sommer 1999; zitiert nach *Le Monde des débats*, Nr. 5, Juli/August 1999. Vgl. sein jüngst erschienenes Buch *Das Ende des Menschen*, Stuttgart/München 2002.

29 Dominique Lecourt in der Zeitschrift *Euréka*, Nr. 53, März 2000.

30 Richard Rorty, *Der Spiegel der Natur*, Frankfurt/Main 1981.

31 Ebd.

32 Ebd.

33 Zum Beispiel von Dominique Bourg in *L'Homme artifice*, a.a.O., der jedoch, wie mir scheint, zu einer Fehldeutung gelangt, weil er die gesamte theologische Dimension in Elluls Werk vergißt, die auf das Thema Hoffnung ausgerichtet ist.

34 Dabei denke ich vor allem an das schon ältere Werk *Le Signe et la technique*, Paris 1984.

35 Gilbert Hottois, *Essais de philosophie bioéthique et biopolitique*, a.a.O.

36 Ebd.

37 Ebd.

38 Ebd.

39 Ebd.

40 Monique Castillo, »De la bioéthique à l'éthique«, in *Esprit*, a.a.O.

12 Das positivistische Gebot

1 John Haugeland, *Künstliche Intelligenz – Programmierte Vernunft?* München 1987.

2 *Jacques Arsac, un informaticien*, Gespräche mit Jacques Vauthier, Beauchesne 1989.

3 Michel Lacroix, »L'idée de progrès et la dialectique du mal et du bien«, in Dominique Bourg und Jean-Michel Besnier, Hg., *Peut-on encore croire au progrès?*, a.a.O.

4 Jean-Jacques Salomon, *Suvivre à la science*, a.a.O.

5 Monique Castillo, »De la bioéthique à l'éthique«, a.a.O.

6 Das Bild stammt von Marie-Dominique Perrot, Gilbert Rist, Fabrizio Sabelli, *La Mythologie programmée. L'économie des croyances dans la société moderne*, Paris 1992.

7 Eine (niederschmetternde) von SOFRES durchgeführte und im November 2000 veröffentlichte Meinungsumfrage zeigte überdeutlich, daß die Franzosen den Wissenschaftlern viel mehr Vertrauen entgegenbringen (53%) als den Politikern (4%) oder den Intellektuellen und Philosophen (19%).

8 Bertrand Jordan, *Les Imposteurs de la génétique*, a.a.O.

9 Ebd.

10 Angus Clarke, Genetiker am Institute of Genetics von Cardiff, in Caroline Glorion, *La Course folle*, a.a.O.

11 Interview in *Libération*, 3. Dezember 1999.

12 Siehe z.B. Lucien Sfez, *La Santé parfaite. Critique d'une nouvelle utopie*, Paris 1995.

13 Jean-Marc Lévy-Leblond, *Impasciences*, Paris 2000.

14 Pierre Thuillier, *Les Savoirs ventriloques*, Paris 1983.

15 George Steiner, *La Culture contre l'homme*, Paris 1973.

16 Peter Kemp, *Das Unersetzliche*, a.a.O., S. 138.

17 Danièle Lochak, »Diagnostic prénatal: le difficile passage de l'éthique au droit«, in *Vers un antidestin*, a.a.O.

18 Jean-Marc Lévy-Leblond, *Impasciences*, a.a.O.

19 Mit dem Thema Positivismus als wesentlicher Bestandteil des »bürgerlichen Puritanismus« habe ich mich in der *Tyrannei der Lust*, a.a.O., ausführlich befaßt.

20 Interview in *Le Monde*, 16. März 1999.

21 Monique Castillo, »De la bioéthique à l'éthique«, a.a.O.

22 François Dagognet, *Corps réfléchis*, Paris 1990.

23 Peter Kemp, *Das Unersetzliche*, a.a.O., S. 140.

24 Der Artikel wurde übernommen vom *Courrier international*, 13.–19. Januar 2000.

25 Ilya Prigogine, »Flèche du temps et fin des certitudes«, in *Les Clés du XXIe siècle*, a.a.O.

26 Pierre-Henri Gouyon, Jean-Pierre Henry, Jacques Arnould, *Les Avatars du gène*, a.a.O.

27 Peter Kemp, *Das Unersetzliche*, a.a.O., S. 226.

28 Zitiert von Jean-Jacques Salomon, *Survivre à la science*, a.a.O.

29 Siehe Kapitel 11.

30 Benoît Massin, »Le nazisme et la science«, in *La Recherche*, a. a. O.

31 Zitiert von Dominique Bourg, *L'Homme artifice*, a. a. O.

32 Die überaus treffende Formulierung stammt von Peter Kemp, *Das Unersetzliche*, a. a. O., S. 118.

33 Zum Beispiel die bewundernswerte Arbeit von France Quéré auf dem Gebiet der Bioethik, wovon zwei posthum veröffentlichte Werke zeugen: *Conscience et Neuroscience* und *L'Homme maître de l'homme*, Paris 2001.

34 Siehe Henri Atlan, Marc Augé, Mireille Delmas-Marty, Roger-Pol Droit, Nadine Fresco, *Le Clonage humain*, Paris 2000.

35 Zitiert von Caroline Glorion, *La Course folle*, a. a. O.

36 Marie-Angèle Hermitte, »Pouvoirs sur la vie, pouvoirs sur la mort, le rôle du droit«, in *Qu'est-ce que l'humain?*, a. a. O., Bd. 2.

37 Zitiert von Jacques Testart, *Des hommes probables*, a. a. O.

38 Marie-Dominique Perrot, Gilbert Rist, Fabrizio Sabelli, *La Mythologie programmée*, a. a. O.

39 Zur Veranschaulichung: In seiner Stellungnahme vor dem Nationalen Ethikausschuß am 28. Oktober 2000 sprach sich der französische Premierminister Lionel Jospin für das eventuelle »therapeutische Klonen« aus, wobei er lediglich vorschlug, nicht das Wort »Klonen«, sondern irgendeine andere Bezeichnung dafür zu benutzen.

40 Monette Vacquin, *Main basse sur les vivants*, a. a. O.

41 Jean-François Mattei in *Euréka*, November 1996.

42 Jean-Jacques Salomon, *Survivre à la science*, a. a. O.

43 Monique Castillo, »De la bioéthique à l'éthique«, in *Esprit*, a. a. O.

44 Man kann allerdings auch behaupten, daß es im Gegenteil jenseits aller peinlich genau zu respektierenden kulturellen Besonderheiten unzweifelhaft einen Korpus universeller Werte gibt, über die nicht verhandelt werden kann. Diese Analyse habe ich in *La Refondation du monde*, a. a. O., zu entwickeln und zu vertiefen versucht.

45 Das Beispiel stammt von Gregory Benichou, *Le Chiffre de la Vie*, a. a. O.

46 Giorgio Israel, *Le Jardin au noyer*, a. a. O.

47 Dominique Bourg, *L'Homme artifice*, a. a. O.

13 Die wiedergefundene Allianz

1 L. A. White, *The Evolution of Culture*, New York 1959, zitiert von Alain Froment, »Origine et diversité des hommes«, in *Études*, November 2000.

2 Siehe Kapitel 10.

3 Peter Kropotkin, *Anarchistische Moral*, hrsg. von Albert Brock, Berlin

o. J. (um 1894); und ders. mit Gustav Landauer, *Gegenseitige Hilfe in der Tier- und Menschenwelt*, Neuaufl. Berlin 1985.

4 Jean-Louis de Lanessan, *La Lutte pour l'existence et l'association pour la lutte*, Paris 1881.

5 André Pichot, *Société pure*, a. a. O.

6 Edward O. Wilson, *Sociobiology: The New Synthesis*, Cambridge, Mass. 1976.

7 Zitiert von Marcel Blanc, *Les Héritiers de Darwin*, a. a. O.

8 Jean-Pierre Changeux, Hg., *Fondements naturels de l'éthique*, Paris 1993.

9 Zitiert von André Pichot, *La Société pure*, a. a. O.

10 Dan Sperber, *La Contagion des idées*, Paris 1996.

11 Ders., »Les sciences cognitives, les sciences sociales et le matérialisme«, und Lucien Scubla, »Sciences cognitives, matérialisme et anthropologie«, in *Introduction aux sciences cognitives*, a. a. O.

12 Henri Atlan, »Le crépuscule de la finalité«, in *Sciences et Avenir*, Oktober/November 2000.

13 Marie Balmary, *Abel ou la traversée de l'Eden*, a. a. O.

14 Siehe Kapitel 10.

15 Georges Vacher de Lapouge, in seinem Vorwort zur französischen Ausgabe von Ernst Haeckel, *Le Monisme, lien entre la religion et la science*, a. a. O.

16 Lucien Scubla, »Sciences cognitives, matérialisme et anthropologie«, in Daniel Andler, Hg., *Introduction aux sciences cognitives*, a. a. O.

17 Étienne Klein, »Qu'est-ce que l'idée de matière?«, in *Études*, Juli/August 1998.

18 Gouyon, Pierre-Henri, Henry, Jean-Pierre, und Arnould, Jacques, *Les Avatars du gène*, a. a. O.

19 Der schöne Ausdruck stammt von Gregory Benichou, *Le Chiffre de la vie*, a. a. O.

20 Jacques Hochmann, »Deux réalités«, in Jacques Hochmann, Marc Jeannerod, *Esprit, où es-tu?*, a. a. O.

21 Philippe Descamps, »Penser la finalité«, in *Sciences et Avenir*, Oktober/November 2000.

22 Käty Ricard, »La biologie doit-elle être réductionniste?«, in *Études*, März 1998.

23 Meine Ausführungen stützen sich hier teilweise auf die Analysen von Grégory Benichou, *Le Chiffre de la vie*, a. a. O.

24 René Frydman, *Dieu, la médecine et l'embryon*, a. a. O.

25 François Jacob, *Die Logik des Lebenden*, Frankfurt/Main 1972, zitiert nach Michel Henry, *Ich bin die Wahrheit. Für eine Philosophie des Christentums*, München 1997, S. 57.

26 Ebd., S. 57f. und 70.

27 Léon Ashkénazi, *La Parole et l'écrit*, Bd. 1: *Penser la tradition juive aujourd'hui*, Paris 1999.

28 Stephen Jay Gould, *Rocks of Ages*, a. a. O.

29 Ebd.

30 Josef Lenzenweger et al., Hg., *Geschichte der Katholischen Kirche*, Graz–Wien–Köln 1986, S. 424.

31 Jean Lacouture, *Les Jésuites. Une multibiographie*, Paris 1992, Bd. 2.

32 Roberto Casati, *Die Entdeckung des Schattens. Die faszinierende Karriere einer rätselhaften Erscheinung*, Berlin 2001, Kapitel 10.

33 Jean-Marc Lévy-Leblond, *Impasciences*, a. a. O.

34 Dominique Bourg, »Les origines religieuses de l'idée de progrès«, in Dominique Bourg und Jean-Michel Besnier, Hg., *Peut-on encore croire au progrès?*, a. a. O.

35 Siehe z. B. das dreibändige Werk von Roshdi Rashed, Hg., *Encyclopedia of the Historia of Arabic science*, London u. a., o. J.

36 René Frydman, *Dieu, la médecine et l'embryon*, a. a. O.

37 Ebd.

38 Stephen Jay Gould, *Rocks of Ages*, a. a. O.

39 Gianni Vattimo, *Glauben – Philosophieren*, Stuttgart 1997.

40 Siehe insbesondere Jacques Derrida, *Foi et Savoir*, Paris 2001.

41 Claude Bernard, *Lettres à Madame R.*, Lyon 1974.

42 Zitiert von Pierre Gisel und Lucie Kaennel, *La Création du monde. Discours religieux, discours scientifiques, discours de foi*, Genf 1999.

43 Es gibt in den USA auch eine gemäßigtere Strömung, die manchmal wissenschaftlicher Kreationismus genannt wird *(scientific creationism* oder *creation science)*. Aus ihr gingen die 1963 gegründete Creation Research Society in Kalifornien und 1972 das Institute for Creation Research bei San Diego hervor.

44 Der in den USA sehr berühmte Prozeß inspirierte 1955 Jerome Lawrence und Robert Edwin Lee zu ihrem Theaterstück *Inherit the Wind*, das später zweimal verfilmt wurde, zuerst mit Spencer Tracy und Frederic March in den Hauptrollen und in der zweiten Version, einem Fernsehfilm, mit Kirk Douglas und Jason Robarts.

45 Pierre Gisel und Lucie Kaennel, *La Création du monde*, a. a. O.

46 Günther Mack, »Die einfache, schlichte Neue Welt«, in *Geo*, Februar 2001.

47 Stephen Jay Gould, *Rocks of Ages*, a. a. O.

48 Paul Valadier, *Un christianisme d'avenir*, a. a. O.

49 Claude Lefort, »Hommage à Salman Rushdie« (Beitrag zum Kolloquium »Mensch und Gesellschaft« an der Universität Lausanne, Mai 1990), in *Esprit*, Januar 1992.

50 Jean-Michel Besnier, *L'Humanisme déchiré*, Paris 1993.

51 Dietrich Bonhoeffer, *Widerstand und Ergebung*, München 1964, S. 216
    und 246.
52 Ebd., S. 241 und 242.
53 Michel Tibon-Cornillot, *Les Corps transfigurés*, a.a.O.
54 Marie Balmary, *Abel ou la traversée de l'Eden*, a.a.O.

EPILOG: Ein Plädoyer für die Menschlichkeit

1 Marc-Alain Ouaknin, *Dieu et l'Art de la pêche à la ligne*, Paris 2001.
2 Max Weber, *Die protestantische Ethik und der »Geist« des Kapitalismus*, Bodenheim 1993, S. 204.
3 Peter Kemp, *Das Unersetzliche*. a.a.O., S. 275.

Bibliographie

Affray, Charles, *Le Génome humain*, Paris 1996.

Ambroselli, Claire, Hg., *Éthique médicale et Droits de l'homme*, Paris 1988.

Andler, Daniel, Hg., *Introduction aux sciences cognitives*, Paris 1992.

Antelme, Robert, *Das Menschengeschlecht*, Frankfurt/Main 2001.

Ashkénazi, Léon, *La Parole et l'écrit*, Bd. 1: *Penser la tradition juive aujourd'hui*, Paris 1999.

Atlan, Henri et al., *Le Clonage humain*, Paris 2000.

Atlan, Henri, *La Fin du »tout génétique«. Vers de nouveaux paradigmes en biologie*, Versailles 1999.

Ders., *Tout, non, peut-être*, Paris 1991.

Balmary, Marie, *Abel ou la traversée de l'Eden*, Paris 1999.

Bataille, Georges, *Critique*, Nr. 71, in *Œuvres Complètes*, Bd. XII

Ders., *Der heilige Eros*, Neuwied 1963.

Beaune, Jean-Claude, *L'Automate et ses mobiles*, Paris 1980.

Bellet, Maurice, *L'Europe au-delà d'elle-même*, Paris 1996.

Benichou, Grégory, *Le Chiffre de la vie. Essai philosophique sur le code génétique*, Paris 2002.

Bentham, Jeremy, *Principien der Gesetzgebung*, Köln 1833.

Bernard, Claude, *Lettres à Madame R.*, Lyon 1974.

Besnier, Jean-Michel, *L'Humanisme déchiré*, Paris 1993.

Blanc, Marcel, *Les Héritiers de Darwin, L'évolution en mutation*, Paris 1990.

Bonhoeffer, Dietrich, *Widerstand und Ergebung*, München 1964.

Bonnemaison, Joel, *La Dernière Île*, Paris 1987.

Bourg, Dominique, *L'Homme artifice*, Paris 1996.

Ders., und Jean-Michel Besnier, Hg., *Peut-on encore croire au progrès?*, Paris 2000.

Breton, Philippe, *Histoire de l'informatique*, Paris 1987.

Canguilhem, Georges, *Das Normale und das Pathologische*, München 1976.

Ders., *Idéologie et rationalité dans l'histoire des sciences de la vie*, Paris 1981.

Carol, Anne, *Histoire de l'eugénisme en France. Les médecins et la procréation. XIXe–XXe siècle*, Paris 1995.

Carrel, Alexis, *Der Mensch, das unbekannte Wesen*, München 1955.

Casati, Roberto, *Die Entdeckung des Schattens. Die faszinierende Karriere einer rätselhaften Erscheinung*, Berlin 2001.

Cassirer, Ernst, *Versuch über den Menschen. Einführung in eine Philosophie der Kultur*, Hamburg 1996.

Cavalieri, Paola, Hg., *Menschenrechte für die Großen Menschenaffen*, München 1994.

Cavalieri, Paola, und Peter Singer, *Animal Liberation, die Befreiung der Tiere*, Reinbek ²1996

Changeux, Jean-Pierre, Hg., *Fondements naturels de l'éthique*, Paris 1993.

Cohen, Daniel, *Die Gene der Hoffnung. Die Entschlüsselung des menschlichen Genoms und der Forschritt der Medizin*, München 1993.

Cohen, Jean, und Raymond Lepoutre, *Tous des mutants*, Paris 1987.

Cohen-Tanugi, Laurent, *Le nouvel ordre numérique*, Paris 1999.

Cox, Harvey, *Licht aus Asien*, Berlin 1978.

Cyrulnik, Boris, Hg., *Si les lions pouvaient parler*, Paris 1998.

Ders., *Sous le signe du lien: une histoire naturelle de l'attachement*, Paris 1992.

Dagognet, François, *Corps réfléchis*, Paris 1990.

Ders., *La Maîtrise du vivant*, Paris 1988.

Darwin, Charles, *Die Abstammung des Menschen und die geschlechtliche Zuchtwahl*, Stuttgart 1966.

Dawkins, Richard, *Das egoistische Gen*, Reinbek 1996.

Ders., *Und es entsprang ein Fluß in Eden. Das Uhrwerk der Evolution*, München 1998.

Debré, Michel, *La Grande Transgression*, Paris 2001.

Dejours, Christophe, *Souffrance en France. La banalisation de l'injustice sociale*, Paris 1998.

Derrida, Jacques, *Foi et Savoir*, Paris 2001.

Ders., *Sur parole. Instantanés philosophiques*, La Tour d'Aigues 1999

Dinechin, Olivier de, *L'Homme de la bioéthique*, Paris 1999.

Drewermann, Eugen, *Über die Unsterblichkeit der Tiere. Hoffnung für die leidende Kreatur*, Olten 1990.

Dreyfus, Hubert, *Künstliche Intelligenz*, Reinbek 1987.

Dupuy, Jean-Pierre, *Les savants croient-ils en leurs théories ? Une lecture philosophique des sciences cognitives*, Versailles 2001

Ders., *Aux Origines des sciences cognitives*, Paris 1994.

Edelman, Bernard, *La Personne en danger*, Paris 1999.

Ehrenberg, Alain, *Le Culte de la performance*, Paris 1991.

Ellul, Jacques, *La Technique ou l'Enjeu du siècle*, Paris 1954.

Ders., *Le Signe et la Technique*, Paris 1984.

Engels, Friedrich, *Brief an Lawrow,* November 1895, MEW, Bd. 34, Berlin 1956–1990.

Ferry, Luc, und Claudine Germé, *Des animaux et des hommes*, Paris 1994.

Fontenay, Elisabeth de, *Le Silence des bêtes*, Paris 1999.

Foucault, Michel, *Die Ordnung der Dinge,* Frankfurt/Main 1990.

Ders., *Schriften in vier Bänden. Dits et Ecrits*, Frankfurt/Main 2002.

Frydman, René, *Dieu, la médecine et l'embryon*, Paris 1999.

Gisel, Pierre, und Lucie Kaennel, *La Création du monde. Discours religieux, discours scientifiques, discours de foi*, Genf 1999.

Glorion, Caroline, *La Course folle. Des Généticiens parlent*, Paris 2000.

Gould, Stephen Jay, *Rocks of Ages. Science and Religion in the Fullness of Life*, New York 1991.

Gouyon, Pierre-Henri, Jean-Pierre Henry und Jacques Arnould, *Les Avatars du gène. La theorie néodarwinienne de l'évolution*, Paris 1997.

Gros, François, und Gérard Huber, Hg., *Vers un antidestin. Patrimoine génétique et droits de l'humanité*, Paris 1992.

Hamer, Dean, *The God Gene. How Faith is Hardwired Into Our Genes*, New York 2003.

Ders., und Peter Copeland, *The Science of Desire: The Search for the Gay Gene and the Biology of Behavior*, New York 1994.

Hassoun, Jacques, *Actualités d'un malaise*, Paris 1999.

Hayek, Friedrich von, *Die Intellektuellen und der Sozialismus*, in Schweizer Monatshefte /72, Zürich 1992.

Ders., *Mißbrauch und Verfall der Vernunft*, Frankfurt/Main 1959.

Henry, Michel, *Ich bin die Wahrheit. Für eine Philosophie des Christentums*, München 1997.

Hochmann, Jacques, und Marc Jeannerod, Hg., *Esprit où es-tu? Psychanalyse et neuroscience*, Paris 1991.

Hofstadter, Douglas R., *Gödel, Escher und Bach. Ein endlos geflochtenes Band*, München 1993.

Hottois, Gilbert, *Science et Ethique*, Brüssel 1987.

Ders., *Essais de philosophie bioéthique et biopolitique*, Paris 1999.

Houdebine, Louis-Marie, *Le Génie génétique de l'animal à l'homme*, Paris 1996.

Husserl, Edmund, *Die Krisis der europäischen Wissenschaften und die transzendentale Phaenomenologie*, Hamburg 1977.

Idel, Moshe, *Le Golem*, Paris 1992.

Israel, Giorgio, *Le Jardin au noyer. Pour un nouveau rationalisme*, Paris 2000.

Jacob, François, *Das Spiel der Möglichkeiten. Von der offenen Geschichte des Lebens*, München 1983.

Ders., *Die Logik des Lebenden*, Frankfurt/Main 1972.

Jaisson, Pierre, *La Fourmi et le Sociobiologiste*, Paris 1993.

Jeannerod, Marc, *Le Cerveau-machine*, Paris 1983.

Jordan, Bertrand, *Les Imposteurs de la génétique*, Paris 2000.

Kahn, Axel, *Société et Révolution biologique. Pour une éthique de la responsabilité*, Versailles 1996.

Kemp, Peter, *Das Unersetzliche. Eine Technologie-Ethik*, Berlin 1992.

Kempf, Hervé, *La Révolution biolitique*, Paris 1998.

Kerckhove, Derrick de, *Connected Intelligence*, Toronto 1997.

Kevles, Daniel J., *In the name of eugenics*, New York 1985.

Klinger, Friedrich Maximilian, *Sturm und Drang*, o.O. 1776.

Kropotkin, Pjotr, *Anarchistische Moral*, hrsg. von Albert Brock, Berlin o.J. (um 1894).

Ders., und Gustav Landauer, *Gegenseitige Hilfe in der Tier- und Menschenwelt*, Neuaufl. Berlin 1985.

Lacouture, Jean, *Les Jésuites. Une multibiographie*, Paris 1992.

LaMettrie, Julien Offroy de, *Der Mensch als Maschine*, Nürnberg 1985.

Lanessan, Jean-Louis de, *La Lutte pour l'existence et l'association pour la lutte*, Paris 1881.

Legendre, Pierre, *L'Inestimable Objet de la transmission. Études sur le principe généalogique en Occident*, Paris 1985.

Ders., *Sur la question dogmatique en Occident*, Paris 1999.

Lenoir, Frédéric, *La Rencontre du bouddhisme et de l'Occident*, Paris 1999.

Lenzenweger, Josef et al., Hg., *Geschichte der Katholischen Kirche*, Graz–Wien–Köln 1986.

Leroi-Gourhan, André, *Hand und Wort. Die Evolution von Technik, Sprache und Kunst*, Frankfurt/Main 1984.

Lestel, Dominique, *Paroles des singes. L'impossible dialogue*, Paris 1995.

Ders., *L'Animalité. Essai sur le statut de l'humain*, Paris 1996.

Levi, Primo, *Ist das ein Mensch?*, München 1991; ital.: *Se questo è un uomo*, Torino 1958, Anhang von 1976.

Lévy, Pierre, *Cyberkultur. Universalität ohne Totalität*. Mannheim 1996.

Ders., *World philosophie*, Paris 2000.

Lévy-Leblond, Jean-Marc, *Impasciences*, Paris 2000.

Lombroso, Cesare, *Der Verbrecher (Homo delinquens) in anthropologischer, ärztlicher und juristischer Beziehung*. 2 Bde., Hamburg 1890–1894.

Lovelock, James, *Das Gaia-Prinzip. Die Biographie unseres Planeten*, Frankfurt/Main 1993.

Lumsden, Charles, und Edward O. Wilson, *Das Feuer des Prometheus*, München 1984.

Lyotard, Jean-Francois, *Grabmal des Intellektuellen*, Graz u. a. 1985.

Magnard, Frank, und Nicolas Tenzer, *Le Spermatozoide hors de loi: de la bioéthique à la biopolitique*, Paris 1991.

Margulis, Lynn, und Dorion Sagan, *Leben. Vom Ursprung zur Vielfalt*, Heidelberg 1997.

Monod, Jacques, *Zufall oder Notwendigkeit*, München 1988.

Moravec, Hans, *Mind Children. Der Wettlauf zwischen menschlicher und künstlicher Intelligenz*, Hamburg 1990.

Naess, Arne, *Ecology, Community and Lifestyle*. Cambridge Uni. Pr. Cambridge u. a. 1989.

Nelkin, Dorothy, und Susan Lindee, *The DNA Mystique. The Gene as a Cultural Icon*, New York 1995.

Nordau, Max, *Entartung*, Berlin 1892/93.

Novaes, Simone, Hg., *Biomédecine et devenir de la personne*, Paris 1991.

Ouaknin, Marc-Alain, *Dieu et l'art de la pêche à la ligne*, Paris 2001.

Perrot, Marie-Dominique, Gilbert Rist und Fabrizio Sabelli, *La Mythologie programmée. L'économie des croyances dans la société moderne*, Paris 1992.

Pichot, André, *La Société pure. De Darwin à Hitler*, Paris 2000.

Ponchelet, Hervé, *L'Avenir n'est pas héréditaire*, Paris 1996.

Prochiantz, François Alain, *Machine-esprit*, Paris 2001.

Quéau, Philippe, *La Planète des esprits*, Paris 2000.

Quéré, France, *Conscience et Neuroscience*, Paris 2001.

Dies., *L'Homme maître de l'homme*, Paris 2001.

Rashed, Roshdi, Hg., *Encyclopedia of the Historia of Arabic science*, London u. a., o. J.

Regan, Tom, *The Case of Animal Right*, Berkeley 1983.

Ricoeur, Paul, Nachwort zu Frédéric Lenoir, *Le Temps des responsabilités*, Paris 1991.

Rifkin, Jeremy, *Das biotechnische Zeitalter. Die Geschäfte mit der Genetik*. München 1998.

Rorty, Richard, *Der Spiegel der Natur*, Frankfurt/Main 1981.

Rosnay, Joel de, *Das Makroskop. Neues Weltverständnis durch Biologie, Ökologie und Kybernetik*, Stuttgart 1977.

Rosnay, Joël de, *Homo symbioticus. Einblicke ins 3. Jahrtausend*, München 1997.

Ryder, R., *Speciesism: the Ethics of Vivisection*, Edinburgh 1974.

Sahlins, Marshall, *The Use and Abuse of Biology. An Anthropological Critique of Sociobiology*, Ann Arbor 1976.

Salomon, Jean Jacques, *Survivre à la science. Une certaine idée du futur*, Pais 2000.

Searle, John, *Geist, Hirn und Wissenschaft*, Frankfurt/Main 1986.

Sfez, Lucien, *La Santé parfaite. Critique d'une nouvelle utopie*, Paris 1995.

Simons, Geoff, *Sind Computer lebendig? Stand und Zukunft der Computerentwicklung*, München 1984.

Sloterdijk, Peter, *Regeln für den Menschenpark. Ein Antwortschreiben zu Heideggers Brief über Humanismus*, Frankfurt/Main 1999.

Sperber, Dan, *La Contagion des idées*, Paris 1996.

Ders., und Roger-Pol Droit, *Des idées qui viennent*, Paris 2000.

Steiner, George, *La Culture contre l'homme*, Paris 1973.

Teppe, Julien, *Apologie pour l'anormal ou Manifeste du dolorisme*, Paris 1973.

Testart, Jacques, Hg., *Le Magasin des enfants*, Paris 1990.

Testart, Jacques, *Des Hommes probables. De la procréation aléatoire à la reproduction normative*, Paris 1999.

Thich Nhat Hanh, *Changer l'avenir. Pour une vie harmonieuse*, Paris 2000.

Thomas, Jean-Paul, *Les Fondements de l'eugénisme*, Paris 1995.

Thuiller, Pierre, *Les Biologistes vont-ils prendre le pouvoir?*, Brüssel 1981.

Thuillier, Pierre, *Les Savoirs ventriloques*, Paris 1983.

Tibon-Cornillot, Michel, *Les Corps transfigurées. Mécanisation du viants et imaginaire de la biologie*, Paris 1992.

Tinland, Frank, Hg., *Ordre biologique, ordre technologique*, Champ-Vallon 1994.

Tort, Patrick, *Spencer et l'évolutionnisme philosophique*, Paris 1996.

Trigano, Shmuel, *Le monothéisme est un humanisme*, Paris 2000.

Vacher de la Pouge, Georges, Vorwort zur französischen Ausgabe von Ernst Haeckel, *Le Monisme, lien entre la religion et la science*, Paris 1897. (Der deutsche Originaltext war ein Vortrag Haeckels und erschien unter dem Titel *Der Monismus. Glaubensbekenntnis eines Naturforschers*, Bonn 1892.)

Ders., *Les Sélections sociales*, Paris 1896.

Ders., *L'Aryen, son rôle social*, Montpellier 1898. (Ins Deutsche übersetzt unter dem Titel *Der Arier und seine Bedeutung für die Gemeinschaft*, Frankfurt/Main 1939.)

Valadier, Paul, *Un christianisme d'avenir. Pour une nouvelle alliance entre raison et foi*, Paris 1999.

Vaquin, Monette, *Main basse sur les vivants*, Paris 1999.

Varela, Francisco, Evan Thompson und Eleanor Rosch, *Der mittlere Weg der Erkenntnis*, Bern, Wien 1994.

Vattimo, Gianni, *Das Ende der Moderne*, Stuttgart 1990.

Ders., *Glauben – Philosophieren*, Stuttgart 1997.

Vauclair, Jacques, *L'Intelligence de l'animal*, Paris 1992.

Vergote, Antoine, *Modernité et Christianisme*, Paris 1999.

Vial, Pierre, *Pour une renaissance culturelle*, Paris 1979.

Virilio, Paul, *La Procédure silence*, Paris 2000.

Wacquant, Loic, *Les Prisons de la misère*, Paris 1999.

Weber, Max, *Die protestantische Ethik und der »Geist« des Kapitalismus*, Bodenheim 1993.

Weizenbaum, Joseph, *Die Macht der Computer und die Ohnmacht der Vernunft*, Frankfurt/Main 1977.

White, L. A., *The Evolution of Culture*, New York 1959.

Wiener, Norbert, *Use of Human Beings. Cybernetics and Society*, New York 1954.

Wills, Christopher, *The Wisdom of the Genes*, New York 1989.

Wilson, Edward. O., *Sociobiology: The New Synthesis*, Cambridge, Mass. 1976.

Ders., *Darwins Würfel*, München 1996.

Ders., *Des Lebens ganze Fülle*, München 1994.

Wittgenstein, Ludwig, *Tractatus philosophicus. Logisch-philosophische Abhandlung*, Frankfurt/Main 1989.

Wu, Harry, *Danse pas avec la Chine*, Montpellier 2000.

Personenregister

Sachregister